权威·前沿·原创

皮书系列为
"十二五""十三五"国家重点图书出版规划项目

四川蓝皮书

BLUE BOOK OF SICHUAN

2019 年
四川经济形势分析与预测

ANALYSIS AND FORECAST OF ECONOMY
OF SICHUAN (2019)

名誉主编／杨　钢
主　　编／达　捷
副主编／陈　映　陈　妤

社会科学文献出版社
SOCIAL SCIENCES ACADEMIC PRESS（CHINA）

图书在版编目（CIP）数据

2019年四川经济形势分析与预测／达捷主编. ——北
京：社会科学文献出版社，2019.1
（四川蓝皮书）
ISBN 978 - 7 - 5201 - 2707 - 3

Ⅰ.①2… Ⅱ.①达… Ⅲ.①区域经济 - 经济分析 -
四川 - 2019②区域经济 - 经济预测 - 四川 - 2019 Ⅳ.
①F127.71

中国版本图书馆 CIP 数据核字（2018）第 293013 号

四川蓝皮书
2019 年四川经济形势分析与预测

名誉主编／杨 钢
主　　编／达 捷
副 主 编／陈 映 陈 妤

出 版 人／谢寿光
项目统筹／郑庆寰
责任编辑／郑庆寰 王 展

出　　版／社会科学文献出版社·皮书出版分社（010）59367127
　　　　　　地址：北京市北三环中路甲29号院华龙大厦 邮编：100029
　　　　　　网址：www. ssap. com. cn
发　　行／市场营销中心（010）59367081 59367083
印　　装／三河市东方印刷有限公司

规　　格／开 本：787mm×1092mm 1/16
　　　　　　印 张：27.5 字 数：412千字
版　　次／2019 年 1 月第 1 版 2019 年 1 月第 1 次印刷
书　　号／ISBN 978 - 7 - 5201 - 2707 - 3
定　　价／128.00 元

本书如有印装质量问题，请与读者服务中心（010 - 59367028）联系

四川蓝皮书编委会

主要编撰者简介

杨　钢　经济学硕士，研究员，硕士研究生导师，博士后指导教师，四川省社会科学院原副院长，四川大学兼职教授。享受国务院特殊津贴的专家，四川省有突出贡献的中青年优秀专家，曾为四川省科技顾问团顾问，四川省学术技术带头人。主要研究领域为宏观经济学、产业经济学。主持、主研国家社会科学基金课题、四川省规划课题及其他课题三十余项，出版学术专著、公开发表学术论文两百余本（篇），获四川省人民政府二等奖五项、三等奖八项。多项政策建议被四川省委省政府采纳。

达　捷　经济学博士，研究员，四川省社会科学院产业经济研究所所长，四川省学术和技术带头人后备人选。长期从事产业经济、金融投资与资本市场领域的研究以及政府智库和企业顾问工作。出版学术专著、在经济类核心学术刊物发表论文及主持国家社会科学基金项目、省部级重点项目等各类课题数十项，荣获多项优秀科研成果奖且多项成果成为政府决策的参考。

陈　映　经济学博士，研究员，硕士生导师，四川省社会科学院产业经济研究所副所长、《经济体制改革》常务副主编。长期从事区域经济、产业经济等领域研究工作。近年来，独著和合著学术专著十余部，在CSSCI来源期刊上发表论文数十篇，主持和主研国家社会科学基金课题和四川省级规划课题数十项。获第五届吴玉章人文社会科学优秀奖1项，获四川省哲学社会科学优秀成果一等奖2项、二等奖2项、三等奖2项。

　　陈　妤　经济学硕士，四川省社会科学院产业经济研究所助理研究员。主要研究方向为宏观经济、区域经济、经济计量分析。连续多年参与《四川省经济形势分析与预测》（蓝皮书）、《成都市经济运行监测报告》（季刊）编撰工作，在《经济学动态》、《数量经济与技术经济研究》等杂志发表文章数篇，参与国家社会科学基金课题 1 项，参与四川省规划课题 1 项，参与四川省级、成都市级课题研究二十余项，获四川省社会科学优秀成果三等奖 1 项。

摘　要

2018 年，四川主要经济指标均达到或超过年初确定的目标。其中，国内生产总值比上年增长 8.1% 左右，增速比全国平均水平高约 1.4 个百分点，自 2016 年第四季度以来已连续 8 个季度保持 8% 以上的稳定增长。从三次产业看，2018 年前三季度，四川三次产业同步增长，二、三产业增速明显高于全国。第一产业同比增长 3.8%，第二产业同比增长 7.7%，第三产业同比增长 9.5%。第三产业高于全国 1.8 个百分点左右，对经济增长的贡献率达到 55% 左右。从拉动经济增长的"三驾马车"来看，2018 年前三季度，四川投资、消费和出口均显现出稳步增长的态势。全社会固定资产投资同口径同比增长 10.6%，高于全国平均水平；消费市场总体平稳，同比增长 11.4%，增速比全国平均水平高 2.1 个百分点；外贸进出口同比增长 28.8%，高于全国平均水平 18.9 个百分点。

2019 年，随着外部环境不确定因素增多，四川经济发展的宏观环境将更加复杂多变，宏观经济下行压力加大，对外贸易面临严峻挑战。尽管如此，预计 2019 年四川经济增长速度有条件稳定在 7%~8%，第一产业将继续保持稳定，第二、第三产业将稳中有降，第二产业和第三产业增速将分别保持在 7% 以及 9% 左右。投资增长速度不会低于 7%，最终消费增长不低于 8%，出口增速会明显回落，进口增速也将随之下降。

前　言

　　四川省地处中国的西南腹地，辖区面积48.6万平方公里，居中国第五位，辖21个市（州）、183个县（市、区），山清、水秀、人美，宜居、宜业、宜商，素有"天府之国"的美誉。四川是我国的资源大省、人口大省、经济大省，人口和经济总量均居西部首位，产业种类完备、市场潜力巨大，在西部经济版图中具有举足轻重的地位。改革开放以来，四川各族人民奋进新时代，把握新机遇，迎接新挑战，砥砺新征程，以永不懈怠的精神状态和一往无前的奋斗精神，斩关夺隘、攻坚克难，在这片充满诗情画意的土地上书写着从悲壮走向豪迈的壮丽篇章。

　　2018年是改革开放40周年，也是四川建设经济强省以及到2020年全面建成小康社会的关键时期，还是四川省委、省政府提出全新发展理念，推动四川高质量发展的起步之年。在这一年，四川省深入贯彻落实习近平总书记对四川工作系列重要指示精神和党中央决策部署，坚持按照省委"一干多支、五区协同"和"四向拓展、全域开放"的战略部署，着力深化供给侧结构性改革，落实高质量发展要求，坚持稳中求进的工作总基调，统筹抓好稳增长、促改革、调结构、惠民生、防风险各项工作，推动全省经济实力跃上新台阶。新旧动能接续转换，质量效益稳步提高，干支联动、竞相发展的局面加快形成，开放大通道建设迈出坚实步伐，为决胜全面小康、建设经济强省夯实了基础。

　　2019年是四川省决胜全面建成小康社会的关键之年，是全面贯彻省委十一届三次全会部署的落实之年。从外部环境看，国际贸易形势错综复杂；从内部环境看，四川发展的基本省情未变，发展不足仍是最突出的问题，产业结构不平衡、区域发展不平衡、城乡发展不平衡的问题依然凸显。与此同时,"一带一路"建设、长江经济带发展、新一轮西部大开发、宏观政策逆周期调节、国家加大基础设施等领域补短板力度、实施成渝经济区区域规划、推进军民融合发展和全面创新改革、打好脱贫攻坚战等政策和有利条件为四川省经济发展带来了新机遇。如何认识和抓住这些重大历史机遇,找准发展定位,明确发展目标,制定发展规划,构建现代产业体系,以实现四川省经济的高质量发展,让全省的重要支柱产业在国际分工体系中占有一席之地,让各种重要产品参与国际市场大流通,成为我们必须面对的重大问题。而要全面、深刻认识四川省经济发展面临的新问题、新机遇,就需要大批经济、管理、法律、金融等领域的专家学者辛勤工作。

本书以四川省经济发展面临的新环境、新机遇为出发点,以四川省经济问题为主要研究对象,以为省委、省政府进行经济发展战略决策、制定经济宏观调控政策提供对策建议为主要目标,旨在培养四川省经济问题研究的理论研究队伍,构筑四川省经济问题研究平台,充分调动全社会各种资源为全省经济发展服务。本书在分析2018年全省各项经济工作的基础上,对2019年全省经济发展形势做出初步分析和预测。全书分为总报告、综合篇、区域篇、产业与行业篇、专题篇五大部分。其中,总报告主要对全省经济运行的总体情况进行分析与预测;综合篇主要对固定资产投资、财政、金融、消费、进出口等宏观经济形势做出分析和预测;区域篇对成都平原经济区、川南经济区、川东北经济区、攀西经济区、川西北生态示范区的经济运行情况进行分析和预测;产业与行业篇涵盖四川三次产业、部分重点产业和行业的分析与预测;专题篇涉及四川经济高质量发展以及全面深化改革中的重点、难点问题,如绿色发展、民族地区发展、地方金融、国有资产管理、安居工程,等等。

本书各部分报告由四川省社会科学院、四川省商务厅、四川大学、四川农业大学、西南民族大学等单位的专家学者撰写,得到四川省统计局、省发改委、省经济和信息化厅、省财政厅、省商务厅、省国资委、省科技厅、省住建厅、省农业厅、省人社厅、省民宗委、省文化和旅游厅、中国人民银行成都分行等单位的大力支持，在此一并表示感谢。

本书的编撰和出版得到社会科学文献出版社的领导和同仁的帮助和支持，在此表示深深的感谢！

由于编撰经验不足，编撰过程中的缺点和纰漏在所难免，敬请各位同行和广大读者指正。

法捷

2019 年 1 月

目 录

I 总报告

Ⅳ　产业与行业篇

Ⅴ　专题篇

⸢皮书数据库阅读**使用指南**⸥

总 报 告

General Report

B.1

面对挑战谋新局　稳中有进求跨越

——四川省 2018 年经济形势分析与 2019 年走势预测

盛毅　陈东*

摘　要：　2018 年四川省主要经济指标都达到或超过年初确定的目标，
　　　　　"三驾马车"动力平稳，消费投资仍为主力；三次产业结构
　　　　　调整步伐加快，其中第三产业对经济增长的贡献进一步上升；
　　　　　经济效益有所提高，居民收入稳定增长。但也应注意，四川
　　　　　经济运行存在稳增长压力进一步加大、经济增长的内生动力
　　　　　不强、产业结构不优且层次不高、区域发展仍然不平衡、创
　　　　　新能力弱且创新引领发展的动力不足等问题。2019 年，四川
　　　　　经济发展的宏观环境将更加复杂多变，不确定的因素进一步

* 盛毅，四川省社会科学院研究员，主要研究领域为宏观经济、区域经济和产业经济；陈东，
四川省社会科学院产业经济学硕士研究生。

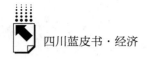

增多，预计经济增长速度有条件稳定在 7%~8%。为稳定四川经济运行，要着力稳定投资增长，进一步优化营商环境，加快生产力布局调整，加快先进产业发展，强化创新驱动能力，进而优化投资、要素、区域、产业和技术等结构。

关键词： 经济运行 结构优化 动能提升 四川

一 积极有为增添举措，需求供给两端发力

2018 年，四川省主要经济指标都达到或超过年初确定的目标。其中地区生产总值达到 4 万亿元，再上新的台阶，比上年增长 8.1% 左右，增速比全国平均水平高约 1.4 个百分点，在各省中排前 8 位，在经济大省中排第一位。这是四川经济运行自 2016 年重回 8% 增长速度轨道后，连续 9 个季度保持 8% 以上的增长。

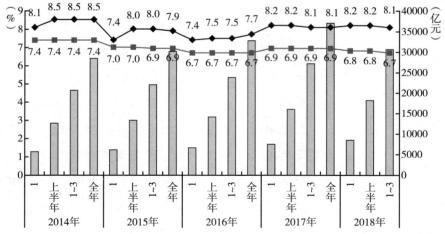

图 1　2014~2018 年上半年四川省 GDP 累计值和四川及全国 GDP 季度累计同比增速
资料来源：四川省统计局、国家统计局。

表1　2018年前三季度部分省份的经济增长

序号	省份	GDP(万亿元)	增速(%)
1	云　南	11620	9.1
2	贵　州	10401	9.0
3	江　西	15593	8.8
4	陕　西	16868	8.4
5	福　建	23512	8.3
6	安　徽	21633	8.2
7	四　川	30854	8.1
8	湖　北	27634	7.9
9	湖　南	25322	7.8
10	浙　江	39796	7.5
11	河　南	35537	7.4
12	宁　夏	2785	7.0
13	广　西	—	7.0
14	广　东	70600	6.9
15	青　海	1927	6.8
16	江　苏	67039	6.7
17	上　海	23657	6.6
18	重　庆	14733	6.3
19	山　西	11640	6.1
20	海　南	3547	5.4
21	内蒙古	12309	5.1
22	天　津	14658	3.5

资料来源：中新经纬：《23省份前三季度GDP出炉：15地增速超全国》，2018年10月27日。

（一）"三驾马车"动力平稳，消费投资仍为主力

从拉动经济增长的"三驾马车"来看，2018年前三个季度，四川省的消费、投资和出口增速都高于全国水平，其中消费和出口增速高于上年同期，显现出稳步增长的态势。

1. 消费需求较快增长，消费热点持续增多

2018年1~9月，四川省社会消费品零售总额达到13143亿元，同比增

长 11.4%，高于上年同期水平，比全国高 2.2 个百分点，继续保持两位数以上的增长，符合年初预期目标，但与 2013～2017 年的年均增长速度比，下降近 1 个百分点。

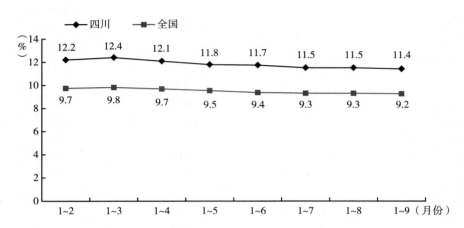

图 2　2018 年 1～9 月四川省和全国社会消费品零售总额增速

资料来源：四川省统计局、国家统计局。

2018 年消费特点表现在以下五个方面。

一是市场规模正在向 2 万亿元迈进，继续保持全国第六的位置。新模式、新业态不断涌现，纳入统计的城市商业综合体有近百家，其销售额占比继续上升。消费模式更加多样化，个性化消费、网络类消费增速继续快于传统模式下的消费。网络商品零售总额居全国第七位。

二是乡村消费增速快于城镇消费增速，2018 年 1～9 月，城镇消费品零售额同比增长 11.1%，乡村消费品零售额增长 12.5%，乡村比城镇快 1.4 个百分点。尽管如此，四川省城镇化率虽不到 51%，城镇社会消费品零售总额却是乡村的 4 倍。

三是传统消费品继续保持较快的增长速度，其中服装、鞋帽、针纺织品类零售额同比增长 17.7%，食品、饮料、粮油、烟酒类同比增长 12.7%，餐饮收入增长 12.5%，家用电器和音像器材类零售总额同比增长 12.5%。

四是新兴消费类增长出现分化，信息、旅游、娱乐、体育用品类继续保持 18% 以上的增速，交通通信、医疗保健和教育文化娱乐支出，已经占据居民消费支出的 30% 以上。而前两年增长较快的通信器材类、汽车类增速下降，其中通信器材类低于全省平均水平 0.8 个百分点，汽车消费增速下降了近一半。

五是各区域消费市场均呈较快增长态势，川东北经济区、川南经济区的增长速度略快于成都市和环成都经济圈的增长速度。

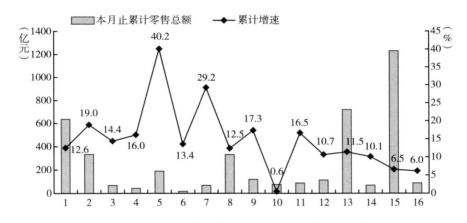

图 3　2018 年 1～8 月四川省社会消费品零售总额中限上企业各类商品零售总额及累计增速

说明：图3中，横坐标数字分别表示：1. 粮油、食品、饮料、烟酒类；2. 服装、鞋帽、针纺织品类；3. 化妆品类；4. 金银珠宝类；5. 日用品类；6. 体育、娱乐用品类；7. 书报杂志类；8. 家用电器和音像器材类；9. 中西药品类；10. 文化办公用品类；11. 家具类；12. 通信器材类；13. 石油及制品类；14. 建筑及装潢材料类；15. 汽车类；16. 其他类等。

资料来源：四川省统计局。

2. 投资需求保持稳定，三产占比继续上升

在投资总额近 3 万亿元的情况下，全社会固定资产投资仍然保持较快增长，前三季度增长 10.6%，预计全年增速应在 10.5% 左右，能够完成 10% 的目标任务。预计投资对经济增长的贡献率接近 50%。2018 年的投资有以下特点。

一是第三产业投资占比继续上升，上半年已经超过 70%。2018 年 1～6

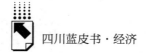

月，三次产业投资占比为 3.91∶25.98∶70.11。第二产业投资增速略有回升，1~9 月，工业投资同比增长 10.3%。第一产业投资增长速度有所提高。

二是在重大项目集中开工的推动下，重大项目建设进展良好，其中一季度集中开工项目 1861 个，重大产业项目投资额约占 52%。在产业投资项目中，新兴产业的投资增长速度显著快于固定资产增长速度。2018 年上半年，高技术产业投资增长了 43.2%。成都市为加大新兴产业投资力度，于 2018 年 8 月专门组织了一次医药健康产业重大项目集中开工，项目总投资 357.5 亿元，其中康养项目投资占 40% 以上。总投资 20 亿元的北科生物国家生物医学大数据产业园项目，也是这次开工建设的重点项目之一。

三是外商投资增长速度明显放缓，利用外资难度增加。虽然 2018 年上半年，外商投资新批备案企业增长了 40.4%，但实际到位资金仅增长了 2.1%。

四是除成都外，宜宾、绵阳、泸州等排在第二梯队的城市，投资项目数居前几位；发展滞后的广安等地，投资项目数量较快增长。

3. 进出口增速有所回落，但远高于2016年水平

2018 年前三个季度，四川省外贸进出口总额为 4221.1 亿元，同比增长 28.8%。其中出口 2332.3 亿元，增长 31.2%；进口 1888.8 亿元，增长 25.9%，出口略快于进口。进出口继续保持调整增长态势。虽然速度显著低于 2017 年同期水平，但与 2016 年的负增长相比，与全国 2018 年前三季度的数据相比，这仍然是一个非常快的增速。尤其是与全国相比，进出口总额增速要高近 20 个百分点。

2018 年外贸呈现的特征有以下三点。

一是增长速度波动明显。前两个季度增速均保持在 20% 以上，受中美贸易摩擦的影响，第三季度速度开始放慢。6 月当月进出口总额增长 15.9%，出口增长 19.3%，进口增长 11.5%。进入第三季度后，增长速度回升。

二是外贸商品结构继续优化。机电产品贸易额占全省对外贸易的比重已提高到 80% 以上，其中自动数据处理设备及其零部件和集成电路，占比约

为 60% ；汽车贸易则成倍增长。

三是外贸增长的主要动力，仍然来自加工贸易和一般贸易，来自外商投资企业进出口额增长。前者对全省进出口增长的贡献率超过 80% ，后者进出口总额约占全省的 70% 。

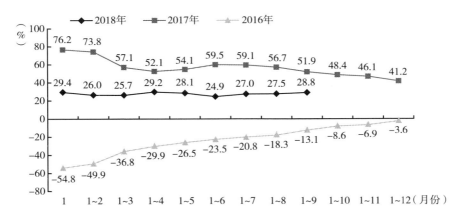

图 4　四川省 1 ~ 9 月进出口总额月度累计增长速度

资料来源：四川省统计局网站。

（二）三次产业同步增长，二、三产业快于全国

服务业增长速度最快，工业增速有所回升，农业继续保持相对稳定。三次产业的持续稳定增长，保证了经济运行在近几年形成的运行区间。2018年上半年，三次产业的运行特点如下。

一是二、三产业增速明显高于全国，其中第三产业对经济增长的贡献率进一步上升。第一产业增速保持在 3% ~ 4% ，基本与前两年的走势接近。第二产业增速在 7.7% 左右，与前两年基本持平，高于全国 1 ~ 2 个百分点。其中规模以上工业增长 8.3% 左右，较全国高约 2 个百分点；建筑业只增长 5% 左右，两者加权后约为 8% 。第三产业增长 9.5% ，略高于上年，同样高于全国 1.8 个百分点左右。

二是三次产业结构调整步伐加快，第三产业占比提高近 3 个百分点，是近年来提高较多的一年。第三产业对经济增长的贡献率达到 55% 左右。第二产业的贡献率下降近 2 个百分点，第一产业的贡献率下降近 1 个百分点。

三是各产业内部结构继续优化，高新技术产业、现代服务业比重进一步提高。如在规模以上工业中，原料采掘和初级加工业占比继续下降；制造业占比超过 80%，比上年提高近 0.3 个百分点，其中装备制造业比重超过 30%，比上年提高约 2 个百分点；高新技术产业增速更是达到 11% 左右，比规模以上工业高约 3 个百分点。2018 年 1~6 月，在全省规模以上工业产值中，高新技术企业增加值同比增长 10.1%，高于规上工业 2.1 个百分点，占规模以上工业的比重上升到 25.9%。

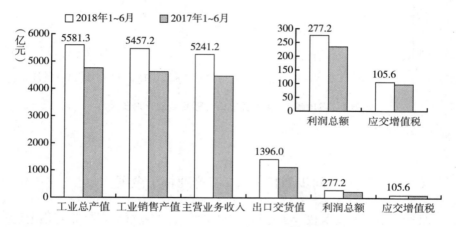

图5　2017 年上半年和 2018 年上半年高新技术产业主要指标

在服务业中，其他服务业增长 15.1%，此外，交通运输仓储和邮政业、金融业、房地产业等保持稳定增长。一些新兴业态如网络零售继续保持近 40% 的增速。

（三）经济效益有所提高，居民收入同步增长

在经济保持较快稳定增长的同时，企业效益、财政收入、城乡居民收入也实现了稳定增长，就业形势和物价水平稳定，绿色发展取得新进展，主要特征可以从以下指标反映出来。

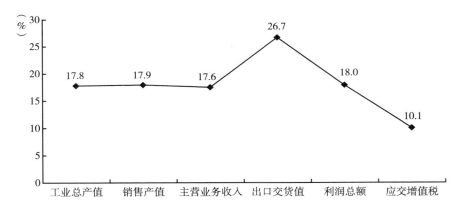

图6　2018年上半年高新技术产业主要指标同比增速

一是企业效益继续保持较快增长。2018年1~8月，规模以上工业利润同比增长23.5%，增速比全国平均水平高7.3个百分点，连续19个月保持20%以上增长。

二是财政收入增速快于上年。2018年上半年，地方一般公共预算收入同比增长14.1%，增速比上年同期高出近5个百分点，明显高于7.5%的目标。

三是城乡居民收入稳定增长。2018年前三季度，扣除价格因素后，全省居民人均可支配收入增长7.7%，比全国平均水平高1.1个百分点，在各省份中排第五名，全年能够完成政府预期目标。城乡居民收入倍差2.51，比上年缩小0.02。

四是就业和物价水平保持稳定。预计全年能够实现年初确定的就业目标。其中，前三季度全省城镇新增就业超过计划目标，增长4.6%左右。城镇登记失业率低于4%，低于全年控制目标。物价指数虽然较上年有所回升，但仍然在预期控制的目标范围内，总体表现稳定。1~9月，居民消费价格同比上涨1.6%，涨幅较上年高0.2个百分点，八大类价格都有所上涨，但涨幅都很小，明显低于年初计划值。工业生产者出厂价格（PPI）同比上涨4.7%左右，涨幅也低于上年水平。

五是绿色经济发展步伐加快。资源采掘及粗加工产业占比下降，循环经

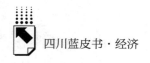

济快速增长，清洁能源、节能环保产业发展提速，工业增加值能耗和单位GDP能耗持续下降，全省规模以上工业综合能源消费量同比下降2.5%。

（四）调整部署，加快改革培育新动能

2017年，四川省委、省政府为稳定经济增长，作出了诸多新的战略部署，出台了一系列的政策措施。

1. 主动融入国家战略，积极谋划长远发展

围绕长江经济带、"一带一路"建设，四川在前期对接两大战略的基础上，又作出了一系列新部署。在区域战略上，根据"多点多极支撑发展"战略确定的做大区域经济板块、做强市（州）经济梯队、夯实底部基础的任务，结合十九大精神和国内经济形势变化，进一步提出"一干多支"战略，明确要构建"一干多支、五区协同"的区域发展格局，将环成都经济圈作为增长极重点培育，鼓励7个基础较好的区域性中心城市争当省域副中心城市，同时对各经济区发展有了新的要求。在开放战略上，提出"四向拓展、全域开放"，明确要突出南向、提升东向、深化西向、扩大北向，强力推动开放大通道建设，完善已建的国别园区功能，积极推动与更多国家设立国别园区。在创新体系建设上，围绕深入推进军民融合、协同创新等改革试验，大力探索创新主体培育，全面构建创新网络，加快建设创新型省份、创新型城市、创新型园区、创新型企业等，并向全国提供可复制可推广的经验。在营商环境建设上，大力推进简政放权，减少各种审批，全面实施市场准入负面清单制度。针对民营经济面临的困难，召开各种形式的座谈会，制订和落实促进民营经济发展政策措施，依法保护民营企业合法权益。充分利用设立自贸试验区的机遇，促进投资和贸易便利化。

2. 深化供给侧结构性改革，积极出台相关举措

进一步贯彻落实"三去一降一补"五大任务，根据四川自身实际，强化"一提一创一培"。

大力化解过剩产能。出台2018年度的推动落后产能退出工作方案，推动钢铁、水泥、平板玻璃、电解铝等能耗超标的、不符合产业政策的、不符

合环保、质量、安全等法律法规和相关标准的落后产能退出。如 2018 年前三季度通过兼并重组、产能置换等举措，共关闭退出 11 家煤矿企业，退出煤炭核定产能 126 万吨。将化解钢铁行业过剩产能的目标任务分解下达到相关市和企业，陆续关停列入省政府钢铁行业化解过剩产能目标任务的有关企业。梳理排查"地条钢"，确保已化解过剩产能和已淘汰落后产能不复产。2018 年上半年，通过减量置换减少普钢产能 52 万吨。清理整治"散乱污"企业，推进城镇人口密集区危化品企业搬迁改造。

大力推动房地产去库存。在加强房地产市场调控的情况下，2018 年前三个季度，四川房地产开发投资增速下降，商品房供应减缓，同时销售面积持续较快增长，远高于全国房地产销售的平均速度，商品住房库存消化周期降至 6 个月左右。

降低企业和政府杠杆率。2018 年，四川进一步把降低企业杠杆率作为工作重点，确定企业资产负债率预警线，加大对直接融资和降杠杆企业的奖补力度，一方面努力优化贷款结构，另一方面鼓励企业股权融资。2018 年 1~7 月，规模以上工业企业资产负债率同比下降 1.3 个百分点。加强对流入房地产市场资金的监测，严格落实差别化住房信贷政策。制订防范化解政府性债务和隐性债务风险工作方案，加大存量政府债务置换力度。

降低企业成本。出台《四川省 2018 年降成本工作要点》，制定《加快推进"最多跑一次"改革工作方案》，进一步降低企业税费负担、企业融资成本、制度性交易成本、人工成本、用能用地成本、物流成本等。2018 年上半年共为企业降低成本 312.76 亿元。

补齐发展短板。扎实推进精准扶贫，聚力住房安全、产业就业、基础设施等重点领域攻坚。着力补齐基础设施短板，天府国际机场航站区工程、双流国际机场扩能改造等项目有序推进。着力补齐公共服务短板，改善贫困地区义务教育薄弱学校办学条件。着力补齐生态文明短板，打好大气、水、土壤污染防治攻坚战，强化重污染天气应急处置，实施重点流域污染防治。1~8 月，全省优良天数率为 81.63%。

提质量、创品牌和培育新动能。制定《四川省开展质量提升行动实施方案》，大力提升产业、产品、工程、服务等方面的质量和改善环境质量。三次产业结构进一步优化，附加值高的产业占比上升。各产业内部突出新兴产业发展，如第一产业注重建基地、创品牌、搞加工，第二产业注重高附加值和高技术产业发展，第三产业注重生产性服务业发展。实施名牌发展战略，打造更多有影响力的品牌。产品质量进一步提高。2018年上半年，四川省质监局抽查了5916家企业，共涉及8239批次产品，批次合格率达到96.5%，比上年提高2.9个百分点。深入实施《中国制造2025四川行动计划》，做大做强电子信息、装备制造、食品饮料、先进材料、能源化工5个万亿级制造业和旅游业。加强知识产权保护和运用，加大研发投入，支持科技创新，大力建设科技企业孵化器、众创空间等示范基地。成都市为落实产业发展大会的部署，加快推进新经济发展，大力抓人才落户，正在形成新的发展动能。泸州、宜宾等地抓手机生产企业的引进，传统的产业结构开始发生变化。

3. 大力推进创新开放，搭建新的发展平台

用好全面创新改革试验平台。通过深入落实全面创新改革的"9张清单"，实施好30项国家授权推进的先行先试改革举措，不断总结和完善各项政策措施。

提升天府新区辐射能力。按照公园城市理念推进天府新区建设，进一步完善交通能源、公共服务、生态绿地等功能，加快建设成都科学城，打造新兴产业园，引进一批具有带动引领性的重大新兴产业项目以及重大科技基础设施。

加快建设空港经济区平台。加快推进天府国际机场航站区主体工程和配套工程建设，以及与机场连接的通道建设，包括高铁、地铁、高速公路、快速道路等。根据空港经济区发展建设规划，加快临空型制造企业、总部经济、跨境电商和现代物流企业的布局。

加快建设自贸试验平台。全面落实各项改革试验任务，形成投资和贸易便利化环境。提高利用外资的水平和质量，进一步促进先进制造业和现代服务业的发展。协同发展自贸试验区与全省重点园区，加强与上海、广东等自贸试验区的深入合作。

（五）存在问题依然突出，面临挑战日益增多

尽管 2018 年四川经济发展稳中有进，取得明显进步，但存在的问题也比较突出。

一是稳增长的压力进一步加大，经济增长内生动力不强。"三驾马车"中的投资继续下降，工业投资、民间投资活力有所减弱，最终消费增长速度也在回落。三次产业中的第二产业增速下降，部分重点行业和企业的增速回落。在 41 个工业行业大类中，共有 17 个行业增速与上年同期水平相比有所回落，前期增长快的汽车等行业，出现明显减速。第三产业增长速度也在回落，经济呈现下行态势。

二是产业结构不优、层次不高的问题仍然突出。劳动密集型、资源密集型、资金密集型产业，传统服务业和农业仍然占主体地位，战略性新兴产业、中度和深度加工产业、附加值和名牌产业的产值占总量比重上升较慢，规模以上工业企业主营业务收入利润率比全国低 0.3 个百分点，非公经济占比比全国低近 10 个百分点。

三是尽管成都市和环成都经济区、川南经济区、川东北经济区均实现了 8.2%～8.7% 的增长，但攀西经济区仅增长 4.3%，川西北地区仅增长 6%，这类区域下降的走势明显。增速下降较多的区域有两方面原因：一方面是功能定位调整后，要承担更多生态环境保护任务，下降是正常的；另一方面则是受到产业增长乏力、投资下降幅度大的影响。如发展快的区域，固定资产投资增速接近 20%，而发展慢的区域，投资甚至出现了负增长。由于引进的外部资金尤其是国外投资下降，消费增长也出现明显减速。目前，人均 GDP 高于全省平均水平的市（州）只有 5～6 个，还有几十个贫困县需要摘帽，近 200 万人的脱贫任务十分艰巨。攀西经济区增长 4.3%，川西北地区增长 6%，五区协同的发展态势是明显的。

四是创新能力弱的问题依然存在，创新引领发展的动力不足。全省 R&D 经费投入强度居各省份 14 位左右，明显低于经济总量的排位。大中型企业的研发投入占销售收入的比重明显低于东中部省市。

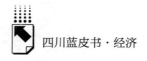

二 宏观环境变数增多，内在动力略有减弱

2019年，四川经济发展的宏观环境更加复杂多变，不确定因素进一步增多。从国际经济运行看，国际货币基金组织预计，整个发达经济体增速将下降0.2个百分点，新兴市场略有上升。在主要国家中，除印度等的经济增长速度高于2018年外，美国和俄罗斯经济增速会下降0.2个百分点，德国和日本经济增速下降0.1个百分点。从这些数据可以看到，2019年国际经济环境的宽松程度明显不如2018年。从国内看，虽然稳定经济增长的基础不会有根本改变，但要在加快转变发展方式、促进经济结构升级的同时，将速度稳定在合理的区间，面临的挑战不少。

（一）国家战略深入实施，发展空间继续拓展

"一带一路"建设、长江经济带和京津冀发展战略、粤港澳大湾区建设，将为优化生产力布局，调整空间结构，扩大投资和消费，开辟新的发展空间。尤其是西部大开发战略的深入实施，成渝城市群、天府新区和天府国际机场、自由贸易试验区的建设，全面创新改革的深化，打好脱贫攻坚战、推动革命老区、民族地区加快发展等重大部署和配套政策的实施，使四川面临着多种机遇叠加的有利条件。增加对西部地区高铁建设、地质灾害治理的投资，加大对扶贫、革命老区和民族地区的支持，就是这些重大战略部署的具体体现。2018年，高技术制造业、装备制造业和战略性新兴产业的增加值增速，分别快于规模以上工业2~5个百分点。新能源汽车、工业机器人、集成电路产量更是出现两位数以上增长。实物商品网上零售额、非实物商品网上零售额、化妆品类、家具类商品零售额均呈两位数增长，显示了在国家战略推动下，新的增长动力加快形成。

（二）稳定增长成为取向，政策举措继续加码

2019年，中国经济持续增长的动力依然。虽然在动力转换过程中，存

在着新动力生长跟不上传统动力消减的情况，从而导致中国经济增长动力有所减弱，但总体动力不会出现大的变化，能够支持经济保持稳定发展。现有投资结构决定了"降杠杆"与"稳增长"之间，存在着两难困境，更需要政策调控。从 2018 年前三个季度的指标看，1~3 季度，国内生产总值分别增长 6.8%、6.7%、6.5%，预计四季度可增长 6.4%，呈现稳中有降的走势，全年增速应保持在 6.6% 左右，比上年下降 0.3 个百分点。三次产业分别增长 3.4%、5.8%、7.7%，第三产业是稳定增长的主要动力。从各省份的情况看，2018 年前三季度，大部分省份 GDP 增速较上年同期有所回落。在将稳增长作为根本取向的情况下，中央会根据国内外形势变化，及时推出应对措施。

2018 年，中央已经针对中美贸易摩擦升级，一方面进一步深化改革开放，大力实施简政放权，改善营商环境；另一方面采取积极的财政政策，不断推出减税、支持民营经济和小微企业发展举措。同时，还采取了更为灵活的货币政策，通过多次下调存款准备金、优化各类主体的负债结构等，给予企业更多的支持。预计在 2019 年，为稳定经济增长，力度更大的减税措施，以及重大基础设施建设、生态环境建设、社会服务设施建设等的投资举措会不断推出，稳增长的力度不会减弱。国际货币基金组织预计，尽管中国的 GDP 增速有所减缓，但主要依靠内需的经济发展依然非常强劲，减缓只是经济正常且是恰当的转型过程。

表 2　部分机构对 2019 年中国经济增长的预测

单位：%

机　　构	2018 年	2019 年	备注
国际货币基金组织	6.6	6.4	2018 年 10 月 9 日进一步下调为 6.2%
中国社会科学院	—	低于 6.5	《经济蓝皮书夏季号：中国经济增长报告（2017~2018）》
亚洲开发银行	—	6.4	2018 年 9 月 29 日进一步下调至 6.2%
瑞银	6.5	6.2	去杠杆的影响，贸易摩擦影响 0.5 个百分点
世界银行	6.4	6.3	贸易保护让未来两年全球经济增长下滑
厦门大学	6.5 以上	6.5 以上	消费增长维持稳定，投资增长减速抑制经济增长

资料来源：根据网络公开资料整理。

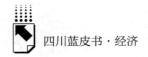
（三）贸易摩擦不断升级，造成的冲击日益显现

2018 年，不断升级的中美贸易摩擦正在对中国的出口、投资甚至消费产生程度不同的冲击。美国不仅对中国的出口商品加征关税，还在高新技术转让、投资、研发、人员交流等领域，采取各种限制性举措，同时试图联合其他发达国家创建新的贸易规则，将中国排除在外。这些给正在大力转变经济发展方式、优化经济结构、转换增长动力的中国，增添了更多的困难和挑战。2018 年中美在贸易上的相互制裁举措，虽然对直接相关的企业影响明显，但对总体进出口影响不大，有的企业为赶在这些制裁措施之前扩大出口，正在加紧生产。受这类短期因素的推动，2018 年的出口增长速度并不低。但进入 2019 年后，中美贸易摩擦的影响将会充分显示出来。如果按一些研究机构的估计，中美贸易摩擦将影响中国经济 0.3 ~ 0.5 个百分点，依此预计，2019 年中国经济仍将实现 6% 以上的增长。

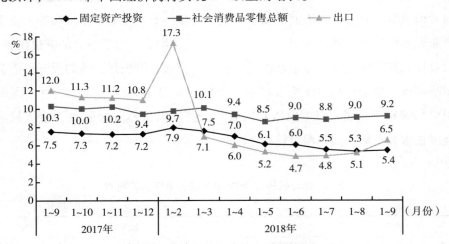

图 7　我国投资、消费、出口同比累计增速走势

资料来源：投资、消费数据来自国家统计局；出口数据来自中国海关总署。

（四）自身动力继续减弱，增长速度再次下行

从对经济增长贡献近 50% 的投资来看，受基础设施投资持续放缓的影

响，增速下降的趋势比较明显，固定资产投资继续减速。1～8月，全国投资累计增长5.3%，分别较上半年、上年同期降低0.7个、2.5个百分点。尽管四川省在同一时期制造业投资、民间投资分别增长7.5%、8.7%，较上半年提高0.7个、0.3个百分点，但这种势头不能保持。过去占比较大的基础设施建设、房地产开发等行业投资受政府投资平台、国有企业负债较高的制约，大规模增加投资的潜力有限。民营企业的投资在经过前期的回升后，即使有政府的大力支持，也很难扭转再次下降的走势。这些关键的投资主体能力减弱，必然影响投资增长速度。2018年前三个季度的数据反映，新开工项目的投资，已经连续10多个月下降。2019年，四川省的投资增速将呈个位数增长。

从对经济增长贡献率超过50%的消费来看，增速下降的趋势也不可避免。消费增长与投资增长关系密切，在投资逐步减速的情况下，要想保持消费不减速，是很难实现的。过去几十年的经济运行数据已经显示，投资增长较快的时期，也是消费增长较快的时期，两者总体上保持了同步，不同步只出现在较短的时间内。

从对经济增长贡献较大的制造业看，天然气、煤炭、食品、汽车等产业，正在出现下降走势。近几年增长较快的电子信息业，增速也出现较大回落。1～9月，部分行业和重点企业生产的波动较大。

服务业也出现了一定程度的下滑。尤其是传统服务业中的批发和零售业、交通运输业、仓储和邮政业、住宿和餐饮业增长速度明显下降，生产性服务业中的金融业出现低增长。由于这类行业在服务业中占比较大，其走势对服务业增长有很大影响。

此外，城乡居民收入、就业率、财政收入、企业效益，都面临不同程度回落的压力。

基于以上变化，四川省已经做出了应对部署。主动对接国家战略，四川将大力推动"一干多支、五区协同"发展格局的构建，积极推动成渝城市群建设。大力实施全面开放合作战略，通过"突出南向、提升东向、深化西向、扩大北向"，推动形成"四向拓展、全域开放"的新态势。通过深入

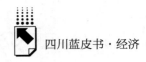

实施"251三年行动计划",促进更多企业、资本、技术、商品与"一带一路"国家的深度合作。天府新区建设、天府国际机场及空港经济区建设、自贸试验区建设、全面改革创新、环成都都市圈建设、高铁建设等,力度会进一步加大。供给侧结构性改革、营商环境优化、生态环境治理、促进民营经济发展将迈出新的步伐。着力推动电子信息、装备制造、食品饮料等产业主营业务超万亿元,将使特色优势产业得到较快发展。

根据以上分析,我们得出以下判断。

在"三驾马车"中,投资领域的基础设施、生态环境、公共服务、技术改造等的投资力度会继续保持,速度下降幅度小;房地产投资如果不出现大的政策调整,速度可以稳定在2018年水平;引进外资增速继续下降,传统产业投资增速下降,而新兴产业、特色优势产业、城市建设等的投资增速有所提高。消费领域的社会商品零售总额增速将稳中有降,房地产、汽车等商品销售的增速下降,旅游、信息、康养、文化娱乐等的增速继续增长。对外贸易领域,出口增速会明显回落,进口增速也将随之下降。

在三次产业中,第一产业将继续保持稳定,第二产业、第三产业稳中有降,第二产业增速保持在7%左右,第三产业增速保持在9%左右。其中,工业的增速下降幅度会略大一些,由2018年的8%以上,回落到7%～8%的运行区间,社会消费品零售总额增长10%以上。

基于以上判断,预计四川省在2019年,经济增长速度有条件稳定在7%～8%之间,投资增长速度不会低于7%,最终消费增长不低于8%,规上工业增加值增长7.5%左右。受经济增速下降、减税等因素影响,城乡居民收入、财政收入增速也将有所回落,物价指数、失业率等将略有上升。

三 稳定四川经济运行的一些政策措施

2019年国内外经济发展环境即将出现的一些新变化,需要四川从以下方面加强应对。

（一）着力稳定投资增长，优化投资结构

四川经济要实现7%以上增长，投资必须贡献2～3个百分点。在投资结构没有显著改善、投入产出比不高的条件下，如果不能实现7%以上的增长，投资对经济增长的贡献将不能满足稳增长需要。因此，继续抓好重大项目建设，是保证投资增长的根本举措。鉴于中美贸易摩擦的影响，中国还要进一步发掘内需的潜力，其中，对经济增长有重大影响的基础设施建设投资、生态环境建设投资、民生工程投资、房地产投资、高新技术投资，仍然是国家支持的重点领域。四川应加大与国家有关部委、国内外相关大企业对接的力度，争取有一批新项目进入投资盘子。对于正在建设的重大项目，尤其是高速铁路、机场、地铁、供水、垃圾处理、市政设施等项目，要积极为其创造条件，加快建设进度。同时，要加大投资结构优化的力度，大力引导投资主体和资金进入新兴产业、创新载体、品牌培育等领域，进入基础设施和民生工程的薄弱领域，提升投资的产出效益。

（二）进一步优化营商环境，优化要素结构

面对中国经济发展进入新常态，利用国内外投资难度加大的情况，区域之间的竞争优势将会更多聚焦于通过改善投资环境，用优越的环境吸引国内外资金、项目、技术、人才等的进入。当前，不仅要紧紧围绕实体经济发展尤其是"5＋1"产业的壮大，围绕解决薄弱环节和可持续发展的要求，深化供给侧结构性改革，继续针对要素供给流向不合理的实际，找出制度和政策设计上的问题，开展改革攻关；支持民营企业发展，留住各种社会资本，创造条件促进其做大做强，而且要充分利用全面创新改革、建设自贸试验区的有利条件，借鉴先进地区的创新做法，探索加快构建投资和贸易便利化的营商环境，在政府审批和服务、开放口岸建设、国别园区建设、各种重大展会平台搭建、中介服务机构引进、服务贸易创新发展的体制机制方面，取得实质性突破，真正建立起"一枚印章管审批"、"一支队伍管执法"、办事效率高、管理规范的经营环境。

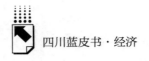

（三）加快生产力布局调整，优化区域结构

四川现有的生产力布局比较分散，既不能适应资源优化配置需要，为转向高质量发展增添了很大难度，也不能适应乡村振兴需要，难以解决农业经营规模小、商品化率低等问题。省委确定实施"一干多支"战略，着力构建区域发展新格局，为成都都市圈、环成都经济圈、区域性中心城市的发展，创造了有利条件。从四川发展现状和生产力布局需要看，当前应重点抓好以成都为核心的都市圈建设，通过在都市圈范围构建五个中心功能，增强核心增长极功能，强化"主干"对全省的引领辐射带动作用。相应地，高标准建设天府新区、高水平建设创新载体、大力度推进中高端产业发展，要作为最紧迫的任务推进。此外，集中力量加快区域性中心城市建设，强化这些城市对人口、产业、要素的集聚能力，对于深化各经济区合理分工与协作，提高全要素生产力，实现高质量发展，将起到关键性作用。围绕区域性中心城市，在交通设施建设、产业分工、市场布局、公共服务平台搭建、政策协同等方面，推出一些近期能够取得成效的举措。

（四）加快先进产业发展，优化产业结构

保持四川经济持续增长，更多要依赖产业规模的扩大和结构层次的提升。当前，要以产业结构优化升级为主线，按照高质量发展的要求，在加快构建现代化经济体系中，完成规模扩张和结构升级的双重任务。在具体的举措上，率先推动已经确定的先进制造业、生产性服务业的发展，前瞻性布局一批引领产业，在新能源汽车、航空航天、生物医药、轨道交通、节能环保等产业领域，加快引进和培育龙头企业，促进其形成产业链。积极推动优势特色产业的中高端化和数字化改造，加快实施产品换代、智能制造、绿色制造十大工程，着重在技术改造、质量提升、品牌创建方面下功夫。顺应服务业发展需要，大力推动旅游、现代物流、电子商务、科技服务、医疗健康、教育培训、会展经济等的发展，提高现代服务业对经济增长的带动作用。支持"中国制造2025"示范区、新型工业化产业示范区、与军工集团共建的

军民融合园区、现代服务业集聚区、重点产业园区、通用航空示范区的建设，鼓励各地根据比较优势和国家产业政策导向，明确各自的产业调整方向。

（五）强化创新驱动能力，优化技术结构

根据优势产业发展需要，全面强化技术支撑。一是深入推进军民融合，进一步挖掘四川国防科技工业在研发、设计、人才、技术等方面的潜力，积极引导地方企业和科研院所合作，参与军工科研院所改革，推动其与地方的协作；转化现有技术成果，开发军民共用技术，加快建立军民科技资源和信息共享的服务平台。二是依托高校和科研院所，依托正在试点的创新型城市，主动对接国家科技重大专项，谋划部署一批支撑创新的重大基础设施，布局建设国家实验室、工程技术研究中心、技术创新中心等，争取一批重大科技项目和工程落户四川。三是加强培育企业创新主体，完善企业增加研发投入的激励机制，进一步提高重点工业企业研发经费投入，对设立研发中心和创新平台的企业，给予政策和资金支持，推进科研机构与企业深化合作。四是实施人才强基工程，落实已经推出的重大人才引进专项，完善柔性引才办法，加快构建创新人才支撑体系。要积极主动推进人才向企业集中，在更大范围内推广科技成果混合所有制改革，调动人才主动转化科技成果的积极性。

综合篇

Comprehensive Reports

B.2

2019年四川省固定资产
投资发展分析与预测

陈 妤[*]

摘　要： 2018 年，四川省固定资产投资运行总体平稳，呈现规模持续
扩大、结构不断优化、重点项目推进有力、高新技术产业投
资加速等特点。与此同时，也存在新开工项目投资持续下降、
工业投资占比偏低、区域差异较大等问题。2019 年，四川省
固定资产投资总体上有望呈现平稳增长。

关键词： 四川省　固定资产投资　经济运行

---

* 陈妤，四川省社会科学院产业经济研究所助理研究员，硕士，主要研究方向为产业经济、计
量经济。

一 2018年1~8月四川省固定资产投资情况

（一）投资运行总体平稳，投资规模持续扩大

2018年上半年，四川省全社会固定资产投资累计完成13961.4亿元，同口径增速为10.6%，增速较上年同期回落0.4个百分点。按照国家口径（不包括农户投资），四川固定资产投资增长11%，比全国高5个百分点。2018年1~8月，四川省固定资产投资同口径同比增长10.6%，在全国十个经济大省中居第二位，高于全国平均水平。近两年来，四川省全社会固定资产累计增速基本保持在10%以上，其中，2018年一季度全社会固定资产投资增长11.3%、上半年增长10.6%，投资增速在波动中实现较快增长，为经济持续较快发展提供了要素支撑。

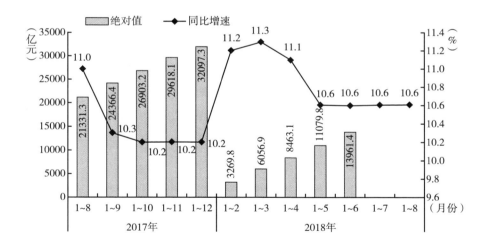

图1 2017年1~8月至2018年1~8月累计完成全社会固定资产投资情况

说明：2017年增速为累计增速，2018年增速为同口径增速。2018年1~7月以后，国家统计局网站及四川省统计局网站均未公布固定资产投资的绝对额数据。

资料来源：如无特殊说明，本文数据均来源于四川省统计局、四川省经信委等政府网站。

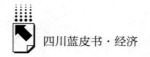

（二）三次产业投资结构不断优化

2018 年上半年，四川省第一产业累计投资 545.37 亿元，占全社会投资总额 3.9%，较上年增长 21%；第二产业累计投资 3627.28 亿元，占全社会投资总额 26%，较上年增长 9.3%；第三产业累计投资 9788.71 亿元，占全社会投资总额 70.1%，较上年增长 10.5%。随着四川省第三产业的快速发展，工业投资占比进一步回落，三次产业投资结构由 2017 年的 4.2∶28.9∶66.9 调整为 2018 年上半年的 3.9∶26∶70.1，一、二产业投资占比分别下降 0.3 和 2.9 个百分点，第三产业投资占比提高 3.2 个百分点。2018 年 1～8 月，四川省第一产业投资同比增长 8.3%；第二产业投资同比增长 9.2%，其中工业投资同比增长 10.3%，继续保持两位数的增长态势；第三产业投资同比增长 11.3%，在三次产业中投资增长最快。

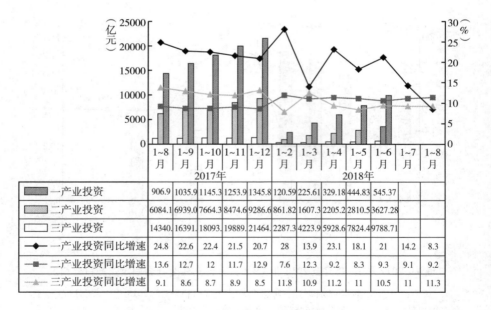

	1~8月	1~9月	1~10月	1~11月	1~12月	1~2月	1~3月	1~4月	1~5月	1~6月	1~7月	1~8月
			2017年					2018年				
▨ 一产业投资	906.9	1035.9	1145.3	1253.9	1345.8	120.59	225.61	329.18	444.83	545.37		
▦ 二产业投资	6084.1	6939.0	7664.3	8474.6	9286.6	861.82	1607.3	2205.2	2810.5	3627.28		
▢ 三产业投资	14340.1	16391.	18093.	19889.	21464.	2287.3	4223.9	5928.6	7824.4	9788.71		
◆ 一产业投资同比增速	24.8	22.6	22.4	21.5	20.7	28	13.9	23.1	18.1	21	14.2	8.3
■ 二产业投资同比增速	13.6	12.7	12	11.7	12.9	7.6	12.3	9.2	8.3	9.3	9.1	9.2
▲ 三产业投资同比增速	9.1	8.6	8.7	8.9	8.5	11.8	10.9	11.2	11	10.5	11	11.3

图 2　三次产业固定资产投资情况

近年来，随着国际国内形势和全省经济发展变化，四川充分发挥投资先导作用，不断调整固定资产投资结构，重点加强基础设施建设和工业产业发展，尤其是针对制约经济发展的交通、电力、城市基础设施等"瓶颈"加大投资力度，推动三次产业协调发展，投资结构逐步由"二、三、一"转变为"三、二、一"。

（三）工业投资规模持续扩大，结构不断调整优化

2018年上半年，四川省工业投资完成3570.6亿元，同口径增长10.3%，较全社会固定资产投资增速低0.3个百分点，占全社会固定资产投资的比重从上年同期的28.3%下降到25.6%；技改投资同比增长17.3%，连续29个月保持两位数增长。近年来，四川加快工业投资步伐，着力发展电子信息、装备制造、饮料食品、油气化工、钒钛钢铁及稀土、能源电力和汽车制造等七大优势产业，形成了门类齐全的工业体系。

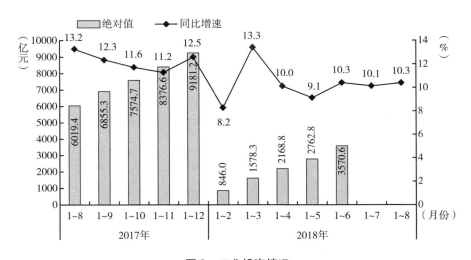

图3 工业投资情况

（四）房地产开发投资降幅收窄

从房地产开发来看，2018年上半年，四川省房地产开发投资累计完成

2646.5 亿元，同比下降 1.7%，1～8 月同口径增长 1.3%，在连续 10 个月下降后出现小幅回升。其中，一季度四川省房地产开发投资下降 4.6%，为近几年最大降幅，下降幅度接近 5%，但二季度的 4 月、5 月、6 月连续三个月下降减缓，6 月全省房地产投资增长 4.9%。从各市（州）来看，房地产投资的区域差异较大，2018 年上半年，除成都以外的 20 个市（州）房地产开发投资增长 16.4%，而成都市房地产开发投资下降 19.5%。成都市房地产投资占全省的 50% 左右，受近期下降幅度较大影响，成都市占全省房地产投资比重由 2017 年的 50.3% 下降到 2018 年上半年的 41.2%。这是导致全省房地产投资同比下降的主要因素。

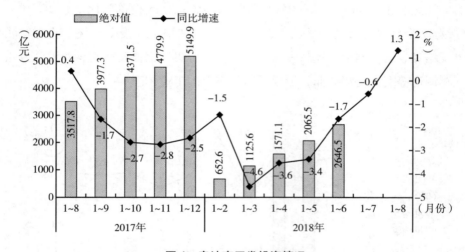

图 4　房地产开发投资情况

（五）重点项目推进有力，进度较好

2018 年以来，四川省继续深化"项目年"活动，1～8 月，全省 56 个重大产业项目、138 个省政府重点工业项目和 500 个重点工业及技术改造项目推进有力、进度较好，超过预计进度。具体来看，1～8 月 56 个重大产业项目累计完成投资 497 亿元，占年度投资计划的 80.8%。其中，银河化学红矾钠产业化技改项目（二期）正在进行两期工程并线试运行，省能投华鼎国联动力电池材料项目正在试生产，药明康德生命健康产业园项目正在基础设施建设阶段。1~8月138个省政府重点工业项目累计完成投资613亿元，占年度投资计划的67.9%。其中，中车轨道交通装备产业项目整车制造生产线主体已基本完工，邛崃市步长医药产业园项目主体工程已完工，成都巴莫动力电池及高端3C电子用锂离子电池材料产业化项目二期正在主体施工。1~8月500个重点工业及技术改造项目累计完成投资1097亿元，占年度投资计划的67.5%。其中，信利第五代TFT－LCD高端车载及智能终端显示工厂建设项目已全面进入装饰装修、机电安装施工阶段，二重集团新增160MN水压机配套锻造操作机项目已开始入场施工，长江锂离子动力电池项目正在进行场平及基础设施建设。

（六）高新技术产业投资加速，新动能的培育发展加快

四川省加快培育经济发展新动能，创新型经济特征更加明显。2018年上半年，四川省高技术产业完成投资1122.5亿元，同比增长43.2%，高于全社会固定资产投资增速32.6个百分点，其中，高技术制造业投资增长43.8%。

四川省进一步优化营商环境，深化"放管服"改革。2018年上半年，四川省民间投资同比增速达11.5%，高于全社会固定资产投资0.9个百分点，这是自2015年2月以来民间投资增速首次快于全社会固定资产投资增速。其中，工业民间投资保持较快增长，投资增速始终高于全国平均水平，占工业投资比重不断上升。工业投资内生动力显著增强，项目资金来源体现"民进国退"。

二　四川省各市（州）固定资产投资发展情况比较

2018年1~8月，四川省全社会固定资产完成投资18524.9亿元，较上年同期增长10.6%，增速下降0.4个百分点。从各市（州）来看，2018年1~8月，21个市（州）中有15个市（州）投资实现两位数增长，其中14个市（州）增速高于全省平均水平（10.6%），仅有2个市（州）（内江、凉山）固定资产投资较上年同期下降；与上年同期相比，10个市（州）投

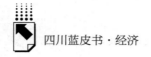

资增速比上年同期有所提高。

从五大经济区来看，成都平原经济区大部分市（州）增长强劲，全社会固定资产投资占全省比重达到 53.6%，除资阳固定资产投资增速为 9.7%，其他市（州）均实现两位数增长，其中，绵阳增速为 17.1%，在全省 21 个市（州）中增长最快。川南经济区增长也较快，全社会固定资产投资占全省比重为 16.7%，除内江下降 14.0% 以外，其他市均实现两位数增长。川东北经济区全社会固定资产投资占全省比重为 21.8%，除巴中增长 9.6% 外，其他市（州）均实现 10% 以上的较快增长。攀西经济区全社会固定资产投资占全省比重为 5.2%，其中，攀枝花增长 4.6%，凉山下降 14.0%。川西北生态示范区全社会固定资产投资占全省比重为 2.7%，甘孜、阿坝分别增长 14.6%、9.1%，均较上年同期有明显提升。

表1　四川省各市（州）全社会固定资产投资增速

区域	全省及市(州)	2018 年 1~8 月绝对额(亿元)	2018 年 1~8 月增速(%)	2017 年 1~8 月增速(%)	增速变动幅度(个百分点)
	全省	18524.9	10.6	11.0	-0.4
成都平原经济区	成都	5491.1	10.2	14.9	-4.7
	德阳	745.5	14.2	15.9	-1.7
	资阳	328.1	9.7	-24.6	34.3
	眉山	688.2	12.7	-5.0	17.7
	绵阳	872.9	17.1	13.6	3.5
	遂宁	743.6	13.3	13.4	-0.1
	雅安	331.5	15.6	-14.7	30.3
	乐山	730.1	14.7	15.7	-1.0
川南经济区	泸州	1181.9	16.1	17.8	-1.7
	宜宾	974.3	14.2	13.5	0.7
	自贡	468.9	16.2	15.4	0.8
	内江	465.6	-14.0	8.2	-22.2
川东北经济区	南充	1052.3	16.1	16.2	-0.1
	广元	432.2	15.1	15.0	0.1
	广安	947.4	14.0	14.5	-0.5
	达州	965.1	12.7	15.6	-2.9
	巴中	638.3	9.6	15.8	-6.2

续表

区域	全省及市（州）	2018年1~8月绝对额(亿元)	2018年1~8月增速(%)	2017年1~8月增速(%)	增速变动幅度（个百分点）
攀西经济区	攀枝花	398.2	4.6	3.8	0.8
	凉山	572.4	−14.0	−2.2	−11.8
川西北生态示范区	阿坝	208.8	9.1	−18.8	27.9
	甘孜	288.5	14.6	6.4	8.2

资料来源：表中资料来源于宜宾市统计局网站。

三　四川省与其他省份固定资产投资状况的横向比较

2018年1~8月，全国固定资产投资（不含农户）为415158亿元，同比增长5.3%，增速比1~7月回落0.2个百分点，回落幅度比1~7月的0.5个百分点有所收窄。8月固定资产投资（不含农户）环比增长0.44%。分区域看，东部地区固定资产投资同比增长5.7%，增速比1~7月回落0.1个百分点；中部地区固定资产投资增长9.2%，增速回落0.1个百分点；西部地区固定资产投资增长2.2%，增速回落0.1个百分点；东北地区固定资产投资增长1.7%，增速回落1.6个百分点。其中，四川省固定资产投资额增速在全国省份中排名第七，增速较全国平均增速高5.4个百分点；四川省固定资产投资额在西部地区排名第四，增速较西部地区平均增速高8.5个百分点。

从房地产开发投资来看，2018年1~8月，全国房地产开发投资76518.84亿元，同比增长10.2%，分区域看，东部地区房地产开发投资41237亿元，同比增长11.2%，增速比1~7月回落0.3个百分点；中部地区房地产开发投资16213亿元，增长9.7%，增速回落0.7个百分点；西部地区房地产开发投资15955亿元，增长6.6%，增速提高0.8个百分点；东北地区房地产开发投资3114亿元，增长17.3%，增速回落0.4个百分点。其中，四川省房地产开发投资额在全国省份中排名第七，增速较全国平均增速低 8.9 个百分点；四川省房地产开发投资额在西部地区排名第一，增速较西部地区平均增速低 5.3 个百分点。

表2　2018 年 1~8 月部分省份固定资产投资（不含农户）情况

单位：亿元，%

	固定资产投资（不含农户）增速	房地产开发投资	
		绝对额	增速
全国	5.3	76518.84	10.2
海南（东部）	-10.0	1087.28	-13.2
江苏（东部）	5.5	7580.55	17.6
浙江（东部）	6.7	6462.62	24.3
山东（东部）	5.9	4888.04	12.4
福建（东部）	13.3	3186.28	2.8
河北（东部）	5.6	2905.76	-9.3
广东（东部）	10.2	8869.07	21.0
辽宁（东北地区）	7.8	1883.46	12.0
湖北（中部）	10.7	3177.43	6.8
吉林（东北地区）	-4.0	696.86	26.8
黑龙江（东北地区）	-4.1	533.88	25.7
安徽（中部）	11.8	4208.32	20.4
山西（中部）	-9.1	921.22	14.0
江西（中部）	11.4	1378.77	8.9
河南（中部）	8.5	4212.27	0.3
湖南（中部）	10.2	2314.56	13.9
广西（西部）	11.1	1761.73	12.6
内蒙古（西部）	-35.0	605.64	-1.7
贵州（西部）	16.8	1574.89	14.5
云南（西部）	10.2	1832.35	11.5
西藏（西部）	9.0	53.38	151.0
陕西（西部）	11.8	2160.24	16.4
甘肃（西部）	-8.9	696.83	11.3
青海（西部）	-3.2	262.18	4.2
宁夏（西部）	-20.8	291.30	-27.3
新疆（西部）	-43.8	520.77	-21.7
四川（西部）	10.7	3563.38	1.3
四川省排名	7	7	21

资料来源：国家统计局网站。

四 四川省固定资产投资目前存在的问题

（一）新开工项目的投资持续下降

2018年上半年四川省新开工项目投资下降，具体体现在三个方面：一是项目个数下降，上半年新开工项目共7357个，项目个数下降42.5%；二是项目计划总投资下降，上半年新开工计划总投资8285.5亿元，计划总投资规模下降28.9%；三是项目完成投资下降，上半年新开工项目完成投资2453.8亿元，下降26.8%。自2017年8月以来已连续11个月下降。

（二）工业投资占比偏低

当前，四川省固定资产项目投资结构不优，产业项目不足，工业投资比重偏低。2018年1~8月，四川省工业投资增速已连续5个月低于全社会固定资产投资增速，上半年工业投资占全社会固定资产投资的比重从上年同期的28.3%下降到25.6%。

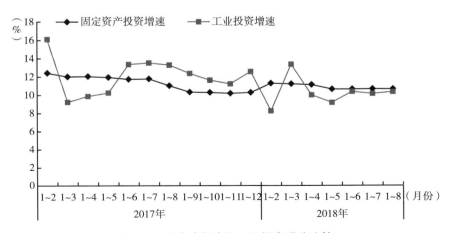

图5 固定资产投资和工业投资增速比较

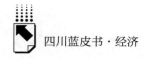

（三）区域差异较大

四川省固定资产投资区域差异较大，具体体现在两个方面。一是规模差异较大。2018年1~8月，成都市固定资产投资额为5491.1亿元，占全省比重为29.6%，远高于其他市（州），比排名第二的泸州市（1181.9亿元）高4309.2亿元。二是增速差异较大。2018年1~8月，内江、凉山固定资产投资呈现负增长（降幅均为14.0%），增速比增长最快的绵阳（增速为17.1%）低31.1个百分点。

五　四川省2019年固定资产投资主要指标预测

自2016年以来，四川"项目年"连续三年持续推进，基础设施投资建设力度较大，制造业投资、房地产投资相对较平稳，民间投资和工业投资2018年上半年均有所回升，固定资产投资的总体趋势稳定。总的来看，2018年下半年及2019年四川省固定资产投资具有稳定增长的基础，很大可能会保持稳定增长的发展态势。

对于2018年、2019年四川省固定资产投资的数据，笔者采用定性与定量相结合的方法预测。其中，定量方法采取双指数平滑法、Holt-Winters无季节性模型平滑法相结合的方式，以2000~2017年数据为基础，分别对2018年、2019年四川固定资产投资的数据进行预测。由于近几年四川省固定资产投资增速大致呈逐年下降的趋势，双指数平滑法、Holt-Winters无季节性模型平滑法预测结果均显示2018年、2019年四川省固定资产投资增速将下滑，而定性分析结果显示四川投资具有稳定增长的基础，固定资产投资有望缓中趋稳。因此，预计2018年、2019年四川省固定资产投资将实现10%左右的增长。

B.3
2019年四川省财政形势分析与预测

胡建中*

摘　要： 2018年四川省委、省政府提出"一干多支"发展战略，推动形成"一干多支、五区协同"区域协调发展格局。从2018年上半年来看，四川全省经济运行总体平稳，呈现稳中有进的运行态势，主要经济指标高于全国平均水平。四川全省一般公共预算总收入完成3085.6亿元，增长20%。但是，2019年，我国要面对外有中美贸易摩擦，内有进一步降费减税压力的环境，我们预测2019年四川财政收入大致会保持与经济相同的增长水平，即继续维持8%左右的增长速度。

关键词： 四川省　财政　减税

一　2018年1~5月四川财政收支情况①

（一）全省财政收入情况

从全省来看，1~5月，全省一般公共预算总收入完成3085.6亿元，增长20%。全省一般公共预算支出完成3466.4亿元，占全年预算额度

---

*　胡建中，博士，四川省社会科学院金融与财贸经济研究所助理研究员，主要研究方向为公共经济学、金融学。

①　本节资料来源为四川省财政厅国库处编《四川省2018年1至5月财政预算执行情况分析》，《四川财政与会计》2018年第6期。

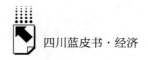

的 39.4%，增长 6.4%。全省政府性基金收入实现 1041.6 亿元，占全年预算额度的 94.7%；政府性基金支出 1034.3 亿元，占全年预算的 48.9%。

从地方财政收入来看，1~5月，全省地方一般公共预算收入完成 1817.4 亿元，占全年预算总额的 48.9%，比上年同期增加 233.2 亿元，增长 15.2%。其中：税收收入 1350.8 亿元，占全年预算的 51.7%，增长 21.3%；非税收入 466.6 亿元，占全年预算的 42.4%，增长 1%。全省上划中央"两税"收入完成 750.9 亿元，占计划额度的 52%，增长 30.1%。上划中央所得税完成 517.3 亿元，占计划额度的 63.9%，增长 23.8%。

从省级财政收入来看。1~5月，省级一般公共预算收入实现 388.7 亿元，占全年预算的 52.8%，增长 17.6%；一般公共预算支出完成 680.8 亿元，占全年预算的 32.4%，增长 2.7%。省级政府性基金收入完成 21.7 亿元，占全年预算的 41.7%；政府性基金支出 21.1 亿元，占全年预算的 16.3%。

（二）全省财政收入特点

1. 财政收入增长稳定

1~5月，全省地方公共预算收入运行总体稳定。增幅有所提高，1~5月，各月累计增幅分别为 16.4%、19.8%、12.1%、14.4%、15.2%，分别提高 7.3 个、10.6 个、3 个、5.4 个、6 个百分点；进度有所加快，5 月末收入进度达到 48.9%，快于上年同期 2.9 个百分点；财政收入质量进一步提升，全省税收收入占全省一般公共预算收入的 74.3%，比上年同期提高 4.4 个百分点。全省财政收入稳定增长，主要得益于经济运行平稳。1~4月，全省规模以上工业增加值增长 8.2%，累计增速已连续 16 个月保持在 8% 以上；全社会固定资产投资增长 11.1%，延续年初以来持续增长的势头；社会消费品零售总额增长 12.1%，累计增速已连续 14 个月保持在 12% 以上；全省 CPI 上涨 1.6%，PPI 上涨 5%，IPI 上涨 6.5%。

2. 税收收入增长较快

2018 年以来，全省地方税收收入保持较快增长，年内各月累计增幅均在 20% 左右。1~5 月，全省地方税收收入实现 1350.8 亿元，增长 21.3%，比上年同期增加了 11.4 个百分点。其中，增值税和企业所得税两项税收增长比较快，1~5 月累计增幅达 23.5%，比税收平均增幅高 2.2 个百分点，比上年同期增加了 18 个百分点；对税收的贡献率达到 63.5%，拉动全省税收收入增长 13.5 个百分点。

分行业看，全省工业、建筑地产、商贸流通、金融四大行业税收均实现正增长，呈现"三快一慢"增长格局，贡献全口径税收收入占全部税收收入的比重为 81.9%，比上年同期提高 1.1 个百分点。

工业税收增势良好。1~4 月，全省工业平稳运行。规模以上工业 41 个大类行业中，有 35 个行业增加值实现增长，行业增长面为 85.4%。其中，医药制造业、酒饮料和精制茶制造业、电力热力生产和供应业分别增长 16.1%、13.9% 和 11.4%。一季度，全省规模以上工业企业每百元主营业务收入成本比上年同期下降 0.5 元，主营业务收入利润率比上年同期提高 0.4 个百分点，工业企业利润持续保持 20% 以上的较快增长。在上述因素带动下，1~5 月，全省工业税收增长 32.3%，保持良好增长态势，其中来自采矿业，制造业，以及电力、热力、燃气及水的生产和供应业税收分别增长 3.1%、38.1%、19.5%。

建筑地产业税收增长较快。1~4 月，全省投资稳定增长。三次产业投资分别增长 23.1%、9.2%、11.2%。其中，基础设施投资增长 23.1%，工业投资增长 10%，交通运输投资增长 22.7%。随着土地供应增加和存量土地开发加快，全省房地产开发投资降幅比一季度收窄 1 个百分点；住宅投资改变了自上年 10 月以来持续下降的态势，增长 0.6%。民间投资增速回升，增速比一季度回升 1.6 个百分点；占全社会投资比重为 49.4%，比一季度提高 0.6 个百分点；同时，全省商品房销售面积增长 19.8%，保持较快增长势。在上述因素带动下，1~5 月，四川省建筑地产业税收增长了 29.9%，其中建筑业税收增长 32%，房地产业税收增长 28.9%。

商贸流通业税收增速稳定。1~4月，全省消费市场平稳增长，餐饮收入和商品零售分别增长12.7%和11.9%。限额以上16大类商品零售全部实现增长，其中：日用品类增长41.6%，书报杂志类增长25.4%，金银珠宝类增长23%。新业态势头良好，限额以上企业通过互联网实现的餐饮收入和商品零售分别增长39.1%和36.6%。全省铁路、公路、水路、航空运输货物周转量分别增长7.1%、8.7%、7.1%、9.9%。在上述因素带动下，1~5月，四川省商贸流通业税收增长了24.3%，其中批发零售业税收增长了23%，住宿餐饮业税收增长了11.8%，交通运输、仓储和邮政业三个行业的税收合计增长了36.8%。

金融业税收增幅较小。近年来，受营改增减税政策、MPA（宏观审慎评估体系）考核趋严以及各类金融去杠杆政策等因素的影响，金融业税收增长缓慢，维持低位运行态势。1~4月，全省金融机构人民币存款余额为73792亿元，增长7.6%，增幅比上年同期回落3.4个百分点；金融机构人民币贷款余额为50403.1亿元，增长12.1%，增幅比上年同期回落0.4个百分点。受此影响，1~5月，四川省金融业税收仅增长1%。

3. 非税收入增幅放缓

2018年前5个月，全省非税收入各月累计增幅分别为-8.3%、8.8%、2.3%、-0.8%、1%，总体较前两年同期有所放缓，其中1~5月增幅比上年同期放缓6.5个百分点。其原因主要是根据财政部有关要求，教育收费、医院医疗收入等不再纳入预算管理，造成相关收入减少。截至5月末，全省教育、卫生行政事业性费收入合计较上年同期减少17.7亿元，拉低非税收入增幅3.9个百分点。此外，为落实高质量发展要求，规范非税收入征缴和严格执行减费降负支持实体经济等政策，也是影响非税收入增长的重要因素。

4. 地区收入保持平稳

1~5月，全省地区财政收入规模扩大、进度加快、增幅提高，运行总体平稳。市（州）地方一般公共预算收入完成1428.8亿元，比上年同期增加1775亿元，完成全年预算的47.9%，增长14.5%，比上年同期提高4.9

个百分点。19个市（州）保持正增长，成都、川南、攀西、川西北四大经济区财政收入分别增长16.4%、19.6%、10.7%、6.6%，比上年同期分别提高6.5个、3.3个、3.2个、12.1个百分点；川东北经济区财政收入增速较上年同期略有放缓，但仍实现了13.7%的增长。

二　全省财政支出情况①

2018年以来，各级财政部门围绕省委、省政府决策部署，多方筹集资金，加快资金下达拨付。1~5月，全省财政支出完成3466.4亿元，占全年预算的39.4%，比上年同期增加209.2亿元，增长6.4%。全省下达10项民生工程和20件民生实事预算948.8亿元，占计划的93.2%；实际拨付资金396.7亿元，占年初计划的39%。教育、社保、医疗、节能环保、城乡社区、农林水、交通运输、住房保障等方面的支出合计占支出总额的76.4%，保持在较高水平，供给侧结构性改革、脱贫攻坚、绿色发展、创新创造等重点支出项目得到较好保障。其中：支持完善社会保障体系，全省社会保障和就业支出完成859亿元，比上年同期增加63亿元，增长7.9%；继续推动机关事业单位养老保险制度改革，完善企业职工基本养老保险制度、城乡居民养老保险制度，实施更加积极的就业创业政策等；支持打好污染防治攻坚战，全省节能环保支出44.6亿元，比上年同期增加3.8亿元，增长9.4%；支持打好大气、水、土壤污染防治"三大战役"，继续做好生态保护工作，支持开展环境执法监察等。

受多因素影响，5月当月支出增幅有所下降，1~5月累计增幅较2017年同期和2018年前期均有所回落，支出进度也有所放缓。5月当月，全省财政支出完成758.2亿元，下降0.6%，回落10.7个百分点，主要有以下几方面原因。一是上年同期基数高。2017年，四川省上下扎实推进"项目年"

---

① 本节资料来源为四川省财政厅国库处编《四川省2018年1至5月财政预算执行情况分析》，《四川财政与会计》2018年第6期。

活动，天府国际机场建设资金、铁路建设资金以及部分地区棚改、交通、城市建设等资金均在 5 月列支，使得基数较高。二是预算安排方式变化。2017年，四川省公路还贷专项资金 18.8 亿元在 5 月列支，2018 年四川省将此项支出纳入置换债务范畴，使得 5 月此项支出减少。三是前期进度较快。2018年以来，四川省财政支出进度总体快于往年同期，部分支出提前实现，导致5 月当月支出减少。

三　2019年四川财政形势预测

2018 年，在世界减税浪潮趋势下，我国不断推出减税降费措施，财政部部长刘昆在接受新华社专访时表示，预计 2018 年全年减税降费规模将超过 1.3 万亿元。据统计，中国 2018 年已出台 30 项减税降费的政策。例如，根据国家税务总局颁布的《关于调整增值税税率的通知》规定，从 5 月 1日起，降低制造业、交通运输业、建筑业、基础电信业等行业增值税率一个百分点；同时将工业企业小规模纳税人的年销售额标准 50 万元和商业企业小规模纳税人的年销售额标准 80 万元全部上调至年销售额 500 万元，并在一定期限内允许已登记为一般纳税人的企业转登记为小规模纳税人。自2018 年 1 月 1 日至 2020 年 12 月 31 日，将享受减半征收企业所得税优惠政策的小微企业年应纳税所得额上限从 50 万元提高到 100 万元。新个税法于2019 年 1 月 1 日生效，将个人所得税基本扣除标准提高至 5000 元/月（6 万元/年），并设立子女教育、继续教育、大病医疗、住房贷款利息或住房租金、赡养老人等专项附加扣除项目。9 月 28 日上午李克强总理在浙江台州主持召开座谈会时明确表示，要更大力度简政、减税、减费。减税要加快推进增值税税率"三档变两档"，研究降低增值税税率。10 月，财政部部长刘昆接受新华社记者采访时表示，"我们还在研究更大规模的减税、更加明显的降费措施。"因此，不论从国际国内环境来看，2019 年，减税仍然是大趋势，四川省 2019 年财政收入大致会保持与经济相同的增长水平，继续维持8% 左右的增长速度。

四　2019年四川财政政策

（一）加快实施"一干多支"战略，建设经济强省

四川省委提出实施"一干多支"发展战略。目前，成都在四川经济版图上长期"一城独大"。统计资料显示，成都市2017年的GDP占四川全省GDP的1/3，即使在全省排名第二的绵阳市，其2017年GDP仅为成都市的1/7。从五大经济区来看，成都平原经济区仅占全省17.8%的面积，却承载了全省45.8%的人口，贡献了61%的经济总量。与之对应的三州地区以全省60.3%的面积，贡献了仅仅5.3%的经济总量，其人口仅占全省的8.4%。因此，要建设经济强省必须打破四川区域经济发展的不平衡状态，壮大块状经济。川南经济区、川东北经济区、攀西经济区、川西北生态示范区应根据其自身资源禀赋优势，错位发展。川南经济区是四川的南大门，为南向开放的桥头堡，其应依托其独特的地理气候条件，大力发展白酒产业，做大做强川酒产业。川东北经济区可依托丰富的天然气资源，发展天然气化工，同时作为成渝城市经济城市群四川接合部，应加快成渝同城化，加快与西安的对接。攀西经济区可依托其独特的阳光资源、良好的生态环境，发展康养度假产业。川西北生态示范区作为全国和四川的生态涵养功能区，应保护好生态环境，同时借助其优美的自然风光、川西高原美景和特色民族文化，发展生态旅游业。

（二）深入实施乡村振兴战略，加快城乡协同发展

实施乡村振兴战略至少可以在两个方面为四川经济发展带来益处。首先，乡村振兴缩小城乡差距，改善乡村的生活和投资环境。四川作为内陆地区，地域广、人口多、底子薄，城乡发展不平衡。乡村振兴战略通过乡村人居环境的改善，公共服务的加强供给和基础设施的配套完善，可以改善乡村的生产、生活、投资环境，为乡村吸引更多的人流、物流、资金流，为乡村

的繁荣和发展提供坚实的基础。其次，乡村振兴改变我国原有的经济发展模式。统计资料显示，2017 年，四川年末常住人口为 8302 万人，其中城镇人口 4217 万人，乡村人口 4085 万人，常住人口城镇化率为 50.79%。因此，四川乡村消费市场发展空间还很大。应实施乡村振兴，盘活乡村资产，让农民变股东、资源变资产，释放乡村活力，拉动乡村消费市场，为四川经济可持续发展注入新的动力。

（三）深化财税体制改革，实施预算绩效管理

十九大报告指出，要"加快建立现代财政制度，建立权责清晰、财力协调、区域均衡的中央和地方财政关系，建立全面规范透明、标准科学、约束有力的预算制度、全面实施绩效管理。"

第一，按照国务院办公厅印发的《基本公共服务领域中央与地方共同财政事权和支出责任划分改革方案》，加快推进省以下财政事权和支出责任划分改革，推进构建权责清晰、财力协调、去均衡的省以下财政关系。

第二，强化部门预算管理，完善预算支出定额标准，发挥好预算评审作用，推动预算编制科学化和标准化，进一步推进预算公开透明，扩大向社会公开重点支出项目的范围，加快建设规范透明、标准科学、约束有力的预算制度。

第三，全面实施预算绩效管理。随着全省十项民生工程及 20 件民生实事、藏区"六项民生工程计划"、大小凉山彝区"十项扶贫工程"等民生工程的推出，公共产品和公共服务供给支出逐年增加。加上我国每年都推出减税措施，四川省各级财政收支矛盾日益突出。因此，推进全面预算绩效管理，改变原来支出基数固化、项目安排散碎、资金难以统筹导致的预算安排紧张与财政资金大量结余并存，部门资金需求急与支出进度缓慢并存的现象。通过绩效管理，提高财政资金使用效率，争取用更少的财政支出办更多的事，同时达到更高的目标。对于每一项财政支出，首先要抓好事前管理，科学地编制预算，制订出评价指标体系。其

次，在财政支出执行过程中，要做好事中监督，进行绩效评估、监督，评价政策目标落实程度、受益群众的满意程度以及项目的公平性评价。最后，根据评价结果及时修订和完善财政支出政策，以保证财政政策的社会效益和公平性。

B.4

2018～2019年四川省金融
形势分析与预测

罗志华*

摘　要：　基于2018年上半年四川省经济金融运行数据及报告期内影响因素分析，本文采用历史数据分析法和调查分析方法，对2018～2019年四川省银行保险业机构、资本市场等主要金融产业及市场参与主体运行趋势进行了分析及预测。本文认为，四川省金融业进入增长换挡期，报告期内呈现较明显降速转型趋势。促进我省地方法人银保机构科技金融转型和支持我省加大资本市场债市融资力度，将是未来方向。

关键词：　四川　金融业　资本市场　科技金融

一　2018年上半年四川省经济增长状况

四川省2018年前两季度经济数据显示，得益于产业结构调整和新动能培育提供的支撑，全省第三产业持续实现强劲增长，GDP增速连续7个季度保持在8%以上。2018年，尽管受中美贸易摩擦、房地产调控、"三去一降一补"等因素影响，四川省经济仍然表现出较强的发展韧劲，预计全年

---

* 罗志华，博士，四川省社会科学院金融与财贸经济研究所副研究员，主要研究方向为银行业改革与创新。

经济增速大概率保持在8%以上。

全省上半年GDP为18327.01亿元，增长8.2%，比全国平均增速高出1.4个百分点，比上年同期提升0.1个百分点。前两季度经济增长数据显示，投资和消费仍然是引领四川经济增长的两大引擎，两项指标明显优于全国平均水平。此外，受益于"一带一路"扩大开放和自贸区建设推进，对外贸易呈现两位数增长，形成新的增长极。

从产业增长结构看，与上年同期相比，第一产业增速有所回升，第二产业增速有所下降，第三产业增速略有上升。从增长贡献看，第三产业增长贡献较明显，增速比全国平均水平高2.3个百分点，主要是受其他服务业增长15.1%的支撑。

表1　2018年上半年与2017年上半年三次产业增长比较

类别	2017年上半年增速（%）	2018年上半年增速（%）	增速同比（个百分点）
第一产业	3.4	3.6	+0.2
第二产业	7.8	7.3	−0.5
第三产业	9.8	9.9	+0.1

资料来源：四川省统计局，作者分析整理。

表2　2018年上半年与2017年上半年制造业增长比较

类　别	2017年上半年增速（%）	2018年上半年增速（%）	增速同比（个百分点）
酒、饮料和精制茶制造业	13.5	13.0	−0.5
计算机、通信和其他电子设备制造业	21.5	8.7	−12.8
汽车制造业	11.3	7.3	−4.0
非金属矿物制品业	8.3	7.2	−1.1
电力、热力生产和供应业	8.0	11.4	+3.4

资料来源：四川省统计局，作者分析整理。

从投资、消费、贸易三大增长引擎看，四川省2018年上半年经济增长结构性调整特征较为明显，新增长极、新动能正在形成，新旧动能转换和产

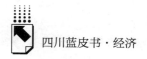

表3 2018年上半年与2017年上半年不同经济类型制造业增速比较

类　别	2017年上半年增速(%)	2018年上半年增速(%)	增速同比(个百分点)
国有企业	5.7	7.9	+2.2
集体企业	6.5	3.9	-2.6
股份制企业	8.2	8.6	+0.4
外商及港澳台商企业	13.4	5.8	-7.6

资料来源：四川省统计局，作者分析整理。

表4 2018年上半年与2017年上半年服务业增长比较

类别	2017年上半年增速(%)	2018年上半年增速(%)	增速同比(个百分点)
批发和零售业	7.4	5.8	-1.6
交通运输、仓储和邮政业	5.5	7.7	2.2
住宿和餐饮业	7.8	7.4	-0.4
金融业	8.2	4.1	-4.1
房地产业	10.2	7.5	-2.7
其他服务业	12.4	15.1	+2.7

资料来源：四川省统计局，作者分析整理。

业替换加快推进。从省委、省政府加快推进四川"一干多支"发展战略来看，战略布局调整、重大产业升级将为四川经济增长注入新动力。

上半年四川省全社会固定资产投资同口径同比增长10.6%，其中第一产业投资同比增长21%；第二产业投资同比增长9.3%；第三产业投资同比增长10.5%。与上年同期相比，2018年上半年第一产业、第二产业投资增速均显著下滑，第三产业投资增速略有上升。

表5 2018年上半年与2017年上半年投资增速比较

类　别	2017年上半年增速(%)	2018年上半年增速(%)	增速同比(个百分点)
第一产业	25.1	21.0	-4.1
第二产业	13.2	9.3	-3.9
第三产业	10.4	10.5	+0.1

资料来源：四川省统计局，作者分析整理。

　　上半年四川省社会消费品零售同比增长11.7%，增速比全国平均水平高2.3个百分点。与上年同期相比，2018年上半年餐饮收入、商品零售和社会消费品零售总额增速均有所下降。

表6　2018年上半年与2017年上半年消费增速比较

单位：%

类　　别	2017年上半年增速（%）	2018年上半年增速（%）	增速同比（个百分点）
餐饮收入	13.3	12.6	-0.7
商品零售	12.3	11.5	-0.8
社会消费品零售总额	12.4	11.7	-0.7

资料来源：四川省统计局，作者分析整理。

　　上半年四川省外贸进出口总额同比增长24.9%，其中出口增长27.5%，进口增长21.9%。与上年同期相比，2018年上半年外贸进出口均有明显幅度的降速，这是四川省外贸进出口基数逐年增大的合理降速。

表7　2018年上半年与2017年上半年外贸增速比较

类别	2017年上半年增速（%）	2018年上半年增速（%）	增速同比（个百分点）
出口额	52.4	27.5	-24.9
进口额	68.2	21.9	-46.3
外贸进出口总额	59.5	24.9	-34.6

资料来源：四川省统计局，作者分析整理。

　　从以上数据分析来看，四川省经济增速下行压力较为明显，在投资、消费、外贸等多个领域均面临不同程度的增速下行压力。另外，随着天府新区建设及成都东进战略全面实施、全面创新改革试验区和自由贸易区试验建设、"一带一路"陆港建设和大西南出海大通道建设的持续推进，随着供给侧结构性改革持续深化和消费转型升级加快，在"一干多支"战略引领下，四川省经济将获得较好增长韧劲和增速动能。

　　总体来看，尽管四川省经济增长面临较多不确定因素，但经济增速总体平稳，全年预计增长8%的概率较大。本文基于以上经济数据、影响因

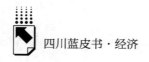

素及总体经济增长判断，对 2018 年及 2019 年四川省金融形势进行分析与预测。

二　2018年上半年及前三季度四川省金融业运行态势

2018 年上半年，四川省金融业发展增速仅为 4.1%，与上年同期相比下降 4.1 个百分点。受降杠杆、金融脱媒、化解不良、科技创新等因素影响，四川省金融业进入增长换挡期，呈现出较明显的降速转型发展态势。

（一）2018年1~9月存款类金融业机构运行态势

人民银行成都分行统计数据显示，2018 年 1~9 月，四川省金融运行形势总体平稳，传统存款类金融业机构在降杠杆、去不良、化解风险、调结构、发展转型等方面面临较大挑战。

1. 存款业务

2018 年 1~9 月，四川省本外币各项存款增速降幅较为明显，存款脱媒、利率市场化、交易互联网化日趋显著，部分存款绝对值出现负增长。非金融企业活期存款、非银行金融机构存款、境外存款等，均呈现出较大幅度的负增长，增幅分别为 - 8.23% 和 - 18.29%、- 29.39%。非金融企业活期存款负增长，导致非金融企业存款总额出现 - 2.55% 的负增长。这是多年来银行业发展中的罕见现象。在上年同期，仅有非金融企业定期及其他存款项目在"三去一降一补"改革背景下出现 - 0.55% 的负增长。

与上年同期相比，财政性存款呈现较大幅度增长，非金融企业定期及其他存款、住户定期及其他存款基本稳定，住户活期存款、非金融企业活期存款、机关团体存款等各项存款增长全面降速，非银行业金融机构存款余额、境外存款余额断崖式式下跌，各项存款余额整体下降 2.36%。

表8　2018年1～9月四川省本外币存款余额及变化

本外币存款 余额及变化	2018年9月 存款余额 （亿元）	2018年1～9月 各项存款增速 （％）	2017年1～9月 各项存款增速 （％）	同比变化 （个百分点）
一、各项存款	77419.07	5.94	8.30	-2.36
（一）境内存款	77312.60	6.01	8.22	-2.21
1. 住户存款	38301.99	9.38	9.10	0.29
（1）活期存款	12403.25	4.84	7.95	-3.11
（2）定期及其他存款	25898.73	11.70	9.68	2.02
2. 非金融企业存款	18818.88	-2.55	2.71	-5.26
（1）活期存款	8697.36	-8.23	6.56	-14.79
（2）定期及其他存款	10121.52	2.93	-0.55	3.48
3. 政府存款	17102.94	15.40	13.65	1.75
（1）财政性存款	1904.43	33.47	8.92	24.55
（2）机关团体存款	15198.51	13.48	14.26	-0.79
4. 非银行业金融机构存款	3088.79	-18.29	9.67	-27.96
（二）境外存款	106.47	-29.39	94.37	-123.76

资料来源：中国人民银行成都分行，作者分析整理。

以上数据显示，财政及公共部门流动性较为宽裕，住户部门流动性基本稳定，非金融企业部门、非银行金融部门流动性明显短缺。

不论是住户部门还是非金融企业部门，都存在活期存款显著下降、定期及其他存款增速上升的特征，这与资管新规颁布之后各家银行为适应金融脱媒和利率市场化推出结构性存款等产品创新有关，这些存款产品为稳定住户和非金融企业存款发挥了积极作用，促进了非金融企业定期及其他存款、住户定期及其他存款增速相比上年同期有所提升或止跌回升。特别是非金融企业定期及其他存款增速，相比上年同期回升明显。

四川银行业金融机构正在经历由金融脱媒、利率市场化、科技创新等叠加因素倒逼的艰难转型。

2. 贷款业务

2018年1～9月，四川省银行业本外币各项贷款总体增速基本保持稳定，增速同比略有下降，增长结构出现较大变化。除中长期贷款增速回调

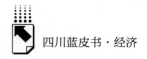

外，其他各类贷款增速均出现好转。

住户贷款中，短期消费贷款增速快速回调 20 个百分点，中长期消费贷款增速略有下降但基本保持稳定。尽管出现了结构性调整，短期消费贷款和中长期消费贷款增速仍保持较快增长，且总体增速相当。得益于宏观政策层面的大力度支持，短期经营贷款和中长期经营贷款均出现了较好的回升，其中短期经营贷款回升幅度达到 13.52%，从上年同期的 - 9.04% 升至 4.48%。

非金融企业及机关团体贷款中，中长期贷款增速回调，但仍保持着 11.57% 的较快增速。短期贷款增速转负为正，票据融资、各项垫款增速大幅回升。

非银行业金融机构贷款增速回升。境外贷款增速回调，但依然保持了较高增速。

融资租赁、各项垫款、非银行业金融机构贷款、境外贷款等各项贷款，尽管在 2018 年 1～9 月的绝对增速较高，但规模较小，对四川省银行业信贷市场影响不大。

表9　2018 年 1～9 月四川省本外币贷款余额及变化

本外币贷款 余额及变化	2018 年 9 月 贷款余额 （亿元）	2018 年 1～9 月 各项贷款增速 （%）	2017 年 1～9 月 各项贷款增速 （%）	同比变化 （个百分点）
一、各项贷款	54339.51	10.57	10.81	- 0.24
（一）境内贷款	53946.89	10.43	10.65	- 0.22
1. 住户贷款	17111.90	13.28	11.93	1.35
（1）短期贷款	2429.46	9.29	5.82	3.47
消费贷款	1141.58	15.27	35.28	- 20.00
经营贷款	1287.88	4.48	- 9.04	13.52
（2）中长期贷款	14682.44	13.97	13.08	0.89
消费贷款	11632.06	14.72	14.97	- 0.26
经营贷款	3050.37	11.20	6.52	4.68
2. 非金融企业及机关团体贷款	36821.41	9.13	10.14	- 1.01
（1）短期贷款	8396.57	2.48	- 1.18	3.66
（2）中长期贷款	27005.67	11.57	18.45	- 6.88

本外币贷款 余额及变化	2018 年 9 月 贷款余额 （亿元）	2018 年 1～9 月 各项贷款增速 （％）	2017 年 1～9 月 各项贷款增速 （％）	同比变化 （个百分点）
（3）票据融资	1292. 12	2. 39	− 32. 48	34. 87
（4）融资租赁	79. 83	104. 71	8375. 84	− 8271. 13
（5）各项垫款	47. 23	11. 95	− 14. 30	26. 25
3. 非银行业金融机构贷款	13. 58	372. 46	− 88. 82	461. 28
（二）境外贷款	392. 62	33. 76	44. 46	− 10. 70

资料来源：中国人民银行成都分行，作者分析整理。

从以上数据看，强化房地产调控、支持实体经济和中小微企业发展等宏观调控政策正在发挥效力，信贷结构明显优化。

（二）2018年1～8月资本市场运行分析

2018 年是四川省落实《关于显著提升直接融资水平全面服务实体经济的实施意见》的关键之年，也是实施"五千四百"计划的关键之年。一方面受益于"提高直接融资比重，促进多层次资本市场健康发展"的政策红利，另一方面受"三去一降一补"特别是降杠杆的影响，四川省资本市场出现了稳中有增、稳中有变、稳中有新的新形势、新格局。

中国证监会四川监管局数据显示，截至 2018 年 8 月末，四川省有 A 股上市公司 119 家，比上年同期增加 5 家；总市值 1. 22 万亿元，比上年同期减少 2900 亿元；年内合计融资 1892. 89 亿元，比上年同期增加 1275. 8 亿元，增长 206. 74%；在全国股份转让系统（新三板）挂牌交易公司 326 家，比上年同期减少 1 家；有证券分公司 54 家，比上年同期增加 8 家；有证券营业部 423 家，比上年同期增加 17 家；年内实现证券交易额 7. 06 万亿元，比上年同期下降 1. 64 万亿，降幅达 18. 81%；有期货营业部 52 家，比上年同期增加 3 家；年内实现期货交易额 4. 18 万亿，比上年同期下降 506 亿元，降幅为 1. 2%。

表10 2018年1~8月四川省证券期货业概况

序号	主要指标	本期数据	上年同期	增减变化
1	本年累计融资金额(亿元)	1892.89	617.1	比上年同期增长206.74%
2	上市公司家数(家)	119	114	比上年同期增加5家
3	其中:主板(家)	63	61	比上年同期增加2家
4	中小板(家)	28	27	比上年同期增加1家
5	创业板(家)	28	26	比上年同期增加2家
6	上市公司总市值(万亿元)	1.22	1.51	比上年同期下降19.21%
7	新三板挂牌公司家数(家)	326	327	比上年同期下降1家
8	证券公司家数(家)	4	4	与上年同期持平
9	证券公司分公司家数(家)	54	46	比上年同期增加8家
10	基金公司分公司家数(家)	14	14	与上年同期持平
11	投资咨询公司家数(家)	3	3	与上年同期持平
12	证券营业部家数(家)	423	406	比上年同期增加17家
13	辖区本年累计代理证券交易额(亿元)	70601.53	86956.92	比上年同期下降18.81%
14	期货公司家数(家)	3	3	与上年同期持平
15	期货营业部家数(家)	52	49	比上年同期增加3家
16	辖区本年累计代理期货交易额(亿元)	41767.66	42274.21	比上年同期下降1.2%

资料来源：中国证监会四川监管局。

另外，在"五千四百"计划推进下，四川省部分企业积极赴境外上市。截至2018年8月，在香港上市公司数量增至25家，相比2017年7月末新增3家。尽管如此，四川省赴境外上市公司仍存在数量不多、质量不高、市值不大等短板。2018年1~9月（9月20日数据）中国内地赴境外上市的29家科技公司中，四川仅成都有1家，市值（统计时点）仅为10.6亿港元。截至2017年7月末，在港交所上市的22家四川公司总市值（统计时点）仅为1092亿港元，为港交所上市公司总市值的0.4%。

截至2018年6月末，天府（四川）联合股权交易中心挂牌企业达3225家，涵盖信息技术、制造业、金融、交通运输、仓储业等领域，部分企业通过挂牌实现融资。

从全国债券市场2018年1~8月发行数据来看，年内债券总计发行8.98万亿元，比上年同期略为下降2.84%。2018年9月债券发行呈加速态势，

1～9月债券总计发行 10.63 万亿元，比上年同期略为增长 1.73%。

四川省在政府发债融资、企业发债融资和资产支持证券等三个方面向资本市场拓展。四川省人大常委会批准四川省政府 2018 年末债务上限为 10280 亿元，批准四川省政府 2018 年新增债务 1071 亿元，其中通过资本市场发行地方政府债券 1065.3 亿元，占比为 99.47%。2018 年，四川省政府多次出手，通过财政部上海证券交易所政府债券发行系统、财政部深圳证券交易所政府债券发行系统等发行多期一般债券和专项债券，在资本市场发债已成为四川省政府负债主要来源。

2017 年末，四川省政府债务余额为 8503 亿元，地方政府债券为 7710 亿元，占负债来源的 90.67%。

（三）2018年1～8月保险业机构运行态势

中国保监会四川监管局数据显示，2018 年 1～8 月，四川保险业共实现原保险保费收入 1415.19 亿元，同比增长 -3.84%，出现负增长态势，相比上年同期增速下降 19.37 个百分点。其中，财产险保费收入同比增长 0.67%，相比上年同期增速下降 10.43 个百分点；人身险保费收入同比增长 -5.09%，相比上年同期增速下降 21.90%。其中，人身意外伤害险继续保持稳定增长态势，增长 8.12%，相比上年同期增速下降 15.16 个百分点；健康险增长 4.58%，相比上年同期增速有所回升；寿险增速为 -7.28%，大幅回落 27.87 个百分点。

从增速变化来看，健康险收入由负增长转正增长，从上年同期的 -1.18% 转为报告期内的 4.58%，增速上升 5.76 个百分点。但其他各项增速指标均大幅下行，降幅从财产险的 10.43 个百分点到寿险的 27.87 个百分点不等。

四川保险业 2018 年的数据变化情况，与全国保险业数据变化趋势基本一致，但变化幅度存在一定差异。其中，财产险收入，四川保险业增速为 0.67%，全国保险业增速为 11.24%，四川保险业比全国低 10.57 个百分点；人身意外伤害险收入，四川保险业增速为 8.12%，全国保险业增速为

17.98%，四川保险业比全国低9.86个百分点；健康险收入，四川保险业增速为4.58%，全国保险业增速为18.83%，四川保险业比全国低14.25个百分点；寿险收入，四川保险业增速为−7.28%，全国保险业增速为−9.35%，四川保险业降速比全国高2.07个百分点。

表11 四川保险业原保险保费收入及增速变化

收入项目	2018年1~8月累计收入（人民币亿元）	2018年与上年同期同比增长（%）	2016年与上年同期同比增长（%）	增速变化（个百分点）
原保险保费收入	1415.19	−3.84	15.53	−19.37
1. 财产险	320.75	0.67	11.10	−10.43
2. 人身险	1094.43	−5.09	16.81	−21.90
（1）人身意外伤害	33.59	8.12	23.28	−15.16
（2）健康险	180.39	4.58	−1.18	5.76
（3）寿险	880.45	−7.28	20.60	−27.87

资料来源：中国保监会四川监管局，作者分析整理。

表12 全国保险业原保险保费收入及增速变化

收入项目	2018年1~8月累计收入（亿元）	2018年与上年同期同比增长（%）	2016年与上年同期同比增长（%）	增速变化（个百分点）
原保险保费收入	27449.58	−0.74	20.45	−21.19
1. 财产险	7106.07	11.24	13.36	−2.12
2. 人身险	20343.51	−4.34	22.76	−27.09
（1）人身意外伤害	714.51	17.98	20.13	−2.15
（2）健康险	3796.43	18.83	3.12	15.71
（3）寿险	15832.56	−9.35	27.29	−36.64

资料来源：中国保监会，作者分析整理。

数据显示，不论是四川还是全国，保险业正发生较大变革。传统地推式保险投保和营销模式已逐步萎缩，互联网线上投保和保险销售渠道正在成为主流模式。财产险、健康险和人身意外险等保险产品快速线上化，使四川省区域部分保费收入直接归入保险公司总部线上收入，导致四川保险业以上业务收入增速显著低于全国水平。

在四川保险业赔付支出方面，2018年1～8月各项赔付率延续稳定态势。相比2016年、2017年同期，财产险赔付率略有上升，从46.43%、47.17%上升至55.41%。人身险赔付率总体稳定。其中，人身意外伤害险赔付率相比2016年、2017年同期有所下降，从28.86%、26.02%逐年下降至25.83%；健康险赔付率相比2016年、2017年同期有所上升，从15.36%、20.51%上升至25.41%；寿险赔付率相比2016年同期有所下降，与2017年同期基本持平，维持在21.12%。

表13 四川保险业2017年1～9月赔付率同比变化

支出项目	2018年1～8月原保险赔付支出（亿元）	2018年1～8月赔付率（%）	2017年1～8月赔付率（%）	2016年1～8月赔付率（%）
原保险赔付支出	418.16	29.55	26.83	29.00
1. 财产险	177.72	55.41	47.17	46.43
2. 人身险	240.44	21.97	21.21	23.93
（1）人身意外伤害险	8.68	25.83	26.02	28.86
（2）健康险	45.83	25.41	20.51	15.36
（3）寿险	185.93	21.12	21.18	25.67

资料来源：中国保监会，作者分析整理。

三　2018～2019年四川省金融业发展预测

（一）2018～2019年四川银行业发展趋势预测

2018～2019年，主要受降杠杆、存款脱媒、不良资产化解、金融科技转型等影响，四川银行业金融机构在2018年1季度普遍出现了资产规模、存款规模快速下滑等明显缩表特征，上半年经济增加值相比上年同期下滑50%，利润增长放缓。

尽管2018年总体信贷政策保持中性稳定，流动性支持适度宽松，但受降杠杆、入表等导致的不良资产率上升、拨备计提压力增大等影响，四川省

银行业金融机构2018年全年相比上年同期利润增速下滑几成定局。

银行业金融机构向科技金融转型已是时代必然趋势。但四川省内部分法人银行业金融机构科技力量不足，科技意识不强，在业务、管理、市场拓展、风控技术等方面，仍停留在传统银行作业方式上。在当前环境下，这类银行业金融机构均面临管理成本高、风险压力大、业务效率低、市场竞争力不强等困难。

在银保监会等监管部门各项监管政策的支持和激励下，2018年银行业金融机构"两增两控"目标基本达到。针对流动性困难企业实施市场化、法制化债转股成效显著。银保监会就商业银行对民营企业增加授信、降低融资成本提出了具体目标。以上政策有利于保持2018～2019年信贷增速整体稳定，有利于保持民营企业、小微企业信贷增速稳定或略有上升。

总体来看，2018～2019年对于四川银行业金融机构来说仍将异常艰难，发展面临诸多挑战，未来不确定性因素增多。2018～2019年，大型银行业机构网点转型、功能调整和网点人员缩减仍将持续，中小法人银行机构增资扩股、建设科技平台、向科技金融转型刻不容缓，甚至不排除部分高风险地方银行业机构出现并购重组等行业整合。

笔者以2017年末数据为基准，以2018年1～9月同比增长率为参考值，对四川银行业金融机构2018～2019年本外币存贷款增长预测如下，详情可见表14、表15。

表14 四川银行业金融机构2018～2019年本外币存款增长预测

本外币存款余额及变化	2017年12月末存款余额（亿元）	2018年1～9月同比增长率（%）	2018年12月末存款余额（亿元）	2017年12月末存款余额（亿元）
一、各项存款	73079.41	6.87	78100.58	83466.74
（一）境内存款	72928.63	6.89	77952.53	83322.51
1. 住户存款	35016.75	9.09	38198.38	41669.09
（1）活期存款	11830.26	5.56	12488.00	13182.30
（2）定期及其他存款	23186.50	10.86	25704.43	28495.81
2. 非金融企业存款	19311.39	-0.56	19203.15	19095.52

本外币存款余额及变化	2017年12月末存款余额（亿元）	2018年1～9月同比增长率（%）	2018年12月末存款余额（亿元）	2017年12月末存款余额（亿元）
（1）活期存款	9477.71	-3.43	9152.73	8838.90
（2）定期及其他存款	9833.68	2.04	10034.68	10239.78
3. 政府存款	14820.33	19.98	17780.73	21332.47
（1）财政性存款	1426.85	21.87	1738.84	2119.04
（2）机关团体存款	13393.48	19.74	16037.70	19203.94
4. 非银行业金融机构存款	3780.15	-23.50	2891.65	2211.99
（二）境外存款	150.79	-4.75	143.62	136.80

表15　四川银行业金融机构2018～2019年本外币贷款增长预测

本外币贷款余额及变化	2017年12月末贷款余额（亿元）	2018年1～9月同比增长率（%）	2018年12月末贷款余额（亿元）	2017年12月末贷款余额（亿元）
一、各项贷款	49144.09	10.57	55345.93	62330.42
（一）境内贷款	48850.57	10.43	54953.36	61818.55
1. 住户贷款	15106.06	13.28	17627.07	20568.79
（1）短期贷款	2222.92	9.29	2463.30	2729.68
消费贷款	990.32	15.27	1203.07	1461.52
经营贷款	1232.60	4.48	1267.24	1302.85
（2）中长期贷款	12883.14	13.97	15166.22	17853.88
消费贷款	10139.96	14.72	11994.09	14187.26
经营贷款	2743.18	11.20	3171.64	3667.01
2. 非金融企业及机关团体贷款	33741.63	9.13	37321.09	41280.28
（1）短期贷款	8193.65	2.48	8290.80	8389.10
（2）中长期贷款	24204.82	11.57	27523.31	31296.76
（3）票据融资	1261.98	2.39	1408.08	1571.10
（4）融资租赁	39.00	104.71	99.14	252.02
（5）各项垫款	42.19	11.95	37.84	33.95
3. 非银行业金融机构贷款	2.87	372.46	27.34	259.99
（二）境外贷款	293.52	33.76	391.22	521.44

（二）2018～2019年四川省资本市场发展预测

2018年1～10月，受降杠杆、中美贸易摩擦和美联储加息等不利因素影响，全球资本市场出现较大波动。一方面，国内 A 股市场指数持续下行，部分上市公司股票质押融资触及或击穿平仓线，导致资本市场金融风险凸显。另一方面，债券市场频频出现违约，导致债券发行特别是民营企业债券发行出现较大困难，债市利率上行。

中央政治局会议提出了积极的财政政策和稳健的货币政策总基调，提出稳就业、稳金融、稳外贸、稳外资、稳投资、稳预期等"六稳"政策目标，以应对来自内外部的挑战。与此同时，中央高层和一行两会相继发声支持民营经济发展，支持股市健康发展，支持民营企业发债融资。各地相继设立稳定基金，给予长期资本入市以政策支持，采取有力措施稳定资本市场。在上海证券交易所设立科创板并试点注册制。

基于以上背景，2018～2019 年四川省资本市场发展可期。在省委省政府《关于显著提升直接融资水平全面服务实体经济的实施意见》等战略指引下，以"五千四百"计划为战略目标，四川省在大力发展直接融资、推动公司上市及并购整合、扩大债市融资规模等方面，将有积极作为和成效。

《关于显著提升直接融资水平全面服务实体经济的实施意见》提出实施债券优先战略，壮大融资担保体系，打造一家注册资本金 60 亿元以上、信用评级在 AA＋以上的省级融资担保机构，发展一批以市（州）、县（市、区）人民政府出资为主，资本充足、主业突出、经营规范、实力较强、信誉较好的政府性融资担保机构，服务四川发债企业，为符合条件的信用评级在 AA 以下的企业提供增信担保。

从实施进展来看，四川发展融资担保股份有限公司（由四川金融控股集团有限公司、国开发展基金有限责任公司、四川发展投资有限责任公司共同出资成立，注册资金 58.82 亿元，获 AAA 评级）、天府（四川）信用增进股份有限公司（由四川发展、四川金控、铁投集团和交投集团等省属国企和成都高投集团、双流兴城、成都金控集团、成都工投集团、中银投资等市属企业、金融机构共同出资，注册资本 40 亿元）、四川金玉融资担保有限责任公司（四川金鼎产融控股有限公司、中国农发重点建设基金有限公司、四川省水电投资经营集团有限公司共同出资成立，注册资金 50 亿元，获 AA + 评级）已相继设立并运营，支持四川省债券融资优先战略。债券融资将在四川省政府和企业直接融资渠道中发挥越来越重要的作用。

股权融资方面，IPO 上市融资空间有限，企业并购融资潜力较大，企业并购融资或成为股权融资主要渠道。在"五千四百"战略目标推动下，天府（四川）联合股权交易中心挂牌企业数量有望超过 5000 家，形成区域性股权交易市场。

鉴于以上判断，笔者对四川省资本市场主要指标预测如下，详情可见表 16。

表16 2018~2019 年四川省证券期货业主要指标预测

主要指标	2018 年	2019 年
境内外上市公司家数（家）	145	155
其中境内 A 股上市公司（家）	120	130
上市公司总市值（万亿元）	1.45	1.70
"新三板"挂牌公司家数（家）	330	450
天府（四川）联合股权交易中心挂牌（家）	4000	5000
证券公司家数（家）	4	4
证券公司分公司家数（家）	55	60
基金公司分公司家数（家）	14	14
投资咨询公司家数（家）	3	3
证券营业部家数（家）	430	450
辖区本年累计代理证券交易额（万亿元）	11.00	12.00
期货公司家数（家）	3	3
期货营业部家数（家）	53	55
辖区本年累计代理期货交易额（万亿元）	6.00	6.50

财政部核定四川省 2018 年地方政府债务限额 1.028 万亿元，可发行地方政府债券融资 1065.3 亿元。此外，2018 年四川省地方政府存量债务置换发债规模上限为 1200 亿元，偿还到期债务发债规模上限为 500 亿元。以上发债项目，为四川省地方政府实施资本性融资打开了空间。

随着四川发展融资担保股份有限公司、四川金玉融资担保有限责任公司、天府（四川）信用增进股份有限公司对川内企业发债融资增信能力的

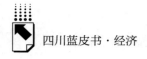

提升，四川省省属企业、市属企业和民营企业发债融资均有较大增长空间。

（三）2018~2019年四川保险业发展预测

2018~2019年，保险业变革仍将继续，互联网保险、线上投保及理赔、互联网相互保险等新模式相继出现，保险可得性和参与性、体验性变得越来越好，各类保险逐步回归保障功能。这些变化，正深刻影响着四川保险业的发展。

基于以上判断，笔者以2018年1~8月同比增速为2018年、2019年各项指标年度增速的预测参考，对四川保险业机构主要经济指标预测如下，详见表17。

表17　四川省保险业机构2018年、2019年主要经济指标预测

单位：亿元

经济指标	2018 年	2019 年
原保险保费收入	1864.89	1793.26
1. 财产险	499.67	503.00
2. 人身险	1369.63	1299.95
（1）人身意外伤害	50.36	54.45
（2）健康险	245.60	256.85
（3）寿险	1077.10	998.74
原保险赔付支出	617.69	654.09
1. 财产险	285.08	337.05
2. 人身险	336.42	330.72
（1）人身意外伤害	13.16	14.13
（2）健康险	76.79	99.50
（3）寿险	250.23	231.33

（四）预测局限与不足

鉴于知识结构、数据来源及研究方法等局限，以及经济环境与政策变化，本文对2018~2019年四川省金融业数据分析预测与实际经济金融运行结果可能存在较大偏差与疏漏，敬请业内外专家、读者不吝批评指正。

2018～2019年四川省
消费品市场分析与预测

刘艳婷*

摘　要：2018年，四川省坚持稳中求进的经济工作总基调，积极推进供给侧结构性改革，积极开展各项市场拓展活动，着力推进消费结构优化升级，积极培育新兴消费市场，全省消费市场基本保持平稳增长，发挥了基础性作用。2019年，消费政策和消费新动能将继续发力，消费市场将基本保持平稳增长，但需要警惕经济下行压力对消费预期的制约效应。

关键词：消费品市场　四川　消费预期

一　2018年四川省消费品市场运行基本态势

（一）消费品市场基本保持平稳增长

2018年，在全省经济总体运行平稳的大背景下，四川消费市场总体平稳，增速高于全国平均水平。1～9月四川消费市场增速先扬后抑，在小幅波动中基本保持平稳增长。第一季度、上半年、前9个月的累计同比增速分别为12.4%、11.7%、11.4%。第一季度受春节消费旺盛影响，保持了较

---

* 刘艳婷，博士，四川省社会科学院产业经济研究所副研究员，主要研究方向为产业经济、对外经济。

高的增速；2月、3月的增速分别达到14.4%和12.9%，呈较高水平；从4月开始，增速有所下降但较为稳定。1~9月，全省实现社会消费品零售总额13143.1亿元，累计同比增长11.4%，增速高于全国平均水平，增速由上年高于全国同期平均水平1.7个百分点，提升到高于2.1个百分点，提高0.4个百分点。全省限额以上16大类商品零售实现全面增长，其中13类商品呈两位数增长。但和2017年相比，2018年四川消费增幅有所回落，前9个月累计增速比上年同期下降0.7个百分点。

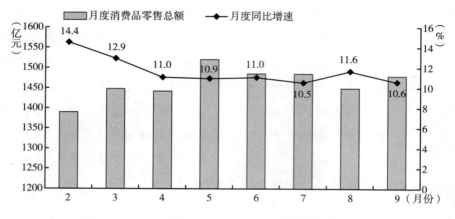

图1　2018年2~9月四川省社会消费品零售总额月度数据

（二）城乡消费市场同步发展

2018年四川城乡消费市场均保持快速增长，城乡差距缩小。1~9月，分别实现城镇、乡村消费品零售额10398.6亿元和2744.5亿元，同比增长率分别是11.1%、12.5%。随着四川省脱贫攻坚的深入、乡村振兴战略的实施以及农村流通体系的不断完善，电子商务下乡和基础设施的不断建设，乡村消费持续拓展，增速显著领先于城镇，增速领先优势从上年同期的0.1个百分点扩张到1.4个百分点。乡村消费在消费总额中的比重相应提升，由上年同期的19.4%上升至20.9%，城乡差距进一步缩小。和全国平均水平相比，四川城乡消费增速则分别领先2个和2.1个百分点。

（三）品质类消费增长较快

从消费结构看，2018年1~8月四川限上16大类商品消费全部实现增长，其中13类商品实现两位数增长。限上企业实现的社会消费品零售总额中，大众消费类的日用品类，粮油食品饮料烟酒类，服装、鞋帽、针纺织品类零售额分别增长40.2%、12.6%和19%。其中日用品类增幅大，比上年同期提升了21.8个百分点；粮油食品、服装纺织品等刚需类产品基本保持平稳增长趋势，反映出刚需类商品在消费市场的基础性作用仍然重要。同时一些和消费转型升级相关的商品增长较快，书报杂志类（29.2%）、金银珠宝类（16%）、中西药品类（17.3%）、体育娱乐用品类（13.4%）、家用电器和音响器材类（12.5%）、化妆品类（14.4%）等均保持了较高增速，其增速均超过社会消费品零售总额（11.5%）以及限上企业消费品零售额（12.1%），消费市场继续呈现转型升级趋势。四川省消费转型过程中，品质类消费、文化类消费、保健类消费、体育类消费等成为当前的消费热点。

（四）服务类消费持续活跃

消费总额中，餐饮消费持续保持活跃。2018年四川省政府积极实施川菜菜品、文化、品牌创新三大工程，加快川菜产业发展，促进餐饮业不断提升质量，丰富餐饮业态。四川有着较为深厚的餐饮文化基础与品牌优势，加上近年来城市综合体的快速建设，各种时尚快餐、特色餐饮、休闲饮品、旅游餐饮等大众餐饮业态发展迅速，美团、饿了么等外卖平台不断推进餐饮线上线下深度融合，各种因素发力，推动了近年来四川餐饮业的持续快速增长。2018年1~9月，四川实现餐饮消费收入2000.1亿元，同比增长12.5%，领先于同期商品零售消费额增速1.3个百分点，继续保持了2014年以来的较高增速。旅游、文化等休闲类消费持续升温。2018年四川省不断提升旅游服务品质，推出各种主题活动，创新自驾游、乡村生态游、跨境游等旅游业态，旅游需求不断推高，2018年上半年实现旅游收入5271.51亿元，同比增长15.1%，全年有望首次突破万亿元大关。文化类消费，文

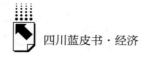

轩 BOOKS、方所、言几又、钟书阁等新式书店发展迅速，博物馆、音乐会、艺术展等相关消费近年来增长幅度较大。服务类消费的蓬勃发展，逐渐成为四川消费转型中的重要热点领域。

（五）新兴消费继续强劲增长

随着"互联网＋"和大数据新经济模式的不断拓展深入，2018 年以网络零售为代表的新兴消费继续保持较为强劲的发展态势。截至 8 月，限上企业通过互联网实现的商品零售额达到 496.29 亿元，累计增长 35.7%，远高于限上商品零售 12.0% 的增速，比上年同期高 2.9 个百分点。限上企业互联网零售额占限上商品零售额的占比达到了 11.8%，比上年同期增加了 4.2 个百分点。通过互联网实现的限上企业餐饮收入增幅更加显著，1～8 月累计同比增幅达到 41%，远超限上企业餐饮消费收入 13.2% 的增幅，各种餐饮外卖网络平台接受度、普及度不断提升。

2018 年，四川省围绕"建设西部电商创新创业中心"的总体目标，继续深入实施"全企入网、全民触网、电商示范、电商扶贫"四大工程，电商消费不断扩大升级。目前，四川省网商超过 80 万家，年销售额亿元以上的超过 30 家。在川平台企业 350 个，京东、苏宁等 30 余家领军企业在川设立区域总部，全国 100 强网络零售企业 80% 已落户四川。网上交易平台的支撑作用不断显现，目前全国监测重点网上交易平台达到 7 家。中国电信天虎云商这一四川本土综合性电商平台的启动，将进一步助推四川企业转型，帮助农民通过互联网销售农产品。全省已建成益农社 3.4 万个，预计 2020 年实现所有行政村全覆盖。1919 酒类流通电商平台、新华文轩"供应链云平台"模式、药材天地网、九正建材、哈哈农庄、看书网、吉峰易购等平台均在相应行业发挥了重要作用。线上线下融合催生实体零售转型发展，永辉超级物种、阿里盒马鲜生、苏宁苏鲜生等纷纷入驻成都。2018 上半年，在全国 10 万家天猫智慧门店中，成都位列线下交易热度城市排行榜全国第七名。新兴消费模式对四川消费的支撑作用日益显著。

（六）物价温和上涨

1~9月，四川居民消费价格指数（CPI）温和上涨，且涨幅高于上年。1~9月CPI累计同比上涨1.6%，涨幅比上年同期提高0.2个百分点。和全国总水平相比，四川物价涨幅较低，CPI涨幅低于全国同期0.5个百分点。从全年走势看，2月春节期间CPI同比上涨2.6%，3~7月同比涨幅均控制在"1区间"，到8月，同比涨幅升至2.0%，9月回落至"1区间"。分类别看，涨幅较高的商品是：居住（2.5%）、医疗保健（2.6%）、生活用品及服务（1.8%）等。总体来看，1~9月全省物价水平温和上涨态势，主要是受医疗改革后续深入推进、服务项目价格稳中略涨等因素影响。

表1　2018年1~9月四川居民消费价格增长速度

单位：%

类别	9月同比增长	1~9月累计增长
居民消费价格指数	1.9	1.6
食品烟酒	1.5	0.8
衣着	1.3	1.2
居住	3.1	2.5
生活用品及服务	1.1	1.8
交通和通信	1.8	1.6
教育文化和娱乐	1.1	1.6
医疗保健	3.5	2.6
其他用品和服务	1.6	2.5

二　四川消费品市场存在的主要问题

（一）区域城乡发展不平衡

全省消费发展不平衡，受区位与经济发展水平影响，区域间消费差距较为显著。前8个月，成都市消费零售额为4127.9亿元，在全省占比达到37.1%，远远领先于其他市（州），第二位的绵阳市消费额仅占成都市的17%。四川全省21个地级市与自治州中，有13个市（州）上半年增速高于全省11.7%的平均水平，7个市（州）低于全省平均水平，1个市（州）与全省平均水平持平。从经济区域角度看，上半年环成都经济圈、川南经济区、川东北经济区消费增速均超过12%，而攀西经济区、川西北生态示范区消费增速只有10.7%、5.7%，地区差异较大。不同地区商品流通体系发育程度不同，目前全省有80家城市商业综合体，成都就有45个，其他市（州）多只有1个左右，大型商场、连锁店等新型商贸业态主要集中在大中城市，小城市和城镇新区商业网点配套相对滞后，分布极不平衡。城乡消费差距仍然较大，1~9月农村消费增速继续领先于城镇增速，并将领先优势从2017年同期的0.1个百分点扩大到1.4个百分点，农村消费市场规模持续扩大，但城乡消费额差距仍然很大，1~9月累计差距仍达到7654.1亿元。农村、乡镇商贸业态较为单调，规模小而分散，网络零售服务网点少、覆盖面小，商业基础设施建设发展不足。

（二）传统零售业态转型压力大

"互联网＋"经济模式对传统商贸业态形成较大冲击，四川实体零售增速显著放缓，上半年百货店、专业店、专卖店的零售增速分别比消费品市场低3.7个、1.5个和4.0个百分点，商贸零售企业普遍存在规模偏小、龙头企业缺乏等问题，中小企业组织化水平低、商业模式较单一、同质化竞争严重，经营中面临成本上升、利润空间下降困境。实体零售转型升级仍然面临重重困难，四川省电子商务发展仍然不足，本土电商企业发展程度不高，城市共同配送尚处于试点阶段，零售企业自办物流还较普遍，线上与线下融合发展层次低，部分企业对"互联网＋"和线上线下融合发展认识不足，一些企业的转型仅限于方便支付或建立微信公众号进行宣传，线下体验式服务尚未建立起来，零售企业普遍存在"跟风转型"，但却缺乏长远明确规划。

（三）消费环境有待继续优化

四川省消费环境与市场秩序近年来不断改进，但仍存在许多问题。产品质量监管问题仍然突出，特别是食品安全问题依然严峻。虚假广告、价格欺诈、霸王条款等消费者权益被侵害现象仍然屡禁不止，市场秩序有待进一步完善。随着新兴消费流通模式的不断推出，市场更加复杂，消费监管的难度加大，网上销售支付安全监管、产品质量监管迫切需要更加严密的管理制度。

三 2019年四川省消费品市场发展环境与展望

（一）中央高度重视消费发展

十九大报告充分肯定了近年来消费在稳定经济增长中的重要作用，2016年最终消费对经济增长的贡献率达到64.6%，消费近年来已成为拉动经济增长的首要动力。报告强调了将继续增强消费的基础性作用，未来消费对经济增长的拉动作用会更加突出。并指出当前制约消费增长的主要问题还在于体制机制的问题，将着力建设完善促进消费的体制机制，中高端消费领域将成为培育新的经济增长点和新动能的重点领域，将出台相关政策促进品牌消费、信息消费、服务消费等新兴消费领域的发展。在消费体制机制改革中，将进一步深化供给侧结构性改革，通过简政放权和放管服的改革使消费增长的体制机制更加完善。近年来我国内贸流通体制改革初见成效，已初步建成覆盖城乡、线上线下融合的内贸流通体系，全国城乡流通体系日趋健全，下一步，内贸流通体制改革将进一步纵深发展，促进品牌消费，拓展品质类商品的销售渠道，简化进口审批和退税手续的政策措施将陆续出台。并将积极促进信息消费，积极助推提速降费，加快数字经济发展。2018年9月20日国务院《关于完善促进消费体制机制　进一步激发居民消费潜力的若干意见》出台，为我国消费发展指明了方向，我国促进消费的大环境将逐步建立完善。

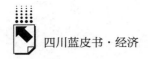

（二）四川省消费促进政策不断出台

四川省高度重视发挥消费的基础性作用，近年来四川省积极营造法治化营商环境，推出各类销售促进市场开拓活动，积极推进电子商务发展，致力于营造良好的消费流通环境。2014年四川在全国开创性提出"惠民购物全川行动、川货全国行、万企出国门"市场拓展三大活动，至2018年已举行5年，营造出"月月有活动、节节有安排"的浓郁促销氛围，内外贸一体的企业队伍不断壮大，拓宽了川企视野，拓展了市场空间，叫响了川货品牌，为消费品市场的平稳增长提供了强有力支撑。2018年1～7月，全省共组织6.3万余家（次）企业开展各类促销和市场拓展活动8800余场（次），促成销售（成交）额5240余亿元。2018年4月出台了《四川省促进川菜走出去三年行动方案（2018～2020年）》，把川菜培养成四川省重要名片。致力于农村电商建设，目前，四川进入国家启动的"电商进农村综合示范县"项目已有62个试点县，数量居全国第一，农村电商发展条件和面貌已发生了很大变化。十九大以来四川商务经济发展面临着较为有利的大环境，全省经济结构调整继续深化，质量效益稳步提升，特别是自贸试验区、全面创新改革试验、天府新区等重大战略机遇叠加产生的综合效应正在不断显现，四川省提出了建设现代化商务经济强省的商务改革目标，加快打造"低碳活力法治商务"，到2050年建成开放型经济强省、贸易强省、全国服务业创新发展高地，商务经济成为经济强省的核心支撑，将为四川消费流通市场发展提供良好基础。

（三）升级型消费提供较大市场空间

2018年前9月四川城镇、农村人均可支配收入分别达到24756、9870元，累计增速分别达到8.3%和9.2%，超过GDP同期增速，城镇化率也属于平稳上升通道，将推动社会消费结构快速转变。以满足基本生活需求为特征的消费不断向追求品质型生活条件的消费层次转变，当前及今后一个时期四川消费市场仍具备较为广阔的发展升级空间与市场潜力。品质型消费的典型特征是随着制造业提质升级，服务业与城镇化水平的不断提升，追求生活品质的住房出行、医疗养老、体育健身、休闲娱乐、文化教育、智能电子类产品等的消费需求显著增长，个性化、服务化、绿色消费理念深入人心。随着四川城镇化进程加快，新晋居民的住房需求与城镇居民的更新换代需求在房地产市场表现较为显著；近年来四川汽车销售量和保有量呈明显增长趋势，成都更是成为全国闻名的私家车"第三城"；四川省历来追求休闲生活方式，旅游休闲消费近年来呈井喷式增长，结合川内丰富的旅游资源，这一市场将继续迅速增长；随着工业经济向知识经济的过度，学历教育、职业培训教育、终身学习类教育日益受到重视，前景广阔；随着收入水平提高，消费的阶层分化与差异性表现出来，个性化趋势渐显；追求生活便利的生活服务型消费增长明显，O2O上门服务模式在诸多消费领域得到深入应用；更加关注绿色、保健消费理念，体育健身类消费、新能源汽车、绿色家居用品消费不断增长。

（四）商贸流通业态加速转型创新

四川省近年来商贸流通业态积极开展转型转化，新兴流通业态、新兴消费模式不断涌现，为消费市场注入了新动能与强劲活力。

一是网络零售模式继续保持高速增长。"全企入网、全民触网、电商示范、电商扶贫"四大工程逐渐发挥效应，电子商务规模不断攀升，电商触角逐渐渗透延伸至社区、乡镇层次。社区生鲜、网络超市发展迅速，配送速度加快，天猫"喵鲜生"在四川多所城市已实现"次日达"。同时加大力度强化农村、乡镇物流基础设施建设，进一步推进电子商务向农村拓展。近年来四川电商平台建设成效显著，已有7家年销售额超亿元的平台列入国家重点监测，全省电商平台的数量和规模明显提升。

二是广大实体零售企业，为应对网络零售的冲击，加快了转型升级步伐。进一步丰富业态内容，丰富服务内涵，提升服务质量，突出实体店体验优势；开展综合百货、连锁经营、社区便利店、特色商业街等多层次商业模式，商圈层次不断丰富。加快建设城市商业综合体这一新型商贸模式，通过商贸、餐饮、娱乐综合一体式服务，提升消费便利度，许多城市综合体形成了重要的城市地标和核心商圈，如成都太古里春熙路商圈、绵阳家福来电器、德阳洋洋百货、广安重百商场等，极大地丰富了消费品市场、提升居民生活品质；积极促进线上线下融合，对接网络销售大数据，加强消费需求研究，加强场景营销，积极打造线下智能化消费体验，苏宁、国美等商贸企业通过线上线下融合，既能发挥门店网点优质服务优势，又能让消费者享受到线上价格，近年来网上销售额实现大幅增长。

三是消费信贷持续升温，为繁荣消费市场发挥了重要作用。目前四川乃至全国，采用信贷进行消费的比例逐渐攀升，极大地促进了消费规模的提升。需要指出的是在某些年轻人群体中，利用信贷过度超前消费成为一种现象，需要加强消费信贷风险控制研究，发挥其积极作用。

（五）收入预期的不确定性对消费造成制约

未来收入预期的不确定性将会制约消费提升。一是宏观经济下行压力影响收入预期。金融危机以来世界经济大环境不确定性增加，中美贸易摩擦加剧，我国近年来经济下行压力大，经济增长速度减慢，企业利润增速不断回落，很多中小企业生存困难，很大程度上导致居民收入预期与消费信心有所降低；二是收入分配体系存在诸多问题。目前收入分配并不向劳动报酬倾斜，虽然近年来受人口红利下降影响，企业用人成本有所上升，但分配格局并未根本改变。同时收入差距过大，平均消费倾向降低；三是从全国水平看，四川省的收入水平历来偏低，根据2016年数据，四川人均可支配收入18808.3元，低于全国平均水平，处于下游水平（第23位），仅高于青海、广西等西部省份；四是基本公共服务保障欠缺降低消费预期。作为社会基本公共服务的教育、医疗、住房，在我国推进市场化改革后，相应的政府应该承担的必要的社会保障制度建设不足，这几项基本民生领域的支出已远超居民的收入增速，影响了居民的消费信心与预期。特别是住房，始于2016年的新一轮大幅涨价，对实体经济和居民消费产生较强挤占效应。同时物价，特别是2018年以来基本生活支出品物价的持续上涨，将降低居民实际收入水平，都将对消费预期形成制约。

综上所述，2019年，四川省消费品市场既面临促进消费增长的有利因素，也面临对消费品市场的制约因素。从中央到四川省政府都高度重视消费在当前经济增长稳定器的重要作用，进一步深化流通市场体系改革、理顺消费市场体制机制、加大消费促进活动力度等促进消费市场发展的政策制度将陆续出台实施，为四川良好消费环境的建立创造了条件。消费流通业态、消费模式不断创新，网络销售、共享经济、线上线下融合等新兴流通业态近年来持续保持高速增长，将为四川消费市场不断注入新动能。同时经济下行压力依然持续，企业转型任重道远，居民收入增长预期不乐观，物价有上涨趋势，消费新热点培育尚处于初级阶段等问题都成为未来一年四川消费市场的制约因素。综合考虑，2019年四川消费市场能够保持基本平稳增长，但考虑到2018年增速已呈现回落，2019年的消费增速不会很高，基本和2018年持平。

四　促进消费品市场发展的对策建议

（一）采取措施切实提升居民收入与消费能力

扩大消费的根本途径是提高居民收入。要继续深化收入分配改革，提高初次分配中劳动报酬的比重，逐步形成企业工资正常增长机制和支付保障机制。缩小居民收入分配差距，消除、改变普遍存在的行业和区域分配不公现象。降低企业税赋负担，提高个人所得税免征标准与养老金标准等。进一步完善公共财政体系，加快社会保障制度建设，加强对医疗、教育、养老以及住房等基本民生领域的公共服务保障性投入，切实消除居民消费的后顾之忧，稳定改善消费预期。选择多种综合措施，稳定、促进就业，建立完善相关失业预警机制，使民生得到保证。积极推进城镇化建设，充分发挥城镇化对消费的提升作用。积极扩大农业转移人口的消费水平，制定相关政策给予进城农民基本的就业、社保、子

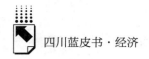

女人学等保障，保障其土地财产权利等。培育壮大中产阶层，促进"金字塔形"向"橄榄形"转变，是提升社会消费倾向、消费欲望、消费总量的重要因素。

（二）理顺体制机制整合市场秩序

响应中央号召，将理顺消费体制机制，作为促进消费扩张的重要环节来抓。加强法制建设，进一步加强消费流通领域相关法律法规制度建设。加强市场监管力度，提升执法效率，对各种不正当竞争、滥用垄断势力、损害消费者权益的违法犯罪行为，加大惩治力度，实现更公平有效的商贸流通市场秩序。加强一些敏感领域，如房地产、医药、旅游、互联网等领域市场整顿治理力度，在"互联网＋"新经济模式不断深入的大背景下，需要加强互联网消费领域监管内容与监管手段的研究，迫切出台相应的法规制度等。加快社会信用体系建设进程，加快建立个人征信体系，培育消费信用法制环境，形成行政和市场共同发挥作用的失信惩戒和守信激励机制，提升商务流通效率与保障，消除居民消费障碍。

（三）积极培育新兴消费热点

针对消费、流通领域不断涌现的新业态新模式新消费，需要顺应新兴消费需求，积极培育发展围绕新兴消费的热点市场，为消费市场和经济增长注入活力。鼓励传统消费领域创新升级，积极拓展新消费市场，提升消费总规模。积极培育发展老龄产业，满足人口老龄化趋势下不断增长的对老龄产业的相关需求，探索建立社区、机构等社会化养老模式；积极发展旅游休闲消费，加强旅游与餐饮、文化产业融合发展；注重文化产业中各细分行业的整合效应；积极引进绿色消费与绿色供给，推动完善绿色商品的标准认证体系，推行绿色产品销售、绿色包装和绿色物流；加快线上线下融合发展，利用"互联网＋"与"共享经济"模式，积极推出网上教育、网上医疗、网络旅游、网上便利服务等新兴消费模式。鼓励实体零售业加快转型升级，充分利用线上线下融合，提供高质量的体验式消费并拓宽营销渠道。积极做好对热点新兴市场的研究与引导工作，出台相关消费促进政策，扶持相关产业快速发展。

参考文献

四川省统计局：《2018 年前三季度四川经济形势新闻发布稿》，http：//www. sc. stats. gov. cn，2018 年 10 月 23 日。

B.6
2019年四川省进出口分析与预测

陈友清　傅　煜*

摘　要： 2018年，四川全省上下认真贯彻落实国务院系列政策措施和省委十一届三次全会决策部署，全力实施"外贸+"战略，扎实推进外贸优进优出"三大工程"，四川货物进出口保持快速增长势头，对外贸易继续回稳向好发展。2019年，随着外部环境不确定因素增多，宏观经济下行压力加大，对外贸易面临严峻挑战。四川应积极融入"一带一路"建设、长江经济带发展、新一轮西部开发开放等国家战略，抢抓自由贸易试验区等重大机遇，坚定不移推动"四向拓展、全域开放"，构建立体全面开放格局，努力走在西部全面开发开放前列。

关键词： 四川　对外贸易　进出口

一　2018年前三季度四川进出口主要特点

1~9月，四川货物进出口4221.1亿元，同比增长28.8%（折合649.4亿美元、增长35.3%）。其中出口2332.3亿元、增长31.2%；进口1888.8亿元、增长25.9%。全国进出口额、出口额、进口额分别增长9.9%、6.5%、14.1%。四川进出口额、出口额、进口额分别居全国第10、11、10位，规模居中西部首位；增速分别比全国平均水平高18.9个、24.7个、

---

* 陈友清，四川省商务厅（自贸办）专职副主任；傅煜，四川省商务厅综合处干部。

11.8 个百分点，增速分别居全国第 5、3、7 位。9 月当月，四川进出口 599.7 亿元、增长 37.3%，其中出口 348.1 亿元、增长 47.4%，进口 251.6 亿元、增长 25.4%①。

（一）重点企业支撑明显

全省进出口实绩企业稳步发展，前三季度达 4518 家，较上年同期新增 1377 家，净增 461 家。外资企业增长主力是英特尔、富士康和戴尔，3 家企业进出口额占全省外资企业进出口总额的 50%，增量占全省 48.5%；国有企业增长主力是中电熊猫、成都京东方和信利（仁寿）高端显示科技，3 家企业进口增量占全省 9.4%；民营企业增长主力是绵阳京东方和中嘉汽车，2 家企业增量占全省 17%。在出口前 10 位企业中（见表 1），中嘉汽车增长约 4.5 倍，仁宝电脑增长约 2.4 倍；在进口前 10 位企业中（见表 2），中电熊猫增长近 29 倍，仁宝电脑同比翻番。

表 1　前三季度出口前 10 位企业

单位：亿元，%

公司名称	9 月当月	同比增长	累计	同比增长	占比
鸿富锦精密电子(成都)有限公司	64.75	48.7	494.74	40.7	21.2
英特尔产品(成都)有限公司	50.65	45.9	417.38	43.2	17.9
戴尔(成都)有限公司	47.37	47.0	293.4	39.5	12.6
中嘉汽车制造(成都)有限公司	10.97	474.8	67.65	446.8	2.9
业成科技(成都)有限公司	7.98	-52.3	43.69	-23.7	1.9
成都汇晨物流有限公司	11.33	63.0	39.69	-26.4	1.7
仁宝电脑(成都)有限公司	3.95	208.5	24.22	238.3	1.0
莫仕连接器(成都)有限公司	2.77	11.7	23.87	3.8	1.0
四川省新立新进出口有限责任公司	2.87	21.3	21.22	-7.5	0.9
四川省乐山市福华通达农药科技有限公司	2.14	47.4	19.58	27.6	0.8

资料来源：四川商务统计资料，2018 年 9 月。

① 本文数据未做特殊标注的均整理自《四川省商务统计资料》，2018 年 9 月。

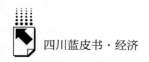

表2　前三季度进口前10位企业

单位：亿元，%

公司名称	9月当月	同比增长	累计	同比增长	占比
英特尔产品(成都)有限公司	79.18	0.8	700.13	13.2	37.1
鸿富锦精密电子(成都)有限公司	28.64	23.5	182.27	8.2	9.7
绵阳京东方光电科技有限公司	16.26	—	90.3	—	4.8
成都京东方光电科技有限公司	3.83	-9.1	86.2	35.7	4.6
成都中电熊猫显示科技有限公司	2.12	40.5	56.31	2886.3	3.0
全球物流(成都)有限公司	18.34	465.0	43.42	40.3	2.3
中嘉汽车制造(成都)有限公司	3.22	29.1	39.83	62.0	2.1
仁宝电脑(成都)有限公司	3.7	-20.8	30.96	101.2	1.6
纬创资通(成都)有限公司	2.04	-69.2	29.48	-37.3	1.6
业成科技(成都)有限公司	4.97	-27.1	25.64	-24.4	1.4

　　资料来源：四川商务统计资料，2018年9月。

（二）外资企业贡献突出

外资企业进出口额占全省六成以上，国有企业和民营企业增速超过外资企业。前三季度，外资、国有和民营企业货物进出口分别增长21.6%、51.6%和40.6%，在全省占比分别达64.6%、12.6%和22.8%（见图1）。三类企业占比与上年同期相比略有变化，国有企业和民营企业占比均分别提升1.9个百分点，外资企业占比下降3.8个百分点（见表3）。

（三）产品结构持续优化

前三季度，机电产品进出口3536.79亿元，增长31.9%，占全省总额的83.8%，较上年同期提升2个百分点。高新技术产品进出口3010.18亿元、增长31.4%，占全省总额的71.3%，提升1.4个百分点（见表4）。本地货源产品出口同比增长34%左右，约占全省出口总额的87.9%，较上年同期提高2.5个百分点。出口产品增长主要源自自动数据处理设备、集成电路、电子元器件、汽车等机电产品大幅增长。

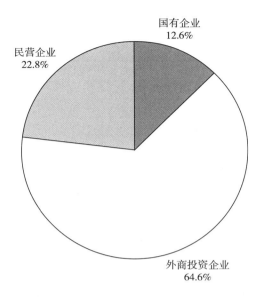

国有企业
12.6%

民营企业
22.8%

外商投资企业
64.6%

图1 前三季度进出口企业类型占比

资料来源：四川商务统计资料，2018年9月。

表3 前三季度进出口企业构成情况

单位：亿元，%

项目	企业性质	金额	同比增长	占比	上年同期占比
进出口情况	国有企业	532.25	51.6	12.6	10.7
	外商投资企业	2726.50	21.6	64.6	68.4
	民营企业	962.42	40.6	22.8	20.9
出口情况	国有企业	183.98	25.4	7.9	8.3
	外商投资企业	1491.99	33.9	64.0	62.7
	民营企业	656.30	27.1	28.1	29.1
进口情况	国有企业	348.27	70.4	18.4	13.6
	外商投资企业	1234.51	9.4	65.4	75.2
	民营企业	306.12	82.1	16.2	11.2

资料来源：四川商务统计资料，2018年9月。

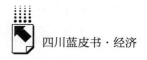

表4　前三季度进出口产品构成情况

单位：亿元，%

项目	产品类型	金额	同比增长	占比	上年同期占比
进出口情况	农产品	69.73	-1.7	1.7	2.2
	机电产品	3536.79	31.9	83.8	81.8
	高新技术产品	3010.18	31.4	71.3	69.9
出口情况	农产品	33.94	0.4	1.5	1.9
	机电产品	1865.05	36.9	80.0	76.7
	高新技术产品	1522.47	34.3	65.3	63.8
进口情况	农产品	35.79	-3.7	1.9	2.5
	机电产品	1671.74	26.7	88.5	87.9
	高新技术产品	1487.71	28.6	78.8	77.1

资料来源：四川商务统计资料，2018年9月。

（四）货物贸易方式更趋多元

贸易方式仍以加工贸易为主，但一般贸易和其他贸易方式进出口增速已超过加工贸易方式进出口。前三季度，加工贸易进出口2338.6亿元，同比增长26.9%，占全省进出口总额的比重为55.4%，较上年同期略减0.8个百分点。一般贸易在进口高速增长50%的推动下，实现进出口总额1330.3亿元，同比增长30.8%，占全省比重较上年同期提升0.5个百分点，达到31.3%。其他贸易方式进出口562.3亿元，同比增长32%，占全省比重为13%，提升0.3个百分点。

（五）国际（地区）市场不断拓展

传统市场中，对美国、韩国、中国香港、日本和欧盟进出口分别增长30.8%、39.8%、29.9%、27.7%和20.6%，其中对美国增幅较1～8月扩大2.3个百分点，在全省占比为25.4%，较上年同期略升0.4个百分点。新兴市场中，对俄罗斯、印度、东盟、中亚分别增长29.9%、29.0%、28.1%和27.3%。深入实施"'一带一路'251行动计划"，全面提升四川与"一带一路"沿线国家和地区的经贸合作水平，对沿线货物进出口稳定增长，实现货物进出口1187.8亿元，占全省28.1%；同比增长28.4%，高于全国14.9个百分点；对沙特、印尼等13个国家和地区出口增幅超过一倍以上，对沿线国家和地区服务出口占全省1/3以上。

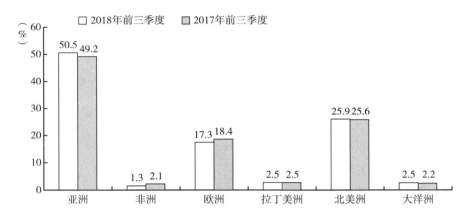

图2　四川主要贸易伙伴进出口占比情况

资料来源：四川商务统计资料，2017年9月、2018年9月。

表5　四川主要贸易伙伴及贸易情况

单位：亿元，%

序号	地区	9月当月	同比增长	累计	同比增长	占比
1	美　　国	147.95	47.3	1071.61	30.8	25.4
2	东　　盟	119.37	34.0	793.22	28.1	18.8
3	欧　　盟	108.11	47.5	674.86	20.6	16.0
4	日　　本	39.62	38.3	308.96	27.7	7.3
5	韩　　国	38.66	76.7	268.1	39.8	6.4
6	中国台湾	28.78	46.2	216.79	58.1	5.1
7	中国香港	21.09	21.9	172.36	29.9	4.1
8	以 色 列	1.44	-85.9	88.29	23.8	2.1
9	澳大利亚	12.08	4.2	87.92	42.7	2.1
10	印　　度	11.78	9.5	69.53	29.0	1.7

资料来源：四川商务统计资料，2018年9月。

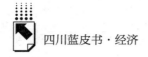
（六）市（州）竞相发展势头强劲

全省 19 个市（州）进出口保持增长，其中巴中、广元、眉山、绵阳、甘孜、内江、宜宾、广安、雅安等 9 个市（州）增速高于全省平均水平。从进出口占全省比重来看，成都、绵阳、泸州、德阳、宜宾居全省前 5 位，分别为 84.3%、4.2%、3.6%、1.9%、1.6%，成都市进出口 3517.4 亿元，占比较上年同期减小 1.4 个百分点，绵阳市在绵阳京东方进口净增 90 亿元带动下，实现进出口 178.5 亿元，在全省占比提升 1.7 个百分点。

（七）服务贸易稳定增长

随着四川产业结构不断升级，生产性服务业引进国外先进管理模式、商业模式、法律广告服务等需求持续增长，建设服务、商业服务、计算机信息服务、维护维修服务及金融服务等行业进口保持两位数以上增长，全省服务贸易整体快速增长。前三季度，服务贸易实绩企业 5260 家，增长 28.8%；实现服务贸易额 120.2 亿美元，居全国第 10、中西部第 1；增长 19.1%、高于全国 3.2 个百分点，其中进口 91.3 亿美元、增长 29.3%。

二 四川对外贸易发展面临着严峻挑战

近年来，全球经济持续复苏，贸易往来更加频繁，区域协同合作更加密切，四川对外贸易持续高位增长，货物进出口规模跃居中西部首位。但随着中美经贸摩擦不断升级、全球人口老龄化和债务水平上升等问题的出现，四川对外贸易发展还存在着诸多挑战和较大压力。

（一）外部环境发生明显变化

美国、欧元区、日本等发达国家经济增长逐步加快，大宗商品出口国经济有所复苏，推动全球经济呈现良好发展态势。但部分国家贸易保护主义盛行以及地缘政治紧张等问题，给全球经济增长带来更多不确定因素和下行风险。我国的劳动力成本高于其他新兴市场国家，传统低端制造产业的劳动力成本竞争优势已逐渐失去，发达国家对高新技术出口的限制增强，部分国际产能已开始流入新兴市场国家，世界贸易格局将有可能发生变化。国际货币基金组织（IMF）将2018年、2019两年世界经济增速预期下调0.2个百分点，世贸组织（WTO）将全年世界贸易增速预期下调0.5个百分点，世界银行（WB）将东亚和太平洋地区发展中经济体增速预期下调0.3个百分点。此外，近期美联储2018年内第三次加息、人民币汇率波动、美国减税政策引发跨国资金回流等因素，给四川对外贸易快速发展造成较大阻碍。

（二）经贸摩擦逐渐常态化

随着世界贸易格局的不断演化和区域产能的分工合作，我国与发达国家、发展中国家之间的经贸关系将可能由于劳动力成本竞争优势消失、外贸合作互补性减弱、同质化竞争增强等因素而发生变化，经贸摩擦将可能逐渐增多并呈常态化。虽然短期内经贸摩擦难以撼动四川累积起来的制造能力、配套服务和生产成本等优势，但长期带来的不确定性可能会在产品供求、企业布局、产业结构等多个方面对全省外贸健康发展带来一定影响。

（三）区域竞争压力增大

习近平总书记在2018年博鳌亚洲论坛宣布了一系列扩大开放的重大举措，随后各地迅速行动，纷纷出台对外开放政策举措。如上海"扩大开放100条"，浙江10项对外开放新举措，海南探索建立开放型经济新体制46条硬措施，重庆、河南等中西部省市先后提出建设内陆开放高地行动计划。2018年以来，四川进出口虽然位居中西部第一，但周边省份对外开放势头强劲、追赶步伐不断加快。从前三季度数据来看，重庆、河南货物进出口均仅比四川少500多亿元，增长速度始终紧跟四川。以商务部口径计算，重庆实际使用外资超出四川2亿美元，并始终保持50%左右的高速增长，对四川在中西部对外贸易发展的首要地位造成极大挑战。

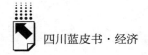

（四）对外贸易发展不充分不平衡

虽然自 2016 年以来四川进出口保持高速增长，但全省对外贸易底子薄、基础差等现实情况依然存在。前三季度，全省外贸依存度仅为 13.7%，低于全国 20.5 个百分点；进出口总额占全国的 1.9%，对外贸易规模远低于沿海省份。区域分化、极化现象仍然较为严重，成都平原经济区占全省外贸总额的比重达 92.3%，而川东北 5 市人口占全省 30% 左右，外贸进出口总额仅占 1% 左右；成都平原经济区外商投资实际到位占全省比重由 2017 年的 80.7% 提升到目前 88.3%，尤其是成都占比持续提高，与其他市（州）差距不断扩大。同时，"引进来"与"走出去"、货物贸易与服务贸易、一般贸易与加工贸易等多元协调发展态势尚未形成，加工贸易等"候鸟经济"抗风险能力弱，外向型企业培育较为迟缓。

三　四川对外贸易面临着难得的发展机遇

（一）外贸发展环境仍总体有利

当前，我国推动高质量发展取得积极进展，国内经济平稳增长，长期向好的基本面在延续，生产总值连续 13 个季度稳定运行在 6.7% 到 6.9% 的中高速区间。四川全省经济结构持续优化，质量效益稳步提升，经济增长稳定性明显增强，特别是自贸试验区、天府新区、成都服务贸易创新发展试点深化等重大战略机遇叠加产生的综合效应正不断显现。2018 年 6 月，省委十一届三次全会审议通过《关于深入学习贯彻习近平总书记对四川工作系列重要指示精神的决定》《关于全面推动高质量发展的决定》，决定实施"一干多支"区域发展战略和全面开放合作战略，推动形成"四向拓展、全域开放"立体全面开放新态势，高水平建设自贸试验区，发展更高层次开放型经济，为推动四川对外贸易高质量发展创造了良好机遇。

（二）外贸发展基础牢固

过去五年，四川引进到位国内省外资金 4.6 万亿元，居西部第一。成功举办中外知名企业四川行、西博会等系列投资促进活动，签约额累计 7.5 万亿元，其中 2018 中外知名企业四川行活动，共邀请到 1000 多家海内外知名企业和商协会参会，签约合作项目 619 个、投资金额超 6000 亿元。来川落户的世界 500 强企业达到 331 家，其中境外 235 家，均居中西部第一。紫光 IC 国际城、格罗方德 12 寸晶圆、京东方 6 代线等一批超百亿级项目落地，全省电子信息产业规模居中西部第一，成为全国乃至全球重要的电子信息产业基地。目前，四川外贸备案企业突破 2 万家、实绩企业 4500 余家，货物进出口额从 1978 年统计的 0.4 亿美元扩大至 2017 年的 681.2 亿美元，2018 年已跃居中西部首位。累计审批外商投资企业 1.1 万家，实际到位外资从 1986 年开始统计的 0.15 亿美元跃升至 2017 年的 81.6 亿美元，占全省企业总数 1% 的外商投资企业贡献了约 10% 的企业营业收入、12% 的税收、超过 60% 的进出口额。与"一带一路"沿线经贸合作深入开展，投资企业数量占比较上年同期提高 6.7 个百分点，其中近 80% 投资投向东南亚、南亚国家；新签对外承包工程合同占全省总额近三成，完成营业额占七成以上。

（三）外贸发展空间不断拓展

中德、中法、中韩等国别合作园区加快建设，楚瓦什四川农业合作园等务实推进，海峡两岸产业合作区获批设立。全省 8 个国家级经开区有 6 个进入国家综评前 100 强，成都高新区跻身全国前三。134 家开发区被纳入《中国开发区审核公告目录》，数量居全国第五位。成都空港、成都铁路、泸州港、宜宾港 4 个保税物流中心正式运营，天府新区成都片区保税物流中心获批，各类进口特殊商品指定口岸达 9 个。四川自贸试验区主要指标居全国 7 个新设自贸试验区前列。形成进出川大通道 30 条。中欧班列（蓉欧快铁）累计开行超过 2000 列，为全国开行最多、网络最完善、全程

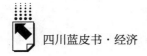

运行时间最短、辐射"一带一路"沿线范围最广的线路。成都双流机场开通航线 323 条，其中国际航线 111 条，基本形成衔接欧美、东亚及南亚的航空物流网络。

（四）国际贸易地位持续巩固和提升

在川设领国家增至 17 个，居内地第三位；建立国际友城 90 对、友好合作关系 179 对；与欧美发达国家高层互访不断加强，与境外签署协议 130 余项。四川成为对德合作先行省，川美地方合作成为中美省州合作范例。组织首届中国自贸试验区协同开放发展、中南半岛国际经济走廊发展、川欧合作等系列论坛。近 5 年接待德国总理、英国首相、丹麦首相等重要外宾组团 700 余批 8000 余人次。"文化中国·锦绣四川"、外媒看四川等活动品牌效应不断扩大。

四　四川对外贸易发展的措施建议

改革开放 40 年来，我国经济社会发展取得可喜成绩，已从贸易小国成为贸易大国，对外贸易近 10 年来年均增长速度已高出国民生产总值增速，对经济社会发展贡献巨大。四川作为我国的经济大省，近年来对外贸易快速发展，推动全省开放合作迈上新台阶。当前，四川正处于转型发展、创新发展、跨越发展的关键时期，省委十一届三次全会提出"一干多支、五区协同"和"四向拓展、全域开放"两大战略部署，为四川发展指明了方向。应抓住新一轮西部大开发等重大机遇，主动融入"一带一路"建设、长江经济带发展等国家战略，提高对外开放的能力和水平，推动四川由内陆腹地变为开放前沿。

（一）全力培育壮大外贸主体队伍

深入实施优进优出"三大工程"，夯实重点企业和潜力企业的支撑作用，推动加工贸易企业队伍持续增长，培育提升民营企业和中小微企业的国际化发展能力。突出抓好"百户重点企业",更好发挥其国际化跨国经营的领军企业作用;坚持培育"千户潜力企业",逐步提升其国外市场拓展能力。强化应对政策措施的研究储备,运用组合性政策,支持企业培育品牌、优化产品结构,鼓励企业积极探索跨境电商、市场采购等贸易新业态、新模式。加强应对"双反"调查、规避汇率风险的培训指导,引导省内国有企业和民营企业苦练内功,借机借力抢占市场份额。强化银企协作,搭建多方合作交流平台,促进实体经济与金融良性循环。

(二)推动优势产业产品加快"走出去"

紧扣"5 + 1"产业体系(电子信息、装备制造、食品饮料、先进材料、能源化工和数字经济),推动对外贸易、承接国际产业转移、扩大对外产能合作有机结合,培育"三外"联动类外向型产业园区。强化特色出口基地建设,推动外向型产业的集聚、集群发展。优化提升市场拓展"三大活动"("惠民购物全川行动""川货全国行""万企出国门"),推动更大规模"川货出川",加快"四川造"终端消费品拓展海外市场步伐。加快发展多元化市场对外工程承包,提升对外工程承包规模和品牌效应,有效带动全产业链出口。发挥四川茶叶、蔬菜、水果、生猪、中药材等特色农产品资源优势,建立"农产品走出去清单";发挥川菜影响力,打造餐饮经济,实施"促进川菜走出去行动方案",建立"调味品走出去清单";发挥部门共同推进贸易便利的联动优势,建立"外贸重点监测企业清单"。

(三)促进加工贸易服务贸易协同稳步发展

促进加工贸易创新发展。促进加工贸易产业链企业入川发展,加快培育产业集群,建设加工贸易产业集聚区。优化加工贸易结构,延伸加工贸易价值链,积极发展总部经济。优化加工贸易区域布局,形成技术密集型、资本密集型与劳动密集型产业梯次集聚发展格局。推动服务贸易创新发展。抓住成都市深化国家服务贸易创新发展试点、自贡市国家文化出口基地、眉山市建设家政扶贫试点示范国际合作项目等契机,培育一批有国际竞争力的

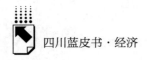

"四川造"和"四川服务"品牌,积极培育服务贸易新增长点,扩大服务贸易规模,优化服务贸易结构,增强服务出口能力。

(四)推进更高水平贸易便利化

对标国际最高标准和通行规则,加强大通关协作,深化通关一体化改革,推进口岸管理相关部门信息互换、监管互认、执法互助,积极探索建立国际贸易"单一窗口",进一步降低进出口环节合规成本,压缩整体通关时间,推动口岸提效降费。积极争取申报各类商品进口平台资质,加快整车进口口岸,粮食、肉类进口口岸的功能完善和投入使用。利用中欧班列(蓉欧快铁)、中亚班列等国际通道扩大进出口,鼓励企业使用本土跨区域国际物流通道。完善贸易摩擦应对机制和进出口公平贸易预警机制,有效防范风险。

(五)强化自贸试验区引领示范作用

四川自贸试验区作为全省最重要的高水平对外开放平台,在全省对外贸易发展战略布局中有着极其重要的地位。按照中央确定的"四区一高地"功能定位,应以自贸试验区"引领性工程"建设为统揽,着力攻坚制度创新、特色试验、协同开放三大任务,充分发挥协同开放引领示范作用,努力走在内陆自贸试验区改革开放前列。强化"全域自贸",以"3区+N园"为突破口,发挥国家级开发区、海关特殊监管区域等体制机制优势和功能优势,建设一批自贸试验区协同改革先行区,共享改革红利。依托"空港+铁路港+水港"集成优势,全方位提升对外互联互通水平,积极探索建设符合内陆定位、具有中国特色的自由贸易港。建立多维度多层次协同开放机制,打造具有引领、示范和带动作用的区域性开放创新平台,探索建设一批内陆与沿海沿边沿江协同开放示范区。

区 域 篇

Regional Reports

B.7

2019年成都平原经济区
经济形势分析与预测

陈映 马爽*

摘　要： 当前，全球经济仍延续复苏态势，中国经济增速继续保持在合理区间，呈现出运行平稳、结构优化、动能转换、质量效益提升的特点。2019年，成都平原经济区经济发展面临诸多有利条件，但追求经济高质量发展面临不少困难和挑战。随着供给侧结构性改革深入推进和改革创新的持续深化，成都平原经济区经济仍将保持平稳增长。

关键词： 成都平原经济区　经济运行　转型提质

* 陈映，博士，四川省社会科学院产业经济研究所副所长、研究员，主要研究方向区域经济、产业经济；马爽，四川省社会科学院产业经济所硕士研究生，主要研究方向产业经济。

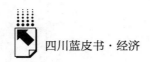
一 经济发展总体情况

成都平原经济区包括成都、德阳、绵阳、遂宁、资阳、眉山、乐山、雅安8个市、65个县（市、区），面积8.7万平方公里，占全省的17.9%，总人口3700余万，占全省的46%①。2017年经济区实现地区生产总值23378.87亿元，占全省的62.2%。目前，成都平原经济区是我国中西部地区省域范围内最大的综合性经济区，是带动四川、辐射西南、具有国际影响力的现代化都市圈，西部地区核心增长极的地位进一步凸显。

（一）2018年上半年经济区经济运行情况

2018年上半年，成都平原经济区主动适应经济发展新常态，践行创新、协调、绿色、开放、共享新发展理念，全面深化改革，落实"稳增长"政策措施，经济区经济呈现出稳步增长、稳中向好的态势。

经济总量稳步增长。2018年上半年，成都平原经济区实现地区生产总值11490.64亿元，占全省的62.7%②。与上年同期相比，大部分地区的经济增速持续增长。其中，成都市完成地区生产总值6870.68亿元，增长8.2%，占成都平原经济区的59.8%，其首位作用仍然突出。德阳增速最快，为9.1%；遂宁增速第二，为9.0%；眉山增速最慢，仅为6.3%，但较上年同期提升了0.1个百分点（见图1）。

经济结构不断优化。2018年上半年，成都平原经济区三次产业结构为5.9∶43.9∶50.2。与上年同期相比，第一产业下降了0.6个百分点；第二产业下降了3个百分点，第三产业提高了3.6个百分点。德阳、资阳的第二产业占比均超过50%，分别为50.65%和50.76%（见图2）；第三产业比重的

① 陈映、马爽：《2018成都平原经济区经济形势分析与预测》，载《2018年四川经济形势分析与预测》，社会科学文献出版社，2018。
② 本文主要经济数据来源于四川省统计局、各市（州）统计局及各地区统计公报，没有特殊情况不再赘言。

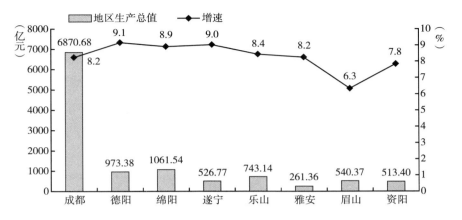

图1 2018年上半年成都平原经济区8市地区生产总值及增速

提高，反映服务业的快速发展。其中，成都市第三产业占比最高，达到
55.7%，是经济区唯一第三产业超过50%的城市。眉山第三产业增速最大，
三产占比较上年同期提高了11.5个百分点。

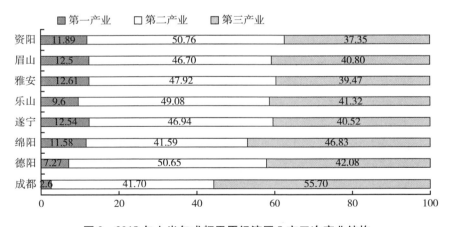

图2 2018年上半年成都平原经济区8市三次产业结构

规上工业增速稳中有升。2018年上半年，经济区中绵阳规上工业增加
值增速最大，达到10.7%，资阳增速跃居第二，达到10.5%（见图3）。与
上年同期相比，成都、德阳增速略有下降，眉山则出现了4.8个百分点的较
大降幅。

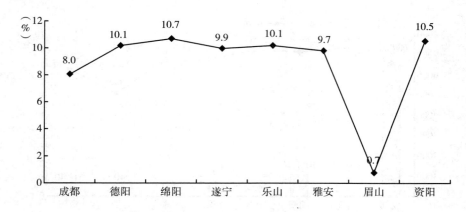

图3　2018 年上半年成都平原经济区 8 市规上工业增加值增速

固定资产投资增速有所上升。2018 年上半年，经济区完成固定资产投资总额 7807.43 亿元，较上年减少 880.31 亿元。其中，成都市完成 4183 亿元，增长 10.1%，占经济区的 53.58%；绵阳增长最快，完成投资总额 680.58 亿元，增速达 17.6%；雅安由 2017 年的负增长快速增加，增速达到 15.1%（见图 4）。

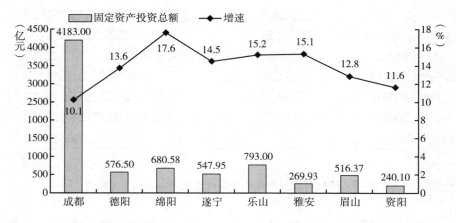

图4　2018 年上半年成都平原经济区 8 市固定资产投资及增速

社会消费品市场需求旺盛。2018 年上半年，经济区社会消费品零售总额达到 5674.52 亿元，较上年增长 10.48%，占全省的 65%。其中，成都市社会消费品零售总额为 3326.4 元，占经济区的 58.62%。德阳、眉山增速均为 12.8%，并列经济区第一（见图 5）。

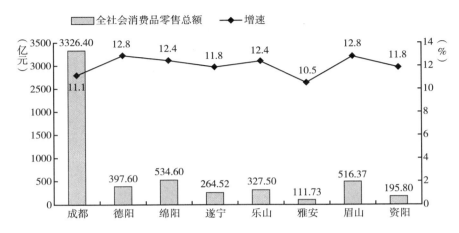

图 5　2018 年上半年成都平原经济区 8 市社会消费品零售总额及增速

城乡居民收入持续向好。2018 年上半年，成都市城镇人均可支配收入和农村人均纯收入分别为 21657 元、11876 元，均居经济区第一。遂宁市城镇居民人均可支配收入以及农村人均纯收入增幅皆居经济区首位。其中，城镇人均可支配收入增速和农村人均纯收入增速分别为 8.8%、9.2%。经济区农村居民收入增速高于城镇居民收入（见图 6a、图 6b）。

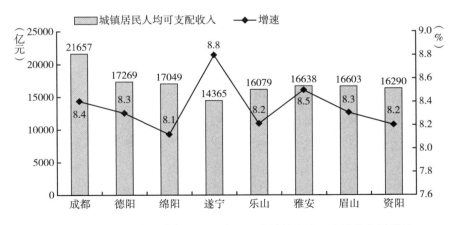

图 6a　2018 年上半年成都平原经济区 8 市城镇人均可支配收入及增速

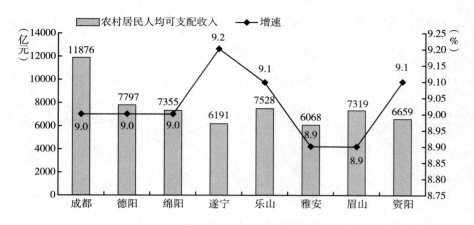

图6b　2018年上半年成都平原经济区8市农村居民人均可支配收入及增速

（二）比较分析

1. 纵向比较

近年来，成都平原经济区经济总量稳中有增，经济结构不断优化，投资增速不断上升，消费增长稳中有进。

经济总量增长，增速放缓。2017年，成都平原经济区实现地区生产总值23378.87亿元，较2012年增长8755.87亿元，年均增速达10%（见图7）。2018上半年，经济区地区生产总值为11490.64亿，占全省的62.7%。近几年来，经济区经济发展始终保持着稳定态势，经济总量占据四川的半壁江山，但经济增速逐渐放缓。

产业结构调整，结构趋化。成都平原经济区三次产业结构由2015年上半年的6.5:50.1:43.4调整为2018年上半年的5.9:43.9:50.2，第一产业占比不断下降，第三产业占比快速上升，达到50%以上。2018年上半年，四川三次产业结构为8.4:41.7:49.9（见图8）[1]，经济区第一产业低于全省2.5个百分点，第二、第三产业分别比全省高出2.2个、0.3个百分点。从

---

[1] 四川省统计局：《2018年上半年四川省经济形势新闻发布会》，http://www.sc.gov.cn/10462/10705/10707/2018/7/17/10455290.shtml。

图7　2011～2016年四川省与成都平原经济区GDP情况

经济区8市来看,第一产业均呈下降趋势,第三产业除眉山略有下降外,其他7市均有不同程度的提高。其中,成都第三产业占比为55.7%,结构进一步优化。

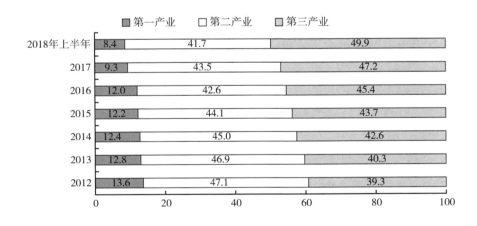

图8　2012～2018年上半年四川省三次产业结构

投资规模扩大,增速下降。2017年,成都平原经济区固定资产投资总额为16849.74亿元,比2012年增加6426.74亿元,增长了61.66%。虽然经济区的投资规模在不断扩大,但占全省的比重却有所下降,由2012年的

61%下降到2017年的52.5%（见图9）。2018年上半年，经济区固定资产投资总额达到7807.43亿元，占全省的55.2%。与上年同期相比，上升了1.8个百分点。

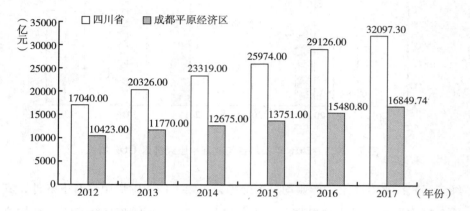

图9　2012～2017年四川省与成都平原经济区固定资产投资

消费市场活跃，稳中有进。成都平原经济区社会消费品零售总额由2012年的5668亿增至2017年的10639.7亿，增加了4971.7亿（见图10），增幅达87.7%。2018年上半年，经济区社会消费品零售总额达到5674.52亿，占全省的65%。

图10　2012～2017年四川省与成都平原经济区消费品零售总额

2. 横向对比

成都平原经济区是四川经济最发达、最集中、最重要的区域,也是发展质量最优、最具发展活力的区域,在四川"一干多支"发展战略中肩负重要使命。

经济总量稳居全省首位。2017 年,成都平原经济区 GDP 达到 23378.87 亿元,同比增长 12.5%;川南经济区 GDP 达 6087.6 亿元,同比增长 7.4%;川东北经济区、攀西经济区以及川西北经济区的 GDP 分别为 5918.22 亿元、2625.16 亿元和 556.66 亿元,GDP 增速分别为 9.97%、8.54% 和 8.9%。2018 年上半年,成都平原经济区实现地区生产总值 11490.64 亿元,占全省的 62.7%,是四川经济"稳增长"的主力军。2018 年上半年,四川经济总量排行位居前 10 的市(州),成都平原经济区占 4 个,川南、川东、攀西三个经济区分别占 3 个、2 个和 1 个。增速方面,成都平原经济区的德阳(9.1%)、绵阳(9%)、遂宁(9%)、乐山(8.4%)四市进入前十。相较于 2017 年,进入前十的市由 2 个增至 4 个。从总体来看,四川"一干多支"战略的实施促进了五大经济区协同发展,川南、川西北、川东北、攀西四大经济区与成都平原经济区的发展差距在不断缩小。

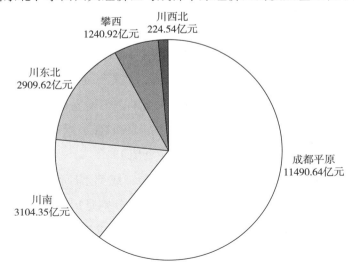

图 11　2018 年上半年四川省五大经济区地区生产总值

产业结构为全省最优。2018 年上半年，成都平原经济区三次产业结构为5.9∶43.9∶50.2，四川省的产业结构为8.4∶41.7∶49.9。同期，川南、川东北、攀西、川西北三次产业结构分别为 9.47∶51.20∶39.3、13.40∶45.50∶41.10、10.37∶53.33∶36.30、8.24∶41.76∶50.00（见图12）。全省五大经济区中，呈现出"三二一"产业结构的有成都平原经济区、川东北和川西北三个经济区；呈现出"二三一"产业结构的有川南和攀西两个经济区。总体而言，四川第三产业的比例正在快速增加，服务业呈整体上升趋势。

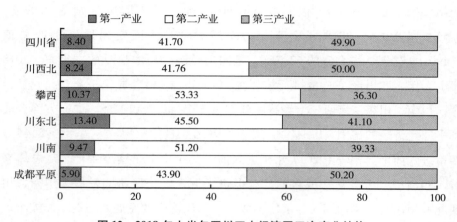

图12　2018 年上半年四川五大经济区三次产业结构

投资总额超全省的一半。2018 年上半年，四川省全社会固定资产投资同口径同比增长 10.6%。从投资总额来看，成都平原经济区为 7807.43 亿元，占全省的53.4%。但从增速来看，川南的泸州增速最快，增长 18.9%。川西北的甘孜增速由上年同期的 −6.8% 提升到11%，增长 17.8 个百分点，可见甘孜的固定资产投资能力显著增强（见图13）。

消费市场在全省最活跃。2018 年上半年，成都平原经济区实现社会消费品零售总额 5674.52 亿元，占全省的65%，分别是川南、川东北、攀西、川西北经济区的 4.25 倍、3.87 倍、11.75 倍、70.2 倍，是全省消费市场最活跃的区域（见图14）。

居民收入位列全省前茅。相较于其他经济区，2018 年上半年成都平原

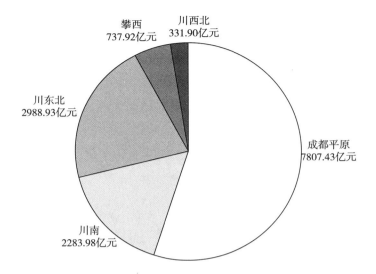

图 13　2018 年上半年四川五大经济区全社会固定投资总额

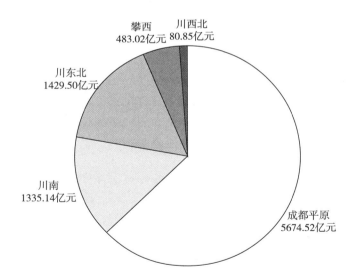

图 14　2018 年上半年四川五大经济区社会消费品零售总额

经济区城乡居民收入持续增高。就城镇居民人均可支配收入增速来看，成都平原经济区的遂宁、雅安、成都 3 市进入全省前十，分别位居第六、第九、第十位，其中，成都市与川南经济区的内江市并列第十，增速均为 8.4%。

成都市的城镇居民人均可支配收入最高，达到21657元，明显高于其他市
（州）。农村居民收入增速方面，成都平原经济区没有进入前十的城市，川
东北地区的广元、巴中、南充、达州、广安五市均进入前十，分别位居第
三、第六、第七、第八、第十位。从城镇居民人均可支配收入增速来看，川
东经济区的巴中市增速最高，为9.2%；从农村居民人均可支配收入增速来
看，川西北的甘孜增速最高，达到10.7%（见图15a、图15b）。

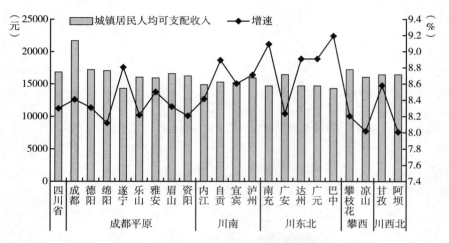

图15a　2018年上半年四川五大经济区城镇居民收入及增速

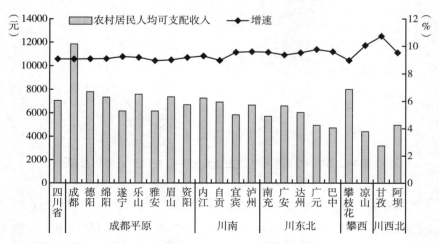

图15b　2018年上半年四川五大经济区农村居民收入及增速

二　经济运行中的有利条件和制约因素

当前，成都平原经济区经济发展面临诸多有利条件，但也面临着诸多制约，如经济下行压力加大，结构调整和动力转换中出现新矛盾，发展中的不平衡、不协调等问题仍然十分突出，等等。

（一）经济发展的有利条件

目前，成都平原经济区仍处于加快高质量发展的历史机遇期。新一轮西部大开发深入推进、"一带一路"和长江经济带建设步伐加快，区域协调发展、乡村振兴、军民融合发展等重大战略稳步实施，革命老区、民族地区、贫困地区加快发展，成渝经济区、天府新区、自贸试验区建设以及系统推进全面创新改革试验有序推进，一系列历史性机遇交汇、叠加，成为推动经济区经济加快发展的强劲动能，促进经济区加快高质量发展。国家加快供给侧结构性改革，支持创新驱动发展、支持产业创新和转型升级，将充分释放成都平原经济区高端产业发展潜能。四川构建"一干多支、五区协同"区域发展新格局，做强成都"主干"，打造环成都经济圈"一支"，推动成都与环成都经济圈协同发展，探索城市集群发展新路，为解决经济区发展的不平衡、不协调问题提供了支撑。国际航空枢纽机场建设、铁路提速、公路上档等，形成了综合交通走廊和对外经济走廊，经济区发展的外部条件不断改善。国家扩大西向、南向开放，四川加快形成"四向拓展、全域开放"立体全面开放新格局，有利于经济区全方位提升开放型经济水平。在这些有利条件下，成都平原经济区应明确目标，找准定位，发挥优势，挖掘潜力，主动作为，加快经济转型升级，集聚转化高端优势资源，加快推动同城化、一体化发展，着力提升区域发展能级，在全省高质量发展中走在前列，做出示范。

（二）经济运行中的制约因素

1. 发展不平衡、不协调突出

成都市已初步建设成为一个综合实力强、产业和人才集聚度高、创新和竞争优势突出的经济中心城市，其经济发展以吸引周边区域和四川全省的资源为主，在招商引资、要素聚集、产业培育、政策支持等方面在全省具有绝对优势，极化效应十分突出，而辐射带动作用尚未充分发挥出来。与经济区其他7个城市相比，成都市经济体量过大。2018年上半年，成都市地区生产总值占经济区的59.8%，经济总量是经济区排名第二位的绵阳市的6.47倍，是经济区排名末位的雅安市的26.29倍。且其他主要经济指标成都的占比也较高，而其他7市对经济区经济发展的支撑作用还有待增强。就城市经济发展而言，除成都之外，其他城市大多存在产业结构单一的问题。此外，经济区城乡一体化发展水平较低，县域经济发展不平衡且同质化严重，城乡发展差距仍然较大。

2.城镇体系结构不合理

成都平原经济区城镇分布密集，是西部城镇密度最大的区域之一。目前，经济区城镇体系结构尚不合理，除成都特大城市之外，经济区尚未形成真正意义上的经济副中心城市，成都与环成都经济圈的其他城市的主导功能尚未充分发挥。无论是参与全球竞争，还是参与国内区域竞争，靠成都一市单打独斗，必然力不从心。经济区城镇化发展水平亟需提高，一些城市规模不大，定位不准，功能不全，交通拥堵、环境污染等现象十分普遍。城镇空间分布和规模结构不尽合理。经济区内城镇化发展水平差异大，一些地方产业和功能雷同。成都特大城市的扩散效应发挥不够，中小城市的潜力尚未充分发挥出来，部分城市以城带乡的能力不足。城镇化发展方式粗放，一些城市扩张超出了资源环境承载能力，人口与资源与环境的矛盾日益尖锐。城镇化发展的产业支撑不强，产业发展吸纳就业的能力不强，对城镇化发展的支撑能力不足。

3.产业同构十分严重

成都平原经济区8个城市在许多产业上发展水平相近，产业同构显现较为普遍，重复建设较多，除现有的产业项目有重复布局的情况外，在新引进的产业项目上，也存在不顾自身承载力水平、要素资源禀赋及产业发展潜力等条件的恶性竞争。产业同质化程度加深，区内产业竞争大于合作。产业规模效应未突破，竞争力有待提升。受市场影响，部分传统产业产能过剩，优势渐衰。新兴产业的竞争力不强，尚需培育和壮大。高端产业发展严重不足，产业转型升级任务艰巨。迫切需要在产业定位和功能定位上实行错位，加强各城市之间的产业互补与合作，构建区域一体、链条完整的产业体系，为经济区产业的整体发展释放潜力和拓展空间。

4. 资源环境约束日趋加剧

成都平原经济区是全省经济最发达、人口密度最大、城镇化水平最高的区域，资源环境约束不断加剧，突出地表现在以下几个方面。一是城市建设用地扩展与耕地保护矛盾凸显。经济区人口密度大，人均耕地少，建设用地空间小，土地资源日趋紧张。二是水资源承载能力不断下降。人均水资源量低，工程性和水质性缺水严重。三是区域性污染严重。先天地理劣势加之人为因素，使成都平原经济区成为全省污染最严重的区域。目前，经济区的区域性大气污染呈现出同质化态势，以成都为代表的多个城市已由传统的煤烟型污染向复合型污染过渡，以臭氧、PM2.5污染为特征的复合型污染凸显。盆地特殊静小风气象特征导致大气环境容量极为有限，大气污染物难以扩散，尤其是秋冬季节愈发明显。同时，经济区水环境恶化趋势仍未改变，水污染防治、水环境治理、农村面源污染防治、水资源保护、防洪能力提升、水网体系建设等任务十分艰巨。经济区土壤污染问题也十分突出，水稻土中镍、铜等重金属超过土壤环境质量标准，土壤汞污染由城郊向城市中心蔓延。土壤污染会对整个生态环境造成破坏到组织农作物污染、减产，致使食物品质下降，严重危害人体健康。

5. 实体经济发展困难增加

在全球经济增速减缓、生产成本不断上升、内生发展动力不足以及虚拟经济对实体经济发展空间的挤压等多重因素影响下，经济区实体经济的经营环境趋紧，下行压力加大。与上年同期相比，2018年上半年，与上年同期相比，经济区的成都、德阳等主要城市规上工业增速略有下降，眉山则出现了较大降幅。随着传统要素优势的减弱以及营运成本的刚性上涨，企业综合生产成本快速上升，企业利润空间被挤压，出现了增速和盈利能力同时下降等问题。产业结构调整滞后，低端产业产能过剩以及产品同质化、高端产业发展不足的结构性矛盾，导致低端产品过剩与高端产品短缺并存，供需矛盾凸显。企业创新能力不足，经营管理模式有待转变，体制机制有待完善。中小企业受规模小、资金实力不强以及抗风险能力差等限制，融资十分困难，发展举步维艰。

6. 区域协同发展机制尚不健全

受行政区划分的制约，经济区的一体化进程缓慢，各个城市之间尚未建立起良性的竞争合作机制，因而难以避免地出现产业同构、资源虚耗、地方壁垒、竞争无序等问题。交通基础设施联通水平有待提升，产业发展协作配套能力不足，生态环境联防联控联治亟需加强，教育、医疗卫生、就业和社会保障等方面的公共服务共建共享机制还不健全，导致经济区内部实力分散。跨行政区的协同发展机制尚未健全，要素自由流动的统一制度环境以及一体化市场体系有待进一步完善。

三 2019年成都平原经济区经济形势预测

2019 年，在中国经济实现高质量增长以及效率持续提高的背景下，成都平原经济区发展将面临一系列重大机遇，经济形势将持续向好，质量效益将稳步提高，市场预期以及企业发展信心整体向好，经济发展的内在稳定性、协调性、可持续性将不断增强。

（一）经济总量平稳增长

成都平原经济区地区生产总值同比增长 10.6%，分别比全国以及四川的平均水平高出 3.8 个、2.2 个百分点。2019 年，经济区将继续推进经济一体化发展，加快产业结构优化升级，加快推动交通基础设施建设，推进新一轮高水平对外开放，加快推进生态共保环境共治，继续为四川经济"稳增长"发挥重要的支撑作用，经济增速将继续保持在 8% 以上。

（二）产业升级稳步推进

2018 年上半年，成都平原经济区三次产业结构为 5.9∶43.9∶50.2，一产低于四川 2.5 个百分点，三产高于四川 0.3 个百分点。2019 年，经济区将继续以产业转型为主攻方向，深入实施"中国制造 2025"四川行动计划，有序实施"互联网＋"行动计划，加快推进新型工业化与信息化深度融合，致力于打造全国重要的先进制造业基地和现代服务业集聚区。创新驱动和产业转型将取得新的进展，现代产业体系将加速构建，产业结构将进一步优化。

（三）消费品市场不断增长

我国社会主要矛盾的变化，以及四川"放心舒心消费城市"的全面创建，将促进消费成为拉动经济增长的强大动力。2018 年上半年，经济区社会消费品零售总额达到 5674.52 亿，与上年同期相比增长 10.5％，占四川的 65％，比上年同期增加了 3.2 个百分点。随着成都平原经济区城人居可支配收入的提升，消费升级态势十分明显，高端消费群体将不断壮大，消费潜力将得到充分释放，为高端消费市场的形成和发展打下良好基础。随着传统商业与互联网销售的加速融合，以及旅游消费的不断升级，经济区消费市场将继续升温，消费对经济增长的拉动作用将进一步增强。

四　对策建议

（一）推进区域一体化发展

全面贯彻实施"一干多支"发展战略，深化对成都"主干"地位和成都平原经济区在"一干多支"发展战略中主引擎作用的认识，深入推进经济区一体化发展，着力解决经济区发展不平衡、产业同构、交通基础设施联通水平有待提升、跨行政区划的统筹协调机制还不健全等问题，全力打造优

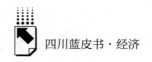

势互补、合作共赢的区域发展共同体。

一是推进重大规划无缝对接，并注重规划的系统性、前瞻性和可操作性。支持成都率先发展，加快建设全面体现新发展理念的国家中心城市；推进成都"一干"与环成都经济圈这一"支"联动引领发展；推进成都与环成都经济圈以及其他四大经济区协同发展，构建全省区域发展新格局。

二是优化城镇体系结构和空间布局。加快培育2~3个能起牵引带动作用的区域性中心城市，重点推进内圈成德眉资同城化发展和8市整体一体化发展，提升整个区域的发展能级。

三是立足经济区各城市的资源条件和产业基础，大力发展城市经济，优化城市空间功能布局，推进城市空间、产业、生态、管理和城乡形态转型升级。

四是促进经济区交通基础设施互联互通，打造国际航空枢纽，加快城市间高快速路对接、城市间市政道路对接，推进城际铁路公交化运营和公共交通服务同城化。

五是加强生态环境联防联控联治，推进重点生态工程和环境治理工程，集中力量打好污染防治"八大战役"。

六是共建共享经济区重大平台。提升经济区协同创新能力，共建共享创新平台，充分利用集聚全省最优质的科教、人才资源的优势，联合关键共性技术攻关，促进科技成果有效转化与合作对接；共建经济区开放共享平台，带动提升全省开放合作水平；打造大数据交换共享平台，推进数据资源开放整合。

七是推进营商环境不断优化，共建开放、统一的大市场。

八是进一步推进教育、医疗卫生、就业和社会保障等公共服务的共建共享，优化配置公共服务资源，提高公共服务的供给质量和效率。

（二）推进产业协作共兴

经济区8市应根据自身的功能定位和发展优势，合理进行产业分工与产业协作配套，突出经济区的整体优势，实现各市的差异化发展。推动成都向产业高端和高端产业迈进，环成都经济圈各市应主动融入成都，配套成都，建成有机融合、一体发展的现代经济发展区。聚焦产业技术创新，瞄准新兴产业发展方向，大力发展先进制造业，加快向产业链、价值链中高端迈进，形成以高新技术产业和战略性新兴产业为主导的产业发展新引擎，大力发展现代服务业，加快构建现代产业体系。抓好国家级高新区和4个国家级经济技术开发区建设，加快建设德阳国家高端装备产业创新发展示范基地，加快形成绵阳以军民融合为特色的高新技术产业体系。在承接产业转移的过程中，要逐步将成都市内的资源和劳动密集型、低端和低附加值产业转移出去，加速产业转型升级。在承接国际国内产业方面，成都市应主动避免与周边城市争抢项目，重点发展总部经济、高端研发、金融、文化创意为主导的现代服务业。

（三）大力提振实体经济

对标"中国制造2025"，搞好成都试点示范。全面深化国企改革，支持国企做强做优做大。积极发展混合所有制，加快整合重组，不断提高劳动生产率。制定并落实支持民营经济发展的政策措施，清除不合理的限制性壁垒，大力提振民营经济发展的信心。全面落实促进民间投资的政策措施，推动民营中小微企业梯队成长，积极培育行业龙头民营企业。继续推动重大产业项目建设，稳定工业增长。支持大企业大集团做大做强，精心培育"小巨人"企业，聚力帮扶一些重点困难企业。开展银政企对接，搭建产融对接平台，引导金融资源流向实体经济，增强金融服务实体经济的能力，多渠道缓解中小企业融资难问题。

（四）增加服务业有效供给

高起点谋划、高标准改革、高水平开放、高质量发展服务，推动生产性服务业向专业化和价值链高端延伸、生活性服务业向精细和高品质转变，更好地满足生产和生活个性化、多样化、多层次的需求。聚焦服务业供给侧结构性改革，增加康养、教培、文体、休闲旅游、会展、法律服务等有效供给。实施"互联网+"行动计划和智能制造工程，推动制造业由生产型向服务型转变。加快发展电子商务、现代物流、现代金融、科技服务、养老健康五大新兴先导型服务业①。以个性化、定制化、精细化为目标，积极发展家政服务和社区服务。抓好成都、乐山国家级服务业综合改革示范试点以及成都高新区国家知识产权服务业集聚发展试验区建设。实施服务业"三百工程"，抓好重点项目、重点企业和重点品牌建设。扩大网络消费、信息消费、绿色消费等新型消费，创建"放心舒心消费城市"②。

（五）推动生态共保环境共治

加强跨区域联动，推进生态环境共保，推进环境污染共治，共同守护好蓝天净土、碧水青山。一是构建生态安全屏障。合理划分城镇、农业、生态三大空间，严守生态资源环境保护红线以及城市开发界线。深入推进天然林资源保护，加强水源涵养和水土保持，加快自然生态系统修复，提高防治地质灾害的能力。全面落实河长制，构建市县乡三级河长体系，加大沱江、岷江等重点河流的整治力度，严格河湖滨岸生态保护和治理。完善重点生态功能区保护和补偿机制。二是抓好环境保护和污染共治。深化跨区域水污染联合治理，实施流域分区管制，建立跨境断面区域联防联控和流域生态保护补偿制度。强化工业园区以及行业污染治理，推进重点流域水污染防治。深化大气污染联防联控联治机制，加大工业源、移动源、生活源、农业源治理力度，推进大气污染物协同控制、协同减排。推进土壤污染状况详查，开展分类管控和修复。三是全力推进资源有效节约和循环利用。实行最严格的耕地保护制度和节约集约用地制度，落实最严格的水资源管理制度，加快完善再生资源回收利用体系，推动废旧资源再生利用。四是落实生态环境保护"党政同责、一岗双责"，完善绿色发展考核体

---

① 国家发改委产业协调司：《四川省培育发展五大新兴先导性服务业》，http：//gys. ndrc. gov. cn/fwyfz/201609/t20160914_ 818468. html，2018 年 8 月 16 日。

② 《政府工作报告——2018 年 1 月 26 日在四川省第十三届人民代表大会第一次会议上》，http：//www. sctv. com/sc/politics/201802/t20180206_ 3763356. shtml，2018 年 1 月 26 日。

系，加大环境损害、资源消耗等指标的考核权重。实行生态环境损害问责制，实行领导干部自然资源资产和环境责任离任审计。落实推动环保督察全覆盖制度化、常态化，并针对问题明确整改责任和整改措施，严格执法监管，强化督察督办。

B.8

2019年川南经济区
经济形势分析与预测

龚勤林 李 源*

摘 要： 川南经济区经济发展机遇和挑战并存，经济增速将稳步放缓，
随着"一干多支"和创新驱动等战略的纵深推进，绿色发展
理念的持续贯彻，川南经济区有望实现产业结构进一步优化，
生态环境持续改善，城乡居民收入显著提升等发展目标。结
合经济发展宏观背景和自身发展优势，川南经济区应坚持创
新驱动产业转型升级，立足开放优势构筑全域开放格局，贯
彻绿色发展理念保护生态环境，坚持城乡统筹缩小区域差距，
为推动治蜀兴川再上新台阶，实现四川省经济高质量发展贡
献川南力量。

关键词： 川南经济区 高质量发展 转型升级

一 川南经济区经济发展现状

川南经济区包括自贡、内江、宜宾、泸州 4 个市，共 28 个县（区、
市），面积达 3.5 万平方公里，占四川省的 7.3%；2016 年末常住人口 1550
万人，占四川省的 18.6%。川南经济区是四川省构筑"一干多支、五区协

---

* 龚勤林，博士，四川大学经济学院副院长、教授、博导，主要研究方向为区域与城市经济、
产业经济；李源，四川大学经济学院博士研究生，主要研究方向为区域经济。

同"区域发展新格局的重要支点区域，2018年上半年，川南经济增长稳中有进，经济增速高于全国和全省平均水平，固定资产投资有所放缓，消费对经济的拉动作用逐步提高，经济逐步转向"质量型"发展。但在全国和全省经济下行压力的背景下，川南经济区面临新旧动能转换不畅，区域发展不协调，资源环境约束增强等问题，需继续深化改革，坚持绿色创新发展，增强经济增长的内生动力。

（一）经济增长总体稳中有进

川南经济区立足发展优势，深入推进经济高质量发展，经济增长总体处于稳中有进的良好发展态势。2018年上半年川南经济区四市实现生产总值3104.4亿元，占全省的比重为16.9%，居五大经济区第二位；生产总值增速为8.6%，高于全省平均增速0.4个百分点，居五大经济区之首，较上年同期上升了一个位次。川南经济区对于四川省经济增长的推动力显著增强，占据着重要地位。在川南经济区内部，宜宾和泸州处于经济增长第一层级，宜宾市生产总值为935.7亿元，泸州为819.7亿元，内江和自贡处于经济增长第二层级，内江692.1亿元，自贡656.9亿元。区域经济增长的内部格局明显，经济增长的内部差距进一步扩大。

表1　2018年上半年川南经济区地区生产总值及增速

单位：亿元，%

地 区	生产总值	增速	第一产业	第二产业	第三产业
自 贡	656.9	8.5	51.6	360.2	245.0
泸 州	819.7	9.2	65.1	449.3	305.4
内 江	692.1	7.7	77.7	354.1	260.2
宜 宾	935.7	9.0	99.6	425.9	410.2
川 南	3104.4	8.6	294.0	1589.6	1220.9
四川省	18327.0	8.2	1544.3	7637.0	9145.8

资料来源：四川统计局、川南经济区四市统计局官网。

（二）产业结构进一步优化

随着经济转型工作的深入推进，川南经济区供给侧结构性改革初见成效,逐步淘汰掉落后产能,产业结构进一步优化。2018年上半年,川南经济区第一产业增加值为1544.3亿元,第二产业增加值为7636.0亿元,第三产业增加值为9145.8亿元,三次产业结构调整为9.5∶51.2∶39.3。从变动幅度来看,第三产业占从2011年的14.6%上升为39.3%,增加了24.7个百分点,变动幅度最大;其次,第一产业占比从2011年的24.7%下降为9.5%,下降了15.2个百分点;第二产业占比变动幅度最小,2011~2018年上半年下降了9.5个百分点。

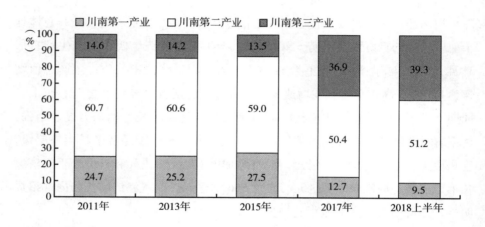

图1 川南经济区三次产业结构变化

尽管川南经济区产业结构较2011年有大幅度优化,但是相较于四川省而言还有一定差距,第三产业占比低于全省10.6个百分点,其产业结构仍有较大的优化空间。

(三)工业经济发展平稳

川南经济区作为四川省重要的制造业基地,近年来工业始终保持着中高速增长的态势。随着工业供给侧结构性改革的深入推进,川南经济区积极推动"去产能",推进传统工业产业转型升级改造,瞄准新一轮科学技术革命,发展新产业培育新动能。在老工业城市和产业转型升级的系列举措下,

2019年川南经济区经济形势分析与预测

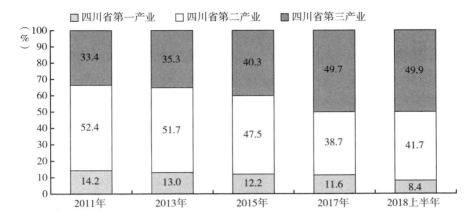

图2　四川省三次产业结构变化

智能制造、生物医药、新材料等新兴产业规模不断壮大。2018年上半年，川南经济区规模以上工业增加值增速为9.75%，高于全省平均水平1.75个百分点，在全省工业经济发展中起到了重要作用。就各市而言，增速最快的是泸州市，2018年上半年增速为11.3%，高于全省3.3个百分点，居全省第二位。其次宜宾市增速为10.5%，高于全省平均水平2.5个百分点，居全省第五位。作为全省唯一的老工业城市和资源型城市产业转型升级示范区，自贡市工业规模以上工业增加值增速为9.6%，高于全省平均水平1.6个百分点，居全省第14位。内江市增速为7.6%，低于全省平均水平1.4个百分点，居全省第17位。

（四）全社会固定资产投资有所回落

2018年上半年，在推动经济高质量发展的进程中，川南经济区主动转变经济发展方式，致力于实现经济由投资驱动到创新驱动转变。2018年上半年，川南经济区固定资产投资总额2284亿元，占全省投资总额的16.4%，较上年同期下降了0.5个百分点。固定资产投资增速6.92%，低于全省平均增速3.68个百分点，较上年同期下降了9.18个百分点。目前泸州市聚焦全国性综合交通枢纽、四川南向东向开放重要门户、内陆开放高地

109

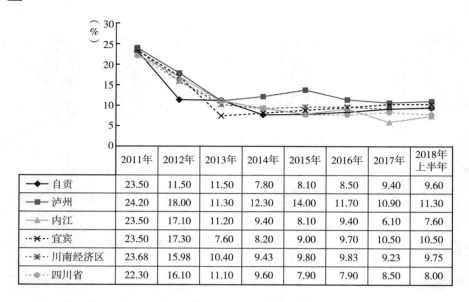

	2011年	2012年	2013年	2014年	2015年	2016年	2017年	2018年上半年
自贡	23.50	11.50	11.50	7.80	8.10	8.50	9.40	9.60
泸州	24.20	18.00	11.30	12.30	14.00	11.70	10.90	11.30
内江	23.50	17.10	11.20	9.40	8.10	9.40	6.10	7.60
宜宾	23.50	17.30	7.60	8.20	9.00	9.70	10.50	10.50
川南经济区	23.68	15.98	10.40	9.43	9.80	9.83	9.23	9.75
四川省	22.30	16.10	11.10	9.60	7.90	7.90	8.50	8.00

图3　川南经济区各市规上工业增加值增速

资料来源：四川统计局、川南经济区四市统计局官网数据整理。

等重点工作，推动通用航空、云龙机场、川南城际铁路等多项重大产业和重大基础设施建设，投资总额为 889.5 亿元，位列全省第二位，增速为 17.1%，高于全省平均增速 6.5 个百分点。宜宾市固定资产投资总额 684 亿元，居全省第六位，增速为 10.6%，第一产业投资同比增长 21%，第二产业投资增长 9.3%，第三产业投资增长 10.5%。自贡市实现总投资 349.9 亿元，局全省第 15 位，增速为 16.5%，较上年同期下降了 2 个百分点，高于全省平均增速 5.9 个百分点。内江市实现投资总额 360.6 亿元，较上年同期下降了 170.1 亿元，增速从上年同期 13% 下降为 −16.5%，在全社会固定资产投资增速回落的情况下，民间投资表现出较高增长态势，同比增长 7.9%，较上年同期和上年全年分别提高 5.2 和 12 个百分点，超出全部投资增速 24.4 个百分点[①]。

---

①　内江市人民政府：《2018 年上半年内江市经济形势新闻发布会》，http：//www. neijiang. gov. cn/news/2018/07/3492777. html，2018 年 7 月 19 日。

表2 2018年上半年川南经济区全社会固定资产投资情况

单位：亿元，%

地 区	总额	全省位次	增长	全省位次
自 贡	349.9	15	16.5	4
泸 州	889.5	2	17.1	2
内 江	360.6	14	−16.5	21
宜 宾	684.0	6	10.6	15
川南经济区	2284.0	—	6.9	—
四川省	13961.4	—	10.6	—

资料来源：四川统计局、川南经济区四市统计局官网数据整理。

（五）居民消费水平持续提高

2018年上半年，川南经济区积极贯彻落实消费升级行动计划，激发居民消费潜力，培育和壮大新的消费增长点，提高居民消费水平，实现社会零售总额1335.2亿元，占全省消费总额的15.3%，零售总额增速为11.9%，高于全省平均增速0.2个百分点。具体而言，宜宾市实现零售总额435.5亿元，居全省第四位川南第一位，增速为11.8%，高于全省平均增速0.1个百分点。泸州市实现零售总额349.1亿元，居全省第七位川南第二位，增速为13%，高于全省1.3个百分点，居全省第一位。自贡市实现零售总额312.8亿元，居全省第九位川南第三位，增速11.7%与全省平均增速持平。

表3 2018年上半年川南经济区社会消费品零售总额及增速

单位：亿元，%

地区	零售总额	全省位次	增速	全省位次
自 贡	312.8	9	11.7	14
泸 州	349.1	7	13.0	1
内 江	237.8	14	11.4	15
宜 宾	435.5	4	11.8	11
川南经济区	1335.2	—	11.9	—
四川省	8725.0	—	11.7	—

资料来源：四川统计局、川南经济区四市统计局官网数据整理。

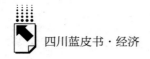

内江市实现零售总额237.8亿元，居全省第14位，增长11.4%，低于全省平均水平0.3个百分点。

（六）财政收支情况运行平稳

为防止地方性债务风险，川南经济区四市均出台了相应的风险防控措施，提高财政收入，实施财政支出结构性调整，在确保社会民生持续改善的基础上，压缩低效率高风险项目的财政支出。2018年上半年，川南经济区一般公共预算收入为260.8亿元，增速为17.4%，高于四川省平均水平3.3个百分点，收入总额较上年同期增加了45.33亿元。在支出方面，川南经济预算支出720.9亿元，增速为7.6%，低于全省平均增速3.2个百分点，较上年同期有较大幅度下降。预算支出总额较上年同期仅增加了51.4亿元。其中，宜宾市2018年上半年实现财政收入97.2亿元，居全省第二位，收入增速达31.8%，居全省第一位。

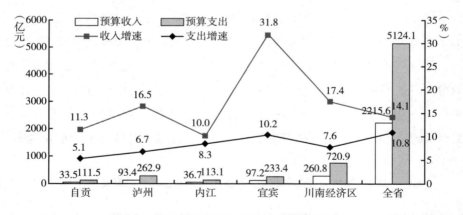

图4 川南经济区各市财政收支总额及增速

资料来源：四川统计局、川南经济区四市统计局官网数据整理。

（七）对外开放程度逐步提高

川南经济区作为我国长江经济带和"一带一路"建设的纽带区域和四川省南向开放的"桥头堡"，不断深化同东盟等地的对外合作，随着川南临港片区和宜宾港的建设，川南经济区进出口总额不断攀升。2018年上半年川南经济区进出口总额达到92.7亿元，增速达33.4%，高于全省平均增速8.5个百分点。宜宾市位于长江黄金水道起点，对外运输条件便利，2018年上半年进出口总额43.7亿元，居全省第四位，增速达57.3%。泸州市进出口总额为27.1亿元，增速下降了35.1%，川南临港片区的政策优势还有待凸显。自贡市实现进出口总额14.4亿元，居全省第九位，增速为2.2%。内江市进出口总额为7.5亿元，增速达109.3%，增速居全省第三位。

表4　2018年上半年川南经济区进出口总额及增速

单位：亿元，%

地区	进出口总额	全省位次	增速	全省位次
自　贡	14.4	9	2.2	17
泸　州	27.1	6	−35.1	21
内　江	7.5	12	109.3	3
宜　宾	43.7	4	57.3	6
川南经济区	92.7	—	33.4	—
全　省	2499.1	—	24.9	—

资料来源：四川统计局、川南经济区四市统计局官网数据整理。

（八）城乡居民收入稳步增加

2020年是全面建成小康社会的决胜期，川南经济区各市致力于改善民生，提高城乡居民生活质量，取得了脱贫攻坚工作的阶段性成果。2017年，川南经济区农村居民人均可支配收入为13938元，高于全省平均水平1711元；城镇居民人均可支配收入为30923元，高于全省平均水平196元，仅内江市低于全省平均水平。2018年上半年川南经济区城镇居民人均可支配收入为16146元，增速为8.6%，农村居民人均可支配收入为6808元，增速为9.2%。

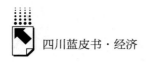

表5　川南经济区农村居民人均可支配收入

单位：元

地区	2011 年	2012 年	2013 年	2014 年	2015 年	2016 年	2017 年	2018 上半年
自贡市	6951	7955	8961	9974	12088	13192	14380	6910
泸州市	6509	7463	8455	9470	11359	12450	13670	6706
内江市	6638	7602	8584	9565	11428	12491	13640	7208
宜宾市	6779	7771	8806	9831	11745	12843	14063	6408
川南经济区	6719	7698	8702	9710	11655	12744	13938	6808
四川省	6506	7430	8381	9348	10247	11203	12227	6988

资料来源：四川统计局、川南经济区四市统计局官网数据整理。

表6　川南经济区城镇居民人均可支配收入

单位：元

地区	2011 年	2012 年	2013 年	2014 年	2015 年	2016 年	2017 年	2018 上半年
自贡市	16852	19447	21489	23552	26267	28455	31016	16635
泸州市	17884	20746	22821	25240	26656	28959	31449	16801
内江市	16602	19142	21114	23162	25787	27986	30393	14972
宜宾市	17753	20522	22718	24990	26207	28390	30832	16176
川南经济区	17273	19964	22036	24236	26229	28448	30923	16146
四川省	17787	20188	22228	24234	26205	28355	30727	16783

资料来源：四川统计局、川南经济区四市统计局官网数据整理。

二　川南经济区实现高质量发展面临的机遇和挑战

（一）川南经济区发展面临的重大机遇

1. 长江经济带战略为川南经济区提供发展动力

　　川南经济区是长江经济带上的重要节点区域，长江经济带战略的实施将加速生产要素向该区域的集中，进一步改善交通通达度和对外开放水平，促进产业集群的形成，为培育区域经济增长极、辐射带动周边地区提供发展新动力，有利于持续优化川南经济区发展环境，带动资金、人才、技术的转移。川南经济区有望在工业基地改造、资源综合开发利用、特色优势产业发展、基础设施建设等领域获得更多的政策支持和要素投入。

2. "一带一路"和四川自贸区建设有利于扩大川南经济开放优势

"一带一路"建设的推进有利于川南经济区充分利用国际国内两个市场、两种资源，深化内陆开放高地建设，强化与欧亚和东盟市场的经贸往来，深度参与国际经济合作与竞争，提高开发开放水平。同时，川南临港片区定位为长江上游辐射川滇黔的航运物流中心和承接沿海沿江产业转移协同发展示范区，未来将建设成为西南地区航运枢纽和沿江开放型经济新高地，有利于进一步增大川南经济区的开放优势。

3. "一干多支、五区协同"有利于川南经济区优化发展格局

川南经济区作为四川经济发展的重要支点，是承接"主干"成都市非国家中心城市功能的重要区域板块。同时，作为四川南向开放战略的重要"桥头堡"，川南经济区在同渝、云、贵等国内省域和南亚、东盟等地区对外合作上具有显著的地域和交通便利，将助推川南经济区形成"四向合作，全域开放"的发展新格局。

（二）川南经济区发展面临的挑战

1. 全省经济副中心地位竞争激烈

四川省委十一届三次全会明确提出"鼓励和支持有条件的区域中心城市争创全省经济副中心"，四川省具备条件的市域均加入了对经济副中心地位的竞争中。川南经济区内的泸州和宜宾等市面临着来自绵阳、德阳和南充等城市的竞争压力。同时在区域内部，泸州和宜宾在资源、政策等方面的竞争也日益加剧，导致区域未能实现有效协同，资源利用效率未能达到最高。

2. 川南经济区内部产业同质化竞争趋势明显

川南经济区内酒类制造业、能源行业、化工行业、机械行业占据了重要的地位，但是近年来市场环境的变化，如政策变化、竞争加剧、市场萎缩

等，给这些传统产业带来了不小的冲击。在加速产业转型的过程中，各地区纷纷瞄准了新兴产业，区内城市之间以及川南各市与周边城市间都产生了同质化竞争的现象。例如，宜宾、泸州、遵义均将新能源、新材料、现代医药作为战略型产业进行培养，自贡、内江也致力于发展新材料等产业，区域内及区域间的同质化竞争趋势明显。

3. 成都市虹吸效应进一步加剧

川南城际铁路的修建将改善川南经济区对外尤其北上成都的交通便利度，虽然有利于该区域利用成都资源强化区际联系，承接产业转移，扩大市场范围，但本地的人口等流动性资源容易受到成都市强烈的虹吸效应影响，造成本地区的人口净流出。同时，交通便利度的提高容易增加居民在成都的高端产品消费和购房需求，造成本地资金外流。

4. 资源环境的约束力度逐渐增大

川南经济区是以工业为产业核心的经济板块，2017年规上企业占比为18%左右，工业增加值占全省的23.4%，但工业经济的高速增长也带来巨大的资源和环境压力。据统计，2011~2016年川南经济区单位工业增加值能耗从2.7下降到1.4，能耗值有大幅度降低，但是仍高于全省平均水平。作为长江经济带上游生态屏障地区，坚持"共抓大保护，不搞大开发"的发展理念要求川南经济区进一步减低资源消耗和污染排放，资源环境的约束力度将进一步增大。

三 2019年川南经济区经济走势预测

总体而言，川南经济区作为四川省经济总量占比第二的区域板块，将在四川经济持续向好的背景下稳步前进。随着"一干多支"、创新驱动战略的纵深推进，川南经济区经济总量将持续增加，产业结构将逐步优化。但另一方面，随着全国经济增速放缓，外贸环境不确定性增加，川南经济区经济增速将有所放缓，"去产能"、产业结构转型升级等改革进入深水阶段，经济发展动力转换将面临一定困难。

（一）经济增长速度将稳步放缓

川南经济区上半年经济增速为 8.6%，高于全省平均 0.4 个百分点，高于全国平均 1.8 个百分点。但川南经济区经济增速相较于上年同期下降了 0.3 个百分点，经济增速有所放缓，且随着经济总量的进一步增大和经济高质量发展的推进，川南经济区经济增速将进一步放缓，逐步向"质量型"经济发展模式转变。经济增速预计将会保持在 7.5% ~ 8% 的水平，高于全国和全省的经济增长速度，但随着"一干多支"战略的推进，川南经济区同四川省经济平均增速差距将会逐步缩小。

（二）产业结构将逐步优化

目前川南经济区产业结构优化程度仍低于全省的平均水平。尽管川南经济区是工业尤其是重工业集聚的区域，但随着传统产业的转型升级，以及服务业尤其是物流、科技服务和金融等生产性服务的发展，川南经济区产业结构将会进一步优化。同时，随着川南经济区高铁、高速公路等交通基础设施条件的改善，川南旅游资源将得到进一步开发，旅游业以及同其相关的餐饮和住宿行业将会带动第三产业加快发展。

（三）工业经济增长速度将有所回落

随着产业结构优化和传统产业改造升级工作的纵深推进，川南经济区工业经济发展势头将有所放缓，工业增加值增速将逐步回落。同时，随着淘汰落后产能和环保整治工作的持续推进，长江沿线高污染高排放企业将逐渐被关停和撤销，在短时间内工业经济增长的动力将会被削弱。但就长期而言，随着转型升级工作效能的发挥，川南经济区工业经济将会从粗放低附加值转向集约高附加值，实现工业经济发展质的突破。

（四）消费对经济的拉动作用进一步增强

尽管目前川南经济区经济增长的主要动力仍为投资，但随着经济结构的

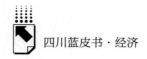

优化，消费对于经济的拉动作用将日益提高。2017年川南经济区四市社会消费零售总额占GDP的比重为45%，较2011年提高了13个百分点。未来，随着居民可支配收入的逐步增加、有效需求的提高以及居民消费能力的提升，消费对经济的拉动作用将进一步增强。

（五）居民收入持续增加但城乡差距仍会显著

随着全面建设小康社会攻坚任务和乡村振兴战略的推进，川南经济区城乡居民人均可支配收入将稳步提高，且始终高于全省平均水平。预计2019年川南经济区城镇居民人均可支配收入将超过33000元，农村居民人均可支配收入将超过15000元。但城乡居民收入的差距也将逐渐扩大，据统计，从2011年到2017年，川南经济区城乡居民收入差距逐渐从10554元扩大到16984元，增长了60%，预计随着城乡的非均衡发展，城乡收入差距会进一步扩大。

四 对策与建议

（一）坚持创新驱动提升经济内生动力

依靠科技创新提高产业发展动力，强化制度创新激发经济发展活力。立足传统优势产业，利用新技术对产业进行改造和提升，围绕产业链布局创新链，从而迈向价值链中高端。立足区域优势，培育区域差异化新兴产业，抢占新技术革命风口，实现弯道超车。进一步推进制度层面的创新改革，深化国企国资、政务服务等改革，提高政府现代化治理能力，为经济发展营造良好环境。

（二）坚持绿色发展保护区域生态环境

坚持"绿水青山就是金山银山"的绿色发展理念，立足生态本底，将生态优势转化为发展优势，提高经济与生态的协调发展程度。关停或改造污染高耗能企业，大力推动绿色环保型产业，发展绿色经济。实施生态保护和生态修复工程，提升环保治理能力，推动区域污染联防联控，增强长江上游生态涵养功能，共建亮丽生态屏障和美丽长江。

（三）强化对外开放和外向联动

充分利用国内外两个市场两种资源，参与区际产业分工，进一步提升经济的外向联动，引领构建区域价值链。充分发挥泸州川南临港片区和宜宾港的对外连接平台作用，推进国别产业园建设，吸引外资企业，充分利用本地优势产品，打开国际市场。利用长江经济带、南向大通道，深化同长三角、珠三角等国内区域的合作，通过共建产业园、区域帮扶等措施，实现区际的联动发展。

（四）提升区域协同发展水平

川南经济区实现区域协同不是"平均化"、低水平的协同，而是在个体发展的过程中实现要素资源充分流动和产业的深度协作，扭转"一家独大"的发展态势，发挥区域经济的整体效益。要高度重视区域顶层设计，减少产业的同质化竞争，构建区域产业链，实现产业分工在区域的合理布局。支持非营利组织的建设，推动区域文化、医疗、教育、就业信息等公共服务资源的共享。统筹整合旅游资源，打造"大峨眉""大乐山"等旅游线路，强化旅游资源的共享，提升"中国最美山水福地"旅游联盟品牌效应，实现旅游交通、景点和服务的跨区域联动，防止重复建设和各自为政的恶性竞争。

参考文献

四川统计局、国家统计局四川调查总队：《四川统计年鉴2017》。
自贡市、内江市、宜宾市、泸州市2018年上半年经济运行分析。

B.9

2019年川东北经济区
经济形势分析与预测

曹　瑛*

摘　要： 2018年上半年及前三季度川东北经济区经济运行稳中有进，主要指标居于全省五大经济区前列，经济增长活力稳步提升。先行指标和潜在增长率分析结果显示，2018年下半年及2019年，川东北经济仍处于稳定增长通道，区内各市需在市场主体发展、单位能耗控制、经济新动能生长等方面加强政策措施指导和实施力度。

关键词： 川东北经济区　地区经济运行　稳中有进

一　2018年上半年及第三个季度经济运行情况及分析

（一）经济总体运行状况

2018年上半年川东北经济区经济运行总体平稳。经济增速稳定，GDP份额、贡献率和拉动度均维持在五大经济区中间位置；投资与消费增速居于全省之首；经济区内5市采取积极促进就业政策措施，总体就业形势稳定；城乡居民收入增速高于全省平均增速，但收入与全省平均水平仍有差距。

＊ 曹瑛，博士，四川省社会科学院震灾研究中心副研究员，主要研究方向为区域经济。

1. GDP 及三次产业增长稳中有进

2018 年上半年，川东北经济区 GDP 及三次产业运行平稳。其中，GDP 实际增速高于全省 0.3 个百分点，达 8.5%，一、二产业增速为 3.8% 和 8.7%，分别高出全省平均 0.2 和 1.4 个百分点，第三产业则低于全省 0.1 个百分点。在 GDP 名义增速上，全省唯有成都平原经济区名义增速高于实际增速 2.3 个百分点，其他地区名义增速皆低于实际增速，其中川东北经济区低了 1 个百分点，数据显示这种轻微通缩主要源于第二产业，其名义增速低于实际增速 11.3 个百分点（见表 1）。

表 1　2018 年上半年四川全省及五大经济区 GDP 与三次产业增加值规模和增速情况汇总

单位：亿元，%

项目\地区	成都平原区	川南区	川东北区	攀西经济区	川西北区	四川全省
名义 GDP	11490.6	3104.4	2909.6	1240.9	224.5	18327.0
名义增速	10.6	7.4	7.5	-0.2	3.5	14.0
实际增速	8.3	8.7	8.5	4.3	6.8	8.2
第一产业	673.0	294.0	389.0	128.7	21.0	1544.3
名义增速	2.1	1.5	0.3	1.0	6.5	3.2
实际增速	3.7	3.8	3.8	3.4	3.4	3.6
第二产业	5047.5	1589.5	1323.9	661.8	106.2	7637.0
名义增速	3.6	-4.4	-2.6	-11.0	2.6	4.8
实际增速	7.6	8.8	8.7	2.4	8.4	7.3
第三产业	5770.1	1220.9	1196.8	450.5	97.4	9145.8
名义增速	18.8	30.3	24.8	21.2	3.9	25.4
实际增速	9.7	9.9	9.8	7.3	5.6	9.9

注：全省 GDP 数据使用四川省统计局公布数字，五大经济区数据为经济区内含各市（州）数字汇总值。2018 年上半年和 2017 年上半年，五大经济区 GDP 合计数（现值）分别比全省公布数多 643.03 亿元和 1365.45 亿元。

就经济规模与份额而言，2018 年上半年川东北经济区 GDP 份额较 2017 年同期轻微上升 0.06 个百分点，维持在 15.6% 左右，低于川南经济区 0.1 个百分点，继续居于五大经济区第三的位置。川东北经济区对全省上半年 GDP 增长贡献率为 16.29%，低于川南经济区的 17.76%，拉动全省 GDP 增速接近 1.34 个百分点；三次产业中，其第一和第三产业对全省第一和第二产业的贡献率和拉动度均高于川南经济区，居全省第二位（见表2）。

表2　2018 年上半年五大经济区 GDP 及三次产业增加值
全省份额增减及贡献率和增速拉动度

单位：%，百分点

		成都平原区	川南区	川东北区	攀西区	川西北区
GDP	份额增减	0.12	0.09	0.06	-0.25	-0.01
	贡献率	61.1	17.76	16.29	3.81	1.05
	拉动度	5.01	1.46	1.34	0.31	0.09
第一产业	份额增减	-0.02	0.03	0.02	-0.02	0.00
	贡献率	43.97	20.25	26.66	7.91	1.22
	拉动度	1.58	0.73	0.96	0.28	0.04
第二产业	份额增减	0.01	0.22	0.17	-0.41	0.01
	贡献率	55.91	22.11	17.91	2.74	1.32
	拉动度	4.08	1.61	1.31	0.2	0.10
第三产业	份额增减	0.08	0.04	0.04	-0.11	-0.05
	贡献率	68.19	13.41	13.71	3.92	0.77
	拉动度	6.75	1.33	1.36	0.39	0.08

2. 投资和消费增速居于全省之首

2018 年上半年川东北经济区投资增速高于全省平均水平 3.3 个百分点，居五大经济区之首，其全省份额也仅次于成都平原经济区，达 21.4%。经济区中仅巴中市的投资增速低于全省平均 1.1 个百分点，其余 4 市皆高出全省平均增速。消费领域，川东北经济区上半年同口径增速高于全省平均 0.8 个百分点，为全省增速最高，达 12.5%，全省份额仅次于成都平原经济区，居于省内五大经济区之次席位置（见表3）。

3. 财政收支与经济规模仍不匹配

财政收入方面，川东北经济区 2018 年上半年同口径增速 8.6%，低于全省平均值 5.5 个百分点，与其全省所占份额排名相同，均仅高于川西北经济区。同口径财政支出增速则高于全省平均 0.7 个百分点，同样居于全省第四位，仅高于成都平原经济区（见表4）。

表3　2018年上半年四川省五大经济区及川东北五市固定资产投资和消费总体状况

单位：亿元，%

	全社会固定资产投资总额	名义增速（同口径）	省内份额	社会消费品零售总额	名义增速（同口径）	省内份额
成都平原经济区	7611.58	12.1	54.5	5396.38	11.5	61.8
川南经济区	2283.93	8.2	16.4	1335.20	12.0	15.3
川东北经济区	2988.97	13.9	21.4	1429.51	12.5	16.4
其中:广　元	317.47	15.5	2.3	187.44	12.2	2.1
南　充	777.69	16.7	5.6	456.52	12.7	5.2
广　安	706.84	14.7	5.1	239.31	12.5	2.7
达　州	716.93	12.3	5.1	390.70	12.6	4.5
巴　中	470.04	9.5	3.4	155.54	12.2	1.8
攀西经济区	737.92	-7.9	5.3	483.02	10.7	5.5
川西北经济区	331.90	10.4	2.4	80.85	5.8	0.9
全省	13954.3	10.6	100	8724.96	11.7	100

注：因统计口径变化，2018年与往年的投资与消费数据不可比。本表内同口径名义增速使用省内各市（州）2018年上半年公布数据并经测算所得。

表4　2018年上半年四川省五大经济区及川东北五市财政收支总体状况

单位：亿元，%

	地方一般公共预算收入		一般公共预算支出	
	1~6月累计	同口径名义增速	1~6月累计	同口径名义增速
成都平原经济区	1169.5	14.3	1878.8	11.0
川南经济区	401.3	12.0	1435.2	11.9
川东北经济区	327.4	8.6	1195.0	11.5
其中:广　元	25.2	9.2	165.1	14.6
南　充	68.4	8.8	325.9	18.1
广　安	50.7	9.3	164.3	10.0
达　州	56.5	8.3	237.9	13.2
巴　中	26.2	1.2	171.1	14.8
攀西经济区	462.1	13.7	1689.6	12.7
川西北经济区	268.8	8.0	995.2	13.5
全省	2215.6	14.1	5124.1	10.8

注：因统计口径变化，2018年与往年的财政收支数据不可比。本表内同口径名义增速使用省内各市（州）2018年上半年公布数据并经测算所得。

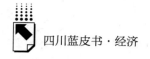

4. 经济区城镇就业总体形势稳定

川东北经济区 2018 年上半年就业形势总体稳定，经济区内各市都采取了较为积极的就业政策。在政策实施过程中，经济区五市中，达州市的做法较为典型。如：积极组织就业加扶贫专场招聘活动，使就业岗位信息直达乡村；一如既往地开展技能培训活动，2018 年上半年继续采用就业培训补贴形式；推进创业引领行动和继续强化实施就业援助；等等。2018 年上半年达州市针对建档立卡贫困户开辟创业担保贷款绿色通道，在全市范围内开发众多公益性岗位，兜底安置贫困人员，各类就业措施效果良好。

由于数据获得性较差，截至 2018 年 9 月，经济区五市中只有广元、达州和巴中三市公布了上半年就业数据。上述三市数据显示地区就业形势总体稳定。广元市上半年城镇新增就业 2.38 万人，比 2017 年同期增加 0.24 万人；失业人员再就业 7606 人，就业困难人员就业 1846 人；城镇登记失业率为 3.82%，比 2018 年年初降低 0.3 个百分点。达州市上半年城镇新增就业 2.17 万人；城镇失业人员再就业 5295 人，其中就业困难对象就业 1711 人，全市城镇登记失业率 3.95%，零就业家庭实现了动态消除。巴中市上半年城镇新增就业 1.79 万人，同比增长 8.3%；城镇失业人员再就业 6178 人，增长 12.8%；就业困难人员再就业 1640 人，增长 3.5%；城镇登记失业率控制在 3.47% 以内。

5. 居民收入与全省平均仍有差距

2018 年上半年川东北经济区五市城镇居民收入增长总体稳定，名义增速普遍高于全省平均，但与全省城镇居民的平均收入相比仍有一定差距。其中，城镇居民收入方面，除广安市达到全省平均的 97.4% 之外，其余 4 市均低于全省平均 10 个百分点以上，即与全省平均的差额均在 2000 元以上。农村居民收入与全省平均的差距更大，最大的差距为巴中市，其农村居民收入仅为全省平均的 2/3 强，低于全省平均 2275 元。广安和达州差距稍小，但也分别低于全省平均 353 元和 915 元（见表 5）。

表5 川东北经济区五市 2018 年上半年城乡居民收入总体情况

单位：元，%

地　区	城镇居民人均可支配收入			农村居民人均可支配收入		
	1～6 月累计	与全省平均相比	名义增速	1～6 月累计	与全省平均相比	名义增速
广　元	14763	88.0	8.9	4977	71.2	9.7
南　充	14621	87.1	9.1	5707	81.7	9.5
广　安	16342	97.4	8.2	6635	94.9	9.3
达　州	14649	87.3	8.9	6073	86.9	9.4
巴　中	14327	85.4	9.2	4713	67.4	9.5
全　省	16783	100.0	8.3	6988	100.0	9.0

（二）地区工业企业效益和产业结构变化

2018 年上半年经济区内工业企业效益与行业整体盈利情况相较 2017 年同期趋好，受益于战略新兴产业和地区重点产业的增长态势，经济区整体的产业结构继续得到优化。

1. 工业企业效益和行业盈利状况趋好

川东北经济区数据显示，2018 年上半年区内五市的工业企业效益总体处于增长态势，行业整体盈利情况相较于 2017 年同期趋好，显示区内企业经营状况有明显改善。如广元市 2018 年上半年的行业盈利面为 97.1%，较 2017 年同期提高 2.8 个百分点；巴中市企业盈利面 96.6%，优于全省平均水平；达州市上半年规模以上工业亏损企业户数则同比下降 32.1%，企业亏损面为 3.4%，亏损企业亏损总额为 1.37 亿元，亏损额同比下降 74.5%。

工业利润方面，具体到市，广元市 2018 年上半年规上工业利润总额 34.87 亿元，增长 42.8%，比上年同期提高 13.4 个百分点，高于主营业务收入增速 24.9 个百分点。南充市上半年规模以上工业企业实现利润总额 82.9 亿元，同比增长 16.9%。达州上半年规上工业企业实现利润总额 39.02 亿元，同比增长 90.6%。巴中市 2018 年 1～5 月的数据显示，其规上工业企业利润总额 11.2 亿元，同比增长 27.3%，增速比上年同期提高 9.9

个百分点。广安市无上半年数据，但据一季度数据推测，其上半年工业企业总体效益状况大概率较 2017 年同期有良好增长，其一季度规模以上工业企业实现利润总额 19.7 亿元，增长 45.3%。

2. 三次产业结构优化与重点产业发展

（1）地区三次产业结构变化

相较于 2017 年上半年，川东北经济区三次产业结构区域优化。图 1 显示，2018 年上半年，川东北经济区第一产业和第二产业比例有所降低，第三产业份额上升较快。但与全省平均相比，仍存在第一产业比例偏高，第三产业比例偏低情况。

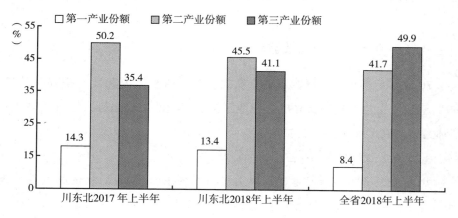

图 1　川东北三次产业结构与全省比较

（2）各市重点产业发展状况

除去无公开数据资料的广安市和巴中市，2018 年上半年，广元市、南充市和达州市的战略新兴产业增长态势良好。2018 年上半年广元市的规上工业中，战略性新兴产业产值增长 20.1%，比规上工业产值增速快 2.2 个百分点，占规上工业产值的比重为 18.5%，比上年同期提高 0.3 个百分点。其中新能源产业和新材料产业处于高速增长状态，分别增长 56.6% 和50.3%，分别高于规上工业产值增速 38.7 个百分点和 32.4 个百分点。南充市上半年战略性新兴工业发展势头较好，共实现主营业务收入 121.9 亿元，同比增长 20.6%，拉动全市规模以上工业主营业务收入增速同比增长 2.0 个百分点，贡献率达 12.5%。其中新一代信息技术、高端装备制造、新材料、新能源以及生物和环保产业都获得了高于全市平均水平的增长。而 1~7 月规模以上战略新兴工业继续高速增长，累计实现总产值 152.6 亿元，同比增长 21.6%，比全市高 4.8 个百分点，拉动全市规模以上工业总产值增速同比增长 2.1 个百分点，贡献率达到 12.8%。2018 年上半年，达州市六大产业集群（新材料、智能装备制造、生物医药、电子信息、农产品加工和天然气能源化工）增长 10.3%，比规上工业增加值增速快 0.4 个百分点。六大产业集群实现主营业务收入 303.21 亿元，同比增长 13.1%，主营业务收入利润率达到 9.1%，比传统优势产业高 2.2 个百分点，比全市高 2.6 个百分点。

3. 工业能耗下降但部分地区出现反弹

2018 年上半年，川东北经济区五市继续坚持生态优先、绿色发展，并积极调整优化产业结构和推进传统产业转型升级，推动企业实施煤改电、煤改气工程，全域覆盖开展能源环境统计监测，节能降耗工作成效显著。2018 年上半年广元全市单位 GDP 能耗下降 5.50%，单位工业增加值能耗下降 8.74%；广安市单位 GDP 能耗下降 5.07%，单位工业增加值能耗下降 9.67%。达州市自 2018 年一季度开始，规模以上工业综合能耗持续下降，其一季度综合能耗为 160.58 万吨标煤，同比下降 7.6%，1~5 月为 246.92 万吨标煤，同比下降 5.3%，1~7 月为 350.21 万吨标煤，同比下降 2.4%。但随着高耗能产业产品的市场性、周期性增长，部分行业能源消费由 2017 年的下降态势转为 2018 年上半年的正增长，如巴中市，其上半年规模以上工业综合能源消费量为 27.43 万吨标准煤，同比增长 3.9%，增幅比上年同期回升 21.9 个百分点，比一季度提高 2.7 个百分点。

（三）地区经济增长新动能与增长活力

通过近年来的不断蓄积，川东北经济区新的发展动能和经济活力逐渐得到恢复。市场主体培育与发展方面，广元市 2018 年上半年新登记各类市场

主体 11846 户，其中含企业 1906 户，个体工商户 9648 户，农民专业合作社
292 户。达州市 2018 年一季度民营经济市场主体累计达 18.49 万户，同比
增长 8.89%。其中个体工商户、私营企业、农民专业合作社分别达 14.79
万户、3.27 万户、0.43 万户，同比增长 7%、16%、18%；其中新登记的
分别为 4548 户、1363 户、173 户，同比增长 16%、9%、-4%。经济区内
的高新技术产业也有不俗表现。如 2018 年上半年，南充市的高新技术工业
企业整体发展水平快于全市，经济拉动效果明显。1~7 月累计数据显示，
其高新技术工业企业共实现工业总产值 228.5 亿元，同比增长 20.2%，比
全市平均水平高 3.4 个百分点。网上销售激发地区经济增长新活力。如广元
市，其 2018 年上半年限额以上单位网上销售收入增长 21.7%，比全社会消
费品零售总额增速高 9.5 个百分点。其中农产品销售企业网上销售收入达
2100 万元，增长 39.6%。

二 川东北经济区及各市2019年经济增长趋势预估

先行指标和潜在增长率分析显示，川东北经济区及下辖各市 2018 年下
半年及 2019 年经济增长仍会处于中高速增长阶段。

（一）先行指标表现

川东北经济区五市 2018 年年初至今的价格指数和发电量等指标表现平
稳，对整体的 GDP 的中高速稳定增长是一有力支撑。

1. 价格指数表现

如表 6 数据所示，2018 年上半年川东北经济区五市 CPI 表现总体平稳，
但在数值上皆低于一季度表现，这或源于一季度的节日效应。总体而言，川
东北经济区各市的 CPI 缺乏大幅上涨的基础，本文判断各市下半年和 2019
年上半年 GPI 大概率不会出现大幅的波动。

另据表 6 中 PPI 和 IPI 数值可以看出，上半年川东北经济区各市 PPI 数
据总体高于全省平均，原因或在于受之前劳动力、土地价格刚性上涨、环保

督查力度加大等因素影响。本文预估川东北经济区内各市能源和工业生产资料价格未来短期内将整体延续上涨态势，并延展传导至PPI，但总体各市的PPI上涨幅度有限。

表6中的IPI指标，川东北经济区中仅有南充市和巴中市公布了数据，且都低于全省平均值。由于其他市数据缺失，现有的两市IPI数据只能部分反映出2018年下半年开始川东北经济区部分经济指标可能会有所弱化，但大概率不会影响整体经济"稳中求进"的态势。

表6　2018年一季度和上半年川东北经济区5市及四川省价格指数（累计同比增长）

单位：%

价格指数	CPI		PPI		IPI	
时期	一季度	上半年	一季度	上半年	一季度	上半年
广元市	1.6	1.3	5.1	3.8	2.5	
南充市		1.5		5.3		3.9
广安市	2.1	1.8		6.1		
达州市	2.1	1.8		6.1		
巴中市	1.4	1.1	6.1	6.0	3.7	3.8
四川省	1.7	1.4	5.3	4.8		6.3

2. 其他先行指标表现

全社会用电量尤其是工业用电量增速开始恢复提升，一定程度上显示地区经济或开始进入一个上升周期。川东北经济区部分市的用电量数据显示，地区经济的上升或已开始。

广元市的工业用电量增速在2018年3月达到本年度年最大降幅后，从4月开始降幅逐月收窄，6月当月增速已由负转正；地税收入历经一年多的下降后，在2018年连续4个月保持20%以上的增长；公路运输客货运周转量增速则从2月的4.6%回升至9.0%。

2018年1~2月广安市的全社会用电量累计同比增长18.4%，而1~7月累计同比增长12.9%，其中工业用电量则分别同比增长14.1%和14.9%。

达州市1~7月全社会累计用电量同比增长12.8%，其工业用电量同比

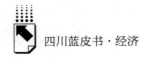

增速自 2018 年开始至今一直处于平稳增长之中，1 ~ 7 月的同比增速提高至全年迄今为止最高的 11.3%。

自 2018 年初至今，巴中市全社会用电量按月累计同比增长皆高于 10%，上半年累计同比增长 13.2%，其中工业用电量增长率表现稍弱，但上半年累计同比增长达到年初至今最高的 10%。

（二）川东北经济区及5市2019年 GDP 增长展望

本文关于川东北经济区及下辖五市 2018 年及 2019 年经济增长趋势展望使用 HP 滤波法进行粗略的测算和观察，测算使用数据为川东北经济区及五市 GDP 年同比增速。

1. 川东北经济区2018年和2019年 GDP 增速预估

如图 2 所示，川东北经济区整体 GDP 的潜在增长率自 2009 年之后进入下降通道，2017 年值为 8.3%，高出全省值 0.5 个百分点。周期性因素则自 2011 年达到阶段顶点后开始下行，同时波动较之前加大，2015 年后抵达阶段性低点后开始掉头上行进入新的周期（见图 2 和表 7）。根据图 2，本文预估 2018 年和 2019 年川东北经济区的 GDP 潜在增速将低于 8.0%，进入 7.0% 时代。另根据周期变动趋势并联合对全省和川东北经济区 5 市部分先

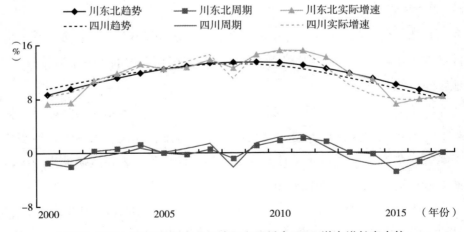

图 2　2000 ~ 2017 年川东北经济区和四川省 GDP 潜在增长率走势

注：本图基于 Hodrick-Prescott Filter（lambada = 100）。

行指标的观察和分析，2018 年和 2019 年川东北经济区 GDP 增速或继续维持在 8.0% 上下。

表7 川东北经济区和四川省潜在增长率 HP 法测算结果对比

单位：%

年份	川东北经济区		四川省	
	趋势	周期	趋势	周期
2000	8.6196	− 1.4493	9.5206	− 1.0559
2001	9.4677	− 2.0431	10.1844	− 1.2085
2002	10.3014	0.3064	10.8376	− 0.5867
2003	11.0856	0.5819	11.4575	− 0.1106
2004	11.7886	1.2534	12.0158	0.7182
2005	12.3842	0.0230	12.4827	0.1173
2006	12.8590	− 0.2807	12.8359	0.6641
2007	13.1997	0.4962	13.0540	1.4460
2008	13.3903	− 0.8805	13.1225	− 2.1225
2009	13.4195	1.0161	13.0412	1.4588
2010	13.2675	1.7693	12.7886	2.3114
2011	12.9245	2.1322	12.3581	2.6419
2012	12.3984	1.6785	11.7659	0.8341
2013	11.7185	0.0305	11.0547	− 1.0547
2014	10.9307	− 0.1383	10.2756	− 1.7756
2015	10.0816	− 2.9440	9.4692	− 1.5692
2016	9.2159	− 1.4523	8.6582	− 0.9582
2017	8.3492	− 0.0992	7.8498	0.2502

2. 川东北经济区内五市2018年和2019年 GDP 增速预估

广元市近年来 GDP 实际增速变化幅度较小，2017 年开始扭转自 2010 年开始的下降走势。经 HP 滤波处理后的趋势因素和周期因素呈相反方向变化（见图3），联合先行指标以及全省 GDP 走势进行观察，预估 2018 年和 2019 年 GDP 增速或继续维持在 8.0% 之上。

经 HP 滤波法分解得到的南充市 GDP 潜在增长率走势如图4所示，其 2017 年的趋势值为 9.6%，周期性因素近年来一直为负值，并逐渐向 0 轴靠

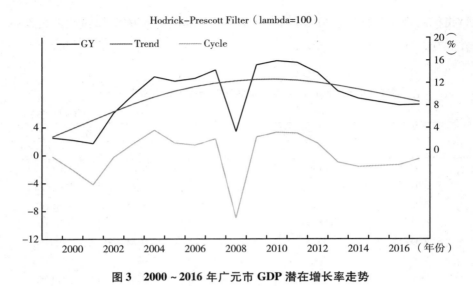

图3 2000～2016年广元市GDP潜在增长率走势

近（见图4）。联合全省趋势以及先行指标观察，预估南充市2018年和2019年的经济增速或将继续维持在8.5%上下。

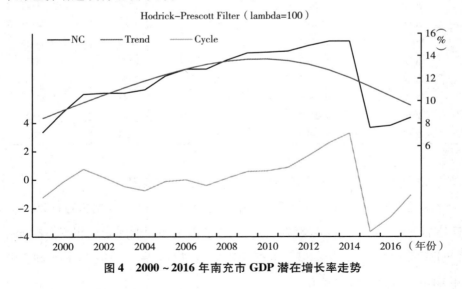

图4 2000～2016年南充市GDP潜在增长率走势

经HP滤波法分解后的广安市GDP潜在增速走势图如图5所示，其2017年的趋势值下降至8.7%，周期性因素波动的时间间隔较以往缩短（见

图5），联合全省和川东北经济区经济走势趋向观察，预估其2018年和2019年的GDP实际增速或将在8.0%上下波动。

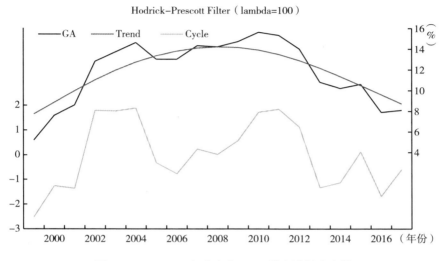

图5　2000～2016年广安市GDP潜在增长率走势

经HP滤波法分解后的达州市GDP增速趋势如图6所示，2017年其GDP潜在增长率的趋势值为6.8%，但由于近年来达州市GDP潜在增长率

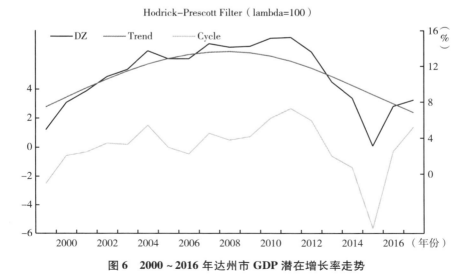

图6　2000～2016年达州市GDP潜在增长率走势

中的周期性因素波动剧烈且一直处于上升态势中，联合全省和川东北经济走势情况，并结合先行指标观察，其2018年和2019年的GDP实际增速预计可维持在8.0%左右。

经HP滤波法分解后的巴中市GDP潜在增长趋势如图7所示，其趋势值2017年降至8.4%，周期性因素仍处于0轴以下（见图7）。结合区域经济走势以及对先行指标的观察，巴中市2018年和2019年的GDP实际增速预计仍将维持在8.0%之上。

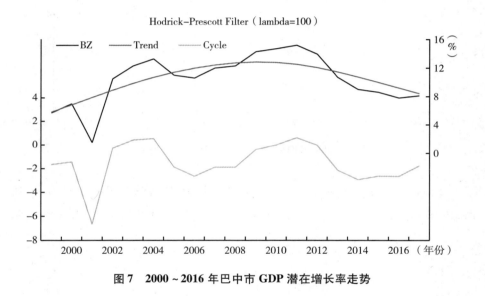

图7　2000～2016年巴中市GDP潜在增长率走势

三　关于川东北经济区2019年经济发展的建议

川东北经济区整体经济发展环境自2018年始有较往年趋好的迹象，如随着供给侧改革推进企业盈利环境改善、固定资产投资尤其是基础设施投资增速继续维持较高位置、地方产业结构中工业份额趋于稳定而服务业比例逐年提升、高技术产业及战略新兴产业持续高速增长且对地方经济贡献率加大等，但也仍存在部分问题，如供给侧改革推进成效地方差异明显、民间投资和工业投资区域不平衡、新动能发展与促进作用不充分、部分地方单位工业耗能出现反弹迹象等，需要地方政府和企业共同出手，采取合理措施予以改善和解决。

其一，加快推进价格体制改革。2018年川东北经济区各市价格指数如CPI和PPI等一些经济先行指标持续向好，投资环境和企业投资意愿有望从2018年下半年开始获得部分改善提升。因此，本文建议川东北经济区各市把握时机，继续按照国家"放管服"要求，完善主要由市场决定的价格机制，加快价格形成及监管体制的改革步伐，持续推进重点领域如电力、天然气、医疗服务、自来水等行业价格改革。

其二，促进民间投资地区均衡与活跃。2018年上半年川东北经济区民间投资总体较为稳定，但各市之间活跃度不同。在全国范围内民间投资自2018年年初以来各个月累计增速都高于8%的情形下，川东北经济区内部分市民间投资不够乐观，如达州市1~5月累计增速5.1%，1~6月累计增速6.9%，1~7月累计增速7.5%；而巴中市上半年甚至出现下降态势，较上年同期下降0.8%。因此本文建议川东北经济区各市之间需加强投资协调，促进民间投资在地区间的均衡分布，进而推进川东北经济区经济发展的整体协调与活跃繁荣。

其三，加强监管防止部分地区单位工业能耗反弹。2018年年初以来，川东北经济区单位GDP能耗和单位工业能耗总体上处于稳定下降趋势，但部分地区如巴中市，其规模以上工业能源消费却由2017年全年的大幅下降转为2018年的正增长，这与其高耗能行业整体快速增长有关，尤其是与非金属矿物制品行业的快速增长有关。实际上不仅仅是巴中市，川东北经济区其他各市也有相同增长结构。如广安市2018年1~7月规上工业企业综合能耗同比小幅增长0.6%，其中非金属矿物制品业能耗同比增长10.4%；达州市一季度非金属矿物制品业能耗同比增长15.1%，增速回升23.7个百分点，1~5月同比增长15.4%，上半年则同比增长8.9%；巴中市上半年非金属矿物制品业综合能耗占全市规上工业能耗的61%，能耗同比增长9.6%，促进全市规上工业能耗增长5.5个百分点。因此本文建议川东北经

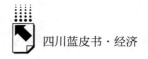

济区各市需加强对相关行业的监管和指导，尽快出台相关政策措施，如改造完善生产设备和升级生产工艺等，努力将单位能耗反弹消灭在尚未普遍发生且无法控制的苗头阶段。

其四，着力培育消费领域新动能。消费领域新动能的培育和发展在川东北经济区各市间表现各异。如网上销售，广元市整体成效较好，限额以上单位网上销售收入2018年上半年增长21.7%，比全社会消费品零售总额增速高出9.5个百分点，其中农产品销售企业网上销售收入增长39.6%。而达州市则相对较差，其2018年上半年限上企业通过互联网实现的商品零售额仅为0.7亿元，此数据甚至较2017年同期累计下降13.6个百分点，远低于全省平均水平。因此本文建议川东北经济区内各市以积极的政策安排和特色宣传，引导社会大众消费思维和方式的整体更新，同时积极引进零售电商平台的开发和入驻，尤其是限额以上批零企业的互联网销售方式和渠道的改进更新。

其五，加强特定市场主体的培育和发展。特定市场主体的培育和发展显著影响地区经济发展前景，譬如新兴产业主体的数量往往决定地区经济未来的发展方向。如达州市，其2018年上半年进入政府重点发展企业名录的农产品加工企业有170户，占重点产业企业总数的60.7%，但其他新兴产业如生物医药企业仅6户，新材料企业仅8户，电子信息企业仅12户。因此，本文建议川东北经济区各市政府经济部门尽快修正其招商引资的方式和途径，重点转向有利于地区未来发展的战略性新兴产业和企业的培育和引进。

B.10

2019年攀西经济区
经济形势分析与预测

段　莉*

摘　要： 攀西经济区作为四川区域发展格局中的重要经济板块，当前经济发展稳中趋缓。结合国内外宏观经济发展新形势，攀西经济区将通过实施创新驱动发展、加速区域协同发展、着力推动对外开放、聚集精准脱贫攻坚、加强资源节约和环境保护，实现经济稳步、提质发展。

关键词： 攀西经济区　创新驱动　精准脱贫　提质发展

　　攀西经济区包括攀枝花市和凉山彝族自治州（以下简称凉山）2个市（州）、22个县（区）。区域面积达到6.8万平方公里，占全省的13.9%；总人口591.3万人，占全省的7.2%。[①] 攀西经济区拥有得天独厚的钒钛、稀土、水能等自然资源，气候条件独特。作为长江上游生态屏障的重要承载区、少数民族聚居区和连片扶贫开发攻坚区，攀西经济区是四川实施"一干多支"发展战略，构建"一干多支、五区协同"区域发展新格局的重要经济板块。

---

* 段莉，博士，四川省社会科学院管理学研究所副研究员，主要研究方向为宏观经济分析、公共管理与公共政策。

① 四川省人民政府：《攀西经济区"十三五"发展规划》，2016年9月。

一 攀西经济区经济发展现状

（一）经济增长稳中趋缓

2018年是全面贯彻落实党的十九大精神的开局之年，也是实施《攀西经济区"十三五"发展规划》承上启下的关键一年。面对依然复杂多变的宏观经济形势，攀西经济区两市（州）始终坚持稳中求进的工作总基调，着力推进供给侧结构性改革和创新驱动、投资拉动，不断提高经济发展的质量和效益，2018年上半年经济发展保持整体平稳的运行态势。

2018年上半年，攀西经济区两市（州）实现地区生产总值（GDP）1240.92亿元，占全省总量的6.77%①（见图1），同比增长4.4%。其中攀枝花实现地区生产总值（GDP）572.15亿元，全省排第13位；凉山实现668.77亿元，全省排第10位。与上年同期相比，攀西经济区两市（州）中攀枝花的增速较快，达到6.5%；凉山的增速较慢，仅有2.6%。从全省经济发展增速来看，攀西经济区的经济增速低于全省平均水平（8.2%）3.8个百分点，未能跟上全省的发展步伐。

从三次产业增加值来看，2018年上半年攀西经济区三次产业增加值分别为128.64亿元、661.78亿元、450.50亿元。其中，攀枝花三次产业增加值分别为16.07亿元、374.25亿元、181.83亿元；凉山分别为112.57亿元、287.53亿元、268.67亿元。

（二）产业结构逐步优化

2018年上半年，攀西经济区产业结构调整为10.4∶53.3∶36.3。其中，攀枝花产业结构调整为2.8∶65.4∶31.8，第二产业占据较大比重；凉山产业

---

① 本报告数据主要来源于四川省统计局与攀西经济区的攀枝花市和凉山彝族自治州两市（州）的统计局官网、统计公报。

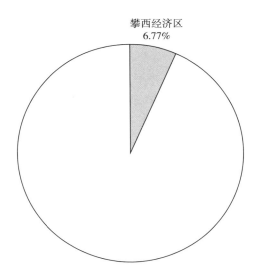

攀西经济区
6.77%

图1 2018年上半年攀西经济区GDP占全省比重

结构调整为16.8:43.0:40.2,第二产业与第三产业占比基本持平。

与全省同期的产业结构(8.4:41.7:49.9)相比,攀西经济区第二产业占比偏大,第三产业占比偏小。

与往年相比,攀西经济区产业结构逐步优化。其中第三产业占比上升幅度明显,2018年上半年较2015年上升了近8个百分点;第一产业与第二产业占比均有所下降,第二产业占比的下降幅度大于第一产业(见图2)。

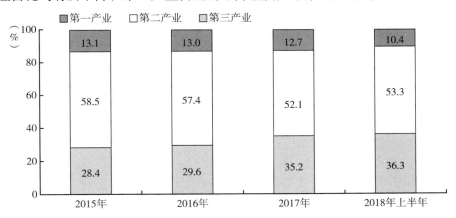

图2 攀西经济区三次产业结构变化

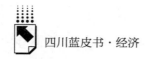

（三）工业发展动能不足

2018年上半年，攀西经济区积极围绕工业结构性矛盾，不断加快推进新旧动能转化，促进工业转型升级。但工业经济发展却出现一定的稳增长压力。

2018年上半年，攀枝花规模以上工业增加值增长4.6%，增速较上年同期回落1.1个百分点，比全省平均低3.4个百分点，比全国平均低2.1个百分点，居全省第18位①。凉山规上工业增加值累计同比下降4.4%，低于全省平均增速12.4个百分点。全州工业26个主要行业增速只有11个行业呈正增长，仅拉动全州规上工业增加值增长0.5个百分点，其中占全州工业46.2%的电力、热力生产和供应业同比增长0.3%，拉动全州规上工业增加值增长0.1个百分点。州内两大水电企业累计实现工业总产值同比增长2.7%，拉动全州规上工业增长0.8个百分点②。

（四）全社会固定资产投资增速下滑

2018年上半年，攀西经济区完成固定资产投资737.92亿元，占全省的比重为5.3%，较2017年底的全省占比（5.9%）下降了0.6个百分点。从增速来看，受彝家新寨建设、易地扶贫搬迁工程、棚户区改造等重大基础设施存量项目推进速度延滞与新增项目储备不足等因素影响，固定资产投资较上年同期也有较大幅度下降。其中，攀枝花固定资产投资完成286.26亿元，增速较上年同期回落1.6个百分点。从产业来看，第一产业投资完成18.25亿元，占全社会固定资产投资的6.4%，比上年同期提升1.1个百分点；第二产业投资完成96.22亿元，占比33.6%，比上年同期下降2.8个百分点；第三产业投资完成171.80亿元，占比60%，比上年同期提升1.7

① 攀枝花市发展和改革委员会：《攀枝花市2018年1～6月经济运行简要分析》，http：//www.pzhdrc.gov.cn/fzggzl/ncjj/nyfz/703760.shtml，2018年7月27日。
② 凉山州经济和信息化委员会：《2018年1～6月凉山工业经济运行情况通报》，http：//lbx.gov.cn/lszrmzf_new/bmdt60/6169048/index.shtml，2018年8月13日。

个百分点①。凉山完成全社会固定资产投资 451.66 亿元，比上年同期下降 12.40%。从产业来看，第一产业完成投资 16.67 亿元，同比下降 6.3%；第二产业完成投资 126.59 亿元，同比下降 46.6%；第三产业完成投资 308.40 亿元，同比增长 18.3%；其中交通运输完成投资 105.12 亿元，同比增长 27.5%。② 攀西经济区的全社会固定资产投资整体上出现了大幅缩水，尤其需要注意的是凉山固定资产投资增速出现了负增长（见图3）。

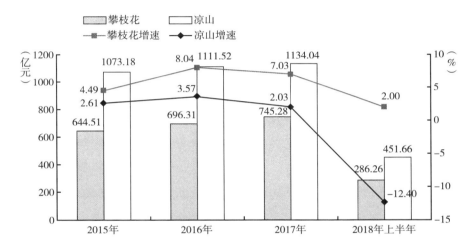

图3　攀枝花与凉山的固定资产投资及增速

（五）消费品市场平稳增长

攀西经济区积极推进消费结构优化升级，消费品市场信心进一步提振，消费潜力逐步得以释放，消费品市场总体呈现平稳增长的发展态势。2018年上半年，攀西经济区实现社会消费品零售总额 483.02 亿元，占全省社会消费品零售总额的 5.5%，与 2017 年底的全省占比（5.5%）持平。其中，

---

①　攀枝花市统计局：《上半年攀枝花市固定资产投资运行情况简析》，http：//www. sc. stats. gov. cn/tjxx/tjfx/sz/201807/t20180724_ 263983. html，2018 年 8 月 6 日。

②　凉山州统计局：《上半年凉山累计完成全社会固定资产投资 451.66 亿元》，http：//www. lsz. gov. cn/lszrmzf_ new/bmdt60/6111724/index. shtml，2018 年 7 月 19 日。

攀枝花实现社会消费品零售总额 172.18 亿元，居全省第 17 位；较上年同期增长 11.1%，增速比全省平均水平低 0.6 个百分点，居全省第 16 位。凉山实现社会消费品零售总额 310.84 亿元，居全省第 10 位；较上年同期增长 10.5%，增速比全省平均水平低 1.2 个百分点，与雅安市并列居全省第 19 位（见图4）。

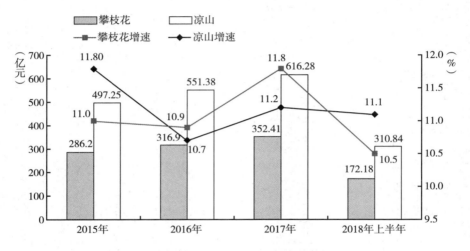

图4 攀枝花与凉山的社会消费品零售总额与增速

（六）财政收支运行良好

2018 年上半年，攀西经济区通过加大对重点税源的征管力度、强化预算约束，财政收支运行情况保持良好。总体上，攀西经济区财政收入保持平稳增长，完成一般公共预算收入 107.01 亿元，较上年同期增长 6.3%；财政支出保持较高强度，一般公共预算累计支出 360.06 亿元，较上年同期增长 11.7%，确保了对民生工程、新村建设等重点领域的支持力度。其中，攀枝花一般公共预算收入累计完成 32.22 亿元，同比增长 6.9%；一般公共预算累计支出 70.72 亿元，同比增长 15.5%。凉山一般公共预算收入累计完成 74.79 亿元，增长 6.0%；一般公共预算累计支出 289.34 亿元，增长 10.7%（见表1）。

表1　2015年~2018年上半年攀西经济区一般公共预算收支情况

单位：亿元，%

年份	攀枝花				凉山			
	一般公共预算收入	同比增速	一般公共预算支出	同比增速	一般公共预算收入	同比增速	一般公共预算支出	同比增速
2015年	53.34	-15.2	112.65	-7.0	107.07	-4.7	417.62	14.1
2016年	56.76	6.4	122.03	8.3	121.03	13.0	459.15	9.9
2017年	60.59	6.8	136.84	12.1	134.55	11.2	479.85	4.5
2018年上半年	32.22	6.9	70.72	15.5	74.79	6.0	289.34	10.7

资料来源：《四川统计年鉴2016》及攀西经济区2市（州）统计局网站。

（七）城乡居民人均可支配收入稳定增长

2018年上半年，攀西经济区深入贯彻落实精准扶贫、精准脱贫的基本方略，通过持续加大民生工程投入，落实产业扶贫、旅游扶贫、电商扶贫等举措，促进经济区一二三产业融合发展，城乡居民人均可支配收入持续稳定增长，且农村居民人均可支配收入增速高于城镇居民人均可支配收入增速，城乡收入差距有所缩小。

从城镇居民人均可支配收入来看，2018年上半年攀枝花达到17287元，超出全省城镇居民人均可支配收入水平（16783元）504元，收入绝对值位列成都之后，居全省第二位；较上年同期增长8.2%，增速低于全省平均水平（8.3%）0.1个百分点，居全省第15位。凉山达到16119元，较全省城镇居民人均可支配收入水平低664元，居全省第14位；较上年同期增长8.0%，增速低于全省平均水平0.3个百分点，与阿坝州并列居全省第20位。

从农村居民人均可支配收入来看，2018年上半年攀枝花达到8062元，超出全省农村居民人均可支配收入水平（6988元）1074元，收入绝对值位列成都之后，居全省第二位；较上年同期增长8.9%，增速低于全省平均水平（9.0%）0.1个百分点，居全省第18位。凉山达到4385元，较全省农村居民人均可支配收入水平低 2603 元，居全省第 20 位；较上年同期增长 10.0%，增速高于全省平均水平 1 个百分点，位居全省第二位，仅次于甘孜州的增长水平。

从城乡居民人均可支配收入绝对值比较来看，攀西经济区两市（州）的农村居民人均可支配收入明显低于城镇居民人均可支配收入。其中攀枝花农村居民人均可支配收入是同期城镇人均可支配收入的 46.6%，凉山仅为 27.2%。

从城乡居民人均可支配收入增长速度比较来看，攀西经济区两市（州）的农村居民人均可支配收入增速均高于城镇居民增速，尤其是凉山的农村居民人均可支配收入增速明显，城乡居民人均可支配收入差距有所缩小（见表 2）。

表 2   2015 年～2018 年上半年攀西经济区城乡居民人均可支配收入情况

单位：元，%

年度	攀枝花				凉山			
	城镇居民	同比增速	农村居民	同比增速	城镇居民	同比增速	农村居民	同比增速
2015 年	30362	8.5	12861	9.3	24084	7.7	9422	11.3
2016 年	32860	8.2	14057	9.3	25963	7.8	10368	10.0
2017 年	35620	8.4	15336	9.1	28170	8.5	11415	10.1
2018 年上半年	17287	8.2	8062	8.9	16119	8.0	4385	10.0

资料来源：《四川统计年鉴 2016》及攀西经济区 2 市（州）统计局网站。

（八）用电量温和增长

2018 年上半年，攀西经济区全社会用电量达到 114.8 亿千瓦时，占全省用电总量（1144.28）的 10.03%。其中，攀枝花全社会用电量为 62.07 亿千瓦时，同比增长 7.03%。第一产业用电量为 0.23 亿千瓦时，同比增长 20%；第二产业用电量 55.48 亿千瓦时，同比增长 6.64%；第三产业用电量 2.94 亿千瓦时，同比增长 14.1%。[①] 凉山全州用电量为 52.73 亿千瓦时，

---

① 攀枝花市统计局：《上半年攀枝花市全社会用电量增速回落》，http：//www.sc.stats.gov.cn/tjxx/tjxx_ 171/sz/201808/t20180807_ 264926.html，2018 年 8 月 8 日。

同比下降 2.80%。实现工业供电量 35.92 亿千瓦时,比上年同期增长 4.80%;重点企业累计用电 22.79 亿千瓦时,占工业用电量的 63.45%,占比比上年同期低 5.32 个百分点,同比下降 2.66%。从州内重点企业用电量增减的行业看,增加的主要有有色冶炼企业(主要是尾渣资源综合利用)用电同比增长 23.56%,黑色采选企业用电增长 10.12%,有色采选企业用电增长 2.20%,下降的主要有轻工行业企业用电下降 21.19%,建材企业用电同比下降 4.60%,化工企业用电下降 4.5%,黑色冶炼企业用电同比下降 3.5%①。凉山部分重点企业用电量的下降,从侧面反映出凉山工业结构调整仍在继续。

二 攀西经济区经济发展面临的机遇与挑战

(一)发展机遇

1. 政策红利持续释放提供强大政策支撑

长江经济带、"一带一路"、精准扶贫、军民融合等一系列国家战略决策带来的政策红利,将持续为攀西经济区积极争取项目、资金和政策扶持,做大做强特色经济提供有利的宏观政策环境。有序务实地推进攀西经济区对接长江经济带建设、"一带一路"建设、精准扶贫工程、军民融合发展,将有助于攀西经济区用好、用足国家相关优惠政策加大基础设施、特色产业、异地扶贫搬迁等重点领域和关键环节的投入力度。有效发挥地缘优势,拓展南向开放发展通道,在更大范围内参与全球分工,开拓外部市场,强化和释放竞争优势;尽快补齐发展短板,凝聚帮扶力量,增强贫困地区造血能力,破解区域内发展不协调不平衡的突出问题;优化配置科技资源,吸纳各类人力资本、技术资本和知识资本,推动创新要素跨地区流动,加快科技成果转

---

① 凉山州经信委:《州经信委通报 2018 年上半年全州电力生产供应情况》,http://www.lsz. gov.cn/lszrmzf_ new/bmdt60/6108368/index.shtml,2018 年 7 月 18 日。

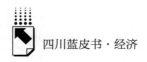

化为现实生产力的速度。

2. 创新驱动促进经济高质量发展

四川作为西部唯一的国家全面创新改革试验区，肩负着改革先行先试、加快实现创新驱动发展的重大使命。2017年9月国务院办公厅印发的《关于推广支持创新相关改革举措的通知》提出，要在全面创新改革试验区范围内，推广科技金融创新、创新创业政策环境、外籍人才引进、军民融合创新四个方面共13项支持创新的相关改革举措。这为攀西经济区实施创新驱动发展战略，激发发展的内生动力和活力提供了基础和条件。同时，攀西又是我国唯一的战略资源创新开发试验区。攀西试验区自2013年批准设立以来，已形成了全系列钒制品产业链，产能、产量均居全国第一；形成了全流程钛产业链，是国内最大的钛精矿、钛白粉生产基地；稀土深加工产品不断拓展，碲铋资源开发顺利起步，战略性资源创新开发体系基本建成。① 借力战略资源创新开发试验区的建设，将有利于攀西经济区开展先行先试，围绕加快转变经济发展方式和提高经济质量，在增强创新动力、完善创新机制体制、营造创新环境等方面持续发力，进一步打造出自己的科技创新体系，加快推进战略资源创新开发。

3. 绿色发展催生绿色经济

绿色发展是"十三五"乃至更长时期我国经济社会发展的一个基本理念。攀西经济区是长江上游生态屏障的重要承载区，践行绿色发展理念，推进生态文明建设，将极大地有利于攀西经济区特别是攀枝花这个典型的资源型城市转变经济发展方式，培育壮大清洁能源、节能环保等新兴产业，助推绿色经济的快速发展。

4. 四川顶层设计为攀西较快发展明确方向

省委十一届三次全会提出实施"一干多支"重大战略部署，为攀西经济区发展明确了定位，提出了行动方向。《中共四川省委关于全面推动高质

---

① 《攀西战略资源创新开发试验区建设取得系列突破》，http://www. xinhuanet. com/local/ 2018 – 01/17/c_ 1122274912. htm，2018年1月17日。

量发展的决定》中明确指出,"攀西经济区集中在攀枝花和安宁河谷地区,重点推动产业转型升级,建设国家战略资源创新开发试验区、现代农业示范基地和国际阳光康养旅游目的地。推进安宁河流域和金沙江沿岸农文旅融合发展,建设阳光生态经济走廊。优化城镇布局体系和形态。支持凉山州创建全国同步全面小康示范州和民族团结进步示范州。支持攀枝花建设川西南、滇西北区域中心城市和南向开放门户。大小凉山地区突出生态功能,重点推进脱贫攻坚,发展生态经济,促进全域旅游、特色农牧业、清洁能源、民族工艺等绿色产业发展。"①

(二)困难挑战

1. 固定资产投资拉动乏力

一是第二产业投资乏力。2018年上半年,攀西经济区第二产业投资的负增长拉低了固定资产投资整体的增长速度。其中攀枝花第二产业投资同比下降幅度接近8%,达到7.6%(工业投资下降7.5%),凉山同比下降幅度达到两位数,超过45%,达到46.6%(工业投资下降41.7%)。二是重点项目推进乏力。2018年上半年,攀枝花受项目建设资金不足的影响,固定资产投资完成286.26亿元,完成全年预期目标完成进度的45.3%。凉山166个州重点项目完成投资254亿元,占年度计划的37%,其中83个续建项目完成投资217亿元,占年度计划的44.3%。三是在库项目支撑不足。1~6月,攀枝花新开工项目237个,新开工项目个数同比下降53.6%,新开工项目实际完成投资118亿元,同比下降50.9%②。凉山新开工统计入库项目仅113个,较上年同期少218个,同比下降65.9%;新开工项目总投资164.8亿元,较上年同期减少350.8亿元,同比下降68%③。

---

① 《中共四川省委关于全面推动高质量发展的决定》,《四川日报》2018年7月2日。
② 攀枝花市发展和改革委员会:《2018年上半年全市固定资产投资运行分析》,http://www.panzhihua.gov.cn/xxgkml/depContent? docId = 20180727231424 – 491675 – 00 – 000,2018年7月27日。
③ 凉山彝族自治州发展和改革委员会:《2018年上半年投资和重点项目推进情况通报》,http://fgw.lsz.gov.cn/lsfg/3201693/6143046/index.shtml,2018年7月31日。

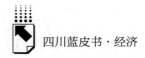

2. 城乡收入差距依然较大

比较攀西经济区两市（州）居民的人均可支配收入，攀枝花城乡居民人均可支配收入均高于凉山，两市（州）之间存有一定差距。攀枝花与凉山之间的城镇居民人均可支配收入相差1168元，农村居民人均可支配收入差距却达到3677元。这也成为攀西经济区地区发展不平衡的外在表现之一。从两市（州）城镇居民与农村居民人均可支配收入水平来看，攀枝花城镇居民人均可支配收入是农村居民的2.14倍，凉山是3.68倍。两地特别是凉山的城乡收入差距较大，其主要原因有两点：一是两地经济发展速度存有差异，攀枝花的经济发展速度略快于凉山；二是凉山经济发展不平衡。2012年，凉山实现了从"一步跨千年"到"经济跨千亿"的历史性跨越，但是发展不平衡不充分仍是现在最大的州情。安宁河流域五县一市占全州辖区面积的31%、总人口的50.5%，GDP和财政收入却占总量的70%以上，10个彝区县和1个藏族自治县GDP总和不到全州总量的1/3①。凉山还是全国"三区三州"深度贫困地区之一，11个民族聚居县均为深度贫困县，全州建档立卡94.2万贫困人口中尚有49.1万人未脱贫，2072个贫困村中尚有1118个村未退出②。凉山脱贫攻坚任务依然艰巨，较大幅度缩小城乡收入差距的任务还较重。

3. 转型升级与生态保护双重压力

近年来，攀西经济区立足区域资源要素禀赋，深化供给侧结构性改革，产业结构虽逐步得以优化，但第二产业的比重仍然较大，部分产业仍处于产业链的中低端，产品档次较低，深加工不足，附加值较低。同时，攀西经济区在推动经济高质量发展、实现经济持续健康发展的同时，必须处理好与生态环境高水平保护之间关系。

---

① 凉山彝族自治州政府办：《凉山概况》，http：//www.lsz.gov.cn/lszrmzf _ new/lsgk15/6025145/index.shtml，2018年6月9日。
② 《凉山脱贫攻坚进展如何？来看这张图》，http：//www.sc.gov.cn/10462/10464/10797/2018/6/19/10453378.shtml，2018年6月19日。

三　2019年攀西经济区经济形势预测

2019 年，攀西经济区经济发展形势良好。在坚持稳中求进的工作总基调下，攀西经济区深入推进供给侧结构性改革，经济将呈现稳中有进、进中提质的发展态势。

（一）经济总量平稳增长

攀西经济区的发展速度虽在 2018 年上半年未能达到全省的平均水平，但在全省经济持续稳定增长的发展态势的带动下，2019 年攀西经济区将围绕建设国家战略资源创新开发试验区、现代农业示范基地和国际阳光康养旅游目的地的发展定位，重点打造世界级钒钛材料、阳光康养等产业集群，打好精准脱贫攻坚战，经济实力将进一步增强，经济发展速度将有所加快，与全省平均发展水平的差距将缩小。

（二）产业结构进一步优化

2018 年上半年，攀西经济区产业结构为 10.4∶53.3∶36.3，第一、二产业分别高于全省 2.0 个、11.6 个百分点，第三产业低于全省 13.6 个百分点。攀西经济区第三产业发展还有较大提升空间。2019 年，攀西经济区将以《攀西经济区"十三五"发展规划》确定的发展目标为引领，按照省委十一届三次全会明确提出的经济区发展战略部署，继续推动矿业、钢铁、钒钛、磷化工等传统产业转型升级，培育壮大新能源、新材料、节能环保等战略性新兴产业，大力发展壮大阳光康养、旅游、电子商务、物流等现代服务业，进一步提升产业聚集水平，形成特色产业集群。攀西经济区产业结构将进一步得到优化。

（三）固定资产投资增幅有所回升

2019 年，为推动省委十一届三次全会精神贯彻落实，攀西经济区将围绕阳光康养、特色旅游、城市规划建设、重大基础设施、脱贫攻坚和民生事业等重点领域，进一步超前谋划一批项目，加快推动一批重大项目的落地和实施。如攀枝花 2018 年被确定为全国 15 个老旧小区改造试点工作城市之一。《攀枝花市老旧小区改造试点工作方案》明确 2018 年至 2020 年，共计划改造老旧小区 30 个，总投资 2.8 亿元。2018 年攀枝花启动试点，完成 9 个老旧小区改造，涉及 4071 户，投资 7475 万元[①]。2019 年，攀枝花老旧小区改造将会加快推进实施。2019 年也是西昌的"交通建设年"，全市将启动以 G5 泸黄高速公路改扩建项目等"十大交通工程"为代表的交通项目。全年交通基础设施建设估算总投资 64.5 亿元（不含高速公路），建设里程共351.45 公里[②]。这些项目将支撑攀西经济区 2019 年固定资产投资，使投资增幅有所回升。

（四）城乡收入差距缩小

2019 年，攀西经济区为确保与全国、全省同步全面建成小康社会，将以国家政策支持和地方对口帮扶为外部推力，继续进行脱贫奔康攻坚战，因地制宜加快发展特色农业，大力实施旅游、电子商务等产业扶贫工程，增强贫困区内生发展能力，助力精准扶贫、精准脱贫。攀西经济区城乡居民人均可支配收入将持续增加，收入差距将继续缩小。

四 对策与建议

（一）深入贯彻创新驱动发展战略，用创新引领动能转换

围绕建设攀西国家战略资源创新开发试验区，发挥攀西经济区钒钛、稀

---

① 攀枝花市政府办公室：《〈攀枝花市老旧小区改造试点工作方案〉出炉》，http：//www. panzhihua. gov. cn/xxgkml/depContent? docId = 20180308113742 - 232985 - 00 - 000，2018 年 3 月 8 日。

② 《2019 年为西昌"交通建设年"》，http：//news. ls520. net/lsyw/20180907/19156. html，2018 年 9 月 7 日。

土战略资源优势，坚持先行先试、创新驱动，大力推进国家战略资源创新开发，加快推动产业转型升级，不断壮大攀西区域特色产业，增强整体经济实力。整合区内外科技创新资源，深入推进军民融合，完善科技攻关协同推进机制，加强产业前沿关键技术攻关，加强钒钛资源绿色综合开发利用、石墨资源综合利用等重点领域技术研发。加强科技创新平台建设，鼓励有创新能力的龙头骨干企业与国内外知名高校、科研院所共建一批重点实验室、工程技术研究中心及产业共性技术研发基地等科技创新合作平台，推进技术产权交易平台、知识产权公共服务平台、职务科技成果转化平台等科技服务平台建设，畅通科技成果转化渠道，促进科技创新成果就地快速转化。

（二）加速推进区域协同发展，打造区域经济共同体

放大攀西经济区资源比较优势，加速推进区域协同一体化发展。围绕攀西经济区建设国家战略资源创新开发试验区、现代农业示范基地和国际阳光康养旅游目的地的战略部署，整合攀枝花与凉山的各类资源，加速推进攀西经济区两市（州）协同发展。完善攀凉两地政府间协调机制，深化两地在交通建设、战略资源开发利用、阳光康养旅游、特色农业、生态保护等重大领域的合作，进一步促进两地提升交通互联互通水平、增强战略资源综合利用协同创新能力、形成阳光康养旅游带、共创攀西特色农产品品牌、提高区域环境质量，形成区域发展共同体。

（三）着力推动对外开放，拓展经济发展新空间

充分发挥市场对资源配置的决定性作用，把握全省"四向拓展、全域开放"立体全面开放的新态势，发展内陆开放型经济，提升攀西经济区区域整体经济实力。发挥地缘优势，突出南向开放，进一步畅通南向通道，加速推进攀西经济区与云南乃至南亚、东南亚在交通网络延伸、商贸物流、阳光旅游、现代特色等领域的优势互补。发挥产业优势，深化与东向、西向、北向地区的互惠合作，进一步融入长江经济带发展、"一带一路"建设，更好对接东部沿海地区、接轨国际，拓展"攀西制造"市场空间。发挥特色

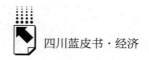

资源优势，深化区域开放合作，大力引进高端人才、先进技术、优秀企业、优质项目，着力引导高端创新要素、人才要素和资本要素向经济区聚集。

（四）聚集精准脱贫攻坚，助力深度贫困区加速脱贫

坚持把脱贫攻坚作为攀西经济区最大的政治责任、最大的民生工程、最大的发展机遇，以确保农村贫困人口全面脱贫为目标导向，把提高脱贫质量放在首位，聚焦深度贫困地区，结合当地致贫原因复杂的实际，深入推进精准扶贫、精准脱贫。按照"两不愁、三保障"①的脱贫标准，因地制宜，突出抓好深度贫困地区的产业扶贫、就业扶贫、教育扶贫、健康扶贫、生态扶贫、技术扶贫、基础设施建设等，着力改善深度贫困地区的生产生活条件、发展壮大村级集体经济、拓宽贫困人口增收渠道，提升基本公共服务水平。深入推进扶贫协作帮扶，主动加强与各级帮扶力量的衔接配合，充分用好各级帮扶力量，发挥帮扶干部作用，合力攻坚，争取更多资金、技术、产业发展等方面的帮扶支持，不断提高脱贫质量，增强贫困群众的获得感。

（五）加强资源节约和环境保护，实现低碳绿色发展

坚持生态优先，将低碳绿色发展融入经济发展全过程，为推动攀西经济区经济高质量发展打好坚实基础。加大钒钛、石墨等特色矿产资源的勘探和保护力度，强化有序开发，避免过度开发。提高环境准入门槛，重点引进科技含量高、产业关联度大、工艺技术先进、资源节约和环境友好型项目。推行绿色生产方式，加快对传统产业的绿色改造升级，积极推广核心关键绿色工艺技术和装备，持续推进工业节能减排、清洁生产和资源循环利用，建立健全工业绿色发展长效机制，有效降低经济区资源和能源消耗、污染物排放。积极构建绿色供应链，鼓励企业开展绿色供应链管理，推行绿色采购，不断促进固体废物源头减量化，提高资源回收利用率及无害化处理率。

---

① 两不愁、三保障：即不愁吃、不愁穿，义务教育、基本医疗、住房安全有保障。

B.11
2019年川西北生态示范区
经济形势分析与预测

周 俊*

摘 要： 2018年以来，国际形势复杂多变，国内改革与发展任务艰巨繁重。川西北地区发展起点低、差距大、困难多、压力大，自然灾害多，灾后恢复重建任务艰巨，但是两州厘清发展思路，勇于改革创新，仍然取得了重要成绩。川西北生态示范区经济发展呈现出总体增速放缓、产业结构变化、投资和消费相对平稳的基本特征，仍面临诸多困难和挑战。随着灾后重建、乡村振兴、扶贫攻坚等战略的深入实施，2019年川西北生态示范区经济仍将保持平稳增长。

关键词： 川西北生态示范区 灾后重建 绿色发展 扶贫攻坚

一 经济运行总体情况及分析

　　川西北生态示范区由阿坝藏族羌族自治州和甘孜藏族自治州组成，下辖31个县（市），辖区面积约占全省总面积的48%，常住人口占全省的2.6%，地区生产总值约占全省的1.3%，2017年综合城镇化率为34.3%，是典型的经济密度极低、地广人稀、生存环境较为恶劣的地区。同时，川西

周俊，四川省社会科学院区域经济与城市发展研究所副研究员，主要研究方向为区域经济、城市经济。

北生态示范区是四川省最大的少数民族聚居区，也是仅次于西藏自治区的主要藏族聚居区和全国第一大羌族集聚区。川西北生态示范区是我国重要的江河发源地，"中华水塔"的重要组成部分，是长江黄河上游重要生态屏障，全境为限制开发的国家重点生态功能区，区内以高山峡谷、高寒草原、河流密布为主要特征。该地区地处龙门山等多个地震断裂带，生态十分脆弱。2008年"5·12"汶川特大地震、2014年康定地震和2017年"8·8"九寨沟地震以及引发的次生灾害给本就深度贫困的川西北地区带来巨大损失，扶贫攻坚任务更加艰巨。2015年，甘孜州府康定和阿坝州府马尔康经国务院批准撤县设市，弥补了川西北的城市空缺。中央和四川省委，致力于将该区建成国家生态建设示范区、全国民族团结进步示范州和国家全域旅游示范区，确保2020年川西北生态示范区与全省、全国同步全面建成小康社会①。

（一）经济运行总体情况

2018年前三季度，川西北生态示范区实现地区生产总值406.5亿元，仅占全省的1.3%。其中，阿坝州实现地区生产总值216.2亿元，同比增长4.8%，排在全省第20位；甘孜州实现地区生产总值190.3亿元，同比增长9.3%，增速位列全省第一，比全省平均水平高1.2个百分点。前三季度，川西北生态示范区经济运行呈现"总体平稳、稳中向好"的态势。

（二）产业结构变中趋好

2018年前三季度，川西北生态示范区一产、二产、三产增加值分别为69.3亿元、181.3亿元、155.9亿元，三次产业结构为17.0∶44.6∶38.4，与2017年上半年的12.6∶47.7∶39.7相比，第二产比例下降较多，第三产业相对下降，第一产业比例相对上升。

阿坝州工业和旅游业仍然为负增长，但降幅有所收窄。阿坝州工业投

---

① 本文主要经济数据来源于四川省、阿坝州、甘孜州统计局，各地区统计公报以及阿坝州、甘孜州发展和改革委员会。

资和固定资产投资双双下降，分别下降 8% 和 5.2%。工业仍呈现负增长，其中规上工业企业增加值同比下降 1.1%。1~9 月全州接待游客人次和实现旅游总收入较上年同期分别下降 26.2% 和 36.0%，与旅游相关的服务业增加值呈现负增长，但是金融、保险、公共服务业等加快发展。建筑业获得快速发展，因灾后重建项目及重点项目、中央预算安排的带动，建筑业增加值达 25.1 亿元，同比增长 19.7%。总体来看，1~9 月，阿坝州实现地区生产总值 216.2 亿元，增长 4.8%。三次产业分别实现增加值 33.2 亿元、101.3 亿元、81.7 亿元，同比分别增长 3.8%、4.3%、5.7%，产业结构调整为 15.4：46.8：37.8。一、二、三产业对经济增长的贡献率分别为 11.1%、45.8%、43.1%，分别拉动经济增长 0.5 个、2.2 个、2.1 个百分点①。

甘孜州第一产业和第三产业保持平稳增长，第二产业快速发展，增速达到 15.1%，位列全省第一。农林牧渔业总产值达到 48.4 亿元，增长 4%，呈现粮食作物播种面积同比减少，经济作物播种面积大幅上涨，种植结构持续优化和牲畜出栏稳步增长，畜群规模基本稳定的特征。全部工业实现增加值 55.2 亿元，同比增长 13.2%，规模以上工业增加值同比增长 14.8%，二者增速均列全省第一，分别比全省平均水平高出 5 个百分点和 6.4 个百分点。建筑业增加值达到 24.8 亿元，同比增长 19.9%。1~9 月旅游收入实现 183.6 亿元，同比增长 44.2%，成为 2018 年一大亮点。1~9 月，甘孜州实现地区生产总值 190.3 亿元，同比增长 9.3%，位列全省第一。一、二、三产业分别实现增加值 36.1 亿元、80.0 亿元、74.2 亿元，三次产业结构调整为 19：42：39，发展仍以二产带动为主，三次产业增加值对 GDP 增长的贡献率分别为 8.9%、63.1% 和 28%，分别拉动经济增长 0.8 个、5.9 个和 2.6 个百分点②。

---

① 《阿坝州前三季度产业结构优化》，http：//www.abtjxxw.gov.cn/html/news/readnews_673.html，2018 年 11 月 7 日。
② 《甘孜州 2018 年前三季度经济运行持续向好》，http：//www.gzztjj.gov.cn/12399/12400/12408/2018/10/25/10654306.shtml，2018 年 11 月 7 日。

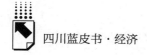

表1　2018年前三季度川西北生态示范区地区生产总值及增速

单位：亿元，%

地区	地区生产总值	增速	第一产业增加值	增速	第二产业增加值	增速	工业增加值	增速	第三产业增加值	增速
阿坝州	216.2	4.8	33.2	3.8	101.3	4.3	—	-1.1	81.7	5.7
甘孜州	190.3	9.3	36.1	4.0	80.0	15.1	55.2	13.2	74.2	6.5
川西北	406.5	—	69.3	—	181.3	—			155.9	
四川省	30853.5	8.1	3461.9	3.8	11479.9	7.7	9411.5	8.2	15911.7	9.5

资料来源：四川省统计局、阿坝州统计局、甘孜州统计局官网。

（三）投资呈现较快增长

前三季度，川西北生态示范区完成全社会固定资产投资总额为581.6亿元。其中，阿坝州固投2018年6月开始实现逆势增长，增速首次由负转正，至9月底，完成全年目标的86%，完成240.9亿元，同比增速达11.9%，排在全省第15位。第一产业和第二产业分别完成投资7.2亿元和63.9亿元，双双呈现负增长，分别同比下降23.4%和2.3%，其中，工业投资同比下降8%；第三产业完成投资169.7亿元，同比增长20.8%。1~9月，甘孜州完成全社会固定资产投资340.7亿元，同比增速14.2%，涨幅位列全省第八，比全省平均水平高3.6个百分点。

（四）消费实现恢复增长

前三季度，川西北生态示范区实现社会消费品零售总额128.7亿元。阿坝州消费市场出现止滑回升，社会消费品零售总额实现56.6亿元，同比增长0.3%，排在全省最末位。其中，城镇完成42.8亿元，乡村完成13.8亿元，城乡消费比为3.1∶1。甘孜州实现社会消费品零售额72.1亿元，同比增长11.3%，排在第15位，低于全省平均水平0.1个百分点。

表2 2018年前三季度川西北生态示范区固投和消费情况

单位：亿元，%

地　区	全社会固定资产投资	增速	社会消费品零售总额	增速
阿坝州	240.9	11.9	56.6	0.3
甘孜州	340.7	14.2	72.1	11.3
川西北	581.6	—	128.7	—
四川省	21139.3	10.6	13143.1	11.4

资料来源：四川省统计局、阿坝州统计局、甘孜州统计局官网。

（五）居民收入稳步提升

阿坝州城乡居民收入保持平稳增长。1～9月，城镇居民人均可支配收入达25031元，比全省平均水平高275元，同比增长8.2%，比全省平均水平低0.1个百分点；农村居民人均可支配收入达到8812元，比全省平均水平低1058元，增速9.7%，高于全省平均水平0.5个点，城乡居民收入比为2.84∶1，与全省平均水平较为接近。

甘孜州居民收入持续增长。1～9月，城镇居民人均可支配收入达到24520元，与全省平均水平相比低236元，同比增长8.5%，增速位列全省第九，高于省平均水平0.2个百分点。农村居民人均可支配收入为5192元，仅为省平均水平的52.6%，绝对值相差4678元，差距巨大；同比增速为10.8%，位列全省第一，高于全省平均水平1.6个百分点。甘孜州城乡居民收入比达到4.72∶1，与全省的2.81∶1相比，城乡收入差距显著。

（六）财政收入一升一降

前三季度，阿坝州实现财政一般公共预算收入18.6亿元，与上年同期相比下降12.7%，但较上半年提高6.8个百分点，降幅逐月收窄，总量完成年度目标的79.9%，其中税收收入14.2亿元，占比达到76%。

甘孜州实现一般公共预算收入21.7亿元，同比增长15%，高于全省平均水平1.7个百分点，增速列全省第三位。税收性收入稳步提高，同比增长

19.4%，达到 14.76 亿元，占全部财政收入的比重为 68.1%，较上年同期提高 2.1 个百分点。

表3　川西北生态示范区城乡居民收入与财政收入情况

单位：元，%

地区	城镇居民人均可支配收入	增速	农村居民人均可支配收入	增速	财政一般公共预算收入	增速
阿坝州	25031	8.2	8812	9.7	18.6 亿	−12.7
甘孜州	24520	8.5	5192	10.8	21.7 亿	15.0
四川省	24756	8.3	9870	9.2	—	13.3

资料来源：四川省统计局、阿坝州统计局、甘孜州统计局官网。

二　经济运行面临的突出问题和有利条件

（一）经济运行基本特点

阿坝州着力于九寨沟地震灾后重建，抓项目、促投资，抓产业、稳增长，抓改革、惠民生，前三季度实现经济逆势上行、逐季攀升[①]。农牧业呈现稳步发展，虽然工业增加值（规上工业增加值）、工业投资、旅游接待人次、旅游收入和财政收入同比仍是负增长，但总体降幅收窄，消费与上年同期基本持平，而全社会固定资产投资、建筑业总产值和城乡居民收入保持了快速增长。总体来看，阿坝州正逐渐走出九寨沟地震导致旅游及相关服务业遭受重创等带来的影响。2018 年以来，四姑娘山和大草原旅游异军突起，旅游业降幅逐渐收窄，经济出现止滑回升，逐渐走稳。而甘孜州后发赶超，质量和速度并行，在 11 项主要经济指标中，有 9 项指标增速高于全省平均水平，其中地区生产总值、第二产业增加值、全部工业增加值、规上工业增

---

① 《阿坝州召开全州前三季度经济形势分析会》，http：//www.abazhou.gov.cn/jrab/zwyw/201810/t20181030_ 1374458.html，2018 年 11 月 7 日。

加值、农村居民人均可支配收入五项指标增速位列全省第1，农牧业生产平稳，固投和消费同步增长，旅游业快速发展，呈现"总体平稳，稳中向好"的发展态势①。川西北生态示范区产业结构出现调整，整体呈现一产发展平稳增长，二产、三产相对下降的态势。

（二）经济运行面临的突出问题

1. 城乡区域发展不平衡

甘孜与阿坝两州自然地理、经济社会发展较为相似，占地面积大、辖县多、海拔高差大、生态类型多样、人口密度低、经济密度低，区域之间、城乡之间发展差距较大。

甘孜州下辖18个县（市），东部的康定、泸定、丹巴、九龙四个县（市）经济总量占全州的一半以上，其中康定市经济总量占全州1/4以上；而甘孜州北部和南部发展较为缓慢，内部发展差距也大。1~6月，处于最末的稻城县经济总量仅为康定市的1/17；增速方面，仅康定市和得荣县超过全州平均水平，而丹巴（4.6%）、理塘（4.7%）和炉霍（5%）增速居后三位。同时，甘孜州城乡收入差距大，达到4.72∶1，因而城乡消费差距亦大。阿坝州东部汶川、理县、茂县发展基础较好，农业经营性收入高，农村居民人均可支配收入在川西北地区居于前列；而西北部阿坝、若尔盖、红原、壤塘四县属于高寒高海拔的草原县，以农牧业和旅游业为主，经济发展水平较低，农牧民人均收入低。阿坝州东北部（松潘、九寨沟、黑水）和西南部（马尔康、小金、金川）内部县与县，景区辐射区与非辐射区，交通干道沿线地区与偏远地区、革命老区之间发展差距大。

2. 固定投资支撑乏力

处于川西北生态示范区的阿坝州和甘孜州固定资产投资基数低、总量小、增速慢，资金来源渠道窄，融资困难。投资产业结构不合理，项目储备

---

① 《甘孜州2018年前三季度经济运行持续向好（参阅分析）》，http://www.gzztjj.gov.cn/12399/12400/12408/2018/10/25/10654306.shtml，2018年11月7日。

集中在基础设施，而民生、生态环保类项目谋划不足、大项目不多，一些开工在建重点项目尚未形成投资效应。

阿坝州的产业投资结构一直是"三二一"的结构，旅游业及相关服务业领域的投资比重较大，第二产业的投资集中于汶川、茂县阿坝工业园区和成阿园区，而成阿工业园区因为园区承载力的饱和，1~9月投资同比下降51.9%，阿坝园区迫于市场压力和环保压力投资也呈下降趋势。汶川地震后的2009年灾后重建项目投资曾达到顶峰，2013年灾后重建完成后投资快速下降。连年的自然灾害导致社会投资持续疲软，1~9月民间投资同比下降31.6%，投资占比为25.9%，较2017年同期回落16.5个百分点。而省口径"8·8"九寨沟地震灾后恢复重建项目开工投资效益尚不明显。这些因素导致阿坝州工业投资和第三产业投资增速均呈现下滑态势。

甘孜州的投资结构呈现"二三一"的结构，偏重于水电开发和优势矿产业发展。2018年正进行第三轮交通建设推进方案（简称"甘推"），2016年来民生项目年均投资33亿元，总体投资增速尚可。但光伏发电项目因政策调整，2018年年内难以实现投资计划。2018年上半年，全州民间投资实现23.66亿元，同比下降13.7%，低于全省25.2个百分点。工业投资继续保持高速增长的压力较大，第三产业和第一产业投资比例较低，增速较为缓慢。

3. 现有产业发展支撑不足

一是工业发展后劲不足。一方面，受制于自然灾害、交通条件和工业品市场价格，工业抗灾能力弱。尤其是2018年暴雨洪涝灾害期间，仅阿坝州就有7户企业因灾停产，40余户企业因灾减产。其中理县、茂县工业经济下滑严重，1~9月同比分别下降8.4%、3.5%，且降幅呈扩大趋势。另一方面，重点领域拉动乏力，1~9月，阿坝州电力生产行业、有色金属冶炼和压延加工业、化学原料和化学制品制造业分别同比下降3.9%、1.7%和14.3%。甘孜州上半年水电产值虽在2017年基础上实现高速增长，但后续产能增速逐步放缓，总体呈现"高开低走"态势。再则，工业经济效益不高。作为两州"飞地经济"的代表，成阿园区工业增加值呈逐月下降趋势，对全州的经济增长拉动从一季度的3.9%降至三季度的0.7%。两州工业园区招商引资存在困难，规上工业效益不高，约有一半企业出现亏损。

二是服务业量小质弱。1～9月，川西北生态示范区实现服务业增加值155.9亿元，仅占全省服务业增加值的0.98%；阿坝州和甘孜州服务业增速分别为5.7%和6.5%，均低于全省9.5%的平均水平。服务业增加值在地区生产总值中占比为28.5%，远低于全省51.8%的平均水平，发展严重滞后。区内支柱产业旅游业发展放缓，带动能力减弱。尤其是九寨沟地震导致九寨沟景区关闭以来，又遭遇暴雨、泥石流、滑坡等地质灾害，交通数次中断，旅游经济遭受重创，旅游人次、旅游收入、"暑期游"等季节性效应都呈下降趋势。相关的餐饮、住宿、批发零售业遭受重大影响，服务业抗风险能力较弱。

三是农牧业发展缓慢。1～9月，川西北生态区实现第一产业增加值69.3亿元，仅占全省第一产业增加值的2%。一产占区内地区生产总值比重为17%，农牧业仍为地区主导产业，但受自然条件、高寒高海拔的气候制约，基本靠天吃饭，发展速度相对缓慢。

4. 基础设施发展严重滞后

高速公路建设严重滞后，通车里程有限，国道317和国道318线多次受自然灾害影响而中断，区域内交通网络建设不足，县乡村道路等级不高，断头路较多。水利基础设施薄弱，尤其是草原、半山和高半山农牧区水利基础设施建设严重滞后，影响农牧业生产。通信基础设施覆盖不全，部分区域和路段没有信号覆盖。虽然是电力输出重点区域，但是区内电网覆盖不够，部分农村地区仍未连上主网，断电跳闸时有发生。城镇基础设施新建改造缓慢，承载能力不足，不能适应城镇化快速发展的需要。旅游业及相关行业基础设施和配套设施建设滞后，影响游客体验。由于地方财力有限，基础设施建设配套能力差，很多项目无法顺利开展，严重拖后经济发展。

（三）经济发展的有利条件

目前，川西北生态示范区正处于快速发展的关键时期，面临国家"一带一路"建设、加快长江经济带发展、实施新一轮西部大开发、乡村振兴、重点支持"三区三州"深度贫困地区脱贫攻坚等重大历史机遇,还有"8·8"九寨沟地震灾区恢复重建的具体政策和项目支撑。按照省委十一届三次全会部署要求,高质量推进地震灾区恢复重建和川西北生态示范区建设,该区主要任务是保护生态环境,发展绿色经济,抓好反分维稳、脱贫攻坚、改善民生工作,建设国家生态建设示范区、全国民族团结示范州、国家全域旅游示范区。川西北地区必须抓住此轮重大历史机遇,在保护好生态环境的同时,改善基础设施、发展生态经济、全面改善民生,确保2020年实现全面小康社会。

三 2019年川西北生态示范区经济形势预测

根据2018年前三季度发展基础及未来形势,2019年,川西北生态示范区将抓住一切有利条件,保持经济平稳增长态势。

(一)经济总量稳中有升

2019年,川西北生态示范区将充分发挥生态资源优势,国省政策优势,重大项目带动优势,处理好生态、发展、民生重大关系,做好生态环境保护、生态产业发展、生态惠民利民三篇文章。预计2019年阿坝州地区生产总值增长4%左右,甘孜州地区生产总值将保持在9%左右。

(二)产业结构继续优化

根据川西北生态示范区的新定位,2018年工业发展基础及国际国内经济形势不甚明朗,预计工业发展增速将继续放缓。建筑业在九寨沟地震灾后恢复重建项目、区内重大交通投资项目的带动下,将保持较快增长,第二产业占比总体下降。农牧业和第三产业在国家乡村振兴战略、扶贫攻坚战略、全域旅游示范区建设等的实施下,比例将相对上升,经济结构将不断优化。

（三）投资将实现平稳增长

2019年九寨沟灾后恢复重建基本全部开工在建，投资效益逐渐发挥。工业投资将继续下降，区内能源电力、交通项目、民生项目共同发力，全社会固定资产投资将保持平稳增长。

（四）消费市场进一步活跃

2019年，预计九寨沟景区将部分开放，九寨沟—黄龙景区旅游将逐渐回暖，大草原旅游、大熊猫旅游、稻城亚丁、海螺沟景区逐渐成为旅游热点，将带动外来消费进一步增长。阿坝州社会消费品零售总额将实现正增长，预计为3%左右；甘孜州预计增长11%左右。

（五）城乡收入差距逐步缩小

随着乡村振兴、对口援建、扶贫攻坚等战略的深入实施，农村转移性收入、经营性收入、工资性收入将进一步提高，农村居民人均可支配收入增速快于城镇居民。预计2019年，川西北生态示范区城乡居民人均可支配收入分别增长7%、9.5%左右，城乡收入差距进一步缩小。

四 对策与建议

（一）全面优化生态格局，争创国家生态建设示范区

一是狠抓生态保护。按照国家重点生态区的主体功能定位，进一步明确生态功能区划，严守生态红线，加强生态系统保护，优化生态空间，改善生态功能，提升生态质量，开展高原湿地保护、水资源保护、野生动植物保护等，提升水源涵养、水文调节、水土保持、气候调节、生物多样性维护等功能，筑牢生态安全屏障，全力保障川西平原及长江、黄河中下游地区生态安全。

二是建设"系统治理、示范引领"生态新样板。坚持规划引领、试点

示范，推进科学防治、精准施治、多元共治，坚决打赢干旱半干旱河谷综合治理、草原沙化治理、地灾防治、污染防治等生态修复治理攻坚战；大力开展甘孜州"两江一河"（金沙江、雅砻江、大渡河）、阿坝州岷江－大渡河上游地区重大生态治理工程；抓好九寨沟世界遗产地灾后生态修复治理，创建生态脆弱区综合修复治理典范。

（二）大力发展优势生态产业，构建绿色产业体系

一是优先发展生态文化旅游业。围绕打造世界级旅游目的地，建设"国家全域旅游示范区"的目标，推动落实甘孜、阿坝全域旅游发展规划，完善"吃住行游购娱""商养学闲情奇"旅游要素，完善旅游服务功能，不断提升服务能力和水平。高标准推进九寨沟、黄龙、海螺沟景区提档升级，加快推进稻城亚丁、四姑娘山、达古冰山创建 AAAAA 级景区，增强核心景区的带动能力。挖掘藏羌彝回等少数民族文化资源，加强传承保护，推动文旅深度融合，发展文化产业。加强整体营销、精准营销，整合旅游资源和线路，丰富旅游产品供给，加强旅游人才培养，增强旅游服务保障能力。

二是大力发展高原特色农牧业。围绕"建基地、搞加工、创品牌、重融合、强监管"，努力建成一批现代综合农业示范园、中藏药材生产基地、高原饲草料基地、现代畜牧业科技示范园、林下特色种养业基地，着力打造"圣洁甘孜""净土阿坝"区域品牌，促进农村电商、线上线下营销和城乡物流同步发展。

三是建设清洁能源基地。加快两河口、双江口、巴拉、剑科、苏洼龙、叶巴滩、硬梁包等水电站建设，推进马尔康、色尔古至茂县 500 千伏等骨干电网建设；推进水电与载能企业专线试点，加大弃水电量区内消纳力度。

（三）发展园区经济，打造飞地经济样板区

阿坝州的成都－阿坝工业园区和德阳－阿坝生态经济产业园区为飞地园区，已被批准为省级开发区，主导产业分别为节能环保、食品、医药和新材料、能源、磷化工。甘孜州正力促甘眉园区创建省级高新园区、成甘园区创

建省级经济开发区,将飞地园区打造为以锂电池为主导的全国高新材料产业集聚区。两州要充分用好国家政策,创新发展飞地经济、扩区强园、促进传统工业转型升级,提质增效,培育壮大战略性新兴产业,加快形成绿色工业经济体系,融入成渝经济区和全国大市场。创新体制机制,打破行政区划限制,创新飞地园区的经营管理模式、利益分享方式,打造飞地经济样板。

(四)实施重大项目带动,补齐经济发展短板

2019 年,川西北生态示范区仍会将项目建设作为推动发展的第一抓手,扎实推进交通项目、民生重点项目、生态环保项目,各类中央预算内投资、藏区专项等建设项目,有序推动规划项目开工、续建,建立重点项目信息动态管理系统,跟踪项目进度,分解落实工作责任,严格做好项目督查,充分发挥重点项目的支撑引领和示范带动作用。将灾后重建与产业发展、脱贫奔康紧密结合起来,加快实施九寨沟地震灾区灾后恢复重建项目,尽快发挥投资带动作用。健全重大项目储备库制度,对接国家和省级重点项目投资方向,梳理各类项目,做好项目规划,加大生态、水利、林业、民生和文化旅游等项目谋划和储备力度,全力抓好重大项目报批。

(五)大力实施乡村振兴,打好脱贫攻坚战

按照"产业兴旺、生态宜居、乡风文明、治理有效、生活富裕"总体要求,对照精准扶贫要求补齐发展短板,做好乡村振兴规划与落实。坚持扶贫与扶志、扶智相结合,深入推进"五个一批"脱贫攻坚行动,制定精准扶贫专项年度方案,全力确保阿坝州金川、小金、若尔盖、红原、松潘、九寨沟 6 县和甘孜州康定、丹巴、九龙、乡城、稻城 5 县(市)率先脱贫摘帽。结合生态扶贫、旅游扶贫、交通扶贫、易地搬迁扶贫、对口扶贫以及移民安置等工作,探索脱贫攻坚新模式,不断增强贫困群众自我发展能力。加强扶贫项目资金管理,发挥资金整合效益,加大监督审计力度,构建常态化、多元化监督监管机制,确保脱贫资金用到实处,发挥实效。

产业与行业篇

Industry Reports

B.12

2019年四川省农业
经济发展形势分析与预测

周 杰*

摘　要：　随着深入推进农业供给侧结构性改革，2018年以来四川省农业
　　　　　生产总体保持稳定，上半年全省实现农业产值和农民人均可支
　　　　　配收入"双增"，农村一二三产业融合发展提速。2019年四川
　　　　　省将继续深入实施乡村振兴战略，积极统筹推进乡村产业振
　　　　　兴、人才振兴、文化振兴、生态振兴与组织振兴，四川农业农
　　　　　村将迎来新一轮的发展机遇。同时，全省面临着农业资源约束
　　　　　加大、农业科技创新不足、农业劳动力老龄化严重等问题。

关键词：　农业　供给侧结构性改革　乡村振兴

* 周杰，硕士，四川省社会科学院产业经济研究所助理研究员，主要研究方向为产业经济与区
域经济发展。

一 2018年四川省农业经济总体发展情况

（一）农业生产总体保持稳定

2017年，四川省农林牧渔业总产值达6963.8亿元，比2013年增加了1343.53亿元，增长23.9%。2017年农林牧渔业增加值达4369.2亿元，比2013年的3425.6亿元，增加943.6亿元，增长27.4%。

图1　2012～2017年四川省农林牧渔业总产值

资料来源：四川省统计局。

一是农业生产平稳。全省粮食产量连续11年稳定增长，总产量位居全国前列，油菜籽产量继续位居全国第一位。2017年，全省粮食和油菜籽产量分别为3498.4万吨和252.2万吨。2018年上半年，四川省继续推进农业供给侧结构性改革，乡村振兴发展势头良好。小春粮食产量419.5万吨，减少0.7%；油料产量253.7万吨，增长了1.3%；蔬菜及食用菌产量1840.3万吨，增长4%。

二是畜牧产业继续壮大。四川省拥有生猪、肉羊、肉牛、畜禽等地方特色品种51个，生猪、兔、蜂群生产和肉牛存栏继续保持全国第一大省地位。

四川省不仅是全国第一养猪大省，也是国家唯一批准建设的"优质商品猪战略保障基地"，生猪产值占农业总产值的20%以上。另外，四川省牦牛产业具有突出优势，世界95%的牦牛在中国，而全国近30%的牦牛在四川，牦牛总数达400万头，是四川牧区不可替代的珍贵动物资源。全省畜禽养殖标准化水平在不断完善，省级畜禽养殖标准化示范场已达到1040个。

（二）中药材产业创新发展

四川复杂多样的气候和地质特征适合各种药用植物的生长，拥有5000多种中药资源。其中，植物药资源有4600多种（约占我国中药资源种类的50%），中药蕴藏量、道地药材数量和常用重点中药材品种数量均居全国第一位，是全国中药材生产大省。2017年，全省特色中药材优势区面积达到180万亩，产量达到46万吨，产值约为100亿元，面积和产量分别居全国第5位和第6位。一是中药材功能布局更加优化。在中药材种植（养殖）业方面，打造多元化和特色化的成德绵、川南、川东北、川西北、攀西经济区这五大中药材产区。在中药制造业方面，优化配置资源，实施集聚发展和错位发展，构建"一核一带两片"中药制造业布局，即创新、高端发展的成都和天府新区产业核心；现代中药制造业的成都平原地区产业带；中药精深加工多元化发展的中东北产业片；民族中（藏）药、天然植物提取的川西高原片。在中医药健康服务业方面，重点形成"一区两片三带"，即成都平原创新发展核心区，川南、川东北中医药健康服务发展示范片，秦巴生态森林康养、攀西阳光康养、川西民族特色康养中医药健康服务业发展带。

二是中药材产业水平得到全面提升。实施"产业触网、技术创新、交流合作、质量品牌、杰出人才、能力提升"六大工程，"产学研用"协同创新体系更加完善，中医药服务体系健全高效，实现了中医药健康产业发展信息化，新增了一批中国驰名商标道地药材地理标志，已经形成中江丹参、南江金银花、三台麦冬、松潘川贝母等知名品牌药材。四川成立了全国中药材产销信息发布中心，编制的全国首个"中药材商品电子交易规格标准"填补了我国中药村数字化交易和电子交易规格标准的空白。以"中药材天地网"为代表的药材专业电子商务平台规模不断壮大,信息站点覆盖全国1876个中药材主产区,形成了庞大的线下服务网络。中药材交易额突破130亿元,电子平台交易额连续三年年均增长100%。

(三)农民生活质量明显提高

一是收入水平不断迈上新台阶,城乡差距逐步缩小。全省农村居民人均可支配收入由1978年的127.1元增加到2017年的12226.9元,增长了95.2倍,年均增长12.4%,四川省农村居民收入水平迅速提高。2018年上半年,全省农村居民人均可支配收入达到6988元,2018年有望突破14000元大关。随着四川省持续推进统筹城乡、农业供给侧结构性改革、脱贫攻坚等政策措施,全省农民收入保持了"两个高于"① 的良好态势,城乡居民收入差距不断缩小,至2017年已经缩小至2.51:1。

二是农民收入来源多样化。改革开放初期,四川省农民收入结构是传统的农业经营收入唱"独角戏"。随着改革的不断深入,农村剩余劳动力加速向非农产业转移,各项惠农富农补贴相继出台,四川农民收入结构发生了深刻变化,四项收入齐头并进。2017年农村居民工资性收入占可支配收入的

表1　2013～2017年四川省农村居民人均可支配收入情况

单位:元,%

	2013 年	2014 年	2015 年	2016 年	2017 年	2017 年比 2013 年	
						增加额	年均增长
农民人均可支配收入	8381	9348	10247.4	11203	12226.9	3845.9	9.90
其中:工资性收入	2785	3157	3463.5	3738	4016.1	1231.1	9.58
经营净收入	3617	3878	4197.3	4525	4821.4	1204.4	7.45
转移净收入	1831	2129	2363.0	2672	3066.9	1235.9	13.76
财产净收入	148	185	223.6	269	322.5	174.5	21.50

---

① 两个高于:即四川农民收入增速高于全国农民收入平均增速、高于四川城镇居民收入增速。

比重达到 32.8%，比 2013 年下降了 17.5 个百分点；转移性收入占比达到 25.1%，提高了 20.7 个百分点；经营净收入占比为 39.4%，下降了 40.0 个百分点。

（四）品牌建设取得一定成绩

贯彻实施绿色发展理念，紧密结合农业供给侧结构性改革主线，认真贯彻落实中央和省委、省政府关于品牌建设的决策部署，坚定不移地大力实施农业品牌化战略，大大提升了"三品一标"①品牌权威性与影响力，促进了全省农业的高质量发展。一是全省认定的"三品一标"① 累计达到 5142 个，比 2012 年增长了 22.1%，产品种类较丰富，涵盖了种植业、畜牧业、渔业及其相关的加工产品，并且连续多年保持稳定增长，其总量和规模稳居全国前列、西部第一。二是培育了多个区域性公用品牌，比如四川泡菜、大凉山、天府龙芽、华蓥山、遂宁鲜、广元七绝、阳光米易等；同时提升了通威、竹叶青、郫县豆瓣、新希望、黄老五等一大批农业企业品牌的知名度；培育了中药材天地网、麦味网、天虎云商、鱼网天下等 10 多个专业化和本土化的农业电子商务品牌，已经具有一定的市场影响力。三是帮助"三品

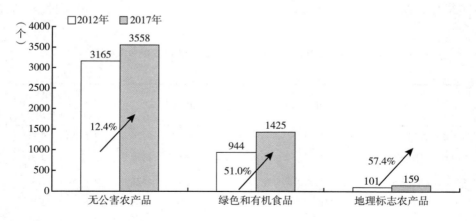

图2　2012 年、2017 年四川省"三品一标"的变化情况

---

① "三品一标"：无公害农产品、绿色食品、有机农产品和农产品地理标志统称。

一标"企业走出国门。积极探索"一带一路"市场，推荐"三品一标"农产品上飞机、进空港，全省一些农业品牌已经走进了国际市场，蒙顶山茶跻身"中国茶叶十大区域公用品牌"，四川泡菜和纳溪特早茶已经成为首批中欧互认地理标志农产品。

二　2019年四川省农业面临的形势

（一）发展机遇

从国际形势看，随着生物质能源的发展和粮食需求的增长，国际农产品市场价格的长期上涨趋势已经出现，农业可能会吸引更多资金来改善生产基础条件并提高生产力。农业产业结构将不断优化，蔬菜、水果、花卉等具有相对比较优势的农产品将会有更大的发展空间。经济全球化将对促进农产品的比较优势、扩大生产、改善农业生产结构起到积极的推动作用。近年来，全球新一轮的科技革命和产业转型孕育兴起，以互联网等为代表的信息化技术迅猛发展，新的科技革命将为现代农业发展增添新动力。

从国内形势看，经济发展已进入新常态，国家不断加大农业支持力度，农产品的市场拓展、比较效益的逐步提高、农业生产结构的不断改善和科学技术的发展，都将为未来农业发展提供难得的发展机遇。《乡村振兴战略规划（2018～2022年）》的出台，农业农村等领域改革的持续推进和全面深化，消费投资需求、生产组织方式、资源要素配置和宏观调控手段等各方面发生的重大变化，将有效破解现代农业发展过程中遇到的各种深层次矛盾和问题，不断释放改革红利，增强发展活力，为推进高效生态、特色精品、绿色安全的现代农业发展提供难得的历史机遇。

从全省发展环境看，四川省地域辽阔、物产丰富，是连接全国中西部、长江经济联动发展的战略纽带和核心腹地，同时也是沟通中亚和东南亚交流的重要走廊和运转枢纽，将迎来"一带一路"、长江经济带、生态文明建设和城乡统筹等战略的深入实施。国家财政继续加大对农业和农村的投入，特别是脱贫攻坚工作，将为四川农业和农村经济发展提供良好的政策环境。近年来，四川省着眼同步全面建成小康社会，积极贯彻新的发展理念，践行高质量发展要求，坚持实施乡村振兴战略，切实推动传统农业向现代农业、农业大省向农业强省跨越。近年来，四川省经济增长较快、经济实力显著增强，GDP接连迈过两个万亿台阶。四川省拥有近1亿的消费人口，直接辐射超过3亿人，是西部地区最大的消费市场。随着经济的发展和人民生活水平的提高，以及工业化和城镇化的"双重加速"，居民收入将翻一番，对农产品的需求将持续刚性增长。四川有机绿色农产品基础良好、潜力较大，特别是省内欠发达地区是有机绿色农产品宝库。随着农产品消费需求的多样化、高端化和服务化，城乡居民对农产品品质和个性化的追求日益增加。在过去三年中，四川省农业投资促进项目落地率达92%。2018年省委、省政府召开全省乡村振兴大会，提出将积极统筹推进乡村产业振兴、人才振兴、文化振兴、生态振兴、组织振兴，四川农业发展将迎来新一轮的机遇。

（二）面临挑战

1. 环境和资源的压力不断加大

近年来，四川省经历了工业化和城市化的快速发展，全省的耕地数量却在不断减少。目前，四川省人均耕地面积仅为1.12亩，低于全国人均耕地1.52亩的水平，更明显低于世界人均耕地3.38亩的水平，仅为世界平均水平的1/3。全省以2800万亩的建设用地承载着8302万常住人口，土地资源紧张，人地矛盾突出。随着新型城镇化的不断推进、人口密度的不断增大、城乡非农建设占用优质耕地，全省农业发展所面临的资源压力也在不断增加。同时，全省的农业生态环境也在日益恶化。传统的农业生产过程使用了大量化肥和农药，导致土壤污染严重，耕地质量下降。2016年，四川省化肥施用量为248.98万吨，总量居全国第十位，世界平均每公顷耕地化肥施用量为137.61千克，四川省每公顷耕地化肥施用量为369.7千克，是世界平均水平的两倍多。虽然在2017年，四川省率先在全国各省份中实现了化肥农药的"零增长"，但因为长期过量使用化肥农药，加上工业污染、大气污染和牲畜粪便等污染，四川省农业发展的生态环境正面临着巨大的挑战。

2. 农村劳动力严重老龄化

随着城市规模的不断扩张和工业化的快速发展，全省第二、第三产业特别是服务业得到了快速发展，而农民的种地比较收益却在快速下降。因此，大量的农村青壮年劳动力转移到了第二、第三产业，农村种地人员老龄化现象日益突出。2006年四川省的农业从业人员有2306.9万人，2016年全省的农业从业人员只有1827.4万人，十年来一共减少了479.5万人，平均每年以2.3%的速度在下降，越来越多的年轻农民不愿意从事传统农业生产，留在农村种地的大多都是留守老人和妇女。另外，农民的教育水平也不高，目前仍有一半以上的农民是初中及以下文化程度。尽管近年来全省各市（州）为农民举办了很多与农业相关的技术培训班，但普通农民接受技术培训的机会还是不多，能接受培训的大多都是家庭农场从业者、农业合作社社长或者龙头企业负责人等这类新型农业经营主体，全省农业生产的后备力量较弱。

3. 农业科技创新力不足

一方面，四川省农业科技成果的转化应用率不高。企业处于市场前沿能清楚掌握市场的动态需求，但自身创新能力又较薄弱。科研机构具有较强的创新能力，但对市场需求把握却不够精准，往往造成科技成果与市场需求相分离，农民真正需要的实用技术不多。另一方面，目前科研机构与企业之间缺乏培养技术创新型人才的孵化平台，经常会出现供需脱节的情况。在现代农业产业链、技术链、资金链的融合参与主体中，全省农业企业中科技研发人员数量较少，研究生以上学历的农业科技人才极度稀缺。

4. 农业产品同质化现象较为突出

农业科技创新性突破少，组装和配套生产技术研究的应用滞后，适应四川地理条件的农业机械、加工设施设备等的研发不足，农业科技创新和技术推广体系中的产品同质化现象更加突出。由于饲料和转化用粮等大量依靠外省调入，优势特色农产品发展不够，草食牲畜和林竹产业潜力巨大但发展不够，产业链短、附加值低，优质安全农产品供给不足。四川省广大贫困地区的农业依然是传统发展模式，较难支撑脱贫攻坚和农民增收。

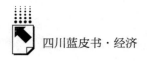

三 政策建议

（一）加强农业基础保障，建立现代农业生产体系

加强农业物质装备和技术支持，进一步夯实现代农业发展基础，提高和巩固全省的农业综合生产能力，继续构建现代农业生产体系。一是加快建设农村水利工程。继续推进大中型水利工程建设，确保供水安全。积极实施农村饮水安全升级改造项目，形成覆盖城乡的供水网络体系，确保供水安全。二是推进高标准农田建设。坚持统一规划布局、建设标准和监管评估，规划区域布局，加强项目整合，协调资金配置，统筹资金投放，协调组织实施，切实加快高标准农田和现代林业产业基地建设。三是大力提升耕地质量。改善土壤结构，提升土壤有机质含量，提高耕地基础地力。四是加快农业信息化进程。健全农业大数据分析系统，建立统一的全省农、林、畜牧业信息平台，全面提高农业信息的收集、分析、发布和服务能力，提高农业生产要素、资源环境、供给需求和成本收益等综合分析、监测和预警水平。

（二）深化供给侧结构性改革，建立现代农业产业体系

深化"三去一降一补"、加快供给侧结构性改革、深化农业"双创"，优化农村产业布局，构建现代农业产业体系，推动农业产业转型升级，促进一二三产业融合发展，提高供给结构对需求结构的适应性，提高现代农业的竞争力。一是优化农业产业布局。根据不同的立体空间和多季节气候特点，注重资源优化与配置，发挥独特的资源环境优势，优化区域结构，促进适度规模经营，充分挖掘发展潜力。基于比较优势，重点建设五大农产品主产区，成都平原经济区重点发展都市现代农业，川南经济区重点推进农产品优质原料基地和农产品加工一体化发展，川东北经济区重点发展特色农产品生产和深加工业，攀西经济区重点发展亚热带和立体特色农业，川西北经济区重点发展高原生态特色农牧业。二是大力发展特色效益农业。在保障粮食安

全的基础上，增加绿色优质农产品供给，以市场需求为导向，发挥区域比较优势，不断调整优化产业结构、产品结构和质量结构。从科技创新、加工改进、产品功能等方面入手，发展高效生态农业以带动农业产业提质增效。三是大力发展乡村旅游和休闲农业。以农业文化旅游融合为手段，以农耕文化和生态文化为灵魂，大力发展休闲农业，打造精品景区，扩大产业发展影响力，建成全国休闲农业和乡村旅游强省，实现"以农带旅、以旅促农"的良性循环，提升产业综合效益。四是打造农产品品牌。切实提高农产品标准化生产、品牌创建、质量安全监管等水平。完善"三品一标"认证登记注册保护、产品防伪标签使用及证后监管，推动"三品一标"品牌质量的提升。大力发展特色农业、品牌农业、绿色农业及"三品一标"产品，增加无公害、绿色有机和安全农产品的供给。

（三）建设幸福美丽新村，推进城乡协调发展

一是着力抓好新村建设。引导农民向农村新型社区适度集中，促进新农村建设与小城镇建设的有机结合。二是不断完善基础设施。加强农村路、水、气、信息、邮政等基础设施建设，改善农村发展条件。加快推进农村公路建设，不断提高农村公路技术等级和服务水平。继续实施农村饮用水安全巩固提升工程，进一步提高农村饮用水安全和质量保障水平。三是改善人居环境。因地制宜开展村庄绿化工程，改善居住条件和人居环境，结合精准脱贫的下一步工作要求，加快全省藏区新居、彝家新寨、巴山新居等的建设进度。全面落实旧村改造行动，推进"三建四改"① 工程建设。继续深入实施农村环境整治行动，深化文明村（镇）的建设工作，积极打造一批国家级和省级生态文明示范村。

（四）进一步实施产业扶贫，促进农民增收

完善农民就业创业的支持体系，促进农民收入持续稳定增长，确保完成

---

① "三建四改"工程：建庭院、建入户路、建沼气池和改水、改厨、改厕、改圈的工程。

精准脱贫目标。一是优化贫困地区产业布局。充分挖掘贫困地区资源、生态和区位等比较优势，引导贫困地区做好农产品初加工、精深加工和休闲农业等特色优势产业的发展。二是深化科技富民行动。建立农业科研院所精准帮扶机制，深化农业科研机构改革试点，强化"农业科学教育"与"产学研"相结合的机制，促进农业科技力量向贫困地区有效延伸。三是促进农民就业与创业。合理承接劳动密集型产业的转移，建立健全农民工输出与输入地的对接机制，注意防范农民工失业的风险。加快县域经济发展，促进农民就近就业，增强吸纳农业转移人口的能力。四是设法提高农民财产性收入。出台相关的政策扶持，积极引导农民利用农村产权参与工业项目，从而获得红利收入。继续支持土地权和林权的流转而使农民获得租金收入，加快盘活农村的闲置资源。大力发展农村集体经济，逐步推进农村集体资产持股制度改革，量化农民的集体资产份额。

B.13
2019年四川省工业经济发展形势分析与预测[*]

王 磊 达 捷[**]

摘 要： 2018年前三季度，四川省工业克服了中美贸易摩擦加剧等不利因素影响，实现了8.4%的增长，经济效益明显改善，综合实力稳定增强。2019年，尽管美国贸易保护主义加强和英国脱欧等带来的不确定性增加，但世界经济缓慢复苏的态势仍在延续，我国及四川省经济稳中向好、稳中有进的趋势明显，为四川工业经济发展提供了良好的环境。预计2019年，四川工业将保持8.5%左右的增长，结构和布局将进一步优化，区域协同加强，发展质量和效益稳步提升，对全省经济发展的引导带动作用进一步增强。

关键词： 工业经济 四川省 转型升级

一 2018年前三季度四川省工业经济运行状况

（一）整体保持稳定增长，稳中向好趋势明显

2018年，国际经济形势不稳定，特别是美国顽固奉行单边主义和贸易

---

* 基金项目：四川省社会科学院2015年度重点项目"新常态下四川省工业经济转型升级研究"（2015ZD02）。

** 王磊，硕士，四川省社会科学院产业经济研究所副研究员，主要研究方向为产业经济学；达捷，博士，四川省社会科学院产业经济研究所所长，研究员，主要研究方向为产业经济、金融投资和资本市场。

保护主义，不断升级与我国的贸易摩擦，以及国家和四川不断加大淘汰"三高"及"散乱污"企业和落后产能力度，致使四川省工业增速在部分月份出现了波动。但国家和全省不断加大稳投资、稳外贸和促消费的力度，出台了一系列减税降负、鼓励投资创业、积极吸引外资的政策措施，全省工业整体保持了稳定增长。前三季度，规模以上工业增加值同比增长8.4%，高于全国平均6.4%的增速，在全国31个省市中排第9位，也高于全省同期GDP8.1%的增速。分月度来看，除了3月和5月，全省规模以上工业增加值增速分别降至7.6%和6.5%以外，其余各月均超过了8%，其中8月和9月增速分别达到了9.6%和9.5%，整体保持了稳定增长的态势，并且各月增速均好于全国同期平均水平，稳中向好发展趋势明显（见表1）。

表1　2018年前三季度四川省及全国规模以上工业增加值月度增速

单位：%

		1月	2月	3月	4月	5月	6月	7月	8月	9月
四川	当月增速		8.5	7.6	8.2	6.5	8.9	8.4	9.6	9.5
	累计增速		8.5	8.2	8.2	7.8	8.0	8.1	8.3	8.4
全国	当月增速		7.2	6.0	7.0	6.8	6.0	6.0	6.1	5.8
	累计增速		7.2	6.8	6.9	6.9	6.7	6.6	6.5	6.4

资料来源：国家统计局和四川省统计局网站。

分经济类型来看，前三季度，全省国有企业增速为7.3%，国有控股企业和集体企业增速均为5.5%，股份制企业增速达9.0%，外商及港澳台商投资企业增长5.8%，其他经济类型企业增长5.5%（见表2）①。1至8月，全省重工业增长8.7%，轻工业增长3.8%。

（二）结构调整力度加大，转型升级步伐加快

2018年以来，四川省委、省政府依据党的十九大提出的加快构建现代产

---

① 四川省统计局：《2018前三季度四川经济形势新闻发布稿》，2018年10月23日。

表2　2018年前三季度四川省工业经济主要指标

指　　标	1~9月	同比增长
第二产业增加值(亿元)	11479.9	7.7
规模以上工业增加值:		8.4
分经济类型:		
国有企业		7.3
集体企业		5.5
国有控股企业		5.5
股份制企业		9.0
外商及港澳台商投资企业		5.8
其他经济类型企业		5.5
主要产品产量:		
发电量(亿千瓦小时)	2574.8	6.5
汽油(万吨)	118.4	-24.5
天然气(亿立方米)	277.9	4.9
汽车(万辆)	103.5	-1.4
电子计算机整机(万台)	4287	17.4
生铁(万吨)	1471.1	7.6
钢(万吨)	2137.6	22.7
成品钢材(万吨)	2061.5	23.6
白酒(万千升)	257.4	12.3
农用氮磷钾化学肥料(万吨)	272	-11.6

资料来源:四川省统计局编《2018前三季度四川经济形势新闻发布稿》,2018年10月23日。

业体系,实现高质量发展的总体要求,通过集中开展"大学习、大讨论、大调研"活动,在充分把握国内外经济及全省产业发展新趋势的基础上,在省委十一届三次全会提出了推动传统产业转型升级,加快培育战略性新兴产业,重点发展食品饮料、电子信息、装备制造等五大产业,力争到2020年使它们的产值均达到万亿元,同时大力发展数字经济,构建具有四川特色的"5+1"产业体系,推动全省经济实现高质量发展的战略。这一新战略在为全省工业发展注入强劲动力的同时,也对工业结构调整提出了更高的要求。因此,全省工业在稳增长的同时,加大了结构调整力度,将更多优势资源和关键要素向主导产业及战略性新兴产业集中,推动加快产业转型升级步伐。前三季度，全省工业41个大类行业中有37个实现了增长，其中食品饮料同比增长11.4%，计算机、通信等电子信息制造业增长11.1%。从主要产品产量看，发电量同比增长6.5%，天然气增长4.9%，电子计算机增长17.4%，集成电路增长4.7%，移动通信手机增长79.2%。①

高新技术和战略性新兴产业发展加快。1至9月，全省规模以上高技术产业增加值同比增长11.7%，高于全省工业8.4%的增速。截至6月底，全省经认定的规模以上高新技术企业已达2305家，上半年完成增加值同比增长10.1%，实现主营业务收入5241.2亿元，同比增长17.6%，占全省规模以上工业的25.9%；实现利润277.2亿元，出口1396亿元，同比增长26.7%。全省战略性新兴产业增加值同比增长14.29%，有效带动了新旧动能转换。淘汰落后产能及环境整治力度加大，目前已累计淘汰钢铁产能872.4万吨，炼铁产能525.6万吨，并彻底取缔了"地条钢"生产。在省经委和环保厅等部门的联合整治下，大批"三高"及"散乱污"企业被整治或淘汰，截至2018年7月底，全省已整治2.6万多家企业，其中关停取缔1.7万多家，整改提升8000多家，整合搬迁200多家。六大高耗能产业占全省工业增加值的比重已下降到20%，单位工业增加值能耗已低于全国平均水平15%以上，工业生态、环保、绿色及可持续发展能力显著增强。

（三）各市（州）工业增速稳定，五区协同稳步推进

各市（州）工业战线积极落实省委、省政府战略部署，在加快工业发展，增强综合竞争力的同时，依据各自的产业基础、环境容量和资源承载能力等，积极调整和优化工业布局，加强市（州）及区域合作，有效促进了区域协调发展。

前三季度，全省21个市（州）的工业基本实现了正增长，其中有16个市（州）的工业增速高于全省平均水平，有12个市（州）的增速在10%以上（见表3）。从五大经济区来看，成都平原经济区仍是全省工业发展势

---

① 四川省统计局：《2018前三季度四川经济形势新闻发布稿》，2018年10月23日。

头最好的区域。1至8月，成都、德阳和绵阳市规模以上工业分别实现主营业务收入7251.6亿元、2163.3亿元和1721亿元，位居全省前三，成都市在全省工业中的主干作用明显，三市一体化联动不断加强，带动成都平原经济区工业逐步向中高端领域发展。川南和川东北经济区各市（州）工业增速均高于全省平均水平，显示出良好的发展态势，同时各市（州）工业转型升级步伐加快，区域协同不断加强。攀西地区工业经过不断调整，凉山和攀枝花也分别实现了0.6%和5.2%的增长。川西北地区的工业规模虽然仍较小，但基本保持了稳定增长，生态、绿色发展态势明显。

表3　2018年前三季度四川21个市（州）规模以上工业增加值增速

单位：%

地　　区	1~9月规模以上工业增加值速
全　　省	8.4
成都平原经济区	
成　　都	8.0
德　　阳	10.9
绵　　阳	10.9
乐　　山	10.6
眉　　山	8.3
资　　阳	10.7(1~8月)
遂　　宁	10.6(1~8月)
雅　　安	10.2
川南经济区	
自　　贡	9.7
泸　　州	11.5
内　　江	8.9
宜　　宾	11.5
川东北经济区	
广　　元	10.3
南　　充	9.9
广　　安	9.3(1~8月)
达　　州	10.4(1~8月)
巴　　中	10.9

	续表
地 区	1～9月规模以上工业增加值速
攀西经济区	
攀枝花	5.2
凉 山	0.6
川西北生态经济区	
阿 坝	4.3
甘 孜	13.2

　　资料来源：四川省统计局工业处：《前三季度四川分市州工业增加值增长情况》，部分市（州）工业增加值为1～8月数据。

（四）拉动工业增长的"三驾马车"增速平稳

　　2018年以来，国家和四川省采取了一系列稳投资、稳外贸和促消费的措施，推动全省工业投资、消费和出口保持了平稳增长。1至8月，全省固定资产投资同比增长10.6%，其中工业投资增长10.3%。分地域来看，21各市（州）只有凉山和内江工业投资出现了负增长。成都平原经济区除了资阳，其余七个市（州）的工业投资增速都在10%以上，川南、川东北和川西北经济区工业增速也较为稳定。全省重大工业项目投资进展顺利，1至8月，全省56个重大产业项目累计完成投资497亿元，138个省政府重点工业项目完成投资613亿元，500个重点工业及技术改造项目累计完成投资1097亿元。1至6月，全省民间投资同比增长11.5%。外商投资方面，前三季度，全省新设外商投资企业406家，同比增长60.5%；1至8月，外商投资实际到位资金59.05亿美元，同比增长3.3%。高新技术和战略性新兴产业投资增速加快，1至6月，全省高技术产业累计完成投资1122.5亿元，同比增长43.2%，在推动工业增长的同时，也有效带动了工业转型升级。

　　工业消费市场持续扩张。前三季度，全省社会消费品零售总额为13143.1亿元，同比增长11.4%。工业品需求明显回升，1至9月，全省规模以上工业企业产品销售率达98.1%。食品饮料、家用电器、通用器材、石油及制品等工业品销售额同比增长均在10%以上，日用品类增长达41%。

9月，全省工业生产者出厂价格指数（PPI）同比上涨2.8%，购进价格指数（IPI）上涨4.3%，1至9月，二者分别累计增长4.3%和5.9%，显示生产企业信心基本保持稳定。尽管受中美贸易摩擦加剧影响，但全省工业出口仍保持了较快增长。1至9月，全省外贸进出口总额达4221.1亿元，同比增长28.8%，出口2332.3亿元，增长31.2%。其中出口机电产品1865.5亿元，同比增长36.9%，占出口总额的80%；高新技术产品出口1522.47亿元，增长34.3%，占出口总额的65.3%，出口结构明显优化，对工业增长的拉动作用持续加大。

（五）企业实力不断增强，发展质量明显提升

2018年以来，国家和四川省不断加大减负降税力度，并鼓励金融机构支持实体经济，为工业企业发展提供了有力支撑。同时，四川省把优化营商环境，改善企业经营条件放在了突出重要的位置，不断采取有效措施，加快转变政府职能，优化市场环境，增强企业发展活力，以提高经济发展质量和效益。1至7月，全省规模以上工业企业达13955家，同比增加2%，完成营业收入23843.8亿元，增长14.3%，实现利润1471.2亿元，增长22.5%，企业效益明显提升。

表4　2018年1~7月四川省规模以上工业企业经济效益

指标名称	1~7月	同比增速（%）
企业数量（家）	13955	2
资产合计（亿元）	41725.8	8.3
营业收入（亿元）	23843.8	14.3
营业成本（亿元）	20056.8	13.9
利润总额（亿元）	1471.2	22.5

资料来源：四川省统计局：《规模以上工业企业经济效益（2018年8月）》，http：//www. sc. stats. gov. cn/html/2018/1665/8. html，2018年9月1日。

大企业、大集团发展态势良好。由省经信委发布的2018年四川百强企业培育名单显示，百强企业入围门槛为营业收入61.5亿元，百强企业营业

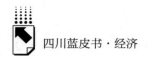

总收入达 23040.65 亿元,其中营业收入过百亿元的企业有 66 家,500 亿至 1000 亿元的企业有 11 家。此外,2018 年,四川有 13 家企业入围中国 500 强企业,有 8 家企业入选全国民营企业 500 强。截至 9 月 18 日,全省在境内上市公司已达 120 家。大企业的综合竞争力和引导带动能力明显提升。中小企业发展活力不断增强,1 至 6 月,全省新增市场主体 52 万多户,注册资本 1.13 万亿元,分别增长 12.7% 和 8.5%。全省重点监测的中小(微)工业企业主要经济指标也保持稳定增长,在稳增长中发挥了重要作用。

企业创新发展能力明显增强,截至目前,全省已认定省级企业技术中心 900 多家,其中国家企业技术中心 72 家,国家级工程研究中心 46 家,省级工程研究中心 103 家。还有大批国家级省级科技企业孵化器、创新中心和众创空间,有力支撑了工业的自主创新。1~6 月,全省申请专利 80681 件,其中发明专利 29505 件,分别增长 34.5% 和 40.9%。新企业、新项目、新产品、新动能对全省经济增长的贡献超过了 50%。

二 2019年四川省工业经济发展形势预测

2018 年以来,我国经济稳中向好、稳中有进的趋势明显,带动四川工业实现了平稳增长,预计全年将延续增长态势。2019 年,尽管受中美贸易摩擦加剧等不确定因素影响,我国经济波动可能性加大,增速下行压力较大,但国家和四川省凝神聚力谋发展,采取一切有效措施稳增长。促发展的各项政策将持续发力,特别是四川省委针对实现高质量发展提出的各项战略措施的逐步落地,将有效推动工业发展。预计全年全省工业仍将保持 8.5% 左右的增长,结构和布局进一步优化,发展质量稳步提高,为实现"一干多支、五区协同"发展战略做出更大贡献。

(一)国内外宏观经济趋稳,面临形势明显改善

2018 年以来,尽管受美国单边主义和贸易保护主义加剧的影响,部分新兴经济体货币汇率大幅贬值,给世界经济带来了一定波动,但全球经济整

体延续了近年复苏的态势，特别是美国经济表现强劲，前三季度增长超过3%，进出口总额达3.18万亿美元，同比增长9.2%；欧盟和日本经济增速基本保持稳定，印度、东盟等新兴国家和地区经济增速较快，带动全球经济保持增长态势。联合国、世界银行等多家机构均预测，2018年世界经济将实现3%以上的增长。前三季度，我国经济运行总体平稳，增长6.7%，其中规模以上工业增长6.4%，41个工业大类行业中有40个实现了增长，高技术、装备制造和战略性新兴产业增速分别达到了11.8%、8.6%和8.8%，带动工业转型升级步伐加快。工业投资保持稳定，前三季度，制造业投资同比增长8.7%；工业企业产品销售率达98.3%；出口89729亿元，同比增长8.1%；工业用电量增长7%，规模以上工业实现利润49713.4亿元，同比增长14.7%。9月和10月，中国制造业采购经理指数（PMI）分别为50.8%和50.2%，继续运行在扩张区间内，多项经济指标趋好，为四川省工业发展提供了良好的环境。

（二）推动工业转型升级，实现高质量发展的任务较重

四川省委十一届三次全会所做的全面推动高质量发展的决定，为全省工业发展指明了方向，同时也提出了更高的要求。从前三季度全省工业经济运行状况对标省委要求来看，还存在一些不足。首先工业规模仍较小。前三季度，四川省地区生产总值在全国31个省份中排第6位，但规模以上工业增加值仅排名第9，还有较大上升空间。其次，从工业结构来看，传统产业所占比重仍较高。截至2017年底，全省先进制造业占工业的比重仅为31.3%，传统产业仍占近70%，因此，转型升级的任务还很重。从新兴产业来看，2017年，全省战略性新兴和高技术产业增加值分别为1719亿元和1341亿元，占全部工业的比重分别为14.9%和11.6%①，整体规模都还较小，亟须加大培育力度，尽快做大做强。从"5+1"产业发展来看，前三

---

① 四川省统计局：《工业制造迈进新时代　创新创业踏上新征程——改革开放40年四川经济社会发展成就系列报告之四》。

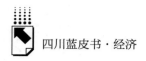

季度，电子信息、食品饮料、先进材料产业发展较好、增速较快，装备制造和能源化工增速有所放缓，数字经济增速较快，但规模仍较小。

经过几年的供给侧结构改革，全省工业去库存、去产能已取得阶段性进展。前三季度，钢铁、水泥、玻璃、建材等行业产销基本实现了均衡，效益明显提升。四川省严格执行国务院将制造业等行业增值税税率降低1个百分点等减税措施，同时省发改委和国网四川省电力公司连续两次发文，降低全省工商企业用电价格，降幅达10%，可为企业节约电费30亿元以上。此外，全省还严格规范涉企收费，鼓励金融机构降低企业融资成本，帮助企业降成本、去杠杆。但随着劳动力成本、工业用地和原材料价格的不断上升，企业负担仍较重，融资难、融资贵问题依然存在，企业营商环境也有待进一步改进。

为推动工业高质量发展，四川在淘汰大批落后产能的同时，加大了培育新产业、新动能的力度，带动工业经济效益明显提升。1至8月，实现利润总额1690.2亿元，但亏损企业数量增加，达到1644家，亏损面为11.8%。可见，为实现高质量发展，还需要进一步深化供给侧结构改革，加快工业转型升级步伐。

（三）2019年四川省工业发展趋势及预测

尽管经历了一些困难和波折，但经过全省工业战线的不懈努力，2018年，四川工业经济基本保持了平稳运行，稳中有进的趋势明显，预计全年将顺利实现年初确定的增长8.3%的目标。

进入2019年，尽管受美国贸易保护主义加剧及英国脱欧等不确定因素影响，世界经济可能会出现一定波动，但缓慢复苏的态势仍在延续，预计仍将实现3%以上的增长。我国经济发展的基本面整体向好，中美贸易摩擦可能会带来一定影响，但通过全面深化改革开放，扩大与其他国家和地区的经贸关系，以及全面落实稳就业、稳投资、稳金融、稳外贸等工作，全国经济将保持平稳发展态势。四川省经济也将延续稳中向好、稳中有进的趋势，为全省工业发展提供良好的外部环境。预计2019年，四川工业仍将实现8.5%左右的增长，结构和布局将更加优化，"5+1"产业体系初步形成，

"五区协同"稳步推进,发展质量和效益持续提升。

从拉动全省工业发展的"三驾马车"来看,2018年前三季度,全省工业投资和消费增速较2017年同期均有所下降,但整体仍保持在合理区间内。国家和四川省一系列减税降负措施的出台,特别是招商引资和对民营企业支持力度的加大,以及扩大内需等政策措施的落地,将对四川工业投资和消费保持合理增长起到有力支撑。从出口来看,中美贸易摩擦可能会对四川工业品出口产生一定影响,但随着全省"四向拓展、全域开放"战略的深入实施,通过加强与欧盟、东盟等地区的经贸关系,能有效降低中美贸易摩擦的影响,保持工业品出口的稳定增长。"三驾马车"的稳定,将确保四川工业保持持续合理增长。

四川省委十一届三次全会关于全面推动高质量发展的决定中各项战略措施的深入实施,特别是加快传统产业转型升级、培育高新技术和战略性新兴产业、重点发展"5＋1"产业体系的各项措施的落地,将有力推动工业转型升级,加快四川特色新型工业体系的重构,并逐步形成支撑经济增长的新动力和新引擎,为实现高质量发展注入强大动力。从五大经济区的发展来看,成都平原经济区工业良好的发展态势,将对对全省工业保持合理增长起到稳定器和推进器的作用。川南和川东北经济区工业正处于上升阶段,随着营商环境的优化,优势产业聚集加快。攀西经济区工业经过调整,已开始触底反弹,川西北经济区工业绿色发展态势良好。各经济区工业协同发展不断加强,特别是依托工业园区和工业基地,在产业分工、协同招商、技术创新等领域的合作不断加强,为五区工业协同发展创造了有利条件。全省工业生产资料和工业运力保障有力,也将为2019年工业保持合理增长提供有力支撑。

三 2019年推动四川工业持续稳定发展的对策建议

(一)全面优化营商环境,增强发展凝聚力

以改革开放40周年为契机,继续深化工业各领域改革开放,消除一

切发展障碍，增强工业发展活力。全面落实《四川省进一步优化营商环境工作方案》的各项措施，加大"放管服"改革力度，推动行政审批提质增效，简化工业企业注册、注销手续；有效降低市场准入门槛，放宽投资领域，努力营造投资便利、服务高效、监管到位的监管体制。继续加大减税降负力度，切实降低企业生产经营负担和运营成本，提高盈利能力。支持银企合作，鼓励金融机构为工业发展提供更多资金支持。全面实施"互联网＋政务服务"，推行"最多跑一次"改革，为工业企业提供更加便利的服务。进一步深化经济体制、科研管理体制、投融资体制、军民融合等管理体制改革，加大招商引资力度，增强要素保障能力，努力营造重商、亲商、安商、富商的氛围，为工业发展创造良好的营商环境，吸引更多优秀企业和高端要素入川，增强全省工业发展的吸引力和凝聚力。

（二）加快构建"5＋1"产业体系，提高发展质量

围绕实现高质量发展的总体目标，加快推动传统产业转型升级，积极培育高新技术和战略性新兴产业，重点发展电子信息、食品饮料等五大优势产业和数字经济，加快构建"5＋1"现代产业体系，形成增长新动能和发展新优势，切实推动全省工业发展的质量变革、效率变革及动力变革，以实现持续稳定健康发展。围绕全省经济"一干多支、五区协同"的发展要求，严格落实主体功能区规划，依据各市（州）工业发展基础、环境资源条件和产业承载能力，明确发展方向和重点，强化区域分工协作，进一步优化全省工业经济布局。积极推动成都经济平原经济区工业转型升级，加快川南和川东北经济区工业集聚，尽快做大做强，努力提升攀西和川西北地区工业绿色、智能发展能力，形成"干强支优"的工业发展新格局。切实加强各经济区的协同发展能力，在规划制订、产业分工、招商引资、科技创新、基础设施建设等领域加强协调配合。在推动各经济区工业形成自身特色的同时，加强分工协作及协同配合，努力形成发展合力，推动全省工业实现高质量发展。

（三）加大政策支持力度，增强发展动力

按照建设工业经济强省的总体目标，完善工业发展体系，优化政策导向，全力支持工业尽快做大做强。依据中央稳增长的总体要求，切实采取有效措施，努力稳定工业投资；通过加大招商力度，积极争取国家财政支持和重大产业项目落户四川；鼓励和支持民营企业发展，加大技改投入，以吸引更多社会资本进入工业领域投资创业。积极扩大内需，在同等条件下，鼓励政府采购优先选用省内工业产品。鼓励企业加强品牌建设，提高国内市场开拓能力。深入实施"四向拓展、全域开放"战略，积极参与"一带一路"建设，通过蓉欧专列加强与中亚、欧盟国家的经贸合作；通过海上丝绸之路加强与东盟、南亚、中东甚至是非洲国家的合作，尽可能扩大产品出口，以抵消中美贸易摩擦带来的影响。继续加大对工业企业的减费降税力度，严格执行国家税收减免政策，同时制订有效措施严格规范涉企收费，努力降低企业各种负担。依据全省财力、物力，适时出台合理政策，继续降低企业用电、用工、用气及仓储运输成本，鼓励金融机构加大对工业企业支持力度，降低对中小及民营企业的贷款利率，切实解决工业企业融资难、融资贵等问题，有效降低企业运营成本，提高盈利能力。

参考文献

《关于印发四川省"十三五"工业发展规划的通知》。
《中国共产党四川省第十一届委员会第三次全体会议公报》。
《中共四川省委关于全面推动高质量发展的决定》。

B.14
2019年四川省服务业发展形势分析

何 飞*

摘 要： 2018年四川省服务业发展呈现增长较快、新兴服务业加快发展、市场主体活力显著、发展差距仍然存在等特点。本文分析了四川省服务业未来发展面临的新要求、新机遇和新挑战，并对推动四川省服务业高质量发展提出了构建"一干多支"空间格局、构建现代服务业产业体系、强化服务业载体建设、优化服务业发展环境等对策建议。

关键词： 服务业 四川省 产业结构

2018年，四川省服务业增速加快，继续领跑三次产业，发展态势良好，市场主体活力显著提升。服务业保就业、惠民生作用不断增强，有力地推动了产业转型升级和经济高质量发展。

一 2018年四川省服务业发展的主要特点

（一）服务业增长较快

2018年前三季度四川省实现地区生产总值（GDP）30853.5亿元，按可比价格计算，同比增长8.1%。其中，第一产业增加值3461.9亿元；第二

---

* 何飞，硕士，四川省社会科学院产业经济所副研究员，主要研究方向为产业经济、区域经济。

产业增加值 11479.9 亿元；第三产业增加值 15911.7 亿元，同比增长 9.5%，比全国平均水平高 1.8 个百分点。近 5 年，四川省服务业年均增长 9.6%，自 2014 年以来连续 4 年高于 GDP 和工业、农业增速。2017 年，四川省服务业增加值增长 9.8%，已经跑进全国第八位、西部第三位，高于全国平均水平 1.8 个百分点，高于同期 GDP 和一、二产业，延续了领先优势。

（二）新兴服务业加快发展

2018 年一季度，全省新兴服务业蓬勃发展，服务业固定资产投资同比增长 11.8%，高于上年同期 0.3 个百分点。成都作为全省服务业核心城市，2018 年 1~5 月规模以上信息消费服务业、战略性新兴服务业、科技服务业和高技术服务业营业收入同比分别增长 22.0%、21.9%、21.9% 和 21.8%，增速同比分别提高 5.0 个、6.6 个、5.2 个和 7.7 个百分点。

（三）市场主体活力显著

2018 年上半年新设的企业中，第一产业、第二产业企业数量均较上年同期有所下降，第三产业则呈现快速增长趋势。第三产业企业数量、注册资本分别为 13.38 万户、8969 亿元，同比增长 39.0%、22.9%，在企业总量和资本总额中的占比分别为 86.9%、82.8%。第三产业增量的持续快速增长带动了存量企业的三次产业结构调整。第三产业企业数量、注册资本在存续企业总量、注册资本中的占比由上年同期的 79.2%、69.7% 提升至 80.8%、72.5%。截至 2018 年 6 月底，服务业企业中，批发和零售业、租赁和商务服务业占据支柱地位，企业数量占比分别为 40.4%、19.5%，合计占比为 59.9%；注册资本占比分别为 17.1%、32.8%，合计占比 49.9%。

成都聚集六成以上新设企业，主干作用进一步突出。2018 年上半年，成都新设企业数量同比增长 37.6%，在全省新设企业总量中占比达 63.1%。成都平原经济区服务业占比较高，达到 82.0%。特别是现代服务业发展较快，信息传输、软件和信息技术服务业，租赁和商务服务业，科学研究和技术服务业企业数量占全区企业总量的比重分别为 9.4%、18.6%、8.5%。

川东北、川南、攀西经济区第三产业占比均处于70%～75%，川西北生态经济区服务业发展相对较慢，占比仅为65.0%。

表1　2018年6月底四川五大经济区实有企业数量行业分布

单位：%

	成都平原经济区	川东北经济区	川南经济区	攀西经济区	川西北生态示范区
第一产业	2.9	10.4	7.7	7.8	8.1
第二产业	15.0	17.6	18.8	17.3	26.9
第三产业	82.0	72.0	73.5	74.9	65.0
其中：批发和零售业	32.4	31.4	35.3	37.0	21.7
交通运输、仓储和邮政业	2.2	3.1	3.8	4.7	6.0
住宿和餐饮业	1.2	1.6	1.7	2.3	4.3
信息传输、软件和信息技术服务业	9.4	4.0	3.5	3.1	4.2
金融业	1.4	3.9	2.6	2.7	3.9
房地产业	3.4	3.8	3.0	2.7	2.1
租赁和商务服务业	18.6	12.4	12.2	11.6	9.6
科学研究和技术服务业	8.5	4.1	4.3	4.1	3.2
水利、环境和公共设施管理业	0.4	0.7	0.6	0.6	1.2
居民服务、修理和其他服务业	2.1	2.5	2.6	2.7	3.0
教育	0.2	0.4	0.4	0.4	0.9
卫生和社会工作	0.5	0.6	0.5	0.5	0.4
文化、体育和娱乐业	1.6	2.6	2.7	2.0	3.6

资料来源：《2018年上半年全省市场主体发展情况》，http：//www.scaic.gov.cn/zwgk/xxgk/tjzl/201807/t20180716_32962.html，2018年10月6日。

（四）发展差距仍然存在

四川省服务业仍然面临总量不足、发展不快、结构不优、竞争力不强等问题。总量有差距。2018年四川服务业增加值占GDP比重将突破50%，但和京沪粤地区横向比较仍有一定差距。2017年，北京服务业占GDP比重已超81%，上海服务业占GDP比重超过70%，广东服务业占GDP比重达52.8%。优质企业少。2018年一季度，四川全省新三板上市企业为336家中，服务业企业为162家，主要分布在信息技术、金融、文化体育等服务领域，但在全国有影响力、引领产业发展的"独角兽"企业或"瞪羚"企业寥寥无几。区域结构有待调整。成都作为全省服务业核心城市，占全省服务业总量的43.4%，泸州、绵阳、南充、达州、乐山、凉山等6个区域性中心城市服务业增加值的总体量仅占全省的24.3%，亟待培育一批全省服务业发展副中心。

二 2019年四川服务业发展面临形势

（一）新要求

党的十九大报告指出，我国经济已由高速增长阶段转向高质量发展阶段。习近平总书记来川视察对四川推动经济高质量发展作出了一系列重要指示要求。2018年6月四川省委十一届三次全会，作出了实施"一干多支"发展战略、全面推动高质量发展的重大部署，提出构建"一干多支、五区协同"区域协调发展格局，形成"四向拓展、全域开放"立体全面开放格局，加快产业转型升级，构建现代产业体系；加快发展科技服务、电子商务等生产性服务业，积极发展教育培训、医疗健康等生活性服务业，推动文化产业成为国民经济支柱性产业，促进文旅深度融合发展，到2022年四川服务业增加值占GDP比重达到55%左右，初步建成现代服务业强省。

（二）新机遇

四川省委十一届三次全会提出，大力实施全面开放合作战略，加快形成"四向拓展、全域开放"立体全面开放格局，确立"突出南向、提升东向、深化西向、扩大北向"的战略方针，为四川服务业进一步扩大开放合作带来新机遇。"突出南向"，创新国际合作机制，参与中国—东盟框架合作等国际经济走廊建设，对接南亚、东南亚巨大市场。"提升东向"，积极参与长江经济带建设，加强与长三角、京津冀等区域的合作，拓展与东部沿海地

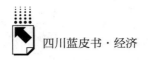

区的开放合作空间。"深化西向",推进国际高端合作。"扩大北向",积极参与中俄蒙经济走廊建设。同时,加强川渝、川粤、川滇、川黔等合作。

(三)新挑战

服务业利用外资不断向东部地区集中,给中西部地区特别是西部地区引入外资带来新挑战。2016年全国外资区域分布,东、中、西部地区占比分别为86.7%、5.6%和7.6%,服务业外资东、中、西部地区占比分别为90.9%、3.1%和6.0%。2011~2016年,东部地区服务业实际利用外资占全国总额的比重从83.5%上升到90.9%,增长了7.4百分点。中部地区服务业实际利用外资波动明显,占比先升后降,2011~2015年,占比分别为4.1%、5.5%、5.9%、5.7%、5.3%;到2016年仅占3.1%,比2015年下降了2.2个百分点。西部地区服务业利用外资呈现明显的下降趋势,2011~2016年,实际利用外资金额分别为72.5亿美元、60.8亿美元、66.1亿美元、69.2亿美元、62亿美元、50.6亿美元,年均下降6.9%,占全国服务业利用外资总额的比重分别为12.4%、10.6%、10%、9.3%、7.6%、6.0%,2016年占比比2011年下降了6.4个百分点。

三 推动四川服务业高质量发展的对策建议

2018年,四川省服务业发展提速,领跑三次产业,推动经济向高质量发展。但总体而言,四川省服务业与高质量发展要求还有较大差距,要继续围绕高质量发展要求,完善制度,鼓励重点服务行业率先创新突破,刺激民间投资,提高服务业国际化发展水平。

(一)构建"一干多支"空间格局

优化服务业空间布局,充分发挥服务业核心城市和区域中心城市的支撑带动作用,做大做强县域服务经济板块,构建全省服务业"一干多支"发展格局。

一是发挥主干城市的极核作用。支持成都建设国家中心城市和国家服务业核心城市建设，加快"五中心一枢纽"建设，以打造"三城三都"为突破口，着力发展高端服务业，充分发挥"成都服务"的核心功能和带动作用。提升全国重要的文创中心功能，打造世界文创名城；大力推进"旅游+"，完善基础设施建设和城市旅游功能配套，充分发挥旅游产业带动效应，打造世界旅游名城；积极申办全国、国际高级别的体育赛事，培育成都自主品牌的国际体育赛事，打造世界赛事名城；深度挖掘美食文化附加值，打造国际美食城市品牌，建设国际美食之都；打造原创音乐生产地、音乐版权交易地和音乐展演汇聚地，建设国际音乐之都；以市场化、国际化为导向，建设具有全球影响力的国际会展之都。

二是打造区域中心城市。发挥区域和产业优势，做强特色服务业，大力推进绵阳、泸州、南充、达州、乐山等区域中心城市发展，建设四川省经济和服务业发展副中心，带动区域服务业水平提升。支持绵阳建设服务业创新发展示范城市，推进军民深度融合发展。支持泸州建设生产性服务业创新示范区，打造川滇黔渝结合部商贸物流中心。支持乐山实施全域旅游战略，建设绿色转型示范市、山水园林宜居城。支持南充建设区域性物流枢纽和商贸中心城市，努力构建成渝第二城。支持达州建设区域性服务业承接腹地，加快建设秦巴地区生产性服务业中心。支持凉山建设以健康养生、旅游度假、健身休闲为核心的特色服务区，构建攀西区域消费中心。

三是做大做强县域服务经济板块。实施服务业强县工程，提升县域服务业规模、质量和效益。

（二）构建现代服务业产业新体系

围绕建设西部现代服务业强省目标，充分发挥新兴先导型服务业在推动服务业提质增效升级进程中的示范引导作用，着力构建现代服务业新体系。

一是优先发展五大新兴先导型服务业。围绕"全球电商创新之城"，加快构建新丝绸之路经济带与长江经济带电子商务全产业链总部集聚区，加快推进中国（成都）跨境电子商务综合试验区建设，大力发展三农电商。优化完善全省"一核、五极、多点"现代空间布局，加快构建立足西部、面向全国、连接国际的西部物流中心。围绕西部金融中心建设，着力构建以成都为中心，以成都平原经济区为辐射圈的"一核一圈"发展格局，进一步提升金融业活跃度、市场度、开放度和国际化水平。建立健全科技成果转化服务体系，延展科技创新服务链，完善科技服务体系，推动科技服务业成为国民经济重要支撑力量。围绕建设养老健康服务业强省目标，打造西部顶尖、国内一流、国际知名的养老健康服务产业集群，积极推动医养一体化，打造康养福地。

二是做大做强现代旅游业。围绕建设"全国前列的旅游经济强省和世界重要旅游目的地"这一发展方向，创新"旅游＋"发展理念和路径，促进现代旅游业与其他产业融合发展，提升现代旅游业的战略性支柱产业地位和作用。

三是积极培育两大成长型服务业。加快发展高技术、高附加值的服务外包业务，促进服务外包离岸业务与在岸业务协调发展；加强跨境合作，积极引进境内外知名服务贸易企业，支持服务外包企业走出去，提升服务外包高端业务比重，积极开拓国外市场。立足"推进绿色发展，建设美丽四川"发展定位，推进节能环保服务业产业化、专业化、规模化发展。积极推动排污权、碳排放权交易市场建设，创建环保产业技术创新联盟，组建综合运营服务商。

（三）强化服务业载体建设

一是强化现代服务业集聚区建设。立足区域功能定位、资源优势和产业基础，依托产业园区、城市功能区等特定区域，规划建设一批功能完善、特色鲜明、优势突出的现代服务业集聚区，重点打造一批省级现代服务业聚集区，培育一批县级、市级集聚区，形成省、市、县三级服务业集聚区梯次发展格局。

二是强化开放合作载体建设。加强国别产业合作园区建设，培育一批外向型产业示范园区。进一步提升成都经开区、德阳经开区、广元经开区等国家级经开区的开放合作功能，使之成为推动开放型经济增效提质升级的重要载体。

三是强化创新创业载体建设。加大对小微企业的培育和支持力度，大力发展楼宇经济，鼓励有条件的地市利用闲置楼宇发展具有区域特色的都市服务业，打造以研发设计、文化创意、电子商务等业态为主的创新创业载体。在创新活跃的成都平原经济区和川南经济区，大力建设服务业孵化园、产业转化园、科技孵化器、大学科技园等创新创业载体，提升孵化功能，围绕服务业小微企业初创、成长与壮大，形成从初创期、成长期到发展期"接力式"的创新创业环境；按照"苗圃—孵化器—加速器—园区"的模式，针对不同发展阶段提供差异化服务，构建完整的孵化体系。

（四）以"两区"为重点推进制度创新

一是高水平建设自由贸易试验区。深入推进自贸试验区改革，明确改革重点和任务，完善四川自贸试验区发展法规制度，加快复制推广自贸区制度创新成功经验，推进自贸区与双流航空港、国际铁路物流港、泸州港、宜宾港等重要点位的协同改革创新。积极探索建设内陆自由贸易港。

二是深化成都全国服务业综合改革试点区建设，加快推进乐山全国服务业综合改革试点，继续推动自贡、德阳、广安、简阳、资中5个省级服务业综合改革试点，坚持立足本地实际与改革创新相结合，以特色化、差异化的发展思路，重点在市场化改革、要素配置、降低成本、优化环境等方面创新服务业发展体制机制，探索服务业发展的新路径、新经验。

（五）实施消费提升工程

一是促进消费升级。把握消费需求新趋势，坚持以服务消费带动消费升级，以消费新热点、消费新业态、消费新模式为主要内容，促进传统服务消费升级，培育新型服务消费，改善供给，释放消费潜力，增强内需拉动经济发展能力。

二是发展新型消费。以创新服务消费为引领，落实"十大扩消费"行动，扩大旅游休闲、康养家政、教育文化、体育健身等服务消费，推动跨区跨境、线上线下、体验分享等消费新业态发展，拓展农村消费市场和境外消费市场。

三是规范服务消费市场秩序，健全消费者权益保护机制，营造良好的服务消费环境。

（六）优化服务业发展环境

一是加快市场化改革步伐。进一步放宽市场准入，破除行业垄断，重点推进文化、教育、医疗、金融等服务业领域有序开放，加大政府购买公共服务的推进力度。放宽民间资本市场准入领域，积极引导民间资本参与社会服务领域投资，推动电力、电信、金融、教育、文化、卫生、体育等领域改革。扩大行业协会与行政管理机构脱钩试点范围。

二是促进服务业双向开放。加大"引进来"力度。对外商投资全面实施准入前国民待遇加负面清单管理政策，提高外商投资便利化程度，吸引外商投资物流、旅游、电商、医疗健康、会展、保险证券、融资租赁等现代服务业。加快"走出去"步伐。以服务外包、文化贸易、技术贸易、维护维修等领域为重点，扩大服务贸易规模，优化服务贸易结构，培育一批具有国际竞争力的跨国服务业企业。加强文化、中医药、餐饮等特色服务领域的国际交流合作。

三是创新管理体制机制。充分发挥省服务业发展领导小组的综合功能和作用，由"行业管理"向"产业管理"转变，增强行业主管部门的综合协调职能，构建部门联动长效机制。

四是实施政策聚焦。加大政策支持力度，着力强化服务业政策要素保障。财政方面，继续加大省级财政支持力度，建立服务业发展基金，整合规范服务业领域专项资金，向重点区域、行业、项目倾斜，探索政府与市场资本合作新模式，发挥财政资金的撬动作用。税收方面，进一步梳理、整合现有政策，重点支持技术创新、产业集群、人才培育。金融方面，完善城乡金融服务网络，引导投融资机构扩大对中小服务业的信贷支持，鼓励开发信贷新产品和服务新模式。要素保障方面，督促落实国家鼓励服务业用水、用气与工业同价的政策，统筹安排服务业用地规模、布局和时序，优先安排并扩大用地供给。

五是加大人才培养力度。大力培育高端人才。实施"服务业领军人才计划"，运用"人才＋项目"的模式推动构建立体引进、梯次开发的高端人才和顶尖团队开发体系。培育多元化人力资源服务市场主体，多渠道培养专业服务业人才。

参考文献

《前三季度四川省实现 GDP30853.5 亿元，同比增长 8.1%》，http：//finance. jrj. com. cn/2018/10/23152025246340. shtml，2018 年 10 月 23 日。

《2018 年上半年全省市场主体发展情况》，http：//www. scaic. gov. cn/zwgk/xxgk/tjzl/201807/t20180716_ 32962. html，2018 年 6 月 23 日。

聂平香：《我国服务业吸收外资新趋势及对策建议》，《对外经贸实务》2018 年第 2 期。

王嘉：《建设"三城三都"成都有了时间表和路线图》，http：//scnews. newssc. org/system/20180926/000910285. html，2018 年 9 月 26 日。

B.15
2019年四川五大产业集群
发展形势与预测

袁　境[*]

摘　要： 五大支柱产业，是四川目前最有基础、有条件、有支撑冲击
万亿级的产业。文章分析了四川五大优势产业集群的发展基
础、面对的问题与优势，提出了未来五大产业集群发展方向
与趋势。四川要瞄准这五大支柱产业，发挥产业比较优势，
筑牢经济高质量发展的根基。基于"一干多支、五区协同"
的区域产业发展新格局，以推动产业集群集约发展为重点，
优化调整市州产业布局，打造五大产业集群，塑造各具特色
的区域产业版图。围绕五大支柱产业发展方向，加强企业创
新主体培育，加强产业前沿关键技术攻关，推动科技成果转
移转化，推进军民融合深度发展；培育具有较强竞争力的市
场主体；推动工业绿色低碳循环发展，大力推动资源节约与
综合利用，加快推进绿色制造体系建设，使四川工业综合竞
争力迈入全国先进行列，引领西部、辐射全国、融入世界的
制造强省地位基本确立，切实推进"治蜀兴川"。

关键词： 四川　产业集群　制造业升级

---

* 袁境，博士，四川省社会科学院产业经济所副研究员，研究方向为产业经济、国企改革、中
小企业发展。

制造业是实体经济的骨架，更是建设经济强省的核心支撑。四川要建设先进制造强省，必须围绕《中国制造 2025 四川行动计划》，重点推进当前有基础、未来有前景的重大产业集中突破，推动制造业整体实力提升。四川在电子信息、装备制造、食品饮料、先进材料、能源化工等产业中具有产业基础雄厚、规模较大、优势突出的特征。其中，电子信息、食品饮料、装备制造等三大产业规模均已超过 8000 亿元，而能源化工和先进材料产业规模也已超过 6000 亿元。2016 年 12 月 28 日，四川省工业和信息化工作会议提出打造万亿级产业集群，力争到 2020 年电子信息产业、饮料食品产业、先进材料产业、装备制造产业、能源化工产业的产值均达到万亿元①。中国共产党四川省第十一届委员会第三次全体会议通过的《中共四川省委关于全面推动高质量发展的决定》提出重点培育发展这五大支柱产业，构建具有四川特色优势的现代产业体系，打造具有区域辐射带动力和国际领先水平的现代产业集群。

一 五大产业集群发展基础

（一）电子信息产业

电子信息产业规模居中西部第一，是全省第一支柱产业。近年来，作为四川省第一支柱产业的电子信息产业发展势头强劲，取得了跨越式发展，产业生态体系进一步完善，形成了研发、材料、元器件（芯片）、整机、服务等较为完整的产业体系。2017 年，全省电子信息产业实现主营业务收入8113 亿元，同比增长 18.9%，居全国第七位，中西部第一。其中，规模以上电子信息制造业实现主营收入 4250 亿元，同比增长 12.7%；规模以上软件业实现主营收入 3863 亿元，同比增长 22.5%。规模以上电子制造业和软

---

① 《四川省将打造万亿级产业集群》，http：//china. huanqiu. com/hot/2016 - 12/9877486. html，2018 年 6 月 7 日。

件业工业增加值占全省规上工业增加值的比重超过15%①。

2. 重点领域水平提升，行业竞争力居国内前列。连续两年（2016年与2017年），在四川电子信息产业中，军事电子装备细分行业整体实力居全国第一，信息安全产业产值位居全国第二，微型计算机产量占全国在比重保持在21.7%，IC设计收入居全国第六位，大数据发展综合排名居全国第六位、大数据应用指数位居全国第四，全球50%的笔记本电脑芯片在四川封装测试，航空电子、平板显示、北斗卫星导航、数字家庭、云计算、大数据、物联网、移动互联、数字动漫、空中交通管制、无线电监测、半导体照明、自动控制系统等方面整体实力名列全国前茅。

3. 产业集聚明显增强，产业布局初步形成。四川通过承接国内外电子信息产业转移与培育本地电子信息产业，不断加大电子信息产业聚集发展力度，初步形成完整的产业链布局。自从2003年英特尔入川以来，微软、IBM、华为、中兴、德州仪器、戴尔、仁宝、富士康、纬创、联想等相继在四川建立产业基地和研发中心。2017年，四川相继与十一大军工集团、华为、中科院微电子所签署战略合作协议，中国电子集团建设"成都芯谷"，紫光集团与成都签约建设IC国际城，格罗方德在成都建设晶元生产线，中国电科集团整合集团信息安全资源在成都建设网安产业，京东方分别在成都和绵阳建设AMOLED生产线。在软件方面，四川是五大国家级软件产业基地之一，已成为中国第三大游戏产品研发和运营中心，全球软件20强中有13家、服务外包20强中有5家已入驻。成都市获"中国软件名城"称号，正在创建"世界软件名城"。绵阳是"国家数字家庭应用示范产业基地"，正在创建"中国新兴软件名城"。

（二）食品饮料产业

1. 综合实力持续稳中提升。立足自然资源禀赋与农业发展基础，四川

---

① 《培育"万亿产业"四川省大力推进电子信息产业集群化发展》，http://www.sc. xinhuanet.com/content/2018－04/27/c_1122754783.htm，2018年12月10日。

通过结构调整、产业集聚、技术创新和基地建设，促进食品饮料产业中的特色行业发展，形成了酿酒、粮油加工、肉制品加工3个千亿产业以及泡菜、调味品和茶叶等特色优势行业。2017年，全省2427家规模以上食品饮料企业实现主营业务收入7201.7亿元，同比增长12.47%；实现利润总额522.4亿元，同比增长19.3%；与2012年相比，食品饮料产业主营业务收入年均增长约4.1%（见图1）。

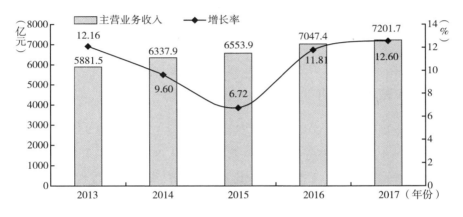

图1　近五年四川省食品饮料产业主营业务收入和增长率

2. 龙头企业竞争力不断提升，规模不断壮大。龙头企业科技创新意识不断增强，逐年加大产业技术研发投入，技术装备水平显著提高，全行业技改投资稳定增长，加工设备和生产线的更新换代加快，各种新技术不断得到推广应用。到2017年，全省有国家级农业产业化重点龙头企业60家，省级企业589家。食品饮料产业中，销售收入突破100亿元的企业达到5家，50亿元以上企业达到5家。其中，五粮液集团销售收入突破800亿元，泸州老窖、剑南春和郎酒集团销售收入突破100亿元，有力地带动全省食品饮料产业实现较快增长。

3. 品牌建设不断突破。通过实施"增品种、提品质、创品牌"行动，推动企业实施产品结构调整，在白酒、茶叶、肉制品、调味品、泡菜等领域培育了五粮液、竹叶青、新希望、郫县豆瓣、吉香居等一批在全国有较强影响力的食品饮料品牌。打造区域品牌，"中国白酒金三角"已成为世界知名白酒产区品牌及国内"最大的产业集群、最大的品牌群、最大的产能群"。不断创新营销模式，60余家食品饮料企业，200多种产品进驻天虎云商网，酒、茶、肉、休闲食品、调味品等已经成为网上热销商品。全省重点企业质量体系认证率超过60%，拥有中国驰名商标111件、四川省名牌418个。

4. 产业辐射带动能力不断增强。全省通过大力推广"龙头企业＋专合组织＋家庭适度规模经营"和"园区（基地）＋专合组织＋家庭适度规模经营"等模式，坚持以食品饮料精深加工企业为龙头，积极构建"产＋销"、贸工农、农科教一体化的全产业链，上下游产业联动格局初步建成，带动农民持续增收。

（三）装备制造业

1. 产业规模较大。2017年，全省装备制造业工业总产值9556亿元，同比增长12.3%。全省装备制造业主营业务收入8451.17亿元，同比增长5.8%，全国排名第11，占全省工业比重达到19.9%，成为支撑全省工业经济发展的支柱产业。

2. 产业集中度较高。经过多年发展，全省已形成成都（航空航天、轨道交通装备、汽车）、德阳（发电设备、石油钻采设备）、自贡（节能环保装备）三大装备制造业基地，占全省装备制造业的比重达到65%。2017年，德阳实现装备制造业产值1630亿元，占全市工业总量的43%，占全省装备制造业总量的26%。随着产业转型升级步伐加快，绵阳、资阳、泸州、宜宾、眉山、南充等地的装备制造业正快速发展。

（四）能源化工产业

四川油气资源丰富，产业发展基础好。四川省能源化工产业主要包括天然气（页岩气）、电力（水电、火电、风电、光伏）、煤炭和化工。2017年四川能源电力产业产值为2957亿元，其中清洁能源达到2287亿元，占全国近50%的市场份额（全国5400亿元）；全省能源化工产业实现主营业务收入7325亿元，其中天然气（页岩气）824亿元，电力2287亿元，煤炭151

亿元，化工 4063 亿元。

1. 天然气（页岩气）。四川天然气资源总量约 43 万亿立方米，居全国之首；页岩气资源量为 27.5 万亿立方米，分布面积近 12 万平方千米，已基本实现适合四川省地质特点的 3500 米以上浅页岩气绿色、高效开发和技术装备自主，还在 3500 米以下的区域实现了部分突破。2017 年，全省天然气产量约 350 亿立方米，同比增长 19%，约占全国产量的 1/4，居全国第 2 位；全省实际消费天然气约 200 亿立方米，同比增长 20% 左右，约占全国总量的 1/12，居全国第 2；页岩气产量 25 亿立方米。

2. 电力。全省水电理论蕴藏量为 1.4 亿千瓦，技术可开发量为 1.2 亿千瓦，占全国技术可开发量的 27% 左右，居全国首位，是国家确定的五大综合能源基地之一和全国重要的"西电东送"基地。同时，风能、太阳能在三州地区也较为丰富。目前，四川省还有白鹤滩、乌东德等在建的大型水电项目，未来，四川省清洁能源装机总量将超过 1 亿千瓦。2017 年，全省电力主营业务收入 2287 亿元，全省发电总装机达到 9721 万千瓦，装机规模居全国第 5 位。其中，水电装机 7714 万千瓦，占全省装机总量的 79.5%，居全国第一；火电装机 1647 万千瓦，占 16.9%；风电和光伏发电等新能源总装机 345 万千瓦，占全省总装机的 3.6%。2017 年，四川清洁能源发电量为 3215.5 亿千瓦时，全社会用电量为 2205 亿千瓦时，居全国第 8 位与西部首位。

3. 煤炭。全省共有 94 个县（市、区）有煤赋存。2017 年，全省煤炭产能为 8103 万吨，矿井 436 处，其中：生产矿井 327 处，生产能力 6075 万吨/年；建设矿井 109 处，设计产能 2028 万吨/年。全年生产原煤 3278 万吨，销售 3038 万吨。

4. 化工。经过数十年发展，四川化工已形成以天然气化工、盐化工、磷硫化工、石油化工和精细化工等为主体的产业体系，产业门类较为齐全、布局相对集中、专业基本配套、结构相对合理，是全国重要的天然气化工生产和研发基地。化肥、三聚氰胺、钛白粉、硝化棉、铬盐、草甘膦、草铵膦、氢氰酸及其衍生物等产品的产能居全国前列，工艺技术国内领先。2017 年，四川省化工实现主营业务收入 4063 亿元。

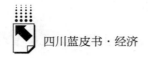
（五）先进材料产业①

经过"十二五"和"十三五"前期的培育发展，四川省推进材料工业转型升级，聚焦钒钛、稀土、化工、无机非金属、超硬材料、生物医药等领域，建成了钒钛新材料、硅材料开发与副产物利用、高性能纤维等国家级新材料基地，培育了5家国家级研发中心，高档钛合金、铼合金、碳纤维复合材料、石墨烯、纳米磷酸铁锂、特种聚酰亚胺、玄武岩连续纤维等产品成功实现了产业化，突破了钒电池电解液、稀土交流LED、稀土治污活性剂、高档铝合金和镍合金、锂电池电解液及隔膜材料、高性能纤维及复合材料、先进人工晶体材料、骨诱导材料的关键技术，形成了多晶硅、重轨、纳米磷酸铁锂、碲化镉薄膜发电玻璃等一批具有全国影响力的重点产品，为全省先进材料产业发展奠定了坚实基础。有机硅、有机氟、碳纤维及复合材料、芳纶纤维及复合材料、聚苯硫醚等化工新材料在全国具有重要影响。聚碳酸酯（PC）、聚芳硫醚砜（PASS）、含氟聚酰亚胺、核石墨等新材料产业化关键技术取得突破。全省先进材料产业规模逐年递增，截至2017年底，全省拥有规模以上先进材料企业1806家，先进材料产业实现主营业务收入6014亿元，主营业务收入占全省工业主营业务收入的15%，其中新材料产业主营业务收入达1800亿元，约占先进材料主营业务收入30%。

二　五大产业集群发展面临问题与优势

（一）电子信息产业

1. 面临问题

（1）创新不足，核心基础产业竞争力有待提升。引进的企业集中在产

---

① 先进材料是指对国民经济、国防军工建设起着基础支撑和保障作用的，具有优异或特殊功能的中高端材料和新兴材料。四川省先进材料产业主要包括钢铁、有色、化工、建材、轻工、纺织等基础材料中的高端材料以及新一代信息技术产业、高端装备制造业用关键战略材料和前沿新材料。

业链的低附加值环节。一些电子信息制造业（如富士康、纬创、仁宝等代工企业）主要依靠引入国际先进生产线，掌握产业核心技术较少；关键零部件和制造设备大量依赖进口；基础元器件、基础材料、基础装备、基础软件与工业软件等电子信息基础产业的自主研发能力较低，自主技术转换不足；传统家电企业研发投入低，产品品种单一，"互联网＋"程度不高，效益较低；军事电子、信息安全等优势产业融合发展不足，军民两用技术和成果双向转化、军地科技创新人才交流等进展缓慢。

（2）配套不足，产业链的综合竞争力有待提高。信息产业已进入"全产业链"竞争时代，企业的核心竞争力已经转向平台和生态系统竞争，全产业链综合能力日益成为决定成败的关键。四川省的计算机产业本地配套率只有30%，远远低于重庆电子信息产业配套率70%的水平。当前，四川省电子信息骨干企业尚未形成产业链综合竞争力，仍以产品竞争为主，在跨国公司主导的产业生态体系中，处于被动跟随、同质化竞争、低附加值的发展阶段。

（3）信息化不足，对电子信息产业的支撑力有待增强。信息基础设施承载力整体发展不足，宽带速率、光纤和无线覆盖率、互联网用户普及率等仍有较大提升空间；企业和民生的信息化应用整体水平不高，信息化应用和信息消费意识亟待加强；核心业务数据缺乏流通汇聚，有效的数据注册管理机制仍未建立，缺少统一的开放渠道，数据开发利用效率不高。社会整体信息化投入依然以政府为主，未建立有效的投融资机制，投资渠道单一。

2.发展优势

四川在通信电子信息领域拥有雄厚的科研教育实力。成都被国务院确定为西南地区的通信枢纽，是继北京、上海、深圳之后的第四大通信技术及设备研发中心。同时，四川拥有以电子科大、四川大学、西南交大为代表的高等院校109所，每年毕业大学生约30万人，其中电子科技大学电子类专业综合排名全国第一；四川拥有中国电科9所、10所、29所、30所，中科院成都光电所、成都计算机应用所，中国工程物理研究院计算机研究所，总参

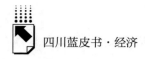

57 所、中航 611 所，兵装 58 所，兵器 209 所、航天七院等以电子信息领域为主要研发方向的院所。全省拥有与云计算、大数据产业上中下产业链相关的 120 余个研究所、企业技术中心及国家级重点实验室。

（二）食品饮料产业

1. 面临问题

除了部分龙头企业带动的食品饮料行业，四川大部分食品产业处于布局分散、规模小、竞争力弱、技术创新不足、研发力量薄弱的状态；食品治理监管缺乏长效机制；品牌建设不足，除了白酒产业外，其他产业品牌建设与市场影响力不大。目前，四川食品饮料产业基地建设、原料品质提升与食品饮料产业质量安全、品质保障都还存在不足。

2. 发展优势

技术创新逐步增强，特色优势产业集群初步形成。全省食品饮料企业建成国家级企业技术中心 11 家，省级企业技术中心 77 家，高新技术企业 39 家。同时，四川拥有独特的自然气候资源，使得川茶、川酒等特色产品成为四川引以为豪的物产，成为有着较强的地域特色、深厚的历史底蕴的特色产品。四川依托资源禀赋与产业培育，初步形成了一批重要的食品饮料加工产业集群，特别是川酒、川茶、川粮、川菜、川猪、川果等特色产业聚集发展优势明显。酿酒、粮油加工和肉制品加工作为四川省食品饮料加工的优势产业，产量和效益一直保持全国领先。川酒正在打造"中国白酒金三角"区域品牌，四川成为全国重要的白酒生产基地。川粮以中粮、益海、雄健等公司为代表，打造成千亿产业。川猪以新希望、高金等公司为代表，打造成千亿产业。泡菜和川菜复合调味品、茶叶产业集群销售收入突破 300 亿元。核桃、花椒、猕猴桃、凉山苦荞食品等一批四川特色产业集群初具规模（见表 1）。

四川拥有郎酒、五粮液、泸州老窖、古井坊等白酒制造龙头企业"六朵金花"，品牌效应较好，具有世界级产业集群培育价值。2017 年全省白酒总体规模继续位居全国首位：白酒产量、白酒企业主营业务收入和利润分别

表1 优势产业分布情况

优势产业	产业带分布	代表性企业
白酒产业	"中国白酒金三角"主产区（宜宾－泸州－德阳－成都）	五粮液、泸州老窖、剑南春、郎酒、沱牌、水井坊等名酒企业
粮油产业	成都经济圈（成都、德阳）	中粮、益海、得益绿色等公司
畜产品产业	成渝经济圈（成都、遂宁、资阳、南充等市）	新希望、高金、美好等公司
精制茶产业	川东北－川西南（广元－巴中－达州、泸州－宜宾－乐山－雅安－成都等市）	竹叶青、早白尖、米仓山、川红、跃华、川茶、巴山雀舌、花秋、雅安茶厂等公司
泡菜及川菜调味品产业	成都经济圈（成都、眉山、乐山、德阳等市）	李记、川南、吉香居、郫县豆瓣、丹丹、宜家等公司

占全国的31.1%、39.9%和25.6%。全川规模以上白酒企业主营业务收入2257.2亿元，实现利润263.5亿元，同比分别增长16.1%、30.9%，为五年来最快增速，主营业务收入、利润分别占全省食品饮料行业的31.1%和50.1%，对打造饮料食品万亿产业贡献突出（见图2）。

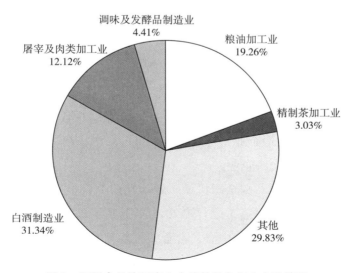

图2 四川食品饮料产业中优势特色行业占比情况

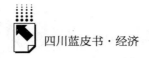

（三）装备制造产业

1. 面临问题

工业发达国家"再工业化"带来的竞争与市场挤压。在高端装备方面，美国、欧盟等发达国家开始采取税收减免、补贴奖励等政策，鼓励投资商、制造商回归本土，将高技术、高附加值的装备产品的生产和加工制造产业由海外陆续收回至本土。这对我国高端装备发展构成激烈竞争，同时挤压着已有优势的产品的市场空间。

结构调整任务较为艰巨。转型升级、动力换挡"衔接期"特点突出，化解过剩产能、淘汰落后产能过程中面临地方财政收入减少的现实问题。高端装备制造业占装备制造业的比重仅为 15% 左右，制造服务业发展还处于起步阶段，装备制造企业智能化转型需要的高投入与生产经营状况欠佳之间存在较大矛盾。

企业融资问题仍较突出。金融机构惜贷、慎贷、抽贷现象仍较严重，低利息、高门槛现象阻碍了资金流向实体企业。三角债问题突出，德阳等地为装备制造龙头企业配套的中小企业面临生存压力，部分产品结构单一的企业已经开始倒闭。

2. 发展优势

基础雄厚、优势明显。四川是我国重要的重大技术装备制造基地、全国三大动力设备制造基地之一，在装备制造业方面可谓基础雄厚、优势明显。四川形成了以发电设备和石油钻采设备为主的千亿级现代先进装备制造产业集群，有 1500 余家制造企业，特别是有二重、东汽、东电、东锅、航天宏华等一批世界知名的龙头企业。

产业创新能力较强。据全国机械工业信息研究院报告，2016 年四川装备制造业创新能力排全国第 5 位，较 2015 年上升了 3 位。四川装备制造业已拥有 22 家国家级企业技术中心，占全省工业领域总数的 30.6%；拥有 6 家省级行业协同创新中心，占全省工业领域总数的 40%。四川已在智能制造、先进轨道交通、核技术应用等领域建立了省级制造业创新中心。

产业比较优势明显。四川装备制造业中有几大类的产业比较优势突出。发电设备研制具有全球竞争优势，产量连续多年居世界首位。作为全国重要的航空装备研制基地，航空装备制造业为全国一流水平，军用型号飞机和发动机批量装备部队，翼龙系列和云影高端无人机远销海外。四川是国产大飞机机头、航电系统研制基地和国外主流客机、航空发动机大部件加工基地。作为全国陆地石油页岩气钻采设备研制基地之一，四川拥有全球最大的陆地钻机组装场，钻机系列产品出口国内第一。占据全国核工业半壁江山，核电装备研制水平世界一流，核技术应用产业蓄势待发。正加快成为全国汽车及零部件、城市轨道交通的制造聚集地，一批整车制造龙头企业正加快发展。

（四）能源化工产业发展优势

四川能源化工资源非常丰富，同时是清洁能源基地。随着新一轮科技革命与产业变革的不断深入，四川在能源化工领域的新技术创新科研实力越发雄厚。四川大学、电子科技大学、西南石油大学等高校，以及中科院成都有机所、中物院化工材料研究所、西南化工研究设计院等科研单位，具有较强的化工科研实力。

（五）先进材料产业发展优势

1. 具有丰富的资源优势。四川钒钛磁铁矿、稀土、锂辉矿、石墨等战略资源储量均处在全国前列，钒钛磁铁矿资源保有储量90亿吨；钛资源储量6亿吨（以二氧化钛计），居全国第一位；钒资源储量1763万吨（以五氧化二钒计），居全国第一位；稀土资源保有储量278万吨（折氧化物），是全国轻稀土资源第二大省，具有全国最大的单一氟碳铈稀土矿；锂矿石资源位居全国之首，资源储量达8092万吨；石墨资源储量3655万吨，居全国第二位。还有丰富的水电资源、天然气资源。

2. 科技研发基础较强。四川省拥有一批国内一流的材料领域大专院校和科研院所，四川大学、西南交大、电子科大、成都理工、中国工程物理研

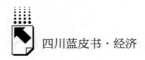

究院、攀钢研究院、东方电气中央研究院、中国地质调查局矿产综合利用所等单位在新材料领域具有较强的科研实力和产业化经验。此外，还有一批国家级、省级工程技术中心、企业技术中心，为四川省先进材料产业快速发展提供智力支撑。

3. 应用水平明显提升。先进半导体材料、新型电池材料、稀土功能材料等领域加速发展，高档钛合金、铼合金、铝镁合金、碳纤维复合材料、石墨烯、特种聚酰亚胺、玄武岩纤维等产品成功实现了产业化，形成了多晶硅、纳米磷酸铁锂等一批具有全国影响力的重点产品。

三 五大产业未来发展趋势

（一）电子信息产业

四川将依靠全产业链优势，重点聚焦发展新型显示、集成电路、网络安全等重点产业领域，积极培育 5G 设备、智能穿戴设备等发展潜力巨大的产业，建设全球性的电子信息产业基地。四川将通过搭建"院士工作站"高层次科技创新平台，构建"企业—院所"桥梁，加速推动核心技术创新研发，加快建设电子信息制造业创新中心。四川将推动科技成果产业化，打造电子信息产业生态，着力打造世界级的电子信息产业集群，推动电子信息重点领域突破发展，深化电子信息产业与其他领域的产业融合、技术融合和市场融合。四川省力争在 2019 年内将电子信息产业打造为第一个主营业务收入破万亿的产业，全面支持四川建设网络强省、西部制造强省和"中国制造"西部高地的战略目标。

（二）食品饮料业

四川省将重点培育一批茶、中药材、果蔬和饮用水全国知名品牌，重点推动川酒、川茶、川药、川果、川菜等产业发展，建设重要的食品饮料生产基地。大力实施"川酒振兴计划"，加快建设"中国白酒金三角"。推动轻纺产业转型升级，强化研发设计。推进循环利用产业发展，加强精深加工，生产生物基纤维、食用性蛋白、生物制品等高附加值产品。

（三）装备制造业

四川重点在轨道交通、节能环保装备、航空与燃机、智能制造等高端领域推进高端装备制造业发展，并加快汽车产业提档升级，建设具有国际影响力的高端装备制造基地。围绕装备制造业，突出高端引领，下决心开发一批标志性、带动性强的重点产品和重大装备，攻克一批长期依赖进口以及战略产业急需的装备，推动重大技术装备质量品牌建设，提升供给质量和水平。实施军民融合工程，支持军民两用技术双向转化产品创新研制和产业化、军民结合科研生产示范、民参军协作配套能力建设等军民融合创新示范项目。加快信息化与工业化融合发展，推进工业互联网建设，支持基于物联网的数据采集、交换、压缩、查询等关键技术研发和物联网融合应用示范项目；加大信息资源开放共享的公共服务平台建设；支持企业以信息技术提升工业设计水平、生产过程控制数字化、工业产品智能化的信息化建设项目，要加快智能化转型，培育一批智能制造系统解决方案供应商，实施智能制造工程，支持高档数控机床、增材制造（3D打印）装备、工业机器人、智能传感器、智能仪器仪表等智能制造装备及关键功能部件的自主研制和产业化项目，以信息技术深度嵌入为代表的智能装备创新研制和产业化项目，"四川造"智能制造装备和产品系统集成项目；支持智能制造试点示范项目和新业态新模式项目；支持制造企业智能物流系统、智能服务试点示范项目。支持制造业与互联网融合发展的新模式、新业态。大力推进协同创新，加快关键共性技术的攻克与供给，重点攻克先进基础工艺，提高核心基础零部件的产品性能和关键基础材料的制备水平，增强装备制造业核心竞争力，突破产业发展瓶颈。

（四）能源化工业

四川是全国的清洁能源基地，拥有丰富的天然气（页岩气）储量，能

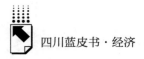

源化工产业正成为四川重点打造的万亿产业之一。四川将加快对能源化工产业的合理布局,建设国家重要的优质清洁能源基地与精细化工生产基地。积极推进要素价格市场化改革,有序推进水电、风电、太阳能等新能源的资源开发,优化天然气(页岩气)开发模式;提升化工产业技术含量和产业附加值,推动能源化工与大数据、新材料等新兴产业融合发展;积极发展绿色高载能产业,促进水电消纳,争取在两三年内基本解决弃水问题。

(五)先进材料产业

四川拥有丰富的稀土、钒钛、石墨、锂矿等战略矿资源,这为四川发展先进材料产业提供了非常好的资源条件。在四川的特色优势产业中,钒钛钢铁及稀土产业是四川省国民经济的重要支柱产业和特色优势产业。基于扎实的冶金产业与化工产业基础,四川加快推进材料产业领域的关键技术和拳头产品研发,推进先进化工材料、先进建筑材料、钒钛钢铁稀土等重点产业发展,建设国家重要的新材料产业基地。四川正在加快建设国家重要的新材料产业基地,重点区域安排如下:在攀西经济区,以攀枝花钒钛基地优化升级钒钛稀土产业;在川南经济区,以自贡推动发展化工新材料产业,以宜宾推进发展复合材料产业;在成都经济片区以成都为主干,以平原经济区为辅助做强石墨烯暨先进材料产业,在川东北经济区,以达州市推进发展玄武岩纤维产业。

B.16
2019年四川高新技术产业
发展形势分析与预测

冉　敏*

摘　要： 2018年上半年，四川高新技术产业持续稳定增长，产业规模继续扩大，工业总产值增长17.8%，主营业务增长17.6%，出口交货值增长26.7，都快于规上工业增速和全部产品出口增速。从产业集聚来看，四川高新技术产业集聚明显，电子信息业显示出绝对的引领优势，而生物医药产业紧随其后。从区域协同发展来看，四川高新技术产业呈现出了梯队发展格局，成绵德则展示了强劲的实力，三市主营业务收入之和占据了全省高新技术产业的2/3。为了应对中美贸易摩擦的不确定性发展，国家出台了一系列促进经济稳定增长的宏观政策，加上四川省委、省政府追求高质量发展战略的进一步实施，预计2019年四川高新技术产业依然保持总体稳定增长，但个别指标略微下降的态势。

关键词： 高新技术产业　持续稳定增长　梯度发展格局　经济下行压力

一　2018年上半年四川高新技术产业发展状况分析

2018年上半年，在全国经济持续稳定增长和结构持续优化升级的态势

---

* 冉敏，四川省社科院区域经济所助理研究员，主要研究方向为区域创新和可持续发展。

下，在省委、省政府指导下，四川省深化供给侧结构性改革，提高发展质量，转换发展动能。四川省高新技术产业展现出了强劲的发展势头，对四川省经济增长和结构转型起到了强大的带头作用。

（一）规模效益齐增，总体稳中向好

2018年1～6月，四川省高新技术产业规模继续扩大，效益也稳中有升，总体状况向好。从规模增长来看，2018年1～6月，四川省规模以上工业高新技术企业的工业总产值、主营业务收入、出口交货值分别为5581.3亿元、5241.2亿元和1396亿元；其各自同比增速分别为17.8%[①]、17.6%和26.7%。而从效益角度来看，2018年1～6月，四川省规模以上工业高新技术企业的利润总额为272.2亿元，同比增长18.0%；应交增值税为105.6亿元，同比增长10.1%（见图1）。从企业数量来看，保持了增长的势头，但就业人数有所下降，2018年1～6月，四川省共有规模以上工业高新技术企业2305家，吸纳就业人员84.9万人。

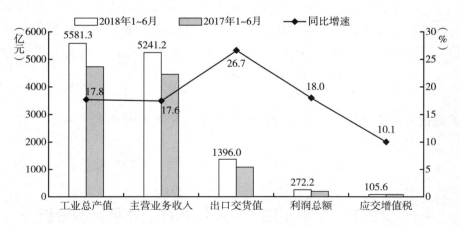

图1　2017年上半年和2018年上半年四川高新技术产业主要指标状况

资料来源：四川省科技厅。

---

①　本文所有的增速指标均按可比价格计算。

（二）支撑作用显著，带动工业增长

十八大以来，四川省委、省政府深入贯彻实施创新驱动战略，培育壮大经济增长新动能，不断推进四川省高新技术产业的发展壮大，从而促使四川省高新技术产业在工业中的带动作用越来越强，成为四川省工业强省的重要支撑力量。如图2所示，2018年1~6月，工业高新技术产业的主营业务收入、工业总产值、销售产值、利润总额和应交增值税等，在工业中的比重都持续增长。这意味着四川省高新技术产业对四川省工业经济的支撑作用日益显著，其持续增长的趋势也带动了四川省工业经济发展稳步向好。

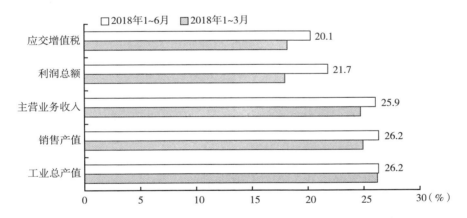

图2　2018年1~6月规上工业中高新技术产业主要指标占比

资料来源：四川省科技厅。

（三）出口拉动显著，引领贸易增长

2018年以来，四川省启动高质量发展战略，构建"四向拓展、全域开放"的开放格局，促使四川省高新技术产品进出口贸易展现出一幅"增量提速、量质并举"的良好局面。2018年上半年，四川省高新技术产品出口额为922.56亿元，同比增长36.2%，占四川省全部出口额的68.6%；出口交货值为 1396 亿元，同比增长 26.7%，占四川省规模以上工业出口交货值的 84.3%。不仅如此，高新技术产品也是四川省进口贸易的绝对主力，2018 年 1~6 月，高新技术产品进口额为 909.24 亿元，同比增长 23.1%，占全部进口额的 78.7%（见表 1）。

表 1　2018 年 1~6 月四川省高新技术产品对外贸易状况

	出口		进口	
	高新技术产品	全部产品	高新技术产品	全部产品
金额(亿元)	922.56	1344.1	909.24	1155.03
同比增长(%)	36.2	27.5	23.1	21.9
占全部贸易额比重(%)	68.6	100	78.7	100

资料来源：四川省商务厅。

由此可见，高新技术产品成为四川省对外贸易的主力，一方面显示了四川省出口产品结构优化升级初见成效；另一方面也显示了四川省在中美贸易摩擦愈演愈烈的情境下，高新技术产业逆水行舟，保持了稳定增长的态势。

（四）行业集聚优化，支柱作用加强

从 2018 年上半年来看，四川省的高新技术产业仍然集中于六大领域，即电子信息业、先进制造业、航天航空业、新材料业、生物医药业、核技术及新能源业。如表 2 所示，这六大领域的主营业务收入和工业总产值分别占全部高新技术产业主营业务收入和工业总产值的 66.4% 和 67.3%，产业集聚非常明显。尤其是电子信息业，展现出了绝对的集聚优势，其主营业务收入和工业总产值分别占全部规上工业高新技术产业的 37.4% 和 42.8%。生物医药产业的相对优势也呈现出来，其主营业务收入和工业总产值分别占全部规上工业高新技术产业的 12.0% 和 14.0%。

表2　2018年1~6月高新技术产业六大领域规模状况

单位：亿元

六大领域	规模	
	主营业务收入	工业总产值
电子信息业	2086.4	2244.0
生物医药业	672.0	732.1
先进制造业	337.6	350.6
新材料业	336.6	372.5
航空航天业	39.9	49.9
核技术及新能源业	9.8	9.8
六大领域占全部高新技术产业的比重（%）	66.4	67.3

资料来源：四川省科技厅。

（五）区域集聚明显，成绵德名列前茅

四川省高新技术产业区域集聚日益明显，其主要集中在成都平原经济区的成绵德三市。如表3所示，四川省高新技术产业呈现出四个梯队：（1）成绵德以绝对优势处于第一梯队；（2）自贡和广安两市以超过200亿元的主营业务收入位居第二梯队；（3）乐山、宜宾等8市位居第三梯队；（4）广元、内江等8市（州）垫底。

2018年上半年，无论是从主营业务收入还是工业总产值来看，成都、绵阳和德阳三市的高新技术产业都占有绝对优势，分别占全省的63.4%和64.4%。尽管从增速来看，宜宾55.9%的增速仅仅次于凉山和阿坝两州，但基础相对薄弱，仍处于第三梯队。

表3　2018年1~6月四川省高新技术产业区域分布状况

	主营业务收入	区域
第一梯队	300亿元以上	成都、绵阳、德阳
第二梯队	200亿~300亿元	自贡、广安
第三梯队	100亿~200亿元	乐山、宜宾、攀枝花、遂宁、达州、南充、凉山、眉山
第四梯队	100亿元以下	广元、内江、泸州、资阳、雅安、巴中、甘孜、阿坝

资料来源：四川省科技厅。

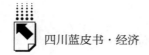

（六）科技服务业增长迅猛

2018 年 1～3 月①，四川科技服务业发展迅速，实现营业收入 625.4 亿元，同比增长 21.6%；实现利润总额增长 91.2 亿元，同比增长 18.2%。据四川省统计局估计，全省全口径科技服务业营业收入规模在 1000 亿元左右②。如图 3 所示，自 2017 年以来，四川科技服务业保持快速增长，一直保持着 10% 以上的增长率。科技服务业与高新技术工业一样，成都仍然具有绝对的引领优势。2018 年 1～3 月，成都位居第一，成都科技服务业营业收入为 463.8 亿元，占全省总量的 74.2%；而位居第二的绵阳，其科技服务业营业收入为 22.1 亿元，仅占全省比重的 3.5%。

图 3 2018 年 1～3 月与 2017 年四川科技服务业状况

资料来源：四川省科技厅。

（七）军民融合，推进高新技术产业快速增长

在 8 个全面创新改革试验区中，四川试验区最鲜明的任务就是加速军民

---

① 由于四川省科技厅尚未公开 2018 年 1～6 月高新技术服务业相关数据，因而只能延用能够获得的数据。

② 四川省科技促进发展研究中心：《2018 年 1～3 月科技服务业数据简报》，http：//www. scsti. org. cn/scsti/kjtjxx/20180619/14446. html，2018 年 6 月 19 日。

深度融合，推动全面创新改革试验。围绕这一任务，四川省委、省政府出台了一系列政策，推进军工企业（院所）与地方企业之间的融合发展，共享研发能力，提升区域创新能力，助推四川经济迈向高质量发展。"军转民与民参军"齐头并进，军用与民用的深度融合成为四川经济转型升级的强劲力量。据统计，四川军民融合产业主营业务从 2012 年的 1900 亿元，增长到 2017 年的 3122 亿元，其中高新技术产业主营业务收入比重，从 2012 年的 7.1%跃升到 2017 年的 73.1%[①]。

（八）中小企业成为创新驱动的新兴力量

在四川省高新技术产业发展的过程中，民营中小科技型企业起到重要的作用。据统计，截至 2018 年 6 月 26 日，四川省累计有 4702 家科技型中小企业参评入库，其中民营企业有 4338 家，占全部参评入库企业的 98%；有 1517 家企业被认定为高新技术企业，占全部参评入库企业的 34.3%[②]。

从产业领域来看，这些中小科技企业主要分布在电子信息、生物医药、新材料、先进制造与自动化、科技服务业等相关领域，成为四川省高新技术产业发展的重要生力军。从区域分布来看，中小科技企业主要集中成都、绵阳和南充等几个市，其中成都拥有 2392 家，绵阳和南充两市参评入库企业均超过了 500 家。从研发资金投入来看，2017 年度，四川省中小企业科技企业的研发费用总额达到了 100 亿元，占主营业务收入的 10%以上。从研发人员投入来看，四川省中小科技企业拥有科技人员超过 9 万人，占全部职工总数的比重达到 36.8%。从知识产权来看，四川省中小科技企业累计取得发明专利等 I 类知识产权 4404 件，累计取得实用新型专利等 II 类专利知识产权 300062 件。总之，四川省中小型科

---

① 《四川：军民融合　跑出创新加速度》，http：//society. people. com. cn/n1/2018/0910/c1008 – 30282211. html，2018 年 9 月 10 日。

② 四川省科技厅：《2018 年 1～6 月四川省科技型中小企业评价情况简报》，http：//www. scst. gov. cn/zhuzhan/stdt/20180628/30867. html，2018 年 6 月 28 日。

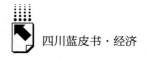

技企业不仅是四川省创新驱动的典型代表，更是四川省高新技术产业发展的生力军。

二 四川高新技术产业发展运行中存在的主要问题

四川省高技术产业总体保持了稳定增长的态势，但由于基础薄弱，资源禀赋和区位优势欠缺，四川省的高新技术产业在发展过程中存在一些问题和矛盾，产业优势不显著，区域发展不平衡，研发投入不足等问题依然突出。

（一）维持高新技术产业持续稳定增长态势具有很大挑战性

2018 年上半年，四川省高新技术产业的主营业务收入、工业总产值、利润总额等主要指标与上年同期相比呈现出稳定增长的良好态势，这种成绩的取得与四川省委、省政府践行全面创新驱动和工业强省战略有很大关系。但由于中美贸易摩擦解决的不确定性，9 月 24 日开始美国特朗普政府正式开始启动对中国出口至美国的 2000 亿美元商品加征额外关税。国内经济结构转型、动能转换还处于调整时期，内需增长乏力，四川省高新技术产业能否保持稳定增长态势具有很大的挑战性。

（二）"一干多支、五区协同"的发展格局尚未形成

2018 年 6 月底，四川省委十一届三次全会通过了《中共四川省委关于推动高质量发展的决定》，在决定中，省委、省政府作出了"一干多支、五区协同"的空间发展部署，但四川省高新技术产业集中于成都平原经济区，尤其是成都一支独大现象仍然明显，区域协同发展格局尚未形成。从 2018 年上半年的数据来看，全省 2305 家高新技术企业，1008 家属于成都市；排名第二的绵阳市仅有 210 家；而排名最后的甘孜州甚至只有 1 家企业。在经济动能转换的形势下，能否积极发展高新技术产业关系到一个区域经济发展动能能否转换，创新驱动战略能否获得应有效果。尤其是四川全省作为全国

8个全面创新改革试验区之一，肩负着先行先试为全国探索经验的重任。因此，推进其他市（州）高新技术产业的发展是四川未来区域协同创新发展的重要内容之一。

表4　2018年1~6月成都高新技术产业发展状况

	企业数（家）	从业人员数（万人）	主营业务收入（亿元）	利润总额（亿元）	出口交货值（亿元）	工业总产值（亿元）
成都	1008.0	43.0	2303.2	109.3	1259.7	2718.5
成都占全省比重（%）	43.7	50.7	43.9	39.4	90.2	48.7

资料来源：四川省科技厅。

（三）全社会研发投入不足，区域整体创新能力有待提升

研发投入不足，一直是制约四川省高新技术产业发展的软肋。如图4所示，从研发资金投入来看，2017年四川省全社会研发经费投入为637.8亿元，占GDP比重（即研发投入强度）为1.72%，低于全国2.13%的研发投入强度，在全国排第11位。位居第一的北京，2017年研发投入经费为1579.7亿元，投入强度为5.64，是四川省的3倍多。而从规上工业的

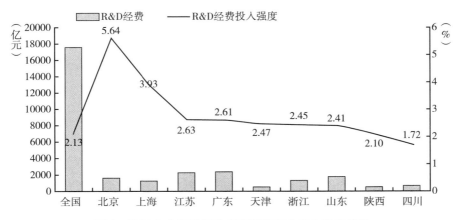

图4　2017年全国及部分省份研发资金投入强度情况

资料来源：国家统计局。

研发人员投入情况来看，2016 年①，四川省规模以上工业企业 R&D 人员全时当量只有 60146（人年），居全国第 13 位，而排名第一的江苏省，其 R&D 人员全时当量为 451885（人年），超越四川省近 40 万（人年），为四川省 7 倍多。因此无论是研发资金投入还是人员投入，四川省都严重不足。研发投入的不足大大制约了四川省的区域创新能力，从而使得四川省高新技术产业的自主创新能力不强，严重影响四川省高新技术产业的发展后劲。

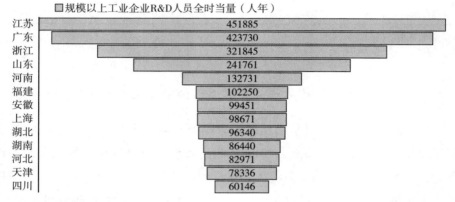

图 5   2016 年部分省份研发人员投入情况

资料来源：国家统计局。

三   2019年四川高新技术产业发展预测

2019 年，我国的宏观经济经济形势将更为复杂。从国际形势来说，贸易保守主义抬头，全球化进程裹足不前，中美贸易摩擦的解决尚看不到明确的日期。一方面，美国以关税作为杠杆，影响我国的高新技术产业出口；另一方面，特朗普政府不仅限制高新技术产品出口我国，还限制中美之间的研

---

①   由于国家统计局尚未公布 2017 年和 2018 年数据，因此只能采取 2016 年数据。

发技术甚至学术交流活动。美国的这一系列行动将影响我国高新技术产品和服务的出口，也将影响我国高新技术产业技术的引进。从国内形势来说：（1）面对国内经济发展的下行压力，国家将实施更加积极的财政政策和适度宽松的货币政策，出台一系列促进民营经济增长和刺激消费的措施；（2）四川省委、省政府为响应国家创新驱动和全面开放的战略，稳定经济增长，将出台一系列提升发展质量，追求内生增长的政策。

因此，本文认为，尽管2019年面临诸多的国际国内困难，四川省的高新技术产业仍然会保持总体稳定发展的良好态势，但在就业人数、出口交货值和利润总额等指标方面会存在一定的下行压力。总体来说，2019年四川省高新技术产业发展可能会展现以下特征。

（一）规模稳定增长，发展韧性增强

2018年7月31日，中央政治局会议部署[1]"保持经济平稳健康增长，坚持实施积极的财政政策和稳健的货币政策"，"要做好稳就业、稳金融、稳外贸、稳外资、稳投资、稳预期工作"。2018年10月31日政治局会议指出"当前经济运行稳中有变，经济下行压力有所加大"[2]，继续强调了7月31日政治局会议的"六个稳"。而2019年是四川省成为全面创新改革试验区的第三年，为了给党和国家交一份美丽成绩，四川省委、省政府出台了各种促进劳动生产率和全要素生产率提高的高质量发展战略，极力推动以军民融合带动区域创新发展。为响应国家"一带一路"建设和长江经济带开放战略，四川省推进形成"一干多支、五区协同"的空间布局和"四向拓展、全域开放"的立体性全面开放新格局。

因此，2019年，在国家和省上一系列稳增长、调结构、追求高质量发展政策的刺激下，四川省高新技术产业总体上会保持规模稳定扩大的局面。

---

① 中华人民共和国中央人民政府：《习近平主持中共中央政治局会议》，http：//www.gov.cn/xinwen/2018-07/31/content_5310829.htm，2018年7月31日。
② 中华人民共和国中央人民政府：《习近平主持中共中央政治局会议》，http：//www.gov.cn/xinwen/2018-10/31/content_5336220.htm，2018年10月31日。

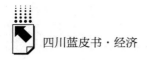

（二）高新技术产业利润下降压力大

2019年，人民币很可能继续处于贬值通道上，中美贸易摩擦也可能得不到解决，而占据四川高新技术产业半壁江山的电子信息产业多为出口加工企业，外向度较高，对国际市场依赖性强，且其主要零部件来自进口，因此一方面贸易摩擦使出口规模缩小，另一方面人民币贬值提升了进口成本，从而使得四川省高新技术产业整体上利润空间变窄，效益下降。可以预见，在2019年，四川省高新技术产业的利润总额下降压力较大。

（三）高新技术产业出口增长乏力

四川省高新技术产业外向度较高，对国外市场依赖度较高，这就使得四川省高新技术产业的出口对国际市场变化非常敏感。2018年1～6月，高新技术产品出口占四川省全部出口额的68.6%。而从2018年1～6月的数据来看，尽管存在贸易摩擦，美国仍然是四川省最重要的贸易伙伴之一。上半年，四川省对美国出口额为367.73亿元，占四川省全部出口额的27.4%。可以预见，随着中美贸易摩擦的持续，四川省高新技术产业出口增长乏力。

（四）生物医药产业继续高速增长，将逐渐成为新的引领军之一

在上一个风口，四川抓住了西部大开发、灾后重建和东部产业转移等发展机会，从而逐步建立了以电子信息产业为主导的高新技术产业格局。现在，四川已经逐步建立起了以生物医药、基因检测、医疗设备和医疗服务等为核心的大健康产业链和以成都、绵阳等地为聚集地的医疗集群。随着我国经济发展、国力增强、老龄人口增加和人民对身体健康的重视，生物医药产业将迎来发展的春天。生物医药产业是一个内需性较强的高技术产业，在出口乏力的情况下，四川省将大力加强和促进生物医药产业的发展。可以预见，2019年生物医药产业将继续高速增长，与电子信息产业并驾齐驱，引领四川省高新技术产业的成长和发展。

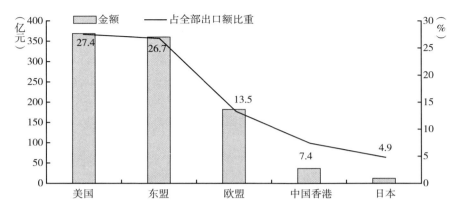

图6　2018年1～6月四川主要出口伙伴状况

资料来源：四川省商务厅。

（五）军民融合将促进高新技术产业研发能力提升

四川拥有一大批实力雄厚的国家级科研院所，拥有我国顶尖的科技人才，过去"军""民"两种制度的阻隔，使得科研资源被浪费，科研设备被闲置，科研人才得不到重用。随着省委、省政府促进军民深度融合的四大政策的陆续出台，可以预计，在2019年，军民融合不仅将促进四川高新技术产业规模扩大，更重要的是将促进四川高新技术产业研发能力的巨大提升。

（六）成绵德高新技术产业带初步形成，区域协同发展压力大

随着军民融合战略的深度发展，成绵德核心区将形成我国西部最大的高新技术产业带，这三市的高新技术产业规模和质量，将引领四川乃至西部高新技术产业的发展。一方面，这一产业带将成为四川省经济发展的新引擎，引导全省结构调整和动能转换，促进经济高质量发展。另一方面，过度的产业集聚将产生巨大的虹吸效应，使周围区域产业空心化，发展资源匮乏，进而使四川"一干多支、五区协同"的区域发展战略遭遇较大压力。可以预计，2019年，成绵德高新技术产业带初步形成，平衡集聚作用和辐射能力，将成为四川省高新技术产业发展的难题之一。

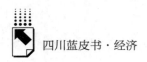
参考文献

四川省科技厅：《2018 年上半年高新技术产业统计简析》，http：//www. scst. gov. cn/zhuzhan/kjtj/20180919/33209. html，2018 年 9 月 9 日。

四川省科技厅：《2018 年 1~3 月科技服务业数据简报》，http：//www. scst. gov. cn/zhuzhan/kjtj/20180628/30868. html，2018 年 6 月 28 日。

四川省科技厅：《2018 年 1~6 月四川省科技型中小企业评价情况简报》，http：//www. scst. gov. cn/zhuzhan/stdt/20180628/30867. html，2018 年 6 月 28 日。

四川省商务厅：《四川省对外贸易统计资料（2018 年 1~6 月）》，http：//www. sccom. gov. cn/web/guest/tjsj_ dqmy/－/articles/v/3712205. shtml，2018 年 7 月 23 日。

国家统计局：《中国统计年鉴 2017》，http：//www. stats. gov. cn/tjsj/ndsj/2017/indexch. htm，2018 年 4 月 6 日。

中华人民共和国中央人民政府：《习近平主持中共中央政治局会议》，http：//www. gov. cn/xinwen/2018－07/31/content_ 5310829. htm，2018 年 7 月 31 日。

中华人民共和国中央人民政府：《习近平主持中共中央政治局会议》，http：//www. gov. cn/xinwen/2018－10/31/content_ 5336220. htm，2018 年 10 月 31 日。

四川省人民政府：《与会同志热议"一干多支、五区协同""四向拓展、全域开放"》，http：//www. sc. gov. cn/10462/10464/10797/2018/7/1/10454211. shtml，2018 年 7 月 1 日。

人民网－人民日报：《四川：军民融合 跑出创新加速度》，http：//society. people. com. cn/n1/2018/0910/c1008－30282211. html，2018 年 9 月 10 日。

四川省科技促进发展研究中心：《2018 年 1~3 月科技服务业数据简报》，http：//www. scsti. org. cn/scsti/kjtjxx/20180619/14446. html，2018 年 6 月 19 日。

四川省科技厅：《2018 年 1~6 月四川省科技型中小企业评价情况简报》，http：//www. scst. gov. cn/zhuzhan/stdt/20180628/30867. html，2018 年 6 月 28 日。

B.17

2019年四川汽车产业发展趋势与预测

梁　灏*

摘　要： 2019 年四川汽车产业发展将会有接近 10% 增长水平。2018 年以来，四川借助"一带一路"建设中的区位优势，更加注重新能源汽车新技术的研发和应用，推出传统能源汽车产业调整转型、加快布局新能源汽车、推动川内各区域汽车产业融合等措施，助推四川汽车产业健康发展。但是，四川与我国汽车产业强省的差距仍然较大，面临巨大挑战。因此，需要加大对相关技术研发创新和应用的激励力度，同时发挥本地特有优势，加强区域特别是川渝之间在汽车产业发展方面的合作，采取合理引导和强化监督相结合的方式，营造四川新能源汽车产业健康发展的环境。

关键词： 新能源汽车　研发和应用　产业结构调整　区域合作

经过了十多年的发展，四川汽车产业从无到有、从弱到强，已经逐步由一个汽车产业弱省蜕变为一个汽车产业大省。截至 2017 年，全省汽车整车产量已经达到 150.8 万辆，占当年全国汽车整车产量的 5.36%。四川汽车产业已经稳居全国的第二方阵。但如何从一个汽车产业大省进一步发展成为一个汽车产业强省，仍然值得我们进行深入研究。笔者曾于 2017 年预测：近年来世界经济处于低迷调整期，消费和投资增速减缓等因素的综合作用，在短期内

---

* 梁灏，四川省社会科学院产业经济研究所副研究员，主要研究方向为产业经济学。

会对我国汽车产业发展造成一定影响，并会在未来几年中导致汽车产业发展的波动。四川省统计局发布的 2018 年前 8 个月的四川汽车整车产量及同比增幅数据，证明了笔者的这一观点。2018 年以后，受到全球经济形势紧张、国内消费市场逐渐疲软、汽车产业结构调整和转型尚未完成、新兴汽车产品市场正在培育等因素的影响，四川汽车产业发展与全国汽车产业发展都出现了明显的增速放缓趋势。特别是整个上半年，全省汽车整车产量同比增幅几乎为零。分月份来看，也仅仅只有 4~6 月这 3 个月实现了同比正增长。截至 8 月，累计增长为 -0.5%。从往年四川汽车整车生产数据来看，下半年汽车整车产量会出现较大幅度的同比增长（2016 年下半年四川汽车整车产量同比增幅达 42.4%；2017 年下半年四川汽车整车产量同比增幅达 18.7%），从而拉高全年的增长率。考虑到 2018 年上半年增幅几乎为零，估计到年末四川汽车整车全年总产量要实现 10% 左右的同比增长难度较大。按照目前的经济形势及发展趋势来看，2019 年，四川汽车产业增速若能达到 10% 将会令人满意。

表 1　2018 年 1~8 月四川汽车产量

单位：万辆、%

2018 年	产量	同比增幅	累计产量	累计增幅	消费增幅
1 月					
2 月			18.8	-11.3	15.4
3 月	12.4	-4.6	31.7	-8.4	12.9
4 月	11.1	8.8	42.7	-4.3	11.5
5 月	12.5	6.6	55.2	-2.0	9.8
6 月	13.2	10.9	68.3	0.1	7.8
7 月	10.5	-3.7	78.8	-0.4	7.5
8 月	11.7	-0.9	90.5	-0.5	6.5

资料来源：四川省统计局网站，http://www.sc.stats.gov.cn/。数据按照"四舍五入"的原则取整，可能会出现加总出现误差的情况。

一　2018 年我国汽车产业发展概述

进入 2018 年，2017 年我国政府停止 2.5% 购置税优惠政策的影响逐步显现，加上全球经济下行的不利因素，1~8月我国汽车市场出现了逐步走弱的趋势，汽车产业发展呈现出以下特点。

（一）全国汽车产销量同比小幅增长

根据中国汽车工业协会发布的数据，2018年前8个月，我国汽车产销量分别为1813.5万辆和1809.6万辆，同比分别增长2.8%和3.5%。近3年1~8月，我国汽车产销量同比增幅均出现回落，2017年前8个月全国汽车产销量分别完成1767.8万辆和1751.1万辆，同比增长4.7%和4.3%，较上年增幅分别出现了6.1个和7.1个百分点的回落。同比增幅的逐渐回落也显示出整个国民经济整体下行趋势的影响还在不断显现和加深。

（二）自主品牌两极分化严重，国内汽车产业已经开始"洗牌"

在经济下行形势的不利影响下，我国自主品牌汽车的市场表现仍然可圈可点，但强者愈强、弱者愈弱，两极分化已经显现。2018年前8个月，我国自主品牌销量前十的汽车企业共售出各类汽车749.2万辆，占中国品牌汽车销售总量的81.32%。而2017年全年，这十家汽车生产厂商合计销量达1179.09万辆，占自主品牌总销量的79.76%。这表明2018年之后，中国品牌汽车的市场占有率呈现稳中有升的态势。2018年1~8月，中国品牌乘用车部分共销售642.9万辆，同比增长0.6%，占乘用车销售总量的42.3%，比上年同期下降0.8个百分点。但是，我国的自主品牌车企远远不止这十家，更多的企业受到各类产业资本持续涌入、终端市场格局发生分化等因素影响，汽车消费市场的竞争特点已经由"共享做大蛋糕"转变为"争食存量蛋糕"。我国汽车产业的兼并重组现象更加频繁。一些车型更迭乏力、研发能力不强、市场认可度不高的国内汽车企业，其市场份额正逐步收缩，甚至某些车型一个月的销售量为个位数，被迫面临被兼并重组的命运，如奇瑞汽车、华晨金杯等。受2019年"双积分"政策正式实施的影响，部分打不开传统汽车市场而又在新能源汽车市场缺乏竞争力的车企将很快会被淘汰。

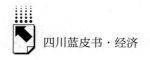

（三）新能源汽车增长突出

近年来，在我国政府的努力推动下，大量的传统汽车厂商转型，许多资本也开始涉足新能源汽车产业，我国的新能源汽车产业出现蓬勃发展的态势。从市场增速、投资热度、产业链成熟度等指标衡量，新能源汽车已成为近年来我国战略性新兴产业发展的一个重点领域。我国已连续 3 年荣膺全球新能源汽车产销量第一的桂冠，且保持着每年 80% 左右的产销增幅。2018年，从我国乘用车市场和新能源汽车市场的总体走势对比来看，乘用车在前8 个月基本是一种持续下行的趋势，而新能源汽车则呈现持续增长向上的趋势。2018 年 1 ~ 8 月，我国新能源汽车产销量均突破 60 万辆，基本实现产销平衡，为 60.7 万辆、60.1 万辆，同比增幅分别为 75.4%、88%。其中，纯电动汽车产销量达到 45.5 万辆、44.66 万辆，同比增幅分别为 60.2%、71.6%；插电式混合动力汽车产销量同比增长分别达到了 1.4 倍、1.6 倍，分别为 15.3 万辆、15.4 万辆。

（四）我国政府对新能源汽车发展的政策支持逐渐回归理性

发展新能源汽车产业是我国汽车工业由大变强的必然选择，这已成为各界的共识，新能源汽车的发展已经上升至国家战略的层面。在这种大的背景下，我国各级政府对新能源汽车产业的发展采取了各种支持措施。在鼓励传统车企转型、鼓励技术进步、提高对新能源汽车生产企业的政府补贴标准、简化新能源汽车补贴政策手续和程序等方面都有相关的支持政策。

总的来看，我国政府对新能源汽车的相关补贴门槛较低，绝大多数新能源汽车生产企业都能够"够得到"这个标准。但这种低门槛的补贴政策具有不小的漏洞，许多生产企业钻政策的空子，采取虚报、"左买右卖"等方式套取国家的高额补贴，有的企业甚至一年一台车都没卖出去，但仍然依靠高额的政府补贴获得巨额的利润。近年来，国家也在逐渐调整支持的方式，并加大了对享受新能源政策补贴车企的监控，对数十家弄虚作假、套取国家高额补贴的违规新能源汽车生产企业，采取了取缔其享受政策资格、没收其非法所得、处以高额罚金等方式，发现一起、惩治一起，绝不姑息。2018年国家还专门为此出台了《乘用车企业平均燃料消耗量与新能源汽车积分并行管理办法》，规范对乘用车企业的管理。这表明我国政府对新能源汽车产业发展的支持从较为宽松的状态开始逐步回归理性。同时，政府仍然表明了未来发展新能源汽车的坚定决心——李克强总理在2018年十三届全国人大一次会议时明确表示，将新能源汽车车辆购置税优惠政策继续延长三年。同时，为满足新能源汽车的使用需求，各级政府也加快了对充电设施的建设，逐步培育新能源汽车消费市场。截至2017年底，我国建成公共充电桩超过21万个、城际高速快充站1400余个，服务3.1万公里的高速公路。

二　2018年四川汽车产业发展的特点

四川省是我国中西部重要的汽车产业基地。一个省能有十余个汽车品牌并存，这在全国绝无仅有，在世界范围也不多见。随着汽车产业链的成形，四川省先后引进国内外知名配套企业300多家，如博世（德国）、麦格纳（加拿大）等，逐步构建集整车和关键零部件研发、制造、销售、维修于一体的汽车产业体系，形成了产业发展集群。2017年，省会城市成都的汽车产量突破132.99万辆，增幅达15.3%，实现工业增加值增幅10.6%。汽车产业已经在成都加快构建具有较强竞争力和带动力的现代产业体系中确立了支柱地位。

新能源汽车方面，四川已经形成了涵盖纯电动和插电式混动轿车、SUV、客车、载重火车、特种作业车等较为完整的产品序列，初步形成了从整车核心零部件以及关键材料到充换电设施、智能服务的新能源汽车产业链。2017年，全省生产新能源汽车2.45万辆，同比增长了65.5%。省内各整车生产企业都把新能源汽车产品的研发和生产列入未来战略发展的重点。一些产品如"成都造"沃尔沃新能源车、"广元造"纯电动汽车总成项目等都已投产；一些新能源汽车产业园如银隆成都新能源产业园、文华同捷新能源汽车整车制造基地等正在加快建设；一些汽车零部件企业如巴莫科技、联

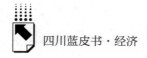

腾动力等正在结合整车生产企业的要求进行配套产品开发；一些充电桩企业如泰坦豪特等正在密集布局；四川省所构建的"整车＋零部件＋充（换）电设备"全产业链制造体系正在形成。

（一）"一带一路"建设中的区位优势助推四川汽车产业快速发展

随着 2015 年中央提出"一带一路"国家级顶层合作倡议的逐步落实与深化，四川融入"一带一路"建设，显得极为迫切和关键。这也是四川自身发展、转型升级的强力支撑和重大机遇。近年来四川大力发展汽车产业也正好契合了国家"一带一路"建设发展的要求。可以说，"一带一路"为四川车企及其产品走出去提供了良好的环境。四川正与"一带一路"相关国家在汽车产业领域合作，中德中小企业合作园、川法生态科技园、中法成都生态园、中国遂宁·东盟国际产业园、泸州中欧（一带一路）新能源汽车产业园等项目的稳步推进，都有四川汽车产业发展的影子。"四川造"汽车产品特别是新能源汽车产品，正在打入中亚、东南亚、欧洲等地市场。如自贡引进了广东天非尼迪新能源科技有限公司，研发制造欧洲标准低速电动汽车，2018 年国外一次性订单达 5 万台；吉利（南充）高端汽车零部件产业园生产的发动机、7DCT 变速器等核心零部件产品出口东南亚、俄罗斯、东欧等国家和地区；川汽野马伊朗建厂；吉利在英国、白俄罗斯等国布局新厂；等等。这些四川的车企通过"走出去"，品牌影响力扩大，使四川的知名度得到提升，成为四川与世界经济文化联结的重要纽带。

（二）全行业发展增速放缓

从 2018 年上半年的数据来看，四川汽车产业发展速度趋缓，与全国汽车产业发展的走势基本一致。究其原因，既有全球经济放缓引致的全国经济总体趋势下行的影响，也有国内外汽车产业发展竞争加剧的影响。前 8 个月，四川汽车累计产量同比增幅为负值，低于全国汽车累计产量同比增速。之所以出现这种情况，很大程度是因为四川在加大传统能源汽车企业的结构调整和产业升级，加速省内的新能源汽车布局。新能源汽车的基数毕竟较低，市场培育还需要一定时间，新能源汽车产销增量对整个汽车产销增幅的影响很小。因此，传统能源汽车的产量下滑后，整车产量增速这个数据就会表现得非常明显。

（三）更加注重新能源汽车新技术的研发和应用

四川对新能源汽车的研发重视程度正在提高。2018年新落户成都的威马汽车研发中心，作为四川首个新能源研发机构，填补了四川新能源汽车发展的空白。绵阳已经有汽车产业领域多个研发机构，其中包括国家级技术中心1个、省级技术中心7个、市级技术中心9个。此外，四川还有成都大运、中植新能源、四川金迪新能源、格力银隆成都新能源产业园、四川省新能源汽车产业技术研究院、四川中力汇通等一大批集研发生产于一体的新能源汽车产业链企业。四川汽车企业的相关技术研发也取得了新的进展，逐渐在同行业中取得领先优势。如南充围绕新能源汽车的实用性和节能减排所进行的快速充电技术、高品质的驾驶室举升系统、提升乘用车发动机散热器性能等方面的研发，取得了较大的突破。吉利（南充）新能源商用车研究院所研发了适合商用车使用的增程式动力系统；雅安新筑通工研发生产的超级电容已通过欧盟的系列认证，已在以色列、塞尔维亚、伊朗、白俄罗斯等国得到较广泛应用。东方电气已申请180余项与电动车电驱动及燃料电池相关的专利，还攻克了燃料电池关键部件、电堆、整车控制技术、系统集成技术及驱动技术，成为该领域的先行者。瞄准京东、红旗连锁、唯品会、蚂蚁搬家等物流服务用途的成都雅骏新能源商用车，也逐渐占领了省内的市场。南骏集团在驱动电机、动力电池、增程器、电动空调、电动转向、电动制动等关键产品，整车机电耦合、能量回收、轻量化等关键技术以及新能源汽车基础设施关键技术领域取得一系列成果。这些新技术的成功研发和应用使得四川新能源汽车的产业链条更加完整，助力四川实现汽车产业的"弯道超车"。

（四）产业调整加速，各地正在加快新能源汽车的布局

国家对环保工作的重视加深，并将各地污染治理状况列入对各省级政府

工作考核的重要指标，以"零容忍"的态度对待环境污染问题。我国禁产禁售燃油车的时间表已经在研究之中，大概的时间会在2035年左右。也就是说，到那个时候我国市场上将不再销售传统燃油汽车。这个时间表给诸多传统汽车生产企业造成了巨大压力，各品牌纷纷开始调整转型，新能源汽车得以快速发展。成都作为私家车保有量全国第二的城市，汽车尾气污染带来的环境问题日益突出，冬春季节的雾霾天气时有发生。而四川人民对于蓝天白云阳光有着强烈的渴望和追求，对减少雾霾、改善环境有着浓厚的兴趣。这些都是推动四川新能源汽车产业发展的重要因素。《四川省"十三五"战略性新兴产业发展规划》，把四川明确定位为国家新能源汽车产业基地。截至2018年6月，四川全省新能源汽车重点企业共54个，整车制造企业18个，关键汽车零部件配套企业36个。2017年，全省新能源汽车产量已达1.45万辆，产值达100亿元。2018年有望达2万辆，产值突破200亿元。四川开始向社会资本开放诸如高速公路、物流园区、商业区、住宅小区等区域充电设施建设的空间。截至2017年底，全省建设了180余座充配电电站和8000余个充电桩，计划到2020年建成27万个充电桩。进入2018年，四川各市（州）都在结合自身的特点和优势，加快汽车产业结构的调整和优化。

成都市先后出台了《成都市新能源汽车三年推广应用实施方案（2017~2019年)》《成都市新能源汽车充电基础设施三年建设实施方案（2017~2019年》《成都市支持新能源汽车推广应用的若干政策》等多项亮点举措，支持新能源汽车推广应用。2018年8月，成都市经信委等四部门还联合下发了《关于成都市新能源汽车充电设施市级补贴的通知》，对符合补贴标准的企业进行补贴，进一步支持新能源汽车企业的发展。成都基本形成了研发、制造、检验检测、后端服务等较为完整的制造体系。2018年1月~6月，全市新能源汽车产业实现主营业务收入189.7亿元，同比增长38.4%，实现利润19.1亿元、同比增长148.1%。截至2018年6月，全市累计推广新能源汽车46620辆，形成了新能源汽车分时租赁、网约车、物流车、以租代售及快速换电等多种商业模式。全市累计建成充（换）电站349座，充电桩10962个，初步构建了以中心城区为主、辐射郊县的充电网络。

绵阳则逐步形成了以新能源汽车整车龙头企业和电子信息龙头企业为牵引，以电池、电机、电控、AI 产业、芯片产业配套企业为支撑的智能网联汽车、新能源汽车产业体系。进入 2018 年，绵阳新能源汽车高速发展，在整车制造、锂离子电池等零部件配套、技术研发方面都有重要突破，其中长虹、九洲等企业的车用电子技术方面在全国处于领先地位。

南充是国内清洁能源整车和发动机产品的发源地，也是四川省规划的新能源汽车产业核心发展区。吉利新能源商用车、重庆银翔等一大批配套企业纷纷入驻南充。同时，依托南充吉利新能源商用车研究院，南充 12 家汽车汽配技术中心共同合作开展新能源汽车的相关研发活动，提升研发实力。此外，吉利依托南充本地的大中专院校，设计相关课程，开发教材，培养与新能源汽车产业相关的技术人才。南充所构建的集研发、生产制造、销售、服务于一体的新能源汽车完整产业体系正在形成。

广安以全市范围内现有新能源汽车整车及零部件生产企业为载体，规划建设新能源汽车产业园，引导新能源汽车产业集群集聚发展。2017 年，广安新能源汽车产业实现产值 23.3 亿元、增长 28.4%。

内江正在建设年产 20 万辆新能源纯电动汽车的整车生产基地，以及新能源汽车研究院项目，将会围绕新能源汽车的研发、设计，建设一流的纯电动汽车整车生产线和电动汽车行业标杆企业。

宜宾则引入了规划产能为年产 50 万辆汽车（包括 20 万辆新能源汽车）的奇瑞汽车。此外，宜宾腾川汽车有限责任公司于 2017 年取得专用汽车生产准入许可后正式投产。这两大新能源汽车整车企业的进入，对于拉动宜宾装备制造业上游产业链将起到巨大作用。

经过 4 年的努力，2018 年初，泸州制造的首台新能源电动汽车正式下线。同年，中欧（一带一路）新能源汽车产业园项目也落户泸州。此外，泸州正全力推动西部新能源汽车产业园规划建设，打造西部清洁能源汽车产业基地。

（五）区域间的产业合作更加紧密

在四川省发展汽车产业的过程中，各地的产业协作逐步加深，各汽车

（配件）生产企业除了向本地汽车整车生产企业提供零配/部件外，还向其他地区的整车生产企业提供零部件。各汽车（配件）生产企业的专业性更强，分工更细致，更大程度地提高了生产效率。区域间的产业合作、产业融合更加紧密。成都－资阳－绵阳、南充－广安－重庆等区域间的汽车产业的联结更加紧密，也更容易实现区域间的产业协同发展。成都市政府和资阳市政府联合发布了《成资一体化发展实施方案》，对推动两市之间开展汽车产业合作提出了要求，两市将在打造汽车制造产业链、建设汽车产业合作平台、合理布局汽车整车和关键零部件制造企业、共同研发新能源汽车整车及关键零部件、提高成资区域汽车零部件配套率等方面展开合作。

三　2019年四川汽车产业发展面临的挑战及对策

全球经济形势不景气，2018年来中美贸易摩擦加剧，全球经济环境前所未有地恶化，导致国内经济发展较疲软、不景气，整个汽车产业发展面临着更加激烈的竞争。四川汽车产业发展也面临着巨大的挑战，为了缩小差距，发挥自身优势，笔者提出以下几点建议。

（一）加大对相关技术研发创新和应用的激励力度

与我国传统的汽车产业发展强省相比，四川省还任重而道远。从产量上来看，我国年产整车200万辆以上的省份有7个，100万~200万辆的省份有9个，2017年四川整车产量在全国排第11位。从中高端车型的数量来看，四川也与我国汽车产业发展强省之间有着较大差距。此外，虽然四川有不少汽车相关产业的研发机构，但落户四川的顶尖汽车相关技术研发机构还很少，技术领先则市场领先，谁能够率先研发出新技术并尽快将其转化应用到新车型、新产品之中，谁就能够在市场竞争中占得先机，能够获得更高的附加值。随着汽车智能化需求的不断提升，传统机械方法难以满足车辆性能进一步完善和提升的需求，越来越多的电子产品会应用到汽车零部件的设计和制造中。四川要借助汽车智能产业化开启的窗口，调整目前的补贴政策，逐渐增大对研发和运用突破性新技术的新能源汽车企业的政策支持力度，吸引更多的研发机构落户四川。研发机构不能只满足于达到国家标准或国际水平，生产企业也不能只满足于产品符合国家补贴标准，而应该有更高的追求，要提前研发生产更高技术的产品，减少研发和生产的风险。在产业融合的大趋势下，要鼓励相关研发机构围绕车联网和高级辅助驾驶相关产品展开研究，如毫米波雷达、车载摄像头、车载 T – BOX、车载智能中控等单体产品，专业汽车智能系统模块，以及智能转向、智能制动、智能驱动等执行层面的汽车零部件电子化。努力推动产业升级，缩短与汽车产业强省之间的差距。

（二）尽量发挥出四川在发展汽车产业方面的特有优势

抓住四川在"一带一路"建设中的区位优势、市场优势、教育资源优势，为提升汽车相关产业的核心技术注入动力。四川有大量的锂矿资源、水电资源，另外还有大量未得到有效利用的氢气资源（许多大型化工厂生产的尾气），资源优势明显。按照目前新能源汽车发展的两种技术路线来看，四川都具备一定的资源优势。目前商业化更多的是锂电池新能源汽车，未来燃料电池新能源汽车将迎来快速增长期。燃料电池汽车从 2017 年开始"井喷式"发展，得到国家大量的政策扶持。按照国家规划，燃料电池汽车到 2020 年要实现量产，从实际情况看，到 2020 年会超过一万辆。2017 年底，有 50 多家厂商进入燃料电池车整车领域，燃料电池系统和燃料电池汽车在资本市场受到高度追捧。燃料电池汽车的关键部件、燃料以及配套系统，已经形成一个完整的产业链。四川可以在这方面多下功夫。

（三）加强区域间特别是川渝间在汽车产业发展方面的合作

要依托成渝经济圈，充分发挥成渝两地独特的优势，通过政府组织协调和引导，以成渝两市汽车产业的互补融合来辐射整个成渝经济圈，使整个区域实现要素的空间优化配置。在继续深化川渝汽车、摩托车产业合作的同时，两地还可以协同推进电子信息产业核心器件、集成电路、信息安全、新

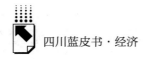

型显示等领域关键技术攻关与高端产品制造应用，共同建设西部人工智能产业高地，构建川渝超级汽车产业集群。

（四）合理引导和强化监督相结合，推动四川新能源汽车产业健康发展

四川的新能源汽车发展在一定程度上来看处于过热状态。同时，还存在着部分企业研发能力不强、投入不足、核心技术少、"组装车间"感觉比较浓、市场竞争能力较差等问题。目前四川汽车产业正在从以数量推发展逐渐向以质量增效益的方向转型，其中的关键就是要求省内的新能源汽车生产企业更加注重产品和技术，而不能仅以产能多少论英雄。包括四川在内的我国新能源汽车产品无论是整车或是电池等，项目上马之初都存在着一定程度的盲目性，目前也都存在着产能过剩的情况。因此，需要政府对产业进行有效引导和调整，减少重复投资和资源浪费，避免出现定位雷同、同质程度高等问题。要根据不同区位的特色优势资源来进行新能源汽车产业发展的定位和布局。特别要注意杜绝以下情况的再次发生。前几年新能源汽车项目大量上马的过程中，部分企业恶意骗取国家高额补贴，甚至有的企业采取了"左手进右手出"的销售方式，在销售新能源汽车时弄虚作假、虚报销量，骗取了大量的国家财政补贴，给整个区域内的新能源汽车产业健康发展造成很坏的影响。有的地方发展新能源汽车时，对可能的市场竞争估计不足，产品的市场认知度不高、销路不畅、效益不高。因此，车企的诚信、资本的热捧，都需要各级政府加以引导和规范，要拉动产业既有参与者的积极性，注意新老车企的发展关系，达到产业转型升级发展的目的。同时，政府要严格监督、加大惩罚力度，对于违规企业要采取取消行业准入资格、罚没非法所得及处以多倍非法所得罚金等形式，净化四川新能源汽车产业发展环境，提升四川新能源汽车的市场竞争力。

B.18
2019年四川省文化、体育和娱乐业发展及预测

王学人*

摘　要：　本研究从四川省文化、体育和娱乐业的文化、体育和娱乐业固定资产投资，文化、体育和娱乐业就业人员，文化艺术业投资，新闻出版业投资，广播电视电影和影视录音制作业投资，体育业投资，娱乐业投资，文化市场经营机构营业利润，艺术表演团体经费自给率以及艺术表演团体财政拨款等统计数据入手，分别对1995～2016年期间四川省文化、体育和娱乐业的发展状况进行较全面的解读。在此基础上，运用经济数据预测函数进行2019年四川省文化、体育和娱乐业相关重要指标的数值测算。为推进四川省文化、体育和娱乐业加快发展，本研究提出若干建议，主要包括更新发展观念，兼顾公益性发展与营利性发展；提升创新能力，坚持科技创新与服务创新并重；树立全球市场新理念，提高四川文化、体育和娱乐业产品和服务的市场份额。

关键词：　四川　文化、体育和娱乐业　固定资产投资　就业人员

---

* 王学人，博士，四川省社会科学院产业经济研究所副研究员，研究方向为产业经济理论与实践。

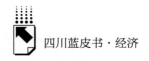

一 四川省文化、体育和娱乐业的发展状况

2006～2016 年，四川省文化、体育和娱乐业固定资产投资保持稳步增长，并且始终位居全国前列。根据相关数据（见表 1），四川省文化、体育和娱乐业固定资产投资从 2006 年的 38.41 亿元，增加到 2016 年的 234.70 亿元。2006 年，四川省文化、体育和娱乐业固定资产投资在全国排第 10 位，占全国文化、体育和娱乐业固定资产投资的 4.02%；2016 年，四川省文化、体育和娱乐业固定资产投资在全国排第 14 位，占全国文化、体育和娱乐业固定资产投资的 3%。

表 1 全国及四川省文化文、体育和娱乐业固定资产投资

单位：亿元

	2006	2007	2008	2009	2010	2011	2012	2013	2014	2015	2016
全国	955.4	1243.4	1589.9	2383.4	2959.4	3162.0	4271.3	5231.1	6178.4	6728.3	7834.2
四川省	38.41	36.52	41.50	101.45	167.41	154.07	162.80	194.40	183.00	203.60	234.70

2006～2015 年，四川省文化、体育和娱乐业就业人员总体增长，全国排名不断提升。根据相关数据（见表 2），2006 年四川省文化、体育和娱乐

表 2 四川省文化、体育和娱乐业就业人员情况

	2006 年	2007 年	2008 年	2009 年	2010 年	2011 年	2012 年	2013 年	2014 年	2015 年
文化、体育和娱乐业国有单位从业人员数（万人）	4.20	4.10	4.11	3.95	4.03	4.00	4.10	4.90	4.93	4.70
文化、体育和娱乐业城镇集体单位从业人员数（万人）	0.10	0.10	0.10	0.08	0.09	0.10	0.10	0.09	0.10	0.08
文化、体育和娱乐业其他单位从业人员数（万人）	0.10	0.14	0.13	0.37	0.32	0.30	0.30	1.00	1.28	1.40

业就业人员（含国有单位、城镇集体单位和其他单位就业人员）4.4万人，占同期全国文化、体育和娱乐业就业人员的3.61%，居全国第12位；2015年四川省文化、体育和娱乐业就业人员6.18万人，占同期全国文化、体育和娱乐业就业人员的4.14%，居全国第8位。

2012~2014年，四川省文化艺术业固定资产投资增长较为缓慢，该投资额的同期全国占比保持在3%以上，但该投资额的全国排名稳中有降。根据相关数据（见表3），2012年四川省文化艺术业固定资产投资764660万元，占同期全国文化艺术业固定资产投资的3.82%，居全国第8位；2013年四川省文化艺术业固定资产投资924157万元，占同期全国文化艺术业固定资产投资的3.88%，居全国第8位；2014年四川省文化艺术业固定资产投资889951万元，占同期全国文化艺术业固定资产投资的3.29%，居全国第13位。

表3　四川省文化艺术业固定资产投资额及同比增长

	2012年	2013年	2014年
文化艺术业固定资产投资额(不含农户)(万元)	764660	924157	889951
文化艺术业固定资产投资额(不含农户)同比增长(%)	43.4	21.6	-2.9

2012~2014年，四川省新闻出版业固定资产投资负增长较为明显，该投资额的同期全国占比明显下降，且该投资额的全国排名显著下滑。根据相关数据（见表4），2012年四川省新闻出版业固定资产投资73142万元，占同期全国新闻出版业固定资产投资的10.55%，居全国第4位；2013年四川省新闻出版业固定资产投资98133万元，占同期全国新闻出版业固定资产投资的9.42%，居全国第3位；2014年四川省新闻出版业固定资产投资42904万元，占同期全国新闻出版业固定资产投资的4.18%，居全国第10位。

2012~2014年，四川省广播、电视、电影和影视录音制作业固定资产投资稳步增长，该投资额的同期全国占比持续增大，且该投资额的全国排名

表4　四川省新闻出版业固定资产投资额及同比增长

	2012 年	2013 年	2014 年
新闻出版业固定资产投资额(不含农户)(万元)	73142	98133	42904
新闻出版业固定资产投资额(不含农户)同比增长(%)	21.6	33.6	-56.7

持续上升。根据相关数据（见表5），2012 年四川省广播、电视、电影和影视录音制作业固定资产投资 76438 万元，占同期全国广播、电视、电影和影视录音制作业固定资产投资的 3.15%，居全国第 13 位；2013 年四川省广播、电视、电影和影视录音制作业固定资产投资 110194 万元，占同期全国广播、电视、电影和影视录音制作业固定资产投资的 3.5%，居全国第 10位；2014 年四川省广播、电视、电影和影视录音制作业固定资产投资 220804 万元，占同期全国广播、电视、电影和影视录音制作业固定资产投资的 3.93%，居全国第 7 位。

表5　四川省广播、电视、电影和影视录音制作业固定资产投资额及同比增长

	2012 年	2013 年	2014 年
广播、电视、电影和影视录音制作业固定资产投资额(不含农户)(万元)	76438	110194	220804
广播、电视、电影和影视录音制作业固定资产投资额(不含农户)同比增长(%)	-52.3	51.8	103.9

2012~2014 年，四川省体育业固定资产投资增长缓慢，该投资额的同期全国占比稳中有降，且该投资额的全国排名有所下滑。根据相关数据（见表6），2012 年四川省体育业固定资产投资 425699 万元，占同期全国体育业固定资产投资的 5.06%，居全国第 9 位；2013 年四川省体育业固定资产投资 358191 万元，占同期全国体育业固定资产投资的 3.46%，居全国第14 位；2014 年四川省体育业固定资产投资 402234 万元，占同期全国体育业固定资产投资的 3.86%，位居全国第 13 位。

表6　四川省体育业固定资产投资额及同比增长

	2012 年	2013 年	2014 年
体育业固定资产投资额(不含农户)(万元)	425699	358191	402234
体育业固定资产投资额(不含农户)同比增长(%)	30.4	-8.9	18.4

2012~2014 年,四川省娱乐业固定资产投资额稳中有降,该投资额的同期全国占比先升后降,且该投资额的全国排名出现下滑。根据相关数据(见表7),2012 年四川省娱乐业固定资产投资 325825 万元,占同期全国娱乐业固定资产投资的 2.85%,位居全国第 17 位;2013 年四川省娱乐业固定资产投资 476610 万元,占同期全国娱乐业固定资产投资的 3.37%,位居全国第 15 位;2014 年四川省娱乐业固定资产投资 267792 万元,占同期全国娱乐业固定资产投资的 1.5%,位居全国第 22 位。

表7　四川省娱乐业固定资产投资额及同比增长

	2014 年	2013 年	2012 年
娱乐业固定资产投资额(不含农户)(万元)	267792	476610	325825
娱乐业固定资产投资额(不含农户)同比增长(%)	-44.2	44.9	-0.2

2006~2015 年,四川省文化市场经营机构营业利润持续增长,该利润额的同期全国占比稳中有降,且该利润额的全国排名始终处于前列。根据相关数据(见表8),2009 年、2011 年和 2013 年,四川省文化市场经营机构营业利润均位居全国第 2 位,该利润额分别为 2456130 千元、3989223 千元和 3005399 千元,该利润额分别占同期全国文化市场经营机构营业利润的 7.01%、7.36% 和 8.22%。此外,2006 年四川省文化市场经营机构营业利润 698555 千元,占同期全国文化市场经营机构营业利润的 6.6%,位居全国第 4 位;2015 年四川省文化市场经营机构营业利润 2459113 千元,占同期全国文化市场经营机构营业利润的 2.45%,位居全国第 9 位。

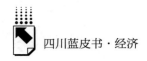
表8　四川省文化市场经营机构营业利润

单位：千元

	2006 年	2007 年	2008 年	2009 年	2010 年	2011 年	2012 年	2013 年	2014 年	2015 年
四川省	698555	688730	707367	2456130	1839705	3989223	3443719	3005399	2972653	2459113

二　四川省文化、体育和娱乐业的发展趋势预测

本研究根据前述表3《四川省文化艺术业固定资产投资额及同比增长》
的相关数据，对四川省文化艺术业固定资产投资进行复合增长率测算（见
图1），预测2019年四川省文化艺术业固定资产投资将达到1146029.07千
元（不含农户），同比增长率将为5.19%（不含农户）。

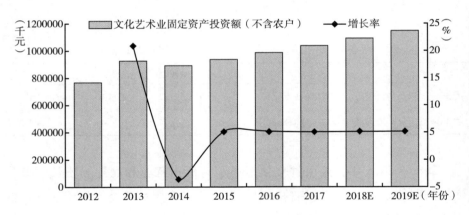

图1　2012~2019 年四川省文化艺术业固定资产投资额及增速

本研究根据前述表4《四川省新闻出版业固定资产投资额及同比增长》
的相关数据，对四川省新闻出版业固定资产投资进行复合增长率测算（见
图2），预测2019年四川省新闻出版业固定资产投资将达到17635.3千元
（不含农户），同比增长率将为－16.29%（不含农户）。

本研究根据前述表5《四川省广播、电视、电影和影视录音制作业固定
资产投资额及同比增长》的相关数据，对四川省广播、电视、电影和影视

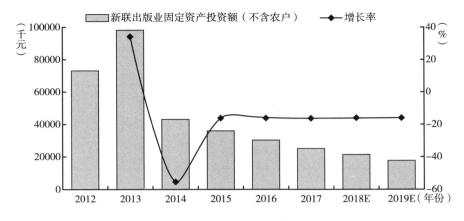

图2　四川省新闻出版业固定资产投资额及同比增长率预测

录音制作业固定资产投资进行复合增长率测算（见图3），预测2019年四川省广播电视电影和影视录音制作业固定资产投资将达到1293708.14千元（不含农户），同比增长率将为42.42%（不含农户）。

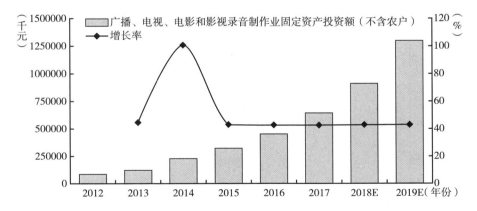

图3　四川省广播、电视、电影和影视录音制作业固定资产投资额及同比增长率预测

本研究根据前述表6《四川省体育业固定资产投资额及同比增长》的相关数据，对四川省体育业固定资产投资进行复合增长率测算（见图4），预测2019年四川省体育业固定资产投资将达到365964.55千元（不含农户），同比增长率将为-1.87%（不含农户）。

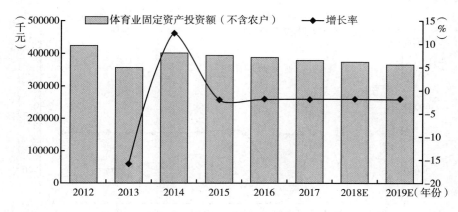

图4　四川省体育业固定资产投资额及同比增长率预测

本研究根据前述表7的相关数据，对四川省娱乐业固定资产投资进行复合增长率测算（见图5），预测2019年四川省娱乐业固定资产投资将达到193116.6千元（不含农户），同比增长率将为 -6.33% （不含农户）。

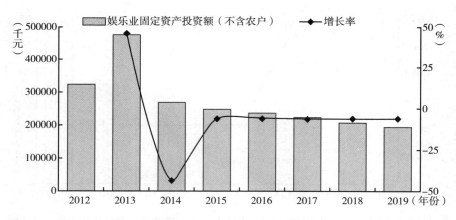

图5　四川省娱乐业固定资产投资额及同比增长率预测

三　促进四川省文化、体育和娱乐业发展的几点建议

"十三五"时期，随着生产力水平和人民生活水平的不断上升，文化、体

育和娱乐业发展状况必将成为衡量区域发展综合实力的重要标准之一。四川省是文化资源大省，具备加快发展文化、体育和娱乐业的良好基础条件，"十三五"期间，四川省文化、体育和娱乐业的巨大发展空间必将很快显现出来。为促进四川省文化、体育和娱乐业的蓬勃发展，本研究提出以下几点建议。

第一，更新发展观念，兼顾公益性发展与营利性发展。充分发挥政府在文化、体育和娱乐业发展中的主导作用，着力营造有利于其发展的体制环境、政策环境和市场环境。多管齐下，既要利用好我们已有的机关、企业、学校体育文化设施，又要继续加大政府财政投入，还要引导国内外更多企业关注和投资与四川省文化、体育和娱乐业。

第二，提升创新能力，坚持科技创新与服务创新并重。一方面，要增强四川省文化、体育和娱乐业的科技创新能力，积极推进文化、体育和娱乐业与高新技术的融合发展，提高产品和服务的科技含量，增加服务和产品的附加价值；另一方面，要加强四川省文化、体育和娱乐业的服务方式创新，适应新需求，创造新需求，增强市场活力，培育新的经济增长点。

第三，树立全球市场新理念，提高四川文化、体育和娱乐业产品和服务的市场份额。一方面，增强四川省对外交流合作，把丰富的四川文化资源转变为具有强大国际竞争力的文化服务和产品"走出去"。重点扶持具有四川特色的刺绣艺术、彩灯展览、民族音乐舞蹈和杂技、动漫游戏等进入国际市场，传播中华文化，增强四川文化、体育和娱乐业在世界文化市场中的影响力。另一方面，全面融入全球经济竞争，寻求与跨国集团的交流合作，开拓、发展国际和国内两个市场，扩大四川文化、体育和娱乐业的市场份额。

参考文献

《中国文化文物统计年鉴》，2017。

《中国文化及相关产业统计年鉴》，2017。

《中国统计年鉴》，1996～2017。

《四川统计年鉴》，1996～2017。

B.19

2019年四川银行业金融总量
与地区经济增长分析

李　晶　唐玲玲*

摘　要： 基于2003～2017年四川省银行业金融机构主要经济数据的变
化情况，本文利用历史数据分析法和相关性分析方法，以信
贷数据为关键工具，对2018年、2019年四川银行业主要数据
指标进行预测，并对2018年、2019年四川省GDP进行预测
和检验。结论证明信贷投放数据仍然是重要的经济增长预测
要素，本文对相关数据指标的预测结果准确性较高，并据此
提出了相关对策建议，包括围绕"一带一路"建立金融服务
体系，实施金融精准扶贫、构建军民融合现代金融支持体系、
加强地方金融风险防控监测等。

关键词： 四川银行业　地区经济　金融总量

一　2003～2017年四川省银行业信贷
与GDP增长相关性分析

本文基于中国人民银行以及国家统计局相关数据，对全国口径的银行业

---

* 李晶，博士，四川省社会科学院金融与财贸经济研究所助理研究员，中级经济师，主要研究
方向为金融风险管理；唐玲玲，硕士，长城华西银行股份有限公司战略研究发展中心中级经
济师，主要研究方向为金融创新。

信贷数据与 GDP 相关性、四川省口径的银行业信贷数据与 GDP 相关性进行检验分析。如图 1 和图 2 所示，两个口径的数据都呈现出较强的相关性，且在 2009 年以前数据曲线基本重叠，但受救市政策影响，在 2009 年之后银行业信贷曲线与 GDP 曲线呈现一定的离散态势[①]。从曲线变化情况可以明显地看出，银行业信贷数据增长带动 GDP 增长的效果逐年下降，探索经济增长新动力成为国家和区域经济发展中的重要问题。

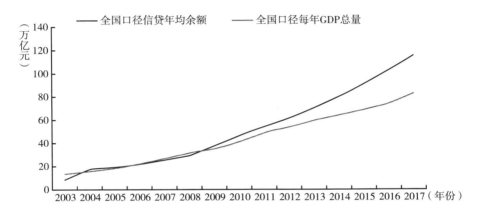

图 1　2003～2017 年全国口径信贷余额与 GDP 变化趋势

资料来源：中国人民银行、国家统计局。

尽管银行业信贷数据与 GDP 呈现出较强的相关性，但两者之间的相关度近年来呈现下降趋势。2013 年，面对全球经济下滑和资源环境约束，四川省加快转变经济发展方式，对经济结构进行战略性调整。金融领域优化资本市场结构，多渠道提高企业直接融资，建立多层次资本市场体系，可能是导致银行业信贷曲线与 GDP 曲线发生进一步偏离的重要原因。在我国目前的金融服务环境下，信贷融资仍然是主要的融资渠道，所以尽管以银行业信贷数据对地区经济增长进行预测有弱化趋势，但其依旧是重要的预

---

① 国家统计局按照我国国内生产总值（GDP）数据修订制度和国际通行做法，根据修订后 2013 年 GDP 数据和有关历史资料，对 2012 年及以前年度的 GDP 历史数据进行了系统修订。因此，本文中各处全国 GDP 数据存在一定差异。

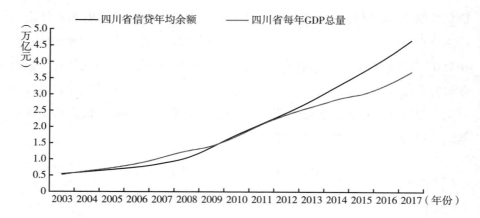

图2　2003～2017年四川口径信贷年均余额与GDP变化趋势

说明：资料来源为《四川省金融运行报告》（2004～2017年）、《四川统计年鉴》（2002～2003年）。《四川省金融运行报告》由中国人民银行成都分行自2004年开始逐年编制发布，本文采用了该报告中2004～2016年四川银行业存款、贷款、资产总额、营业网点、从业人员等数据。《四川统计年鉴》由四川省统计局逐年编制出版，2007年后由四川省统计局、国家统计局四川调查总队共同编制出版，《四川统计年鉴》2010年及之前收录的四川银行业存款、贷款、资产总额数据，与四川银监局和中国人民银行成都分行数据均存在一定差异，本文采用了该年鉴中2002～2003年存款、贷款数据。

测指标和工具。

　　将四川省口径和全国口径的GDP/信贷余额比值曲线进行对比，四川口径比值始终比全国口径更高，说明四川省地区单位GDP（1人民币）与信贷余额的比值，要比全国数值高出0.12～0.15元人民币，不过这一差值有逐渐变小的趋势（见图3）。对比而言，四川省地区银行业信贷创造GDP的效率可能要高于全国水平。因此，本文以四川省银行业信贷数据为主要工具，对四川省银行业发展及地区经济增长情况进行预测分析。

二　2003～2017年四川省银行业
主要指标增长趋势分析

　　本节选择本外币存款总额、本外币贷款总额、银行业金融机构资产总

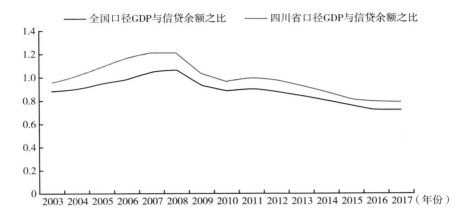

图 3　GDP 对信贷资源的消耗率——四川省地区口径与全国口径之比较

资料来源：中国人民银行、国家统计局、《四川省金融运行报告》（2004~2017 年）、《四川统计年鉴》（2002~2004 年），作者分析整理。

额，以及人民币存款总额、人民币贷款总额、机构网点总数、从业人员总数等数据作为分析四川银行业金融机构发展趋势的主要指标①。相关数据来源于《四川省金融运行报告》《四川统计年鉴》以及四川银监局，限于篇幅，部分原始数据不再列出。

（一）四川银行业金融机构存贷款增长分析

本文利用三阶多项式函数②对本外币存贷款变化趋势进行回归与预测，可得出图 4 中 2018 年、2019 年本外币存贷款趋势线。由此可预测出：四川银行业金融机构本外币存款总额 2018 年将达到 8 万亿元，2019 年将达到 8.7 万亿元；本外币贷款余额 2018 年将达到 5.6 万亿元，2019 年将达到 6.3 万亿元。以上预测分析结果会存在一定幅度正负误差。

从表 1 中数据来看，近年来存贷比指标总体稳定。从本外币存款余额变

---

① 由于历史数据与资料局限，本文难以获得充分数据和资料对四川银行业金融机构净资产、税后利润、存贷比、不良率等关键指标进行趋势分析。

② 多项式是由若干个单项式的和组成的代数式。在数学中，多项式（polynomial）是指由变量、系数以及它们之间的加、减、乘、指数（正整数次）运算得到的表达式。

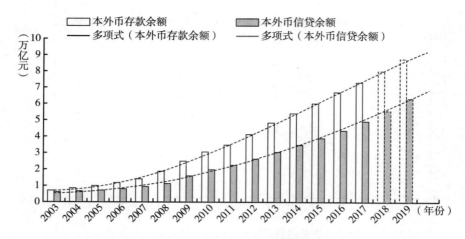

图4　四川银行业金融机构本外币存贷款增长趋势分析

资料来源：《四川省金融运行报告》（2004～2017年）、《四川统计年鉴》（2002～2003年），作者分析整理。

化来看，由于存款理财化、货币市场基金化趋势明显，且受监管趋严影响，金融机构表外及同业业务收缩，导致存款派生效应下降，诸多因素使得存款增长有所放缓。从本外币贷款余额变化来看，2017年，全省700项重点项目融资余额3824.6亿元，较年初增加1478.6亿元。得益于"小微企业金融服务提升工程"的持续推进，小微企业贷款余额达10545.0亿元，同比增长20.8%；全年新增涉农贷款1406.1亿元，占全部新增贷款的23.2%；全省金融精准扶贫贷款余额3812.7亿元，同比增长35.4%，存贷款余额稳定提升。

表1　2003～2017年四川银行业金融机构本外币存贷款及存贷比变化数据

年份	本外币存款余额（亿元）	本外币信贷余额（亿元）	本外币存贷比（%）
2003	7236	5911	81.69
2004	8621	6650	77.13
2005	10050	6899	68.64
2006	11944	8003	67.01
2007	14089	9416	66.83
2008	18788	11395	60.65
2009	25128	15979	63.59

续表

年份	本外币存款余额 （亿元）	本外币信贷余额 （亿元）	本外币存贷比（%）
2010	30504	19486	63.88
2011	34971	22514	64.38
2012	41568	26163	62.94
2013	48122	30299	62.96
2014	53936	34751	64.43
2015	60118	38704	64.38
2016	66892	43543	65.09
2017	73079	49144	67.25

资料来源：《四川省金融运行报告》（2004～2017年）、《四川统计年鉴》（2002～2003年），作者分析整理。

从2017年本外币存贷款数据变化情况来看，总体来说增速正在放缓（见图5、表2）。2017年四川银行业金融机构本外币各项存款余额7.3万亿元，同比增长9.2%，增速较2016年下降2.1个百分点。2017年四川银行业金融机构本外币各项贷款余额4.9万亿元，同比增长12.9%，增速较2016年提高0.4个百分点。由于信贷结构不断优化，各类促进信贷的政策不断实施见效，"十三五"期间本外币信贷余额呈现出小幅缓慢增长态势。

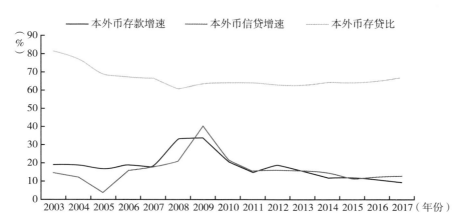

图5 2003～2017年四川银行业金融机构本外币存贷款增速及存贷比变化趋势

资料来源：《四川省金融运行报告》（2004～2017年）、《四川统计年鉴》（2002～2003年），作者分析整理。

受总体趋势影响，预计 2018 年存款增速可能下降至 9.6%，但贷款增速可能上升至 13.2% 左右。2018 年、2019 年四川银行业金融机构存贷比很大概率将升至 67% 以上。

表 2 2003～2017 年四川银行业金融机构本外币存贷款增速及存贷比变化数据

单位：%

年份	本外币存款增速	本外币信贷增速	本外币存贷比
2003	19.11	14.57	81.69
2004	19.15	12.50	77.13
2005	16.57	3.74	68.64
2006	18.84	16.01	67.01
2007	17.96	17.66	66.83
2008	33.35	21.02	60.65
2009	33.75	40.23	63.59
2010	21.40	21.94	63.88
2011	14.64	15.54	64.38
2012	18.86	16.21	62.94
2013	15.77	15.81	62.96
2014	12.08	14.69	64.43
2015	10.46	11.38	64.38
2016	11.27	12.50	65.09
2017	9.25	12.86	67.25

资料来源：《四川省金融运行报告》（2004～2017 年）、《四川统计年鉴》（2002～2003 年），作者分析整理。

由表 3 四川银行业金融机构人民币及外币存贷款数据变化情况可以看出，2004～2016 年外币存款余额在本外币存款余额中的占比一般不到 1.8%，虽然近年来外币存贷款余额呈现上升趋势，但 2017 年这一比值也仅达到 2.04%。近几年外币存款余额增速明显，主要是受美联储加息预期、人民币汇率波动等影响，居民和企业持汇意愿增强。另外，近年来外币贷款余额在本外币贷款余额中的占比基本稳定在 2% 左右。因此，四川银行业金融机构的传统存贷业务量，以及人民币业务量，均可以通过本外币指标得以体现，因而本文不再对人民币业务、外币业务进行单独分析。

表3　2004～2017年四川省银行业金融机构人民币与外币存贷业务变化数据

年份	人民币存款余额（亿元）	外币存款余额（亿元）	外币存款占比（%）	人民币贷款余额（亿元）	外币贷款余额（亿元）	外币贷款占比（%）
2004	8462.11	159.29	1.85	6475.92	173.70	2.61
2005	9905.30	144.70	1.44	6743.00	155.60	2.26
2006	11802.10	141.50	1.18	7833.30	169.83	2.12
2007	13950.40	138.59	0.98	9200.90	215.26	2.29
2008	18661.00	126.70	0.67	11163.40	232.00	2.04
2009	24976.50	151.30	0.60	15680.30	299.10	1.87
2010	30299.70	204.40	0.67	19129.80	355.90	1.83
2011	34734.70	236.51	0.68	22033.20	481.03	2.14
2012	41130.80	437.00	1.05	25560.40	602.85	2.30
2013	47667.28	454.77	0.95	29542.74	756.11	2.50
2014	53282.00	654.00	1.21	33884.00	867.00	2.49
2015	59184.80	932.90	1.55	38011.80	692.20	1.79
2016	65638.40	1254.00	1.87	42828.10	714.90	1.64
2017	71591.40	1488.00	2.04	48124.40	1019.70	2.07

资料来源：《四川省金融运行报告》（2004～2017年），作者分析整理。

（二）四川银行业金融机构资产总额增长分析

从2004～2017年四川银行业金融机构资产总额增速来看，对其用多项式函数进行回归分析与预测，可得图6中的增长趋势线。按照该趋势预测，2018年、2019年四川银行业金融机构资产总额将分别达到10.2万亿元、11.2万亿元左右。随着金融机构改革及存款增速放缓的影响，预测2018年、2019年四川银行业金融机构资产规模增速将分别下调至10.5%和9.5%左右，我国商业银行表内资产规模高速增长时代已不复存在。

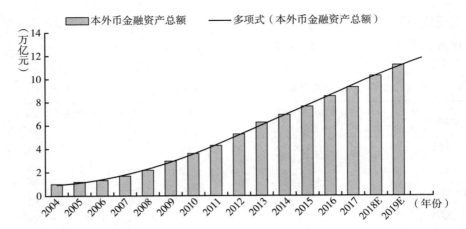

图6　四川银行业金融机构资产总额增长趋势预测

资料来源：《四川省金融运行报告》（2004～2017年），作者分析整理。

表4　四川银行业金融机构2004～2017年资产总额增长数据

单位：亿元，%

年份	四川银行业金融机构资产总额	四川银行业金融机构资产增速
2004	9761. 91	—
2005	11732. 30	20. 18
2006	13042. 00	11. 16
2007	16804. 00	28. 85
2008	21891. 00	30. 27
2009	29261. 00	33. 67
2010	35929. 80	22. 79
2011	42939. 00	19. 51
2012	52603. 49	22. 51
2013	62228. 00	18. 30
2014	69117. 95	11. 07
2015	75919. 64	9. 84
2016	85060. 26	12. 04
2017	92756. 84	9. 05

注：《四川统计年鉴》与《四川金融运行报告》分别收录的四川银行业金融机构资产总额数据存在较大误差。尽管《四川统计年鉴》中收录的数据可以弥补《四川省金融运行报告》中该数据的缺失，但本文鉴于上述原因未采用该数据。下同。

资料来源：《四川省金融运行报告》（2004～2017年），作者分析整理。

（三）四川银行业金融机构网点数量与从业人员数量增长分析

近年来，四川银行业金融机构营业网点数量每年增长率基本在 1% ~ 2%，由图 7 可以看出，网点数量平均每年增长约 220 家，但由增速曲线可以看出，增速在逐渐放缓，2017 年四川银行业金融机构营业网点数量仅增加 66 家。虽然中国银监会对小微专营支行、社区专营支行等持支持态度，但受互联网金融、直销银行，以及利率市场化的影响，商业银行营业网点可能出现缩减趋势，营业网点建设将进入提质增效阶段。鉴于此，本文预测 2018 年、2019 年四川银行业金融机构营业网点将分别增加 128 家和 115 家，增长率分别为 0.9% 和 0.8%（见图 7、表 5）。

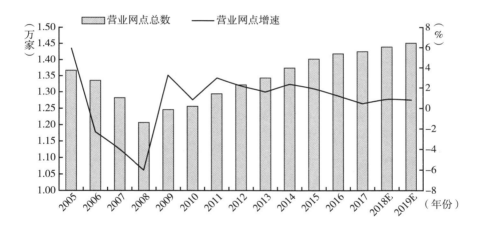

图7　四川银行业金融机构营业网点总数变化趋势分析

资料来源：《四川省金融运行报告》（2004 ~ 2017 年），作者分析整理。

从近十年的四川银行业从业人员数量变化情况来看，平均每年增量在一万人左右，但 2014 年这一数据发生了较大变化，从业人员增长不足八千人，银行业经营环境发生变化，盈利能力面临挑战，银行扩张速度放缓，2015 年更是骤减至 539 人，2016 年增长不足 3000 人，2017 年增长不足 2000 人。受金融改革创新、互联网金融发展的影响，银行业转型发展势在必行，人力资源密集型之路已经行不通，技术密集型和信息密集型是转型方向。银行业从业人员结构面临优化调整，未来几年从业人员数量很有可能负增长。基于以上分析，本文预测2018年、2019年四川银行业金融机构从业人员数量增速将继续放缓，增速分别下降至0.8%和0.6%，增长数量分别在18000人和14000人左右（见图8、表5）。

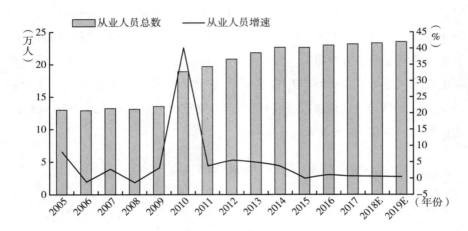

图8　四川银行业金融机构从业人员变化趋势分析

说明：《四川省金融运行报告》（2004～2017年）收录的银行从业人员数据，2010年比2009年增加了5.4万人，增幅达到40.09%。笔者认为导致这一悬崖状变化的原因，可能是统计口径上出现了变化，比如包含了四川银行业数万名派遣制员工，而2009年及之前并没有将这部分员工统计在内。

资料来源：《四川省金融运行报告》（2004～2017年），作者分析整理。

表5　2005～2017年四川银行业金融机构营业网点与从业人员变化数据

年份	营业网点总数（家）	营业网点增速（%）	营业网点增数（家）	从业人员总数（人）	从业人员增速（%）	从业人员增数（人）
2005	13656	5.99	772	129761	8.13	9761
2006	13352	-2.23	-304	128448	-1.01	-1313
2007	12826	-3.94	-526	132141	2.88	3693
2008	12065	-5.93	-761	130751	-1.05	-1390
2009	12460	3.27	395	135144	3.36	4393
2010	12559	0.79	99	189327	40.09	54183
2011	12934	2.99	375	196658	3.87	7331

年份	营业网点总数（家）	营业网点增速（%）	营业网点增数（家）	从业人员总数（人）	从业人员增速（%）	从业人员增数（人）
2012	13218	2.20	284	207560	5.54	10902
2013	13431	1.61	213	217813	4.94	10253
2014	13751	2.38	320	225745	3.64	7932
2015	14015	1.92	264	226284	0.24	539
2016	14183	1.20	168	229076	1.23	2792
2017	14249	0.47%	66	231058	0.87%	1982

资料来源：《四川省金融运行报告》（2005～2017年），作者分析整理。

三　2018年、2019年四川经济形势分析与预测

（一）四川银行业金融机构发展环境与经济形势变化

2017年是"十三五"规划深入之年，面对艰巨繁重的改革发展任务和多重叠加的困难挑战，四川金融业主动适应经济发展新常态，深入实施三大发展战略，深化供给侧结构性改革，经济运行呈现稳中有进、稳中向好的良好态势。随着利率市场化改革、多层次资本市场建设推进，银行业信贷受到一定影响，由银行信贷重点支撑的四川GDP增长也受到一定影响。本文通过分析四川银行业历史数据，对2018年、2019年主要经济指标进行分析预测。

（二）2018年、2019年四川银行业主要指标预测

受银行业信贷增速趋缓，信贷资产质量面临向下迁徙、波动性增大的压力，部分信用风险持续暴露等影响，本文对2018年、2019年四川银行业金融机构主要经济指标增长速度作出如下假定。

表6 2018年、2019年四川银行业金融机构主要经济指标增速及比率假定

单位：%

序号	经济指标	2018年	2019年
1	本外币信贷余额增速	13.20	13.30
2	本外币存款余额增速	9.60	9.20
3	存贷比（本外币）	67.80	68.00
4	本外币金融资产总额增速	10.50	9.50
5	资产利润率（税后）	0.90	0.88
6	外币贷款/本外币贷款	2.10	2.20
7	外币存款/本外币存款	1.90	2.10
8	营业网点数量增长	0.90	0.80
9	从业人员数量增长	0.80	0.60

基于表6的假定条件，以及2003～2017年的历史数据，本文对四川银行业金融机构2018年、2019年主要经济指标预测如下。

表7 2018年、2019年四川银行业金融机构主要经济指标预测

序号	经济指标	2018年	2019年
1	本外币存款余额（亿元）	80095	87464
2	其中：人民币存款	78573	85627
3	本外币贷款余额（亿元）	55631	63030
4	其中：人民币贷款	54463	61643
5	本外币金融资产总额（亿元）	102496	112233
6	营业网点总数（家）	14377	14492
7	从业人员总数（人）	232906	234304
8	税后利润总额（亿元）	922	988

（三）2018年、2019年四川省GDP预测

很多学者通过全国及各地的数据分析证明了信贷数据与GDP增长有较强的相关性，但这一相关性正呈现出减弱的趋势。从历年统计数据来看，四川经济保持平稳较快增长，但GDP增速不及信贷增速，GDP与信贷年均余额的比值逐年下降，近三四年已经降至0.8左右，如图9所示。

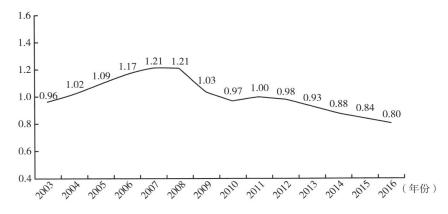

图9 四川省 GDP 与信贷年均余额比值变化趋势

资料来源：《四川省金融运行报告》（2004～2017 年）、《四川统计年鉴》（2002～2004 年），四川省统计局网站 2017 年季度统计数据发布，作者分析整理。

从图 9 中曲线可以判断，2018 年、2019 年四川省 GDP 与信贷年均余额的比值很大概率会继续降低。依据图 9 数据显示的 2011～2017 年这一比值的向下趋势，结合四川省近年来经济运行稳中有进、稳中向好的良好态势，以及 2018 年前两季度 GDP 增长数据来看，笔者认为这一比值 2018 年可能下降至 0.78，2019 年可能降至 0.76 左右。

基于以上分析，本文对四川省 2018 年、2019 年 GDP 预测如表 8 所示。

表8 2018 年、2019 年四川省 GDP 预测

序号	四川省 GDP 预测	2018 年	2019 年
1	信贷年末余额（亿元）	55631	63030
2	GDP/信贷年均余额	0.78	0.76
3	四川省 GDP（亿元）	41386.2	45684.6

（四）数据检验

截至本文完成之时，四川省已公布部分 GDP 数据，2018 年一季度为 8590.2 亿元，二季度为 9736.8 亿元。虽然 2018 年第三、第四季度经济增长数据还没有发布，但在表8预测四川省GDP为41386.2亿元的基础上，我们可以测算出2018年一季度GDP完成率为20.76%、二季度GDP完成率为23.53%，以及一二季度GDP完成率为44.28%、三四季度GDP完成率为55.72%等4组数据。

将2015～2017年相应季度GDP完成率数据进行对比，我们可以发现这四组数据与往年数据基本吻合（见表9）。将前三年数据平均值与2018年数据对比，可计算出偏离度分别为-0.07%、0.42%、0.19%、-0.15%，预测数据与前三年实际数据偏离度在±0.5%以内，可信度相当高。

2018年上半年，四川省经济延续总体平稳、稳定增长、稳中有进的运行态势，下半年四川将继续坚持深化供给侧结构性改革，扎实抓好重点项目推进，夯实经济稳定增长基础，保持全年经济平稳健康发展，且下半年GDP整体将比上半年增幅显著。

表9　2015～2018年四川省GDP各季度完成率比较*

单位：%

年份	一季度	二季度	第一、二季度	第三、四季度
2015	20.71	23.47	44.18	55.82
2016	20.51	23.01	43.52	56.48
2017	21.09	23.81	44.90	55.10
2018	20.76	23.53	44.28	55.72
偏离度**	-0.07	0.42	0.19	-0.15

说明：* 预测完成率与前三年各季度完成率平均值相比较的偏离幅度。

　　** 在本文编写中，四川省统计局公布了2017年上半年GDP完成数据，三、四季度数据尚未公布，因此，第三、四季度完成率是基于全年GDP预测数据的测算结果。

四　对策与建议

2018年是决胜全面建成小康社会、实施"十三五"规划承上启下的关键一年。四川银行业应继续坚持稳中求进工作总基调，紧紧围绕服务实体经济、防控金融风险、深化改革三项任务，主动把握"一带一路"、长江经济带发展、自贸区建设等战略机遇，将更多的金融资源配置到社会发展的重点领域和薄弱环节，积极稳妥推进各项金融改革，不断提升金融服务水平和效率，促进经济提质增效和转型升级，着力防范和化解重点领域金融风险，牢牢守住区域金融稳定底线。

（一）围绕"一带一路"建立金融服务体系

"一带一路"为新时代金融业的发展提供了新的契机，而构筑"一带一路"金融大动脉是实现"一带一路"建设目标的有力保障。四川作为我国西部国际门户枢纽和内陆开放高地，应抢抓"一带一路"机遇，完善金融服务体系，主动服务"一带一路"建设。构建完善的"一带一路"金融服务体系要坚持多元化、市场化、立体式的要求，充分利用各层面资金来源和各类型投融资产品及工具，将政策性金融机构、商业性金融机构、多边金融机构以及国内外投资者都纳入进来，且金融服务体系的经营管理、运作机制都要坚持市场化原则。

（二）实施金融精准扶贫

紧扣"扶持对象精准、项目安排精准、资金使用精准、脱贫成效精准"的要求，坚守金融风险底线，深化金融产品创新，为各地精准脱贫因地、因人、因情施策。加强与重点地区政府的协调合作与信息共享，充分发挥政府风险基金的作用，大力推广"银政通"等业务，拓展融资辐射宽度与深度，鼓励和支持当地龙头企业、种养殖大户和家庭农场等新型农业经营主体向绿色化、产业化、品牌化方向发展，从而带动和帮助农民增加收入、脱贫致富。加大对四川省贫困县辖内水利、交通、文旅、教育、医疗、生态扶贫、产业扶贫、易地扶贫搬迁等领域优质项目的信贷支持，促进当地基础设施投资建设，帮助贫困地区拔穷根、摘穷帽。

（三）构建军民融合现代金融支持体系

构建完善"融资多元、管理高效、监管有力、安全可控"的军民融合金融支持体系，打造"军民融合+金融创新"高地，紧紧围绕军民融合的链条，大力开发各类适合军民融合的金融产品，持续探索军民融合领域的金融服务模式。各类商业银行要依托自身综合优势，找准军民融合产业、项目金融服务需求，建立军民融合企业名录，实施差异化信贷政策。建立金融支持军民融合产业联盟平台，促进军民融合银企对接，实现军工企业、民用企业、金融机构、经济发展多赢。

（四）加强地方金融风险防控监测

近年来四川省银行业整体运行平稳，但面临的风险形势依旧复杂。加强银行业金融风险防控监测，首先要明晰各部门金融监管职责和风险处置责任，建立金融风险防控立体化格局，更好地发挥银行业在四川建设西部金融中心工作中的重要支撑作用。健全金融风险监测、评估、预警及处置机制，结合四川实际完善相应法规建设。对于信用风险、流动性风险等重要风险类型，银行业金融机构应分类制订标准和操作流程，完善风险治理体系，创新风险防控手段，制订相应预案以提前做好应对准备。开展互联网金融风险治理专项工作，规范管理网络借贷平台。

专 题 篇

Special Reports

B.20

改革开放40周年，四川省工业发展
成就及前景展望*

王 磊**

摘　要：　改革开放前，四川工业发展相对较为缓慢，改革开放则真正
开启了全省大规模工业化的进程，经过四十年的发展，四川
工业实力不断增强，已成为我国中西部重要的工业经济大省。
进入新时代，全省工业发展面临的形势更加复杂，担负的任
务和使命更加艰巨。因此，抢抓战略机遇期，继续全面深化
各领域改革开放，全方位优化工业发展环境，全力推动供给
侧改革，加快工业转型升级，才能尽快由工业大省转变为工
业及先进制造业强省。

---

* 基金项目：四川省社会科学院2015年度重点项目"新常态下四川省工业经济转型升级研究"
（2015ZD02）阶段性研究成果。

** 王磊，四川省社会科学院产业经济研究所副研究员，硕士，主要研究方向为产业经济学。

关键词： 四川省 工业 改革开放 40 年

享有"天府之国"美誉的四川，自古就是农业经济大省，受"蜀道难"等条件的制约，工业化进程起步较晚，发展缓慢，特别是新中国成立前，几乎没有工业。到 1949 年，全省工业总产值仅为 7.31 亿元，只有农业总产值 36.2 亿元的 1/5。新中国成立后，经过"一五"、"二五"和"三线"建设，全省工业获得一定发展，初步建立了以军工、机械、电子、冶金、建材和化工等为主的工业体系，但整体实力和规模仍然较小。1978 年，全省 GDP 为 184.6 亿元，其中农业产值 82.2 亿元，农业仍是全省经济发展的主导力量。改革开放则真正开启了全省大规模工业化的进程，使四川逐步由农业大省转变为工业大省，并加速向工业强省迈进。

一 四川省工业改革开放历程

1978 年以来，四川省工业改革大致经历了扩大企业经营自主权，建立社会主义市场经济体制，进行国有经济战略性调整，鼓励民营及多种所有制经济发展，以及实施工业强省战略和进行供给侧结构性改革，提升发展质量等阶段。

（一）扩大企业经营自主权，激发发展活力阶段（1978~1992年）

1978 年，四川省在全国率先选择了宁江机床厂、重庆钢铁公司、成都无缝钢管厂、四川化工厂、新都县氮肥厂、南充丝绸厂等 6 户工业企业进行扩大自主经营权的改革试点，通过实行利润留成、利改税、创新分配方式等提高企业生产经营的积极性，并积极探索实行企业承包经营责任制等方式，增强企业活力。同时大力发展乡镇企业等城乡集体工业和民营工业，鼓励"三线"军工企业生产民用产品，探索军转民、民参军的有效方式，并鼓励企业积极引进国外先进生产技术、装备和工艺，提高生产技术水平，生产国内消费急需的产品，为商品经济和民营工业发展开辟了道路，提供了成长空间。

（二）建立市场经济体制，推动国有经济战略性调整阶段（1992～2004年）

1992 年春，邓小平同志南方谈话后，党的第十四次代表大会明确提出了建立社会主义市场经济体制的改革目标。四川省紧抓历史机遇，全面深化经济体制改革，以建立现代企业制度，搞活国有大中型企业为重点，推动企业转换经营机制、技术进步和对外开放，使工业得到较快发展。1992 年，全省工业产值首次超过农业，成为三次产业中占比最高的产业，到 1997 年，省委、省政府也首次提出要像重视农业一样重视工业经济发展。并开始对国有经济进行战略性调整，通过"抓大放小、扶优解困"推动国有资源向事关国计民生和国民经济命脉的重点行业集中，以优化国有经济布局，提高国有企业的领导力和控制力。其他领域则对民营、社会资本和外资开放，鼓励发展多种所有制经济。2003 年，四川省国有资产监督管理委员会的成立，标志着全省国有经济改革进入了全新的阶段，全省工业也逐渐步入以公有制为主体，多种所有制经济共同发展的良好态势。其间，全省还不断探索有效途径建立社会主义市场经济体制，努力完善市场经济体系，充分发挥市场机制的作用，有效优化了资源配置，调动了各方积极性，为工业发展注入了强大动力。

（三）实施工业强省战略，快速发展阶段（2004～2012年）

随着全省工业经济实力的不断提升以及国家对工业经济发展的高度重视，党的十六大以后，四川逐渐将全省经济工作重点由农业转向工业，正式提出实施工业强省战略，通过走新型工业化道路，加快发展电子信息、能源电力、食品饮料、油气化工等"7＋3"产业，2008 年又制定了八大产业调整振兴规划，全面优化工业结构，提升产业整体竞争力。全省不断深化工业体制改革，理顺发展机制，推动国有企业公司制、股份制改革，并通过兼并重组组建企业集团，增强市场竞争力。同时利用国内外产业梯次向中西部转移的有利时机，不断加大招商引资力度，积极承接国内外产业转移，吸引富士康、联想、戴尔、一汽大众、一汽丰田、沃尔沃等大批国内外优质企业入川发展，有效加快了优势产业聚集，使全省工业化进程步入了快车道，逐步由农业大省转变为工业大省。

（四）供给侧结构性改革，提高发展质量阶段（2012年至今）

党的十八大以来，随着我国经济发展进入新常态，四川工业也进入了战略调整期，全省工业在稳增长的同时，不断加大供给侧改革力度，推动工业转型升级，并积极培育和发展战略性新兴产业、高端成长型产业和生产性服务业，形成发展新动能，逐步由投资和要素驱动向创新驱动加速转换，以实现高质量发展。经过努力，全省在从工业大省向工业强省跨越的过程中迈上了新台阶。

二 改革开放40年，四川省工业发展成就

经过改革开放40年的快速发展，四川工业由小到大、由弱到强，逐步构筑了门类齐全、结构完整、布局优化的新型工业体系，并发展成为我国中西部重要的工业经济大省和现代制造业基地，在全国工业发展格局中占据了重要地位。

（一）工业整体实力显著增强

全省工业总产值由1978年的157.7亿元，增至2017年的42423亿元，全部工业增加值由59.4亿元增至11517.7亿元，年均增长14.5%（见图1）；工业投资总额也由14.2亿元增至9181.2亿元，其中民间投资由几乎为零，增至6524亿元，制造业高技术产业投资达1633.7亿元，另外完成技术改造投资6989.4亿元；工业实现对外出口总值由1905万美元增至368.9亿美元；工业产品的种类、数量、品质和质量明显提升，市场占有率不断提高，工业

整体实力显著增强，带动全省三次产业结构由 1978 年的 44.5∶35.5∶20
（"一二三"型），逐步转变为 1991 年的 33.4∶37∶29.6（"二一三"型），
再到 2017 年的 11.6∶38.7∶49.7（"三二一"型）（见图 2），逐步由一个农
业大省转变为工业大省，并加快向工业强省迈进①。

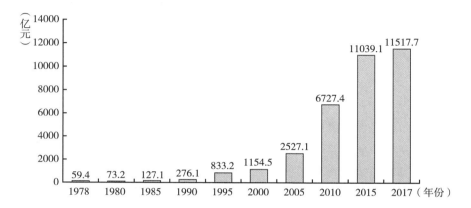

图 1　1978～2017 年四川省全部工业增加值统计数据

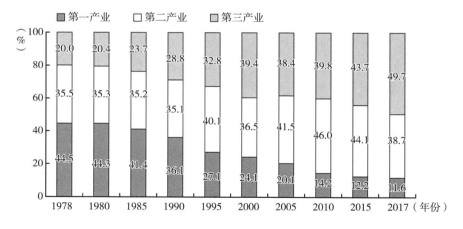

图 2　1978～2017 年四川省三次产业比重关系

---

①　资料来源于《四川统计年鉴 2018》。

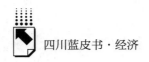

（二）工业结构逐步迈向中高端领域

1978 年，四川基本形成了以机械、电子、冶金、建材、化工为主的工业体系。改革开放以来，全省紧紧围绕结构调整这条主线，推动工业结构优化升级，产业培育重点从最初的"8＋5"工程、五大支柱产业（电子信息、机械冶金、医药化工、饮料食品和水电）转变为四大特色优势产业（高新技术、装备制造、优势资源、农产品加工），后又调整为"7＋3"产业。"十三五"以来，依据发展需要，又提出了构建以七大优势产业、七大战略性新兴产业（新一代信息技术、新能源汽车、生物医药、高端装备制造、新能源、节能环保和新材料）、五大高端成长型产业（页岩气、信息安全、航空与燃机、节能环保装备和新能源汽车）和五大新兴先导型服务业（电子商务、现代物流、现代金融、科技服务、养老健康服务业）为主的"双七双五"产业体系，同时启动实施"万千百亿"工程，将重点培育发展电子信息、装备制造、食品饮料、先进材料、能源化工等五大万亿级支柱产业和数字经济，而纳入全省统计范围的工业行业已有 41 个，基本形成了较完整的工业体系。2017 年，全省七大优势产业增加值占规模以上工业比重超过了 70%，制造业增加值占规模以上工业的比重达到 81.5%，其中先进制造业比重为 31.3%；高新技术产业实现产值 1.82 万亿元，战略性新兴产业实现产值 6800 亿元，显示全省工业逐步向产业链和价值链中高端领域迈进。

（三）工业布局更趋科学合理

解放前和新中国成立初期，由于受"蜀道难"的制约，四川省（含重庆）工业主要布局在沿江和交通主干道附近的城市，重庆、成都、泸州、南充、乐山等城市集中了全省工业的 70% 以上，其余广大地区基本没有工业。"三线"建设又主要遵循"山、散、洞"和隐蔽的原则，分布在山区和较偏远地区，明显不具经济合理性。改革开放后，四川在不断加强道路交通建设的同时，不断调整工业布局，特别是新世纪以来，随着多条高速公路、高速铁路、航空、水运的通行，"蜀道难"已彻底改变，道路交通对全省工业布局的制约已基本消除，工业逐步向全省21个市（州）的中心城市和区域条件较好的区县布局，呈现"一干多支、五区协同"发展的态势，成都平原经济区成为电子信息、装备制造、生物医药、能源化工、汽车等先进制造业聚集区；川南、川东北和攀西地区依托各自优势发展培育了食品饮料、油气化工、能源电力、钒钛稀土、生物医药等产业；川西北经济区也培育了农副产品加工和能源电力等工业，21个市（州）中成都市工业增加值超过了5000亿元，绵阳、德阳、宜宾三市的工业增加值则超过了500亿元，其他各市（州）工业实力不断增强，布局也不断优化。

工业向园区和基地集中态势明显。截至目前，全省共建立各类产业园区200多个，其中国家级高新区8个，国家级经济技术开发区8个，省级园区43个；另有国家新型工业化产业示范基地20家，省级新型工业化产业示范基地55家，省级特色产业基地26家。全省规模以上工业企业的入园率已超过了6成，园区企业实现主营业务收入占全省工业总收入的60%以上，工业集中度已达70%左右。

（四）企业实力明显增强

1978年，全省工业企业仅有3.2万家，数量少、规模小。其中大型工业企业主要有成都无缝钢管厂、泸州天然气化工厂、第二重型机器厂、攀枝花钢铁厂、东方锅炉厂、东方汽轮机厂等，且以国有和集体企业为主，民营经济几乎为零。经过改革开放40年的发展，2017年，全省工业企业数量接近400万家，其中规模以上工业企业（年主营业务收入2000万元以上的工业企业）13904家，资产总计已达42378.48亿元。全省百强企业中，长虹集团营业收入突破了千亿元，另有5家企业营业收入超过了500亿元。长虹集团、五粮液、新希望、通威集团、华西集团、川威集团等13家工业企业入选了2017年全国500强企业名单。中小企业发展活力不断增强，与大中型企业的分工协作和配套关系更趋紧密，企业整体实力和综合竞争力显著提升。从所有制结构来看，1978年，全省全民所有制工业与集体所有制工业的产值比为84.06∶15.94，几乎没有民营和其他类型企业。经过40年的发展，全省工业所有制结构发生了巨大变化，民营及社会资本在工业发展中发挥了更大作用。如2017年，全省规模以上工业企业实现销售产值44199亿元，其中国有企业实现销售产值1254.7亿元，集体企业实现133.4亿元，股份制企业35569.4亿元，外商及港澳台商投资企业5914.7亿元，其他类型企业1326.8亿元。全省规模以上工业企业实现主营业务收入42423.4亿元，实现利润2610.6亿元。其中，股份制企业实现利润2177.4亿元，国有控股工业企业实现717.8亿元，外商及港澳台商投资企业357.1亿元，以公有制为主体的多种经济成分共存的所有制结构为全省工业发展提供了强大动力。①

（五）工业创新创业能力不断提高

改革开放前，受计划经济体制影响，四川省工业企业用于技术创新的投入较少，创新能力有限。改革开放后，全省工业通过引进国内外先进技术和鼓励自主研发等，有效提升了创新发展能力，特别是十八大以来，通过实施"大众创新、万众创业"战略，工业创新创业能力显著增强。截至2016年，全省规上工业企业 R&D 内部经费支出291.5亿元，研发经费投入强度达到0.62%。全省建立了大批创新创业孵化基地和众创空间，全力支持工业创新创业。截至目前，全省已建立国家级高新区8个，省级高新技术产业开发区11个；已认定高新技术企业3571家，国家级企业技术中心72个，省级企业技术中心近900个，国家级工程研究中心（工程实验室）46个，省级工程研究中心（工程实验室）103个；此外，还有国家级大学科技园5个，国家级科技企业孵化器29个，国家级众创空间66个②，有效带动了全省工业创新创业能力的增强。2017年，全省共获得授权专利64006件，实施专利项目12876项，新增产值1755.5亿元，科技对经济的贡献率超过50%，新项目、新企业、新产业等新动能对工业增长的贡献率超过50%。

---

① 资料来源于《四川统计年鉴2018》。
② 资料来源于《2017年四川省国民经济和社会发展统计公报》。

三 新时代四川工业发展前景展望

经过改革开放以来的快速发展，四川省工业整体实力明显提升，发展动力显著增强，对经济增长的贡献不断加大。但整体来看，仍存在发展环境不优，供给体系质量不高，中高端环节较少，产业结构和布局有待优化等问题。进入新时代，全省工业发展的环境发生了深刻变化，担负的使命和任务也更加艰巨。因此，抢抓战略机遇期，依托现有基础，坚持以新发展理念为指导，继续全面深化各领域改革开放，全方位优化工业发展环境，全力推动供给侧结构性改革，深入实施《中国制造 2025 四川行动计划》，加快数字经济、战略性新兴产业发展以及五大万亿产业培育，努力构建"5+1"现代产业体系，加快形成增长新动能和发展新优势，推动工业结构和布局不断优化升级，发展质量和效益不断提升，逐步建成"一干多支、五区协同"的工业发展新格局，推动四川实现由工业大省向工业强省及先进制造业强省的跨越，逐步发展成为辐射中西部、面向全国、具有全球竞争力的先进制造业基地和工业创新基地，为推动治蜀兴川再上新台阶与建设美丽繁荣和谐新四川提供有力支撑。

参考文献

林凌、顾宗柏：《四川省经济体制改革的历程》，《中国社会科学》1984 年第 4 期。

四川省人民政府办公厅：《四川省"十三五"工业发展规划》，川府发〔2017〕37 号。

四川省人民政府办公厅：《中国制造 2025 四川行动计划》，川府发〔2015〕53 号。

B.21
四川绿色发展成效评价及对策建议

陈 映　万心月*

摘　要： 绿色发展是秉承科学发展理念的一种发展模式，是高质量发展的应有之义，是我国"十三五"乃至更长一个时期可持续发展的必然选择。近年来，四川坚持走生态优先、绿色发展之路，绿色发展成效显著。然而，四川地处长江上游，人口众多，资源型工业占比高，绿色发展仍面临诸多困难和挑战，需要全省上下同心协力，优化"绿色布局"，打好"绿色战役"，推进"绿色生产"，倡导"绿色生活"，落实"绿色责任"，强化"绿色保障"，促进人与自然和谐共生，建设美丽繁荣和谐新四川。

关键词： 四川　绿色发展　发展模式　高质量发展

　　绿色发展以效率、和谐、持续为目标，是对传统发展模式的创新，是破解我国资源环境约束、转变经济发展方式的必由之路。党的十八大以来，四川省委、省政府认真贯彻习近平总书记对四川工作的重要指示精神，始终将生态文明建设摆在事关全局和长远发展的重要位置，以强有力的改革举措推进绿色发展，人与自然和谐共生的美丽画卷在巴蜀大地展开。

---

* 陈映，经济学博士，四川省社会科学院产业经济研究所副所长、研究员，主要研究方向为区域经济、产业经济；万心月，硕士研究生，四川省社会科学院产业经济研究所，主要研究方向为产业经济。

一 绿色发展的内涵及途径

（一）绿色发展的内涵

绿色是大自然的底色，是生命的象征，代表着美好生活的希冀、人民群众的期盼。党的十八大将"生态文明建设"纳入中国特色社会主义建设"五位一体"总体布局；党的十八届五中全会提出创新、协调、绿色、开放、共享五大发展理念；党的十九大强调推动形成人与自然和谐发展的现代化建设新格局。习总书记曾在多个场合提到绿色发展理念，强调要转变传统发展观念，坚持生态优先，走绿色发展道路，让绿水青山产生巨大的生态效益、经济效益和社会效益，深刻阐释了绿色发展的理论内涵。

绿色发展是在生态环境容量以及资源承载力的约束下，以资源节约、环境友好、生态保护为特征的新型发展模式。它在保护生态环境、提高资源利用效率的基础上兼顾经济发展，追求经济活动过程与结果的"绿色化""生态化"，以实现经济、社会和环境的协调发展与可持续发展。绿色发展的实质是人与自然和谐共生，生态、生产、生活构成其三大要素①，循环发展、低碳发展、安全发展、均衡发展以及节约发展为其基本途径。

（二）绿色发展指标体系

根据国家发改委等四部门联合制定的《绿色发展指标体系》，绿色发展包括资源利用、环境治理、环境质量、生态保护、增长质量、绿色生活、公众满意程度7个一级指标，以及56个二级指标。② 除公众满意程度调查结果通过国家统计局组织的抽样调查进行单独评价与分析外，其余指标均纳入

---

① 黄娟：《生态优先、绿色发展的丰富内涵》，《中国社会科学报》2018年8月30日。
② 国家发改委、国家统计局、环境保护部、中央组织部：《绿色发展指标体系》（发改环资〔2016〕2635号），http://www.ndrc.gov.cn/gzdt/201612/W020161222673280139646，2018年10月9日。

绿色发展指数计算。在绿色发展指标中，"资源利用"重点反映其总量与强度双控要求及其利用效率；"环境治理"重点反映污染治理以及污染治理投入等情况；"环境质量"重点反映大气、水、土壤和海洋的环境质量状况；"生态保护"重点反映生态系统的保护与治理；"增长质量"重点反映经济增长的质量；"绿色生活"重点反映绿色生活方式的转变以及生活环境的改善。绿色发展指数和公众满意程度结果共同构成地区年度生态文明建设进展总体情况的评价体系。

《四川省绿色发展指标体系》与国家《绿色发展指标体系》的一级指标基本一致，只是对部分指标的权重进行了调整。二级指标中，取消了地域性绝对缺失类指标。这不但保持了与国家评价标准的一致，而且体现出绿色发展的四川特点。

二 四川绿色发展成效评价

（一）各市（州）绿色发展情况

《2016年四川省生态文明建设年度评价结果公报》显示，全省绿色发展水平总体不平衡，各地区之间绿色发展指数差距大。绿色发展指数位列第一的绵阳市与位列最后的资阳市之间相差11.38（见表1）。绿色发展指数位列前五的绵阳、攀枝花、广元、雅安和乐山，经济增长绿化度以及绿色生活水平较高，且各分类指标指数差别不大，相对均衡，这些地区在资源利用、生态保护和环境治理等方面相对好于省内其他市（州）。绿色发展处于中等水平的地区中，成都市的环境治理指数、增长质量指数和绿色生活指数在全省排位靠前，但其环境质量指数排名倒数第三，拉低了其绿色发展指数排位。虽然阿坝州和凉山州的环境质量指数、生态保护指数排位全省靠前，但它们的资源利用指数以及增长质量指数排位全省倒数，因此绿色发展水平排名靠后；绿色发展指数靠后的市（州）中，眉山、自贡、内江和资阳各分类指标排位相对均衡，甘孜州虽环境质量指数高居全省第一，但由于其资源利用、增长质量和绿色生活指数排位靠后，加之环境治理指数不占优势，导致其绿色发展指数较为靠后。公众满意度排名前五的是阿坝、甘孜、广元、雅安、巴中（见表2）。

表1　2016年四川省生态文明建设年度评价结果

地区	绿色发展指数	资源利用指数	环境治理指数	环境质量指数	生态保护指数	增长质量指数	绿色生活指数	公众满意程度（%）
绵 阳 市	84.56	85.44	78.59	88.67	85.68	87.66	80.61	89.40
攀枝花市	84.34	79.22	88.73	94.60	85.11	75.14	80.26	82.50
广 元 市	82.25	81.27	79.52	94.86	81.92	71.93	78.09	92.20
雅 安 市	82.10	82.35	77.07	87.45	88.34	73.74	79.20	91.50
乐 山 市	80.94	80.22	83.58	86.55	79.89	75.01	75.72	83.30
宜 宾 市	80.25	82.77	77.04	92.02	68.70	72.50	84.00	86.50
成 都 市	79.80	78.06	92.32	73.43	68.99	88.10	82.63	78.20
达 州 市	79.66	82.26	75.88	92.74	74.69	69.77	73.48	80.40
巴 中 市	78.78	77.34	76.20	91.51	77.93	71.37	73.36	90.90
泸 州 市	78.71	82.64	76.66	84.14	75.36	72.11	73.55	89.40
遂 宁 市	78.39	80.36	75.70	92.01	66.07	74.93	76.39	90.30
广 安 市	77.69	77.84	80.88	91.72	65.10	70.97	73.15	84.00
凉 山 州	77.68	70.09	75.84	95.98	84.37	65.43	70.86	89.20
阿 坝 州	77.39	71.94	67.63	96.71	87.09	68.40	68.94	94.70
南 充 市	77.25	79.12	78.36	89.91	65.94	68.92	73.62	86.60
德 阳 市	76.99	80.34	79.63	77.14	68.55	77.82	75.24	81.80
眉 山 市	75.90	81.97	75.42	72.48	70.64	72.85	77.43	81.60
甘 孜 州	75.71	75.87	65.15	97.34	73.64	66.48	67.92	94.50
自 贡 市	75.16	78.86	76.23	77.08	62.51	78.58	76.25	77.50
内 江 市	74.36	76.72	77.58	78.91	61.91	74.86	73.17	76.30
资 阳 市	73.18	78.04	76.44	72.16	61.88	69.88	76.11	86.60

资料来源：四川省统计局能源环境处：《2016年四川省生态文明建设年度评价结果公报》，http：//www.sc.stats.gov.cn/tjxx/zxfb/201805/t20180508_258531.html。

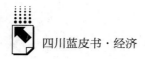

表2　2016年四川省生态文明建设年度评价结果排序

地区	绿色发展指数	资源利用指数	环境治理指数	环境质量指数	生态保护指数	增长质量指数	绿色生活指数	公众满意程度
绵阳市	1	1	7	12	3	2	3	8
攀枝花市	2	11	2	5	4	5	4	15
广元市	3	7	6	4	6	13	6	3
雅安市	4	4	10	13	1	9	5	4
乐山市	5	10	3	14	7	6	11	14
宜宾市	6	2	11	7	14	11	1	12
成都市	7	14	1	19	13	1	2	19
达州市	8	5	16	6	10	17	15	18
巴中市	9	17	15	10	8	14	16	5
泸州市	10	3	12	15	9	12	14	7
遂宁市	11	8	18	8	16	7	8	6
广安市	12	16	4	9	18	15	18	13
凉山州	13	21	17	3	5	21	19	9
阿坝州	14	20	20	2	2	19	20	1
南充市	15	12	8	11	17	18	13	10
德阳市	16	9	5	17	15	4	12	16
眉山市	17	6	19	21	12	10	7	17
甘孜州	18	19	21	1	11	20	21	2
自贡市	19	13	14	18	19	3	9	20
内江市	20	18	9	16	20	8	17	21
资阳市	21	15	13	20	21	16	10	11

注：本表中各市（州）按照绿色发展指数值从大到小排序。若存在并列情况，则下一个地区排序向后递延。

资料来源：《2016年四川省生态文明建设年度评价结果公报》，http：//www. sc. stats. gov. cn/tjxx/zxfb/201805/t20180508_ 258531. html。

（二）与全国其他省份的比较

《2016年生态文明建设年度评价结果公报》显示，全国31个省级行政单位中，绿色发展指数排名前五的是北京、福建、浙江、上海和重庆，公众满意程度排名前五的是西藏、贵州、海南、福建、重庆。从绿色发展指数6项分类指数结果来看，资源利用指数排名前5位的是福建、江苏、吉林、湖北、浙江；环境治理指数排名前 5 位的是北京、河北、上海、浙江、山东；环境质量指数排名前 5 位的是海南、西藏、福建、广西、云南；生态保护指数排名前 5 位的是重庆、云南、四川、西藏、福建；增长质量指数排名前 5 的是北京、上海、浙江、江苏、天津；绿色生活指数排名前 5 位的是北京、上海、江苏、山西、浙江。

四川绿色发展指数为 79.4，在全国 31 个省级行政单位中排名第 14 位，处于中等水平。绿色发展指数中，生态保护指数排名全国第 3，仅次于重庆和云南。资源利用指数、增长质量指数和环境质量指数分别排名第 12 位、14 位、16 位，处于中等水平。环境治理指数和绿色生活指数分别为第 22 位、27 位，在全国排位靠后；公众满意程度为 85.62%，位列全国第 8，排名靠前。可见，四川一系列重大改革举措和配套政策显著提高了绿色发展水平，但通过比较也看到，四川绿色发展水平与先进省份相比还有相当大的差距。

表3　2016 年全国生态文明建设年度评价结果

地区	绿色发展指数	资源利用指数	环境治理指数	环境质量指数	生态保护指数	增长质量指数	绿色生活指数	公众满意程度(%)
北京	83.71	82.92	98.36	78.75	70.86	93.91	83.15	67.82
天津	76.54	84.40	83.10	67.13	64.81	81.96	75.02	70.58
河北	78.69	83.34	87.49	77.31	72.48	70.45	70.28	62.50
山西	76.78	78.87	80.55	77.51	70.66	71.18	78.34	73.16
内蒙古	77.90	79.99	78.79	84.60	72.35	70.87	72.52	77.53
辽宁	76.58	76.69	81.11	85.01	71.46	68.37	67.79	70.96
吉林	79.60	86.13	76.10	85.05	73.44	71.20	73.05	79.03
黑龙江	78.20	81.30	74.43	86.51	73.21	72.04	72.79	74.25
上海	81.83	84.98	86.87	81.28	66.22	93.20	80.52	76.51
江苏	80.41	86.89	81.64	84.04	62.84	82.10	79.71	80.31
浙江	82.61	85.87	84.84	87.23	72.19	82.33	77.48	83.78
安徽	79.02	83.19	81.13	84.25	70.46	76.03	69.29	78.09
福建	83.58	90.32	80.12	92.84	74.78	74.55	73.65	87.14
江西	79.28	82.95	74.51	88.09	74.61	72.93	72.43	81.96
山东	79.11	82.66	84.36	82.35	68.23	75.68	74.47	81.14
河南	78.10	83.87	80.83	79.60	69.34	72.18	73.22	74.17

续表

地区	绿色发展指数	资源利用指数	环境治理指数	环境质量指数	生态保护指数	增长质量指数	绿色生活指数	公众满意程度（%）
湖 北	80.71	86.07	82.28	86.86	71.97	73.48	70.73	78.22
湖 南	80.48	83.70	80.84	88.27	73.33	77.38	69.10	85.91
广 东	79.57	84.72	77.38	86.38	67.23	79.38	75.19	75.44
广 西	79.58	85.25	73.73	91.90	72.94	68.31	69.36	81.79
海 南	80.85	84.07	76.94	94.95	72.45	72.24	71.71	87.16
重 庆	81.67	84.49	79.95	89.31	77.68	78.49	70.05	86.25
四 川	79.40	84.40	75.87	86.25	75.48	72.97	68.92	85.62
贵 州	79.15	80.64	77.10	90.96	74.57	71.67	69.05	87.82
云 南	80.28	85.32	74.43	91.64	75.79	70.45	68.74	81.81
西 藏	75.36	75.43	62.91	94.39	75.22	70.08	63.16	88.14
陕 西	77.94	82.84	78.69	82.41	69.95	74.41	69.50	79.18
甘 肃	79.22	85.74	75.38	90.27	68.83	70.65	69.29	82.18
青 海	76.90	82.32	67.90	91.42	70.65	68.23	65.18	85.92
宁 夏	76.00	83.37	74.09	79.48	66.13	70.91	71.43	82.61
新 疆	75.20	80.27	68.85	80.34	73.27	67.71	70.63	81.99

资料来源：《2016 年生态文明建设年度评价结果公报》，https：//wenku. baidu. com/view/556e1dc26aec0975f46527d3240c844769eaa0d5. html。

表4　2016 年全国生态文明建设年度评价结果排序

地区	绿色发展指数	资源利用指数	环境治理指数	环境质量指数	生态保护指数	增长质量指数	绿色生活指数	公众满意程度
北 京	1	21	1	28	19	1	1	30
福 建	2	1	14	3	5	11	9	4
浙 江	3	5	4	12	16	3	5	9
上 海	4	9	3	24	28	2	2	23
重 庆	5	11	15	9	1	7	20	5
海 南	6	14	20	1	14	16	15	3
湖 北	7	4	7	13	17	13	17	20
湖 南	8	16	11	10	9	8	25	7
江 苏	9	2	8	21	31	4	3	17
云 南	10	7	25	5	2	25	28	14
吉 林	11	3	21	17	8	20	11	19
广 西	12	8	28	4	12	29	22	15
广 东	13	10	18	15	27	6	6	24
四 川	14	12	22	16	3	14	27	8
江 西	15	20	24	11	6	15	14	13

地区	绿色发展指数	资源利用指数	环境治理指数	环境质量指数	生态保护指数	增长质量指数	绿色生活指数	公众满意程度
甘　肃	16	6	23	8	25	24	23	11
贵　州	17	26	19	7	7	19	26	2
山　东	18	23	5	23	26	10	8	16
安　徽	19	19	9	20	22	9	23	21
河　北	20	18	2	30	13	25	19	31
黑龙江	21	25	25	14	11	18	12	25
河　南	22	15	12	26	24	17	10	26
陕　西	23	22	17	22	23	12	21	18
内蒙古	24	28	16	19	15	23	13	22
青　海	25	24	30	6	21	30	30	6
山　西	26	29	13	29	20	21	4	27
辽　宁	27	30	10	18	18	28	29	28
天　津	28	12	6	31	30	5	7	29
宁　夏	29	17	27	27	29	22	16	10
西　藏	30	31	31	2	4	27	31	1
新　疆	31	27	29	25	10	31	18	12

注：表中各省（区、市）按照绿色发展指数值从大到小排序。若存在并列情况，则下一个地区排序向后递延。

资料来源：《2016 年生态文明建设年度评价结果公报》，https：//wenku.baidu.com/view/556e1dc26aec0975f46527d3240c844769eaa0d5.html。

三　四川绿色发展的成效及制约因素

（一）发展成效

四川地处长江上游，人口众多，经济发展滞后于全国，资源型工业占比较高，要实现转型发展和跨越发展，就必须抢抓绿色发展这一重大机遇。[①]鉴于此，四川认真学习贯彻习近平总书记关于"一定要把生态文明建设这篇大文章写好""让四川天更蓝、地更绿、水更清"等重要指示，认真实施

---

① 盛毅：《以评价体系为导向全面推进绿色发展》，http：//cache.baiducontent.com/c？m。

资源节约和环境保护国策，深刻把握所肩负的生态安全重任，始终把绿色发展融入治蜀兴川的各项事业之中，是系统推进绿色发展最早的省份。经过长时间的努力，四川初步实现了生态效益、经济效益和社会效益相统一，走出了一条符合四川实际的生态优先、绿色发展之路。

1. 长江上游生态屏障加快形成

一是退耕还林工程建设全国领先。作为长江上游重要的生态屏障和水源涵养地，四川在全国率先启动了退耕还林工程。近年来，四川结合产业发展和精准扶贫，按照"保存量、扩增量、提质量"的思路全力推进退耕还林，被国家林业局表彰为全国退耕还林先进单位，将其成果巩固专项建设经验在全国退耕还林现场会上作了交流分享。二是大规模绿化全川行动成效显著。围绕重点工程造林行动、长江廊道造林行动、森林城市建设行动、绿色家园建设行动等九大重点任务，分区分类推进国土绿化建设，森林资源持续增加，自然生态保护修复成果丰硕，"四区八带多点"的生态安全格局加快构建。在全国率先推进森林康养试点示范基地建设，启动首批10处试点示范基地建设。三是生态系统服务功能不断增强。作为国家林业资源大省和物种保护大省，通过开展自然保护区及森林公园、湿地恢复保护、防沙治沙、石漠化治理、水土保持、野生动植物保护等重点工程建设，四川生态系统的供给功能、调节功能、文化功能、支撑功能不断增强。

2. 绿色发展空间体系加快构建

一是主体功能区建设成效逐渐显现。优化开发区域转型提质发展，重点开发区域积极推进新型工业化、城镇化，农产品主产区严守农业空间和生态空间红线，重点生态功能区严控开发活动和开发强度，自然生态环境持续改善。二是美丽城镇和幸福乡村建设扎实推进。新型绿色城镇体系正在构建，森林城市、园林城市、森林小镇创建活动有序开展，已建成森林城市数量占全省城市数量的50%以上。按照"小规模、组团式、微田园、生态化"全面推进山水田林路综合治理，实施农村环境整治行动，幸福美丽新村不断涌现。

3. 绿色生产生活方式加快形成

一是绿色低碳产业体系正在构建。从绿色端推进供给侧结构性改革，着力构建科技含量高、资源消耗低、环境污染少的产业结构，产业转型升级步伐加快，水电、风能、太阳能等清洁能源产业加快发展，经济绿色化程度大幅提高。成都、德阳、绵阳等地的节能环保、清洁能源装备研制基地加快建设，新能源汽车和新型建筑工业化产品不断推广应用，绿色低碳知名品牌层出不穷。二是生活方式步入绿色化通道。绿色生活理念深入人心，勤俭节约、绿色低碳、文明健康的生活方式与消费模式蔚然成风，推动生活方式绿色化的品牌活动和亮点工程成效显著。

4. 资源节约、环境保护成效显著

一是资源综合循环利用初见成效。推进循环型生产和循环型服务方式，生产、流通、消费过程的减量化、再利用、资源化不断得以实现，资源利用效率和效益稳步提升。西南再生资源产业园、绵阳再生资源产业园等国家"城市矿产"示范基地建设深入推进，广安、达州经开区等国家循环化改造试点园区建设成效初现。同时，落实最严格的水资源和耕地资源保护制度。二是将节能减排"减法"运算贯穿于整个产业转型升级过程。实施节能减排重大支撑项目、重点示范项目，重点领域、重点行业、重点产业、重点地区的节能减排成效突出；深入推进低碳城市、低碳园区、低碳企业、低碳产品试点示范。三是全面打响污染防治"八大战役"。突破行政藩篱，建立健全区域大气污染联防联控机制，统筹推进盆地污染治理。出台严于国家排污标准的四川首个流域性污染物排放标准。全面推行城镇生活垃圾分类收集和无害化处理，深化农村生活垃圾和生活污水治理。城市空气质量达标率、城市生活污水处理率、城市生活垃圾无害化处理率均高达 90% 以上，全省农村生活垃圾治理在全国率先通过国家十部委的联合考核验收。

5. 生态文明体制改革取得突破

一是深化自然资源资产产权制度改革。对自然生态空间进行了统一确权登记。深化资源性产品价格和税费改革，在重点领域建立完善自然资源有偿使用制度，积极开展了节能量、碳排放权、排污权、水权交易试点。二是启动生态保护和耕地保护红线管控。明确了"四轴九核"生态保护红线空间分布格局，建立生态保护红线"3＋1"管控制度，有效地保障了生态安全。

探索建立以大熊猫等珍稀物种、特殊生态类型为主体的国家公园制度，有效地维护了生物多样性。结合四川实际，对建设用地实行总量控制，严防死守耕地保护红线。三是建立环境保护机制和环境治理体系。实行最严格的环境质量和污染物排放总量双控，实行严格的企业排放许可制度，推进多污染物综合防治和环境治理。四是健全监督考核及责任追究制度。建立了党委、政府生态文明建设"一岗双责"制度以及生态环境保护责任追究制度和环境损害赔偿制度。

（二）制约因素

虽然四川在绿色发展方面取得了一些成绩，但也应该看到，四川只有生态保护指数和公众满意程度在全国排名较为靠前，分别位列第3位、第8位，而其他五大指标都在全国第12位及以后，环境治理指数和绿色生活指数排位更是落后。目前，四川绿色发展面临的困难和矛盾还十分多。大气、水、土壤等污染仍然突出，一些区域污染十分严重；部分地区生态系统退化引致生态屏障作用衰减；一些区域自然灾害频发，修复成本高；生态资源开发利用不合理，资源环境约束趋紧；水土流失较为严重，阿坝、甘孜两州草地、湿地退化、沙漠化趋势明显，川西、川南部分地区石漠化现象突出；产业结构和产业布局不合理，节能减排任重道远；资源消耗总量大，人均消费水平高；各市（州）之间绿色发展水平差异明显；等等。

四　促进四川绿色发展的对策建议

绿色发展是破解发展难题、培育新的发展动能、厚植新的发展优势、实现高质量发展、建设美丽繁荣和谐新四川的必由之路。因此，四川应牢固树立绿色发展理念，形成绿色生产结构和绿色生活方式。

（一）优化"绿色布局"

充分发挥绿色规划对四川高质量发展的引领和规范作用，科学布局绿色发展的生产空间、生活空间和生态空间。全面落实主体功能区划，以"城市开发边界、永久基本农田和生态保护红线"为刚性底线，科学规划绿色发展空间，加快构建以"一轴三带、四群一区"为主体的城镇化发展格局、以大农产品主产区为主体的农业发展格局以及"四区八带多点"的生态安全格局。科学谋划全省产业布局，大力推进农业现代化，推动传统优势产业转型升级，推进高端成长型产业和新兴先导型服务业加快发展。

（二）打好"绿色战役"

重拳出击、铁腕治污，打好蓝天碧水保卫战"八大战役"，建立区域大气污染联防联控及重大项目环境影响评价会商机制，统筹推进城乡环境综合治理；全面落实河长制，建立省、市、县、乡四级河长体系，实施水污染防治四大工程；全面开展土壤污染治理与修复五大行动；在做好生态治理加法的同时，做好资源消耗的减法，全力推进资源有效节约和循环利用；构建全社会共同参与的环境治理体系，坚持全民共治、源头防治。

（三）推进"绿色生产"

加快形成绿色生产方式，促进经济绿色化。以科技引领绿色、循环和低碳发展，形成绿色产业结构，循环利用资源，逐步形成源头减量、过程控制、纵向延伸、横向耦合、末端再生的绿色发展方式[1]，构建科技含量高、资源消耗低、环境污染少的产业结构[2]，加快发展节能环保产业和绿色服务业等，积极发展数字经济、流量经济、共享经济等低碳产业，形成经济社会发展新的增长点。

（四）倡导"绿色生活"

倡导绿色低碳、文明健康的生活方式和消费模式，通过开展绿色生活方

---

[1] 《中共四川省委关于推进绿色发展建设美丽四川的决定》，《四川日报》2016年8月4日。
[2] 中共中央、国务院：《关于加快推进生态文明建设的意见》，https://baike.baidu.com/item。

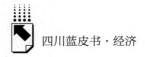

式进机关、进学校、进企业、进社区、进农村的活动，引导人们积极参与绿色消费、主动使用绿色产品。搞好绿色宣传，让全社会牢固树立节约意识、环保意识，倡导绿色发展人人有责、人人参与、人人共享的良好社会风尚。

（五）落实"绿色责任"

落实生态环境保护"党政同责、一岗双责"，完善绿色发展考核体系，将绿色绩效考核贯穿决策、规划、执行等全过程，加大绿色发展指标在地方党政领导班子和领导干部政绩考核中的比重。实行生态环境损害问责制，对领导干部实行自然资源资产和环境责任离任审计。实行生态环境损害评估制度和赔偿制度，让生态损害者赔偿，生态受益者付费，生态保护者得到合理补偿。继续推进省级"绿色督察"全覆盖，并针对问题明确整改责任和整改措施，严格执法监管，强化督察督办。实行绿色绩效，加大绿色发展指标体系中环境损害、资源消耗等指标的考核权重，并将考核结果作为领导干部考核评价和升迁任免的重要依据。

（六）强化"绿色保障"

建立和完善绿色发展的体制机制，为绿色发展提供有效的制度保障和法律支持。建立健全资源与环境产权制度、交易制度和价格形成制度，建立健全激励、约束、监管和问责制度。全面落实环境保护法、土地管理法等相关法律法规，严格依法治理污染环境、破坏生态的违法犯罪行为。各级党委、政府要强化对绿色发展的总体设计与组织领导，统一思想、统筹谋划，以强化主体责任为抓手，形成部门联动、整合推进、齐抓共管的工作合力，为绿色发展提供有力保障。

B.22
四川省民族地区经济社会发展研究

贾兴元 *

摘 要: 通过实施重大经济社会发展支撑项目和脱贫攻坚系列重大工程,2018年四川民族地区经济社会呈现稳步发展态势,脱贫攻坚成效显著。受发展基础和发展瓶颈等因素的制约,四川民族地区解决区域性整体贫困的任务仍然比较艰巨,经济社会发展仍面临着基础设施薄弱、生态环境脆弱、产业发展制约因素多和专业人才缺乏等重大瓶颈。

关键词: 基础薄弱 帮扶工程 产业支撑 人才建设

四川省委十一届三次全会进一步明确,四川民族地区是长江上游重要生态屏障和水源涵养地,是战略要地。2018年是"十三五"规划中期评估的关键节点,四川省民族地区"十三五"规划项目实施过半。通过中期优化调整,进一步明确了"十三五"规划后期的发展任务。为了推动少数民族和民族地区经济社会全面发展,针对"十三五"期间的具体任务,2017年底四川省政府出台了更具有针对性的政策措施①。《意见》针对发展的薄弱环节和重大项目,做出了较为具体的规划和详细的安排,为进一步促进四川民族地区经济社会发展和实现全面同步小康指明了方向。

---

* 贾兴元,四川省社会科学院社会学研究所助理研究员,主要研究方向为四川民族地区经济和社会发展。

① 四川省政府印发了《关于贯彻落实"十三五"促进民族地区和人口较少民族发展规划的实施意见》,下文简称《意见》。

四川民族地区把"精准扶贫和精准脱贫""增强经济社会发展后劲"两大任务作为发展的重点任务和主要矛盾，重点优先安排与实施事关民族地区群众生产生活的重大项目，集中力量完成"扶贫、发展、民生、稳定"四大主要任务，围绕民族地区贫困人口精准脱贫，围绕民族地区经济社会发展薄弱环节，全力促进民族地区科学发展、加快发展，全力增强民族地区经济社会发展后劲。

一 2018年四川民族地区经济社会发展的基本态势

通过实施重大经济社会发展支撑项目、脱贫攻坚等系列重大工程和发展项目等，四川省少数民族和民族地区经济社会发展取得了较为显著的成绩。2017年，四川省民族自治地区①全年地区生产总值（GDP）比上年增长5.7%，达到2167.7亿元。三次产业结构由2017年的20.0∶46.9∶33.1调整为19.7∶42.4∶37.9。第一产业增加值达到428.0亿元，增长了3.8%；第二产业增加值为918.2亿元，增长了6.5%；第三产业增加值达到821.5亿元，增长了5.8%。工业增加值比上年增长了4.8%，达到585.0亿元，社会固定资产投资达到2066.5亿元，社会消费品零售总额达到849.3亿元。全年农村居民人均可支配收入达到11252元，城镇居民人均可支配收入达到28616元。② 从2018年上半年经济社会发展数据和前三季度经济社会发展情况来看，四川省民族地区经济呈现稳步发展的态势③。

二 四川民族地区经济社会发展重大战略

（一）全力夯实经济社会发展基础

四川民族地区以中央不断加大对民族地区的支持力度为机遇，针对经济

---

① 包括阿坝藏族羌族自治州、甘孜藏族自治州、凉山彝族自治州和北川羌族自治县、峨边彝族自治县、马边彝族自治县。
② 相关数据来自四川省国民经济和社会发展统计公报。
③ 相关统计数据来自四川省统计局网站和"三州"统计公报及新闻发布稿。

社会发展薄弱环节和脱贫攻坚重大任务，把与民族地区群众生产生活密切相关的重大项目作为优先安排和实施的任务。针对彝区发展基础和特点，支持攀西经济区打造国家级战略资源创新开发试验区，进一步加快实施大小凉山彝区"十项扶贫工程"，加快彝家新寨建设，进一步建设提升"成凉工业园区"，构建区域合作、产业互补、项目建设平台和载体，通过创建金沙江干热河谷区生态恢复与治理示范区，积极探索建立金沙江流域水环境生态保护补偿机制。针对四川藏区的发展实际，通过国家生态文明先行示范区建设，尽快补齐农牧区交通、水利、通信等基础设施短板，促进川、甘、青三省交界区域互联互通和融合交流，大力发展全域旅游和特色农牧业，通过生态经济带动富民增收，通过建设提升成甘、甘眉和成阿等飞地园区，推动藏区飞地产业园区发展。

明确民族地区帮扶目标和重大任务。根据省委、省政府统一安排部署，按照四川民族地区两项资金项目和"十三五"规划等要求，部署和落实民族地区教育发展十年行动计划等重大民生工程、民族地区农村"四小"（小路、小水、小桥、小能源）基础设施建设工程、民族地区现代农牧业增收工程、"民族地区推进跨越发展和长治久安示范新村"（简称"民族团结进步新村"）及民族地区文化推进工程等重点（大）项目，并提出了明确的完成目标和责任单位，明确了资金落实计划和数目。

加大重大基础设施建设力度。加快推进乌东德水电站、汶马和绵九高速等项目建设，推进乐山至西昌高速公路、白鹤滩水电站和甘孜格萨尔机场等重大项目开工建设。加快川藏铁路雅安至林芝段等项目前期工作进度。

（二）大力实施民族地区帮扶工程

加大住房建设保障力度。拟安排 7.6 亿元推进彝家新寨住房建设，其中争取中央补助 2.66 亿元，省级安排 3.99 亿元，州、县安排 0.95 亿元，新（改）建大小凉山彝家新寨住房 19016 户。安排 5.05 亿元推进藏区新居住房建设，其中争取中央补助 2.36 亿元，省级安排 2.69 亿元，建设藏区新居住房 16830 户。

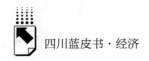

推进大小凉山禁毒专项治理。拟安排 0.49 亿元资金①进一步实施大小凉山禁毒专项治理，力争社区戒毒、社区康复执行率达到 80%；凉山州初中禁毒教育微基地建设覆盖率达到 100%；禁毒宣传教育阵地覆盖率达到 80%；改扩建五所强制隔离戒毒所。

全面推进教育帮扶。拟安排三州开发资金 3130 万元实施"民族地区教育发展十年行动计划"，切实解决寄宿制学生的生活困难问题，巩固基础教育。省级安排 4.02 亿元专项资金，按平均每村两名双语辅导员、每人每月 2000 元给予劳务报酬经费补助，在 8381 个民族自治地区行政村实施学前双语教育，全面提高教学质量。民族自治地区 51 个县（市），全面免除公办幼儿园在园幼儿三年保教费和公办高中在校学生三年学费，并免费提供教科书。② 争取中央补助 0.28 亿元，省级安排 2.6 亿元，州、县安排 1.8 亿元，在民族自治地区全面实施十五年免费教育，并安排专项资金解决 28 万名高海拔民族地区义务教育阶段学生取暖问题。

（三）大力实施乡村振兴战略

通过中心城镇建设来辐射和带动乡村发展。在加强中心城镇建设的基础上，不断完善和提升中心城镇的服务功能，根据区域特点和资源禀赋，逐步培育和发展一批不同类型的特色城镇，提升基础设施建设水平和承载力。进一步科学统筹人口向中心城镇聚集，通过产业集聚和服务优化不断提升中心城镇发展水平，辐射服务周边农牧民，带动经济社会发展。通过资金扶持、政策倾斜等多种办法，每年计划支持建设 2 到 3 个少数民族特色小镇，建设 10 到 20 个少数民族特色村寨，提升民族地区的城镇化水平。

通过建设少数民族特色村镇带动民族地区乡村经济社会发展。结合四川省民族地区的发展特点，实现少数民族特色村镇建设与乡村振兴战略有机结合，大力促进四川省民族地区经济社会发展。以建设少数民族特色村镇为契

---

① 其中拟争取中央补助 0.09 亿元，省级安排 0.4 亿元。
② 对经教育部门批准设立的民办学校参照公办学校补助标准执行。

机，逐步加强和完善基础设施建设，带动和促进民族地区旅游产业发展，通过进一步落实扶持政策和举措，进一步为旅游业发展创造良好环境，帮助更多农牧民参与就业创业以增加收入，进一步带动民族地区乡村经济社会发展。

实现少数民族特色村镇建设与少数民族文化保护传承的良性互动。针对符合条件的村寨，要积极申报挂牌成为"中国少数民族特色村寨"，以带动和促进旅游发展。规划和新建的民居要统筹好民族特色文化传统和现代生产生活需要之间的关系，在实施少数民族特色村镇规划和建设时，对有历史传承、民族特色的建筑进行保护和科学改造。针对有历史记忆、文化脉络、地域风貌、民族特点的特色村镇，进一步加强保护，通过加大宣传和保护的力度，把"中国少数民族特色村寨"建设作为促进四川民族地区旅游发展的重要载体，实现少数民族文化保护传承与经济社会发展的良性互动。

全面提升乡村振兴项目建设和管理水平。不断完善乡村振兴项目管理工作绩效考核机制，通过加强督导资金和项目管理，避免重复建设和低效投入，确保项目管理水平和投入效果，实现项目建设应有的作用与意义。

三　四川民族地区发展存在的主要瓶颈及重大任务

（一）新阶段存在的主要发展瓶颈

深度贫困民族地区脱贫攻坚任务十分艰巨。受发展基础和发展瓶颈等因素的限制，四川省民族地区经济社会基础底子薄、发展水平低和区域发展不平衡等问题比较突出。四川民族地区贫困面大、贫困程度深、扶贫攻坚任务十分艰巨[①]，解决区域性整体贫困问题仍然任重而道远。四川省委、省政府为了进一步有针对性地加大对民族地区深度贫困县脱贫攻坚工作的支持力

---

① 2017年四川省民族地区45个县被确定为深度贫困县，是四川省的贫中之贫、困中之困、坚中之坚，让它们脱贫是脱贫攻坚决胜期的重要任务。

度，出台了《关于进一步加快推进深度贫困县脱贫攻坚的意见》，通过政策支持确保贫困县全部摘帽，农村贫困人口实现脱贫。

可持续发展的重大制约要素仍然比较突出。四川民族地区经济社会发展仍面临着一些突出问题和特殊困难，特别是基础设施薄弱、生态环境脆弱、产业发展制约因素多和专业人才十分缺乏等重大瓶颈，仍然比较突出，严重制约了民族地区产业发展和生产生活公共服务。总体来说，四川民族地区经济社会发展与全省其他地区相比还有相当大的差距，持续发展与民生改善等任务十分艰巨。

（二）新阶段面临的重大发展任务

增强民族地区经济社会发展后劲。继续通过实施"四川民族地区六大重点工程"①，进一步加快交通、能源、水利等基础设施建设步伐，有效提升基础设施和民生保障水平，增强可持续发展能力。进一步全面推进"四川民族地区教育发展十年行动计划"，进一步全面落实"四川民族地区十五年免费教育计划"，进一步扎实推进"四川藏区千人支教十年计划"等教育扶持项目，切实加大民族地区教育服务的保障力度，大力提升民族地区城乡教育水平，通过教育切断贫困的代际传递，不断提升民族地区的受教育水平。

提升民族地区城乡居民收入水平。依托民族地区的产业基础和特色资源，进一步增强民族地区农牧民增收能力，把扶贫攻坚和增强持续发展能力相结合，建设并利用好民族地区乡村旅游综合公共服务设施示范项目，扎实推进民族地区创业带头人培训项目。通过加强增收产业支撑、创新增收渠道和大幅提升农牧民工资性收入等路径，特别是围绕民族地区的特色农牧业发展，进一步拓宽民族地区特别是边远山（牧）区的农牧民增收渠道，不断增强农牧民自我发展能力，切实帮助农牧民实现大幅增收，早日

---

① "四川民族地区六大重点工程"指：民族地区教育发展十年行动计划、民族地区卫生发展十年行动计划、民族语言文字传播能力提升工程、藏区"六大民生工程计划"、川西藏区生态保护与建设工程、大小凉山彝区"十项扶贫工程"。

脱贫奔康。

　　加强少数民族地区人才队伍建设。随着民族地区基础设施建设和产业发展水平的提升，经济社会发展的"硬件瓶颈"制约逐步得到缓解。人才队伍建设的重要性更加凸显。要进一步加强少数民族和民族地区干部选拔培养、干部双向交流、专业人才培养锻炼等各项工作，提升民族地区的人力资源保障水平。通过人才队伍建设，持续提升四川民族地区的自我发展能力，进一步夯实和筑牢发展基础，不断促进四川民族地区经济社会发展。

B.23
四川省国有资产剥离问题研究

达捷 匡方方*

摘　要： 2015 年开始的针对国有企业的供给侧改革和顶层设计，意味着国有企业改革已进入深水区。四川省政府于 2016 年制定了《省属国有资本"十三五"布局与结构调整规划》来提高四川省国有资本的利用效率和国有企业的市场竞争力。国有资产剥离、重组是优化国有资本布局的重要手段，要剥离对国有资本保值增值产生不利影响的国有资产，并完善国有资本的运作机制，进而推动国有资本向四川省五大支柱产业以及数字经济等重点领域集中，努力构建现代化产业体系，促进四川省经济高质量发展。

关键词： 国有资产　高质量优化重组

一　四川省国有资产概况分析

（一）四川省国有资产的总体特征

截至 2017 年底，包括中央在川企业在内的全省国有企业资产总额首次突破 8 万亿元大关，达到 80279 亿元，居全国第 6 位，同比增长 15.6%。

---

* 达捷，四川省社会科学院产业经济研究所所长，经济学博士，研究员，主要研究领域为产业经济、金融投资与资本市场；匡方方，四川省社会科学院产业经济学硕士研究生。

其中，省属企业全面完成了年初制定的资产总额、营业收入和利润分别增长 10% 的奋斗目标。2017 年，地方国有企业资产规模达 55814 亿元，同比增长 19.1%，其中，省属企业资产总额接近 1 万亿元，达到 9951 亿元，同比增长 15.6%。地方国有企业实现营业收入 6920 亿元，同比增长 14.8%，其中，省属企业营业收入 2677 亿元，同比增长 13.8%。地方国有企业实现利润总额 468 亿元，同比增长 13.4%，其中，省属企业利润总额 71 亿元，同比增长 10.5%。地方国有企业完成固定资产投资额 2336 亿元，同比增长 25.2%，其中，省属企业完成固定资产投资额 680 亿元，同比增长29.5%。①

在主要指标全面看涨的情况下，骨干工业企业支撑能力强劲。五粮液集团、长虹集团、泸州老窖等骨干工业企业实现营业收入 2100 亿元，同比增长 14%；实现利润总额 214 亿元，同比增长 23%。其中，五粮液集团营业收入首次突破 800 亿元，同比增长 14%；实现利润 143.6 亿元，同比增长 43%。川煤集团实现扭亏，收入和效益回升明显。省交投集团、能投集团、机场集团、新华发行集团等企业收入和利润均实现大幅增长。②

（二）四川省国有资产的经济效率分析

本文以 2016 年四川省的相关数据为基础，从四川省国有控股工业企业经济效益、国有经济的就业情况等方面对四川省国有资产的经济效率进行分析。

1. 四川省国有控股工业企业经济效益分析

本文主要使用四川省国有控股工业企业的资产贡献率、资产负债率两个指标刻画四川省国有资产的经济效益特征。

---

① 《资产规模首次突破八万亿元》，http://sc.china.com.cn/2018/politics_0108/259445.html，2018 年 10 月 11 日。
② 《资产规模首次突破八万亿元》，http://sc.china.com.cn/2018/politics_0108/259445.html，2018 年 10 月 11 日。

资产贡献率体现的是企业资产获取利润的能力，资产贡献率的高低可以用来反映企业经营业绩的好坏以及管理水平的高低。四川省国有控股工业企业中，通用设备制造业、电器机械和器材制造业、黑色金属冶炼和压延加工业资产贡献率均为负数，表明这些行业内国有企业所拥有的国有资产并未给企业带来收益，企业的经营业绩和管理水平不佳①。

借债占总资产的比例即资产负债率。《四川统计年鉴2017》中，四川省国有控股工业企业的资产负债率数值在10.28%～100.69%这一区间，极差较大。同时从《中国工业经济统计年鉴2017》中也可以发现，四川省规模以上工业企业的资产负债率（58.38%）高于全国平均水平（55.87%）。

2. 四川省国有经济吸纳劳动力情况

以2012年以后的国有经济单位就业人数占比情况考察四川省国有经济对劳动力就业的吸纳能力和吸纳水平，从表1、表2中可以发现：四川省国有经济单位就业人数占比逐年下降，且四川省国有经济对劳动力的吸纳水平低于全国平均水平。这种较低的吸纳水平一方面可能由于四川省工业企业以资本密集型为主，另一方面也体现为本省劳动力由于知识和技术水平等因素而难以被国有资本吸收。

表1　2012～2016年四川省国有经济就业数据

单位：万人，%

年份	四川省就业人员合计	四川省国有经济单位就业人数合计	四川省国有经济单位就业人数占比
2012	4798.3	358.8	7.48
2013	4817.3	361.3	7.50
2014	4833.0	351.1	7.26
2015	4847.0	344.08	7.10
2016	4860.0	343.4	7.07

资料来源：《四川统计年鉴2017》。

① 《四川统计年鉴2017》。

表2　2012～2016年全国国有经济就业数据（2012～2016年）

单位：万人，%

年份	全国就业人员合计	全国国有经济单位就业人数合计	全国国有经济单位就业人数占比
2012	76704	6839	8.92
2013	76977	6365	8.27
2014	77253	6312	8.17
2015	77451	6208	8.02
2016	77603	6170	7.95

资料来源：《中国统计年鉴2017》。

二　四川省国有资产高质量发展面临的问题

导致企业资产负债率等偏高的原因是多方面的，如企业的内部治理机制不完善等，本文着重从以下三个方面来进行分析。

（一）多元化经营的效率损失

国有企业加速多元化扩张的同时，主业不强、投资过于分散、同质化经营等问题比较突出，甚至部分国有企业，几乎涉足国民经济的所有大类行业，这是一种希冀于求全求大，从而只能粗放式发展的短期利益追逐形式，很容易以高成本的劣势被市场淘汰。针对国有企业体量大、主业弱、副业杂的现象，国有资产的结构调整与布局任务是艰巨繁重的。

正确的多元化战略可以为国有企业分散投资风险，良好的市场运行可以为国有企业增加效益，但盲目多元化往往适得其反。国有企业业务扩张过快，而人、财、物却不能及时到位，从而导致效益下降，资金链断裂，资产负债率上升。国有企业盲目多元化的发展造成了经济效率的损失，在产能过剩问题突出以及全球竞争加剧的背景下，国有企业的业务收缩成为必然。国有企业剥离闲置低效资产、不良资产以及不具有盈利能力的资产，可以降低

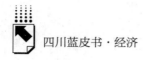

资产负债率，并且剥离后收回的资金可用于发展核心主业。为了提高国有企业的经营效率和市场竞争力，发挥国有企业的主业优势，四川省人民政府国有资产监督管理委员会于2017年出台了《四川省省属企业主营业务管理暂行办法》（下称《办法》）。《办法》明确规定：完善企业主业界定管理方式，对企业主业进行确认，指导和支持企业做强做优做大主业，促进国有资本布局优化和结构调整。

（二）过剩和落后的产能限制了企业的增盈空间

过剩产能就是生产能力过于饱和，供大于求的生产现状造成资源（生产要素）的浪费。落后产能主要包括两个方面：一是生产技术水平过低，如生产设备、生产工艺等水平低于行业平均水平，二是环保方面不达标，即企业在现有技术水平下污染物排放指标高于行业平均水平。根据《四川省2017年度推动落后产能退出工作方案》（川淘汰落后办〔2017〕7号）的要求，需要淘汰的落后产能主要包括三种类型：能耗超标的落后产能；不符合产业政策要求的，如钢铁、水泥、电解铝、平板玻璃等；不符合环保、质量和安全等法律要求的一些产能。

长期以来，国有企业大量无序的低水平重复投资，出现了产品性质以及产业结构同质化现象，"僵尸企业"等问题显现，使产能过剩和产能落后问题更加突出。因此，积极化解过剩产能、处置"僵尸企业"等问题，对深化国有企业改革，提高国有企业的市场竞争力有重要意义。

（三）国有企业管理层级多、链条长、效率低

国有企业在体量、规模、业务范围、内部治理机构等方面都有臃肿之态。在内部治理机构方面，国有企业呈现管理人员多、管理层级密的特点，从而出现决策效率低下、内部摩擦过多等问题。目前，国有资产管理体制主要通过一种金字塔式的股权管理来实现，大多数一级企业的管理层级超过了三级，从而形成了母子公司之间复杂的股权关系和隶属关系，出现监督约束效率低、员工积极性弱等问题。目前四川省省属国

企的一级公司有 19 家，但是子公司、孙公司、重孙公司等各级各类法人单位有几百家，股权关系复杂，严重影响了国有企业的经营效率和市场竞争力，这不仅给一级公司管理造成困难，也给国有资产的保值增值带来风险。

"十三五"时期是深化国有企业改革，推动国有经济转型的攻坚时期，要剥离对国有资本保值增值有负面影响的资产，打造更优秀的国有企业，助推四川经济高质量发展。

三 四川省国有资产剥离种类分析

（一）部分国企的非主营业务

在国有企业的发展过程中，出现了很多以充分利用企业资源，提供更多就业机会为目的的副业，其中以第三产业居多，包括餐饮业、住宿业、运输业、零售业、教育业等。这种多元化经营的后果，就是形成了具有跨行业、长链条特点的"主业 + 副业"的经营形式。这类副业的经营有好有坏，有的企业缺乏核心竞争力，尤其是随着市场经济的发展，在行业中占据的市场份额低，应予以剥离。此外，也要及时盘活配置国有企业"抓大放小"改革中释放出的小部分资产。

（二）部分省属企业的三级以下公司

企业层级过多会导致企业运营过程中决策效率下降、沟通成本上升、责权关系混乱、层级设置不合理，从而大幅降低企业的市场竞争力。目前省属国有企业层级设置过多，大大影响了企业的决策效率。为提升经营业绩，需压缩企业的管理层级，将层级控制在三级以内。对省属国有企业三级以下公司进行清理整合，将投资决策权向二级以上企业集中，积极推进企业管控模式与组织架构调整、流程再造，构建功能定位明确、责权关系清晰、层级设置合理的管控体系。

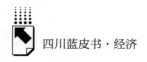

（三）非经营性资产

非经营性资产是指国有经济部门为完成国家事业发展计划和开展业务活动所占有、使用的资产以及国有老企业不直接参加或服务于生产经营的资产（包括未房改的职工宿舍、食堂、浴室、幼儿园、学校、招待所等纯福利设施）。非经营性资产往往会导致企业负担较重，剥离时也会涉及人员安置及福利性支出等问题。剥离非经营性资产，对国有企业筹集资金、公平参与市场竞争、保障国企轻装上阵具有重要的意义。

（四）不具发展优势的业务

完全竞争性领域的部分省属一级企业，其主业不能通过股改独立上市，也不能装入其他上市公司，应予以剥离。不具有发展优势，与主业无互补性、协同性的低效业务和资产，也需要加大清理退出力度。

根据《四川省人民政府办公厅关于进一步推动省属企业结构调整和重组的实施意见》（川办发〔2018〕66号）要求，推动省属国有资本向电子信息、装备制造、食品饮料、先进材料、能源化工等"5+1"产业集聚，向产业链价值链高端集聚，向具有核心竞争力的优势企业集聚，向企业的核心主业集聚。将资产集中投向国有资本更需要集中的领域和行业，实现国有资本形态转换。

（五）低效、闲置的资产

所谓低效闲置资产就是在企业内部已经停用一年以上，并且在后期使用概率较低或已经被新购置的具有同类功能作用的资产所替代的资产。一般而言，资产低效闲置的原因有以下三个方面：企业结构调整，导致大量不适合企业发展的低效闲置资产产生；科学技术的进步，推动企业资产升级，导致一些旧技术资产闲置；市场处于饱和状态，造成企业产能过剩。被归为低效闲置的资产，其对生产经营活动不会再有什么贡献，反而可能成为企业生产经营的包袱。但对其他企业来说，它可能具有较高的使用价值，所以企业低效闲置资产是具有相对性的。

四　国有资产剥离过程中的难点

（一）产权不明晰

在计划经济向市场经济转换的过程中以及在国有资产"清产核资"时，由于未能明晰国有企业所持有部分资产的产权，造成了该部分资产难以通过"招拍挂"的方式进行市场化剥离。

中央财政或省级财政拨款给省属国有企业，省属国有企业再拨款给市（州）地区进行基建投资，在这种政策背景下，财政拨款在财务报表上体现为省属国有企业的资产；"拨改贷"政策实施后，省属国有企业获得的财政拨款则成为企业的债务。后来，市（州）地区对此并不予认定，甚至在混合所有制改革的过程中面对已经更换基建资产的经营主体，追偿难度极大，但目前此类基建资产仍然挂账在省属国有企业的报表上，造成企业未实际拥有资产却背负债务的情形，出现账实不符的情况，该类资产在目前条件下存在剥离障碍。

（二）省属国有企业"资产"出表动机与监管要求的不匹配

《中华人民共和国企业国有资产法》《企业国有资产监督管理暂行条例》《四川省企业国有资产监督管理暂行办法》《四川省省属国有企业负责人经营业绩考核办法》对省属国有资产有保值增值的考核要求，在该考核要求下，国有企业经营者倾向于让企业的不良资产"出表"以优化资产结构，提高负债能力。但是从监管层面来看，监管部门为防止国有资产流失，不希望国资委财务监管报表上的资产"出表"。

在目前的国有资产考核办法要求下，省属国企资产"出表"动机与监管要求不匹配，对组建在国资委直接监管下的剥离资产承接平台有着现实需求。

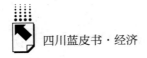

（三）企业"内部人"障碍

我国目前的国有经济体制是一种具有多层次代理人并且具有极强行政性的代理制，资产剥离这项大工程牵一发而动全身，关系到各方的利益。其中，由于资产剥离会影响到企业内部员工的就业以及福利等，若不能妥善处理相关员工的安置问题，资产剥离的程序推进会遇到阻力，资产剥离工作也无法正常运行。尤其对国有企业剥离社会职能来说，剥离工作能否正常进行关键就看企业在剥离社会职能过程中能否把工作做到位、把道理讲清楚、把各项配套措施落实好。

（四）资产划转方式下双方对资产价值的认定存在分歧

国有企业不良资产采取划转方式剥离时，由于考核办法的约束，双方往往在资产价值认定上存在分歧。拟剥离资产的公允价值一般情况下低于账面价值，对剥离方而言，为降低当期亏损，倾向于将剥离资产按照账面价值确定，而对于资产承接方而言，倾向于将剥离资产按照公允价值确定，以免将来处置时产生大量亏损风险，双方需寻求一种适当方式降低风险。

五　四川省国有资产剥离的路径

新的政策形势下，国有资产的监管部门应该下设两类部门："两类公司"和国有资产剥离平台。"两类公司"是指国有资本投资、运营公司，他们的主要职能是确保国有资产的增值、国有企业的创新以及国有经济的布局和结构调整；而资产剥离平台所接受的资产主要是缺乏增值能力的"不良资产"。

（一）省属国有资产剥离的路径

省属国有资产的剥离路径主要包括三个阶段。

阶段一：剥离资产的确认。"两类公司"结合自己参股或者控股的国有企业，根据公司发展战略和相关政策的要求，确认需要剥离的资产，然后上报。

阶段二：资产的剥离。"两类公司"对下属公司上报的需要剥离的资产进行分析，对于无法内部消化（如资产重组等）的资产进一步上报或者备份给国有资产监管部门，然后把这些不能消化的资产剥离给"资产剥离平台"。

阶段三：剥离资产的处置。一般情况下，企业会倾向于将产权清晰、价值可评估、市场接受程度高、尚有一定价值的资产采用"招拍挂"的形式直接剥离给市场。但随着省属国有资产规模的扩大、低效无效资产的增多，财政拨款形成的坏账及企业办社会等历史遗留问题的存在，在现有监管要求等政策条件下，省属国有企业不适合将大量资产直接通过市场化形式剥离到市场，可先由国资监管部门全面接管剥离出去的资产，对其进行统筹安排，纳入统一的资产管理平台之中统一管理。

根据《四川省人民政府办公厅关于进一步推动省属企业结构调整和重组的实施意见》（川办发〔2018〕66号）要求，"打造国有资本重组整合托管平台，将省属企业中的低效无效资产以及非主业资产，适度集中至托管平台，做好增量、盘活存量、主动减量"。省属国有资产可先将需剥离的资产适度集中到该托管平台，然后以适当方式逐步处置。

（二）国有资产剥离的主要方式

1. 行政划拨

行政划拨是一种将成本最小化的资产剥离方式。在社会主义所有制理论中，社会全体成员是生产性资源所有人，国家政府以行政权为基础而具有强制性代理关系，这种强制性代理关系意味着，国家政府依法享有国有资产的排他性权利，即国有财产的占有权、使用权、收益权、处分权以及剩余索取权。这种公共产权的国家代理制下，政府作为管理者，可以通过行政手段对管辖下的国有资产进行行政划拨式配置。另外，伴随着市场化进程的发展，被剥离出来的国有资产在竞争压力的促使下，更能激发员工活力。因此，根

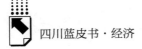

据国有资产社会化、一体化原则，可以采用行政划拨的方式进行资产剥离。

在实践操作中，将以下两种方法结合，一定程度上能够更加全面地管理省属国有企业所辖资产：一是政府可通过无偿划转等方式，将省属国企的非主营业务、不具竞争力的主业、产权不明晰的资产、三级以下公司及脱钩资产等剥离出来；二是国有企业在日常投资经营活动中形成的低效无效资产，可向国资委申请划转到专业平台进行管理。在得到国资委肯定后，国有企业自行与专业平台沟通协商，通过深入的分析、谈判后签订相关的划转协议，并报国资委批准，最后实现资产划转与专业化管理。

2. 个别谈判

专业机构人员根据准备出售资产的特点、市场效率、管理人员的期望和偏好等因素来选择购买方。在买方数量合适的时候，与购买方充分接触谈判，最终将资产出售给满足预期要求的购买方。但是其存在谈判时间长、谈判过程复杂的缺点。

3. 独立实体模式

在非经营性资产中，针对商店、招待所等有盈利能力的部分资产可以采用独立实体模式。独立实体模式是指这部分原本不参与市场竞争，但具有盈利能力的国有资产被剥离以后，以独立核算、自主经营、自负盈亏、自我发展的原则，成为独立运作的法人企业单位。独立实体模式可以充分调动职工的积极性，实现这部分资产效益的最大化。

4. 拍卖

剥离过程中，针对产权明晰的国有资产可以采用"招拍挂"的形式予以剥离，这样整个过程效率更高、操作性更强、透明度更高。尤其是与个别谈判相比，拍卖减少了寻找谈判方以及进行多次谈判等程序，而以一种成本较低的方式短时间内吸引各方投标者，并在规定时间内完成程序，节省了人力、时间。但是，出于历史原因，许多存在产权问题的国有资产则很难利用拍卖方式进行剥离，而且拍卖的过程中要注意保密性问题，同时也要考虑过度竞争造成的"暗箱操作"以及大众的市场反应等问题。

5. 其他

在剥离过程中，也要根据国有资产本身的性质与条件，灵活地选择合适的资产剥离方式，根据四川资源禀赋、经济水平、转型升级等任务，通过股权运作、价值管理等促进国有资产保值增值，积极培育一批、清退一批，打造更高质量的国有企业。

B.24
四川省电子商务发展形势分析研究[*]

徐维德　刘成高[**]

摘　要： 近年来，随着电子商务的迅速扩张进而出现行业拐点，我国电子商务发展目前已呈现出相对缓慢和平稳增长的态势，对其未来发展趋势和方向的讨论亦越来越受到关注。作为人口大省和消费大省，在产业升级、消费升级的大背景下，四川省电子商务行业如何因势利导，适应消费者对品质的追求，从而实现整个行业的可持续发展具有重要的理论意义和现实意义。本文以逻辑斯蒂模型为基础，对四川省电子商务行业的拐点问题进行了多方位研究分析。结果显示，四川省电商市场的拐点并未到来，2019 年及未来几年四川省电商市场仍将呈高速发展态势。

关键词： 四川省　电子商务　高速发展

一　问题的背景

近几年，电商界和学术界普遍认为，我国电商市场高速增长的黄金时期早已过去，正进入缓慢增长的后拐点阶段，进一步发展的空间不大。当前，

---

　　[*] 基金项目，中央高校基金项目（项目编号：JNB2014）。

　　[**] 徐维德，西南民族大学管理学院副教授，主要研究方向为网络营销、企业战略管理；刘成高，西南民族大学管理学院教授，主要研究方向为经济法、产业经济。

我国正在进行新旧动能转换，而发展电子商务正是其重要内容。不难理解，电商市场进入拐点不仅直接影响人们对未来电商市场的预判，也影响基于电商的各种对策调整，更会对国民经济的方方面面产生深刻影响。当然，作为全国电商的组成部分，四川省电商也必然直面这个问题。该问题又可以分解为如下几个关键问题：如何证明我国电商总体上已进入拐点？拐点在什么位置？四川省电商与全国电商是否同步发展等。经检索，未发现专门文献系统科学地研究上述问题。例如，关于我国电子商务已经越过拐点的论断只是相关专家、学者和业内人士根据个别年份的数据变化做出的直观判断，并未从电子商务发生、发展直至成熟的大趋势进行科学系统的分析，结论的正确性无法保证。至于四川省电商与全国电商在发展阶段上是否一致，是否存在差异等问题，则无任一文献涉及。本文将利用逻辑斯蒂模型确定我国电商市场的运行趋势线，并借助该趋势线研究四川省电商发展阶段的特殊性，然后科学合理地回答上述问题。

二　逻辑斯蒂模型介绍

事物的发展过程，既有正反馈效应的影响，也有负反馈效应的影响，是二者共同作用的结果，逻辑斯蒂模型正是研究这种情况的有力工具。以网络销售为例，在初始阶段，销售量很低，网络购物者很少，他们对周围人群的影响也小，由他们带动的新增购物者自然也少，行业呈缓慢发展态势。随着时间的推移，交易量不断增加，网购人数越来越多，并带动更多的人参与网购，行业发展速度逐步加快。在这里，发展速度与销售量呈同向变化，这种现象即为正反馈效应。

同时，另一种相反的力量却在阻碍事物的发展。首先，随着销售量的逐步增加，行业竞争加剧并推动成本上升，从而遏制行业的进一步发展。其次，随着网络购物市场的不断增长，涉及网络购物的各种欺诈行为数量激增，严重挫伤了人们的网购热情。另外，网络购物体验远不及实体店已是一个不争的事实。产品一般按照用户体验要求从低到高依次上网。随着网络购

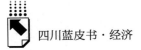

物市场的发展，未上网的产品要求的用户体验越来越高，因此上网难度越来越大。最后，随着网络交易量的不断增加，需要的物流能力必须同步得到提升。但是，物流建设需要投入一定的人力、物力和财力，存在一定的滞后性。物流的滞后性会严重挫伤消费者的购物积极性，这在购物旺季显得尤为明显。上述情况表明，随着交易量的增大，行业发展速度存在降低的趋势，这种现象就是负反馈效应。在电子商务的发展过程中，这两种现象同时存在并共同发生作用，其作用机制可用如下数学式（1）表示：

$$\frac{dy}{dt} = ky(M - y) \tag{1}$$

其中：t、y、M、k 分别表示时间、市场交易规模、交易规模极限、比例常数。求解上述方程，可得曲线方程（2）如下式：

$$y = \frac{M}{1 + Be^{-At}} \tag{2}$$

其中：$A = Mk$，B 为常数。方程（2）即为逻辑斯蒂曲线的数学表达式。图 1 是该曲线的图像：

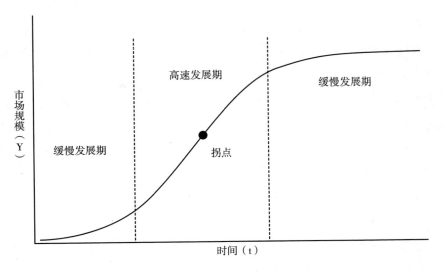

图 1　逻辑斯蒂曲线

图 1 显示，实际情况下电商行业的发展轨迹不是直线，而是 S 形曲线。这种曲线轨迹可分为三个阶段：第一阶段和第三阶段为缓慢发展期，时间跨度较长；第二阶段为高速发展期，时间跨度较短。

逻辑斯蒂曲线的几何特征具有以下三点。

（一）单调性

$$y' = \frac{ABye^{-At}}{(1 + Be^{-At})^2} > 0 \tag{3}$$

方程（3）表明：市场交易量是严格增函数，即电商市场的交易规模一般呈上升趋势。

（二）拐点

$$y'' = \frac{A^2Bye^{-At}(Be^{-At} - 1)}{(1 + Be^{-At})^3} \tag{4}$$

在方程（4）中，令二阶导数 $y'' = 0$，得 $t = \frac{\ln B}{A}$。其经济意义为：当时间为 $\frac{\ln B}{A}$ 时，曲线进入拐点，拐点是市场加速发展和减速发展的分界线；拐点前市场缓慢发展，逐步加速；拐点之后，速度逐步下降；拐点附近，发展速度最快。

（三）极限

$$\lim_{t \to \infty} \frac{M}{1 + Be^{-At}} = M \tag{5}$$

方程（5）表明：市场交易规模有最大值，随着时间的推移，电商市场将趋于饱和，该饱和值即为市场规模的极限。

三　对我国电子商务市场的回归分析

过去几年，我国电商市场的增速一直处于下降趋势。以网络交易零售额为例，2010 年达到 5141 亿元，比上一年增加 97.7%；2011 年下降 56%；2012 年略有上升，增速达到 64.7%；2013 年再次降至 42.8%。尽管以后年份增速有所波动，但总体仍然呈下降趋势，2017 年增速仅为 34.6%。据此，人们普遍认为，我国电商市场的拐点早已来临，未来增长速度仍会持续下降。至于拐点的具体位置，则无法判断，但电商市场进入拐点已是人们一致的认识。基于这种认识，电商企业纷纷调整自己的经营战略，应对未来的市场变化。当然，这种认识也必将深刻影响我国相关政策的制定和调整，毕竟发展电子商务是新旧动能转换的重要内容。为了避免战略误判，面对影响力如此巨大的行业发展趋势判断，客观上需要运用科学的方法和翔实的数据进行反复确认。经检索发现，人们得出这一结论的依据仅仅是 2015 年前后几年电商交易额的变化。不难理解，影响交易额的因素很多，既有交易模式本身的先进性和适应性，也有其他因素，仅凭几年的局部数据无法断定电商市场的发展趋势产生了根本逆转，没有掌握事物发展的总体态势就无法正确分析事物发展的拐点。其次，需要尽量丰富的不同时期的数据积累。每个数据都包含事物在不同发展阶段的信息。上述分析表明，逻辑斯蒂模型正好符合这些要求。

（一）数据准备

方程（2）中，参数 y 为交易规模或市场规模，既可为绝对量，也可为相对量。绝对量是指网络市场实际成交金额[①]。如果采用该指标，则很难满足逻辑斯蒂模型的要求。模型中 y 存在最大值，而实际交易金额很难确定最大值。另外，该指标容易受经济周期的影响。例如，在经济扩张期，网络交易量和线下交易量会同步增加；反之，则会同步下降。因此，该指标的变化不但包含电子商务本身的市场影响力，也包含经济周期的影响。相对量是指网络交易零售额占社会商品零售额的比例，该指标的最大值为 1，满足模型要求。另外，该指标消除了经济周期和其他因素对分子和分母的同向影响变

---

① 徐维德：《我国电商拐点与市场极限预测》，《合作经济与科技》2018 年 8 月。

化，能客观反映电子商务对经济的渗透。因此，为准确统计，本文采用该指标作为衡量电子商务市场规模的大小。表1列示了过去14年该数据的基本情况①，其中2017年数据来自国家统计局动态数据发布②。

表1　2004～2017我国网络零售占社会商品零售总额比例

单位：%

	2004	2005	2006	2007	2008	2009	2010	2011	2012	2013	2014	2015	2016	2017
比例	0.09	0.24	0.3	0.6	1.1	2.0	3.3	4.4	6.3	8.0	10.6	12.7	12.6	15.0

资料来源：中国电子商务研究中心和国家统计局。

从表1可以看出，我国网络交易零售额占社会消费品零售总额的比例总体呈上升趋势，在2014年以前加速趋势明显，随后速度趋缓。

（二）数据分析

对表1的数据进行回归分析，可得曲线方程。该方程（7）如下：

$$y = \frac{22}{1 + 130e^{-0.42t}} \tag{7}$$

可决系数 $R^2 = 0.92$。该值说明上述方程（7）能够很好解释我国电子商务发展的路径轨迹；拐点之横坐标为2014.6，即我国电子商务市场拐点位于2014年与2015年之间；$M = 22$，即市场规模的上限为22%，或电子商务的市场份额最多为22%。图2反映了回归曲线与实际数据的拟合情况。

（三）回归预测

利用回归曲线（7）计算相应的回归值，通过比较实际值和回归值的差

---

① 中国电子商务研究中心：《2016年度中国电子商务市场数据监测报告》，http://www.100ec.cn/zt/16jcbg/，2017年5月24日。

② 国家统计局：《2017年经济运行稳中向好，好于预期》2018年1月18日。

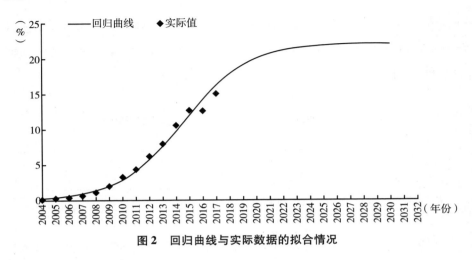

图2　回归曲线与实际数据的拟合情况

异可以直观判断回归曲线解释实际情况的程度,未来年份的回归值为预测值。表2列出了实际值与回归值的部分数据。

表2　回归值与实际值的部分数据

单位:%

时间	2010	2011	2012	2013	2014	2015	2016	2017	2018	2019	2020
实际值	3.3	4.4	6.3	8.0	10.6	12.7	12.6	15.0			
回归值	2.80	4.0	5.5	7.5	9.6	12.0	14.1	16.1	17.8	19.0	20.0

表2显示,未来三年的预测值分别为17.8%,19.0%,20.0%。即是说:尽管拐点在2014年和2015年之间就已经出现,但是未来三年我国电商市场仍有明显的发展。事实上,2018年前7个月的数据已能印证这种预测的准确性。据中国电子商务研究中心公布的数据,1~7月全国网上零售额47863亿元,同比增加29.3%,占社会消费品零售总额的比重为17.3%①。该数据和预测数据17.8%非常接近。不难想象,全年数据可能会更吻合。

---

① 中国电子商务研究中心:《2018年1~7月全国网上零售额47863亿》http://www.100ec.cn/detail-6465747.html,2018年8月16日。

四　四川省电商市场发展分析

四川省电子商务起步晚，但发展迅速。省委、省政府高度重视电商发展，从政策扶持到具体的组织实施，做了大量的成效显著的工作，取得了丰硕的成果。首先，针对电商的特点，出台了一系列优惠政策，主要包括《加快电商产业发展的实施意见》《电子商务业发展工作推进方案》《推进电子商务与快递物流协同发展实施方案》。其次，改革创新相关示范评价标准，争取在电商众创、农村电商、跨境电商等领域打造一批强势的本土平台。最后，将电子商务作为扶贫的重要手段，并大力组织实施。目前，全省网商超过 80 万家，其中平台企业 350 个，年销售额超过亿元的企业超过 30 家；全国 100 强网络零售企业 80% 落户在四川省；天府网交会成为业界重要事件，社会影响力不断提升；川酒、川茶、川家具等特色产业借助互联网获得快速发展；文轩网、映潮大数据、1919 等本土网络企业迅速成为全国行业领军企业。

面对如此大好形势，四川省电商会继续高歌猛进，还是跟随全国形势一道进入缓慢发展阶段？这是一个包括政府和企业界各方都需要高度关注的问题。不难理解，四川省电子商务的发展轨迹也为逻辑斯蒂曲线，但要回归出曲线方程必须拥有足够的数据支撑。经检索，笔者仅发现近四年的相关数据。由于数据较少，本文拟采用比较法分析四川省电商的发展规律，即以全国电商回归曲线（7）为参考，结合四川省近四年的具体数据，推测四川省电商回归曲线的相对位置，从而作出相应判断。

近四年四川省相关数据如下：2014 年社会商品零售额 12393.0 亿元，其中网络零售额 180.5 元，同比增长 59.9%[①]；2015 年社会商品零售额 13877.7 亿元，其中网络零售额 333.1 亿元，同比增长 78.7%[②]；2016 年社

[①]　四川省统计局：《2014 年四川省国民经济和社会发展统计公报》，http：//www. sc. stats. gov. cn/sjfb/tjgb/201503/t20150309_ 179780. html，2015 年 3 月 9 日。

[②]　四川省统计局：《2015 年四川省国民经济和社会发展统计公报》，http：//www. sc. stats. gov. cn/sjfb/tjgb/201602/t20160225_ 201907. html，2016 年 2 月 25 日。

会商品零售额 15501.9 亿元，其中网络零售额 442.5 亿元，同比增加 29.8%[①]；2017 年社会商品零售额 17480.5 亿元，其中网络零售额 601.7 亿，同比增加 33.4%[②]。仅从网络零售绝对数的变化趋势来看，四川省电商市场确有减缓的趋势，这是进入拐点的典型特征。表 3 列示了四川省网络零售绝对额的变化情况。

表 3 2014～2017 四川省网络零售额变化情况

单位：亿元，%

年份	2014	2015	2016	2017
网络零售额	180.5	333.1	442.5	601.7
增速	59.9	78.7	29.8	33.4

资料来源：四川省统计局。

正如上文所述，网络零售额作为绝对指标不能准确反映电子商务对经济的影响，只有采用相对指标，即网络零售额占社会商品零售总额的比例才能得出客观公正的结论。表 4 是 2014～2017 年四川省网络零售额占社会商品零售总额的比例。

表 4 2014～2017 年四川省网络零售占社会商品零售总额比例

单位：%

年份	2014	2015	2016	2017
占比	1.5	2.4	2.85	3.44

由表 4 可见，四川省电子商务在经济中的影响仍然处于加速阶段，这是拐点前的典型特征。这表明：若以全国电商回归曲线（7）为参照，四川省电商回归曲线位置右移，且目前尚未到达拐点。也就是说，从发展阶段来考

---

① 四川省统计局：《2016 年四川省国民经济和社会发展统计公报》，http：//www.sc.stats.gov.cn/sjfb/tjgb/201703/t20170306_ 230613.html，2017 年 3 月 4 日。

② 四川省统计局：《2017 年四川省国民经济和社会发展统计公报》，http：//www.sc.stats.gov.cn/sjfb/tjgb/201802/t20180228_ 254426.html，2018 年 2 月 28 日。

察，四川省电商与全国水平并不同步，存在一定的差异。当前全国电商总体上确已越过拐点，进入缓慢发展阶段，然而四川电商却尚未进入拐点，仍处于高速发展期。事实上，四川省统计局发布的数据已证明了这点。2018年上半年，四川省商品零售7420.8亿，同比增长11.5%，其中通过互联网实现商品零售379.9亿，同比增长38.9%，占社会消费品零售总额的5.12%[①]。

五　总结

在发展阶段上，四川省电子商务与全国水平并非一致，二者存在一定的差异。从全国范围考察，电商市场的拐点出现在2014年与2015年之间，目前处于拐点后的缓慢增长阶段，这与目前的一般看法基本一致。然而，从四川省范围来考察，电商市场的拐点仍未到来，目前仍处于拐点前的快速上升期，未来若干年仍将呈加速上升态势。

---

① 四川省统计局：《上半年四川消费品市场运行平稳》，http：//www. sc. stats. gov. cn/tjxx/tjfx/qs/201807/t20180731_ 264638. html，2018年8月1日。

B.25
四川省人才安居研究报告[*]

田 焱[**]

摘 要： 近年来，随着地方经济、社会、产业以及人口等情势广泛而深刻地变化，为增强市场和城市竞争力，珠江三角洲和长江三角洲等经济发达地区的城市，率先实施了人才战略，并强力推出了一系列人才安居政策和办法。发达地区大大影响、启发和促进了四川省攀枝花、广元和成都等部分城市人才安居工作的开展。这些城市先后初建了人才安居政策体系，构建了相应的运行机制，并建设与筹集了一定体量的房源。然而，值得注意的是，由于四川省的人才安居工作刚刚起步，不仅在消费需求、住房保障和住房消费等理论方面，迫切需要予以厘清，而且在相关宏观和微观现实层面，如人才安居与住房市场协调发展、防止住房福利固化与扩大、减轻地方财政负担，以及在产业发展项目 - 企业 - 人才系统中提供有效住房要素保障等具体环节上，更应加以思考与布局，从而更加顺利地推动人才安居工作发展。

关键词： 人才 安居 四川省

---

* 本报告系四川省社会科学院、四川省机关事务管理局的"四川省级单位新进公务员和交流干部住房保障问题及其对策研究"基金项目（17Y5030）辅助性研究成果之一。

** 田焱，四川省社会科学院产业经济研究所副研究员，主要研究方向为房地产经济、住房保障、公共管理。

一 人才安居的相关背景

（一）相关现实背景

2010 年以来，伴随地方经济、社会、产业以及人口等广泛而深刻的变化，为增强市场竞争力和城市吸引力，广州、深圳、南京、上海、杭州、厦门、武汉等经济发达城市，先后实施了人才战略，并配套性地推出了一系列优惠鼓励政策，尤其突出了人才安居政策及办法。这一政策，不仅及时有效地解决了各类人才的后顾之忧，还将当地住房制度改革推到了一个新的高度，产生了明显的示范效应，甚至在住房制度改革创新领域，提出了一系列新的理论与实践问题。

（二）相关理论背景

1. 理论支撑的迫切性

城镇住房制度改革以来，我们的城镇住房制度实际上是一种由市场与保障构成、双轨并行的制度体系，而在这一体系的两大系统之间，又存在一个较大而又被制度边缘化了的"夹心层"系统。这一系统的主体构成部分正好是各类人才，他们往往既享受不到保障政策，又买不起市场住房。对此，近年来全国一些人口净流入压力较大的城市，先后做出了相应的人才安居政策安排。但是，这些政策的提出实施，现实冲动明显远胜于理论思考。因为该群体情况特殊与敏感，加上经济社会发展水平不一等诸多因素，所以应及时关注人才安居相关的理论支撑，其中，迫切需要厘清消费需求、住房保障和住房消费等方面的理论支撑。

2. "消费需求"理论支撑

从马克思曾经提出过的"衣、食、住是人的第一需要"理论观点看，满足包括人才在内的每个人日益增长的物质文化需要也是我国社会主义生产的主要目的之一，而住宅是其生活的基本物质资料，是其生存与发展之需要。同时，恩格斯也曾在《论住宅问题》一书中提出："并不是解决住宅问题同时使社会问题得到解决，而只是由于解决社会问题，即由于废除资本主义生产方式，才使解决住宅问题成为可能。"① 这些论述让我们清楚地认识到：我们以公有制为经济基础的社会主义国家，在经济社会发展过程中，包括人才安居中的住宅问题，完全应当且能够得到更好的解决。事实也证明了，我国近几十年经济社会发展的突飞猛进，与市场机制决定性作用和政府适时适度的干预等密不可分。这也就表明了，人才安居，早已成了整个经济社会发展中不可或缺的重要组成及支撑之一。这些在资本主义生产方式的国家里，是难以想象的。

3. "住房保障"理论支撑

曾有学者提出过："一方面市场经济是高效率经济，利润最大化原则为经济发展（包括房地产产业及其市场）提供了强大的动力；另一方面市场经济又是高风险经济，风险造成的社会震荡又会成为经济发展的强大阻力和干扰因素。"② 这也就是说，在住房资源配置领域，除市场机制外，还必须有一种稳定的机制来加以缓冲，即必须要有科学合理的住房保障体系或办法来加以支撑。同时，应当看到，住房是一种典型的消费品，其分配同样离不开拍卖、排队和行政配给三种形式及其组合形式，即"在当代一切社会制度中，是以上三种基本方式及其组合形式占据着统治地位"③。通俗地讲，这些方式实际也就是通常所说的家庭和市场住房（拍卖）等"自力保障"、集资和合作住房（排队）等"互助保障"，以及廉租、公租、经济适用和限价商品住房（行政配给）等"社会保障"。因此，人才安居制度安排必然也就内含"住房保障"的概念及元素。但是，无论是从理论还是从现实角度看，人才安居中隐含的保障元素及意义应当有别于传统基本住房保障。其中，最大的区别就在于，传统基本住房保障的直接目的是解决低收入家庭的

---

① 恩格斯：《论住宅问题》，载《马克思恩格斯文选》（两卷集，第一卷），外国文书籍出版局1954，第566~567页。
② 褚超孚：《城镇住房保障模式研究》，经济科学出版社，2005，第21页。
③ 宋春华：《房地产大辞典》，红旗出版社，1993，第20页。

基本居住问题，而人才安居中，除极少部分与传统基本住房保障相同、相近或相似外，绝大部分解决的是改善性居住问题。因此，在人才安居制度安排中，无论是在保障力度、保障资源供给等方面，还是在处理公平效率关系和确保社会福利免于倒置等方面，都有待在理论和现实层面予以澄清和把控。

4. "住房消费"理论支撑

"梯度消费"及其过滤理论和模型为我们提供了这样一种重要思路。首先，当住房供应体系发展至一定阶段，即在居民家庭住房供需基本平衡时，住房的供应体系应从以住房的全面更新改造或新建住房为主转变为以长期利用旧房为主。其内在原因就在于分层供应和进行结构化梯度消费是客观必要的。其次，此时政府在住房保障体系上应及时改变方式，即以旧住房为主渠道，为低收入阶层提供保障型住房。在补贴方式上，从以"补砖头"为主转向以"补人头"为主，从而提高政府的补贴效率。以此类推，在具体的人才安居过程中，必须充分考虑与照顾到人才群体的阶递差异性，以明确与推进政府（和社会）的差异化住房优惠支持。

二　人才安居的政策设计与实施

（一）构建相应政策体系

受经济发达地区及城市的人才战略及其人才安居实践的影响与启示，四川省内攀枝花、广元和成都等部分城市也逐渐拉开了人才安居工作的序幕。2013 年 1 月 1 日，攀枝花市制定与实施了《攀枝花市人才公寓入住管理暂行办法》和《攀枝花市职工周转房入住管理暂行办法》。其后，在上述两个暂行办法的基础上，根据相关情势发展变动及需要，并结合《中共攀枝花市委办公室、攀枝花市人民政府办公室关于印发〈攀枝花市高层次人才引进稳定培养办法〉的通知》（攀委办发〔2014〕27 号）以及《关于印发〈攀枝花市高层次人才引进稳定培养办法〉实施细则（试行）的通知》（攀人社〔2015〕352 号）等有关规定，于 2016 年 9 月 8 日制定、发布与实施了《攀枝花市人才公寓入住管理实施细则》和《攀枝花市职工周转房入住管理实施细则》，进一步完善了人才公寓和职工周转房政策。紧接攀枝花的人才安居实践，广元市基于自身的迫切需求，借鉴外地的经验（尤其是攀枝花市的经验），也加快了探索人才安居的步伐，并于2016年底正式提出了《广元市青年干部公寓房源筹集和管理实施方案》，从而为青年干部以及人才安居，奠定了相应的政策基础。

与此同时，经过长时间的酝酿与准备，自2016年下半年开始，成都市的人才安居工作也明显提速。在《关于创新要素供给培育产业生态提升国家中心城市产业能级若干政策措施的意见》（成委发〔2017〕23号）等文件的指引下，不仅研究制定了《关于建设各类人才公寓和产业园区配套住房的实施方案》，而且陆续配套制定与实施了《关于创新要素供给培育产业生态提升国家中心城市产业能级的人才安居工程的实施细则》《拍卖土地建设租赁住房管理暂行办法》《成都人才住房建设标准（试行）》等一系列文件，初步建立起服务各类人才、租售补并举等多样化、梯度式的人才安居政策体系。成都市还不断完善政策设计及配置，起草了《成都市人才公寓租售管理办法》，以进一步规范人才公寓租售程序，并增加共有产权购买方式，落实租金补贴和购房补贴等人才安居支持政策。

（二）构建相应运行机制

为促进人才安居工作的有效开展，攀枝花和广元两市结合自身条件和需求，基本构建了主要由市机关事务管理局牵头，用人单位及其主管部门、不动产登记部门、市委组织部（主要复核人才类别等资格）、市人力资源社会保障局分工协作的人才安居管理体制机制。其中，又针对申请存疑等情况，设置了市机关事务管理局与市人力资源社会保障局会商协调处理机制。

相较于攀枝花和广元两市，成都市引进的人才总量、更大结构更复杂，人才安居工作开展的难度更高，故成都市确立了由市委组织部总牵头，人社部门、房管部门、经信部门、国土部门等市级部门以及各县（市、区）政府（管委会）和国有开发企业分工协作的人才安居运行机制，并在人才公寓和产业园区配套住房建设推进中，建立了"特事特办"和问题会商机制，加快人才住房建设进度。同时，还建立了全市统一的"人才安居信息服务网络平台"，通过系统实现人才安居统一网上申请审核、资格公式、房源展示、配租配售、后期管理等功能，并授予市、区两级组织、经信、人社、房管、国有企业等相应的使用权限，形成市级统筹、属地管理的运行机制和房管部门牵头、多部门参与的服务机制，实现人才安居资格申请"不跑路"，租赁入住"只跑一次路"的便捷服务模式。成都还落实人才购房支持服务，专门开设绿色通道，增设"人才及重大项目购房服务"窗口，采取"一人一档"管理方式，实现为高端人才"一对一"服务。

（三）房屋建设与筹集情况

1. 攀枝花市的相应情况

攀枝花市的人才安居办法主要是提供人才公寓，该公寓产权性质为国有产权。人才公寓建设资金由政府财政（预算）直接支持和财政担保争取的公积金贷款组成。房屋建成运营所需的资金，如维修资金等，由地方财政负责支付。此批人才公寓始建于2010年10月，2014年7月建成验收并投入运营，占地30亩，共200余套（精装修，家具家电齐全，可拎包入住）。人才公寓共分为大小两种户型：大户型（面积128平方米/套）近60套，入住博士及以上高层次人才；小户型（面积64平方米/套）近200套，入住硕士等第七、第八类人才和其他类申请对象。以上房屋租期原则上为三年，确实需要可续租一年，其后必须退出或按市场租金计租。同时，为加强管理、优化服务，业主单位机关事务管理局对人才公寓（和职工周转房）住宅小区的绿化、安保、保洁等物业管理工作采取了"集中打包、公开招标"的方式面向社会购买服务。在市政府的重视支持下，该居住小区内也新增了亮化工程和安保工程（全域闭路监视），安装了纱窗、晾衣设施，开设了购物超市，还协调有关单位开通了公交车。

2. 广元市的相应情况

广元市的人才安居主要通过青年干部公寓来解决，其建设筹集渠道完全由原建设立项的部分公共租赁住房划转而来。首次筹集的房源位置较好，位于东坝莲花村，距市行政中心约 2 公里，共 23 层 100 余套。同时，该公寓户型均为两室一厅，单套建筑面积 60 平方米左右。另外，为统一规范管理，市机关事务管理局制定了相关管理制度，集中办理了天然气开户业务，降低了入住门槛，并积极申请为青年干部公寓添置了空调、书桌、窗帘、床垫等设备，基本实现了提包入住，并落实了专人负责，实行"一站式"服务，按照"一户一档"完善资料收集。

3. 成都市的相应情况

为满足人才安居的迫切需要，成都市于 2017 年制定了五年建设计划。该建设计划要求，2017～2021 年，全市将建设人才公寓和产业园区配套住房 2700 多万平方米、30 多万套。截至 2018 年 8 月，已落实项目 62 个，建设面积近 900 万平方米。这些项目被并纳入 2018 年开工目标任务和《成都市高品质公共服务设施体系建设改革攻坚计划》，确保 2021 年全部建设交付。与此同时，成都市还兼顾增量供给与存量挖潜，拓宽人才住房筹集渠道，组织清理了国有企业闲置房源、拆迁安置剩余房源等各类住房，统筹用于人才租住，并同步开展拍卖土地，以配建租赁住房工作，优先保障人才住房需求。目前 62 个人才公寓和产业园区配套住房项目中，37 个项目已完成用地出让，已完成用地出让的项目中，22 个项目已开工建设。

三　人才安居的相关思考与建议

（一）宏观层面的思考与建议

总体上讲，攀枝花、广元和成都三市的做法，为解决川内人才安居的长远性、阶段性、临时性、过渡性难题，提供了一种思路和经验。这些做法，虽然看似缺乏上位制度（如国家或省级顶级制度）的依据支撑，甚至有悖于停止住房实物分配、逐步实行住房分配货币化的房改大政策，但我们也应当看到它的优点。其一，在一定程度上，这可以视为现行城镇住房保障政策的延伸、对接、补漏。其二，这并未违反国家和地方的现行财政制度及纪律，无国有资产流失之嫌。其三，更为重要的是，现阶段其的确也可满足人才安居应急之需。

然而，不可否认的是，由于各地经济社会发展、财政收入和人民生活水平不同，当前川内城市的作法也存在一些可改进之处。一方面，财政支持的差异必然存在，且从国家或省级的层面，很难在制度或实际资源支持上予以协调平衡。另一方面，攀枝花和广元两市的做法，方式单一，如若面对较大的人才安居需求及规模，则必然存在一定局限性和发展的可持续力不足等问题；而成都虽方式多样，但规模的扩大，必然给地方财政和相关政府平台公司等带来较大的压力，且各种方式在实际运用中的协调度也极难把控。此外，人才安居规模和力度过大，以及相关福利固化等问题，必然会对住房市场和保障等产生较大的挤出效应，甚至制造出新的市场或保障恐慌和不公平等弊端。

基于此，借鉴与运用以上做法，必须因地因事制宜，防止其福利的固化与扩大，尤其应严控地方政府财政负担的扩大和国有资产的间接流失，更应按照习近平总书记提出的"坚持房子是用来住的，不是用来炒的定位"，加快建立多主体供给、多渠道保障、租购并举的住房制度①，全面稳妥地选择与运用人才安居做法。

（二）微观层面的思考与建议

从人才安居当前及未来的具体发展过程看，更多微观层面的问题可能一一显现。例如，受房地产市场调控和金融政策持续收紧等影响，国有平台公司或开发企业资金压力将不断增加，融资和负债压力也将相应加大。又如，由于包括租赁型人才公寓在内的长租型住房建设比重加大，投资和运营成本较高，且投入回收期长等因素，其他市场主体难以实质性介入。此外，人才

---

① 习近平：《决胜全面建成小康社会－夺取新时代中国特色社会主义伟大胜利——在中国共产党第十九次全国代表大会上的报告》，人民出版社，2017，第47页。

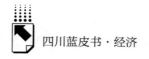

安居主要依靠人才申请，其作用力分散，很难针对性地落实惠及到各具体重大项目和重点企业上面，亟待在微观层面采取若干具体的工作措施予以解决。

1. 健全人才安居协调及促进机制

各相关城市应当因业因时制宜地建立人才工作领导小组（或采取联席会议制度），以统筹开展当地人才安居工作，审议协调相关重大事项。同时，应不断强化人才安居项目及住房建设（包括其他房源筹集）的督查考评，将项目各相关实施及管理主体全部纳入市委、市政府考核目标，以确保项目选址、土地出让，以及建设计划按期保质完成。

2. 优化人才安居配套支持措施

为确保人才安居项目落到实处，并促进其可持续发展，首先，要进一步创新供地政策，例如将租赁年限、销售对象等因素作为人才安居用地价格评估参考要素，降低人才安居项目的供地价格。其次，应及时落实人才安居建设规划，加快土地上市进程并安排、落实好相应的环境、各种基础设施及公共服务设施等配套规划。再次，在设区的市，应支持和鼓励市、区两级国有平台公司及开发企业协商共建，即采取合作共建或由区属国有企业自建（自筹）的方式。最后，应采取组合式降低投资和运营成本的方法，让国有企业进一步减轻压力，并有效促进其他非国有主体参与人才安居建设及运营。对此，各地可加快出台《人才公寓租售管理办法》，在人才安居"租售并举""先租后售"的基础上，探索试点共有产权安居方式，由国有企业和购房人才共有房屋不动产份额，促进资金回笼。同时，在租房期间，房租价格完全市场化，且同步加入政府和项目及其企业一定比例的租金补贴。

3. 突出对产业功能区和重点企业的服务

在人才安居需求较大的城市（例如成都），或成都德阳等同城化较高水平的区域，可以探索面向投资和赋税达到一定额度的重大项目和重点企业定向配租配售的方式，由企业组织员工租赁购买。同时，也可结合同一城市或区域产业功能区和特色区域（含特色小镇等），以及产业发展实际，实行差别化人才安居政策及方法，制订差异化认定标准。另外，应当尽快制订与完善人才综合评定办法，即将人才在岗工作情况、纳税情况和企业贡献等作为评价要素，实现人才精准识别与服务，并加强人才安居政策和服务的宣传引导，形成显著的引才聚才效应，推进人才安居的良性发展。

B.26
四川民族地区健康
中国战略实施路径研究

李晓丰　曹羽茂*

摘　要：　《"健康中国 2030"规划纲要》对实现健康中国提出了具体目标和规划，本文根据规划中的指标将四川民族地区健康状况与四川省、全国平均水平做横纵向比较，通过评估发现民族地区健康状况不乐观且与其他地区差距明显。因此我们必须着重补齐实现健康中国战略的短板，提高民族地区医疗卫生服务公平性和可及性，改善生态环境，加强健康卫生教育，促使民族地区群众形成健康行为习惯，不断提升民族地区群众健康素质。本研究对于四川民族地区实现健康中国战略、健康扶贫具有重要理论、实践意义。

关键词：　健康中国　民族地区　医疗卫生服务

　　四川省是一个多民族聚居的人口大省，有我国最大的彝族聚居区、第二大藏区和唯一的羌族聚居区。改革开放以来，受区位因素、自然环境、生活方式、风俗习惯等影响，民族地区已集革命老区、地方病高发区、生态脆弱区、扶贫重点区等于一体，与省内和省外其他地区相比，社会、健康、环境、经济水平差距逐渐加大。

---

* 李晓丰，博士，西南民族大学讲师，研究方向为公共事业管理；曹羽茂，四川社会科学院副编审。

推进健康中国建设、实现全民健康是实现全面建成小康社会的基石、核心和保障，是民族昌盛和国家富强的重要标志，因而在当前《"健康中国2030"规划纲要》指导下，我们要着重关注健康水平、健康生活、健康环境、健康服务和健康产业等发展滞后的民族地区，补齐实现健康中国战略的短板。

一 四川民族地区健康现状评估

（一）评估四川民族地区健康现状

根据《"健康中国"2030规划》核心指标（即健康水平、健康生活、健康服务与保障、健康环境和健康产业五个维度），设计和获取四川民族地区核心指标现状数据，与全国平均水平和《"健康中国2030"规划》进行横纵向比较，通过定量与定性相结合的方式形成评价结论。

1. 民族地区健康水平较低

《"健康中国2030"规划》中共有五个具体指标衡量健康水平，如表1所示。本研究梳理四川民族地区（为方便统计，本文以阿坝、甘孜和凉山三个少数民族自治州为四川民族地区）已发布的相关数据，以人均预期寿命和妇幼健康水平两项标准初步反映四川民族地区健康水平状况。

表1 《"健康中国2030"规划》中健康水平目标

指标	2015	2020	2030
人均预期寿命（岁）	76.34	77.3	79.0
婴儿死亡率（‰）	8.1	7.5	5.0
5岁以下儿童死亡率（‰）	10.7	9.5	6.0
孕产妇死亡率（1/10万）	20.1	18.0	12.0
城乡居民达到《国民体质测定标准》合格以上的人数比例（%）	89.6	90.6	92.2

（1）人均预期寿命

由于数据可获取性的问题，四川民族地区人均预期寿命只有2010年人口普查结果，近年来该数据是以省为单位做统计的，所以在本项指标比较上，本文还采用了地区人口数、人口自然增长率和 60 岁及以上人口比重等三项指标，试图分析四川民族地区人口寿命情况。从表 2 可以看出，2010 年四川省人均预期寿命低于全国水平 0.08 岁，民族地区人均预期寿命低于四川省和全国平均水平，其中，凉山州人均预期寿命为 72.26 岁，属三州地区最长的，但仍低于全国 2.57 岁，低于四川 2.49 岁。截至 2016 年，全省人均预期寿命达到 76.67 岁。从人口结构上看，一直以来三州地区人口自然增长率均远高于全省平均水平，但 60 岁及以上人口比重却与之相反。加上不考虑战争和重大灾难疫情因素影响外，人均预期寿命具有缓慢变化特征，可推测 2015 年和 2016 年民族地区人均预期寿命与四川省和全国平均水平仍存在较大差距。

表 2　各地区人口结构及人均预期寿命比较

年份	地区	人口数（万人）	自然增长率（‰）	60 岁及以上人口比重（%）	人均预期寿命（岁）
2010	全国	133281	4.79	13.32	74.83
	四川省	8041	2.31	15.9	74.75
	阿坝州	89.88	5.26	12.8	72.13
	甘孜州	106.06	5.9	11.5	72.10
	凉山州	478.94	5.92	11.3	72.26
2015	全国	137462	4.96	16.1	76.34
	四川省	8204	3.36	19.61	76.35
	阿坝州	93.01	5.12	14.32	
	甘孜州	116.49	7.16	11.90	
	凉山州	468.00	8.49	12.53	
2016	全国	138271	5.86	16.7	76.5
	四川省	9137.03	3.49	20.02	76.67
	阿坝州	91.95	5.66	14.85	
	甘孜州	110.10	6.26	12.40	
	凉山州	512.36	7.98	12.83	

资料来源：《中国统计年鉴》《四川统计年鉴》《四川卫生和计划生育统计年鉴》。

（2）妇幼健康水平

根据《"健康中国 2030"规划》中的指标和现有资料，仅找到 2016 年民族地区阿坝州的婴儿、5 岁以下儿童和孕产妇死亡率数据。为保证结论的有效性，保证数据能全面客观反映民族地区妇幼健康水平，本文又选取了2016年民族地区5岁以下儿童低体重患病率、住院分娩率等5项数据进行分析。

从纵向上看，阿坝州婴儿死亡率由2010年的16.49‰下降到2016年的8.9‰，5岁以下儿童死亡率由2010年的18.84‰下降到2016年的11.07‰，两项死亡率都有效降低。但从横向上看，2016年四川省前两项死亡率均低于全国平均水平，而阿坝州婴儿死亡率高于全省2.9个千分点，高于全国平均水平1.4个千分点；5岁以下儿童死亡率高于全省2.81个千分点，高于全国0.87个千分点；孕产妇死亡率超过全省13.96/10万和全国14.34/10万。据《阿坝统计年鉴2016》描述，2016年阿坝州婴儿死亡率和孕产妇死亡率均低于全省民族地区平均水平。

此外，从表4中可以看到，四川民族地区3岁以下儿童系统管理率、7岁以下儿童保健管理率、孕产妇系统管理率和住院分娩率均低于全省平均水平，且差距明显，而提高这些指标的数值正是降低婴儿、儿童和孕产妇死亡率的前提条件和基础工作。可见，民族地区妇幼健康管理水平较低，距离《"健康中国2030"规划》目标还有巨大差距。

表3　2016年地区间各项死亡率比较

地区	婴儿死亡率(‰)	5岁以下儿童死亡率(‰)	孕产妇死亡率(1/10万)
全国	7.5	10.2	19.9
四川省	6.00	8.26	20.28
阿坝州	8.90	11.07	34.24

资料来源：《中国统计年鉴》《四川卫生和计划生育统计年鉴》。

表4　2016年各地区儿童保健和孕产妇保健情况

单位：%

地区	5岁以下儿童低体重患病率	3岁以下儿童系统管理率	7岁以下儿童保健管理率	孕产妇系统管理率	住院分娩率
四川省	1.15	94.34	93.83	93.75	99.00
阿坝州	1.22	83.11	84.60	77.78	89.28
甘孜州	4.24	86.27	87.39	85.46	88.42
凉山州	1.02	80.85	75.85	72.89	90.15

资料来源：《四川卫生和计划生育统计年鉴》。

《"健康中国 2030"规划》中健康水平的测量指标还有城乡居民达到《国民体质测定标准》合格以上的人数比例，由于 2015 年前各地未统计该数据，因此本文无法对这一指标做出比较分析。《四川省全民健康素养促进行动规划（2016~2020）》中提到，到 2020 年全省城乡居民达到《国民体质测定标准》合格以上的人数比例将达到 87.2%，这距离全国 90.6% 的目标仍有差距。

2. 民族地区亟须倡导健康生活

《"健康中国 2030"规划》中共有两个具体指标衡量健康生活（见表 5）。由于数据缺失，本文主要依据 2015 年四川省体育局发布的《2014 年四川省国民体质监测公报》和《2014 年四川省全民健身活动状况调查公报》对四川省健康生活做评估。

表5　《"健康中国 2030"规划》中健康生活目标

指标	2015	2020	2030
居民健康素养水平(%)	10	20	30
经常参加体育锻炼人数(亿人)	3.6*	4.35	5.3

注:* 为 2014 年数据。

统计资料显示，2014 年四川省经常参加体育锻炼的人数比重为 28%，低于全国平均水平 5.9 个百分点，公共体育基础设施建设滞后是制约人们参加健身运动的最大因素。此外，四川省国民体质总体合格率为 83.7%，在全国 31 个省（区、市）中排 27 位，低于全国平均水平 5.9 个百分点；综合体质指数为 99.292 分，在全国排 15 位，低于全国 100.54% 的平均水平。因而四川全省包括民族地区都应积极倡导健康生活，提高健康水平。

表6　2014 年地区间健康生活方式比较

单位：%

地区	经常参加体育锻炼人数比重	国民体质总体合格率
全国	33.9	89.6
四川省	28	88.3

资料来源：《2014 年四川省国民体质监测公报》。

3. 民族地区健康服务可及性差

《"健康中国2030"规划》中共有三个具体指标衡量健康服务与保障（见表7）。由于部分数据无法获取，本文主要以各地卫生资源情况，即每千人口卫计人员、执业（助理）医师、注册护士和医疗机构床位数来说明民族地区健康服务与保障水平。

表7　《"健康中国2030"规划》中健康服务与保障目标

指标	2015	2020	2030
重大慢性病过早死亡率(%)	19.1(2013年)	比2015年降低10%	比2015年降低30%
每千常住人口执业（助理）医师数（人）	2.2	2.5	3.0
个人卫生支出占卫生总费用的比重(%)	29.3	28左右	25左右

从表8中可以看出，与全省平均水平相比，阿坝州和甘孜州每千人口卫计人员分别为6.62人和5.64人，均高于全省平均水平（5.43人），阿坝州高于全国平均值（6.12人），凉山州每千人口卫计人员（4.26）仅为全国平均值的69%；阿坝州平均每千人口拥有执业（助理）医师数2.29人，高于全省平均值（2.04人），且与全国平均水平（2.31人）仅差0.02人；甘孜州和凉山州平均每千人口拥有执业（助理）医师数为1.47人和1.44人，低于全省平均水平，仅为全国平均值的63%和62%，同时与《"健康中国2030"规划》中2015年目标差距明显；民族地区每千人口注册护士数也都低于全省和全国平均水平，其中甘孜州每千人口注册护士数在民族地区最少；阿坝、甘孜和凉山州每千人口拥有医疗机构床位数分别为4.76、4.28和4.86张，均远低于全省和全国平均水平，这都与民族地区承担的任务严重不相适应。此外，2016年四川省个人卫生支出占卫生总费用的比例为29.7%，高于全国29.3%的平均水平，说明全省个人医疗卫生费用负担比重大。

以上数据均表明，民族地区医疗卫生专业技术人员匮乏，公共卫生基础设施不足，医疗卫生资源供需矛盾大，医疗卫生服务可及性差，这直接导致民族地区人民难以享受公平、可及、高效的基本医疗和公共卫生服务。

表8　2016年各地区卫生资源情况

地区	每千人口卫生技术人员数（人）	每千人口执业（助理）医师数（人）	每千人口注册护士数（人）	每千人口医疗机构床位数	个人卫生支出占卫生总费用的比重（%）
全国	6.12	2.31	2.54	5.37	29.3
四川省	5.43	2.04	2.27	6.28	29.7
阿坝州	6.62	2.29	2.00	4.76	
甘孜州	5.64	1.47	1.52	4.28	
凉山州	4.26	1.44	1.79	4.86	

资料来源：《四川卫生和计划生育统计年鉴》。

4. 民族地区健康环境有待优化

《"健康中国2030"规划》中共有两个具体指标衡量健康环境（见表9）。采用这两项指标可以了解威胁人类健康的工业气体污染和水污染状况，以此严控废气污水等污染物排放量，保证空气清新、河流无污、绿色发展。

表9　《"健康中国2030"规划》中健康环境目标

指标	2015	2020	2030
地级及以上城市空气质量优良天数比率（%）	76.7	>80	持续改善
地表水质量达到或好于Ⅲ类水体比例（%）	66	>70	持续改善

但一直以来，民族地区健康环境的重要威胁因素并不是二氧化硫、氮氧化合物等主要污染物，从表10中2016年民族地区地级及以上城市环境空气质量统计数据就可以看出，民族地区空气质量达标率远高于四川省和全国平均水平。所以，评估民族地区健康环境的主要指标是对人们身体健康影响较大的城乡环境卫生、农村改水改厕和病媒生物防治等状况。由于部分指标难以量化和获取，本文选取民族地区地方性氟中毒（水型）防治率作为评估民族地区健康环境的依据。

表10　2016年地级及以上城市环境空气质量情况

地级及以上城市	环境空气质量优良天数比率(%)	地级及以上城市	环境空气质量优良天数比率(%)
全国	78.8	康定市	97.7
四川省	78.8	西昌市	98.8
马尔康市	100.0		

资料来源：各地环境保护局官方网站。

　　地方性氟中毒是由于环境中含氟过多，居民通过饮水、食物等途径摄入过多氟而产生氟斑牙和氟骨症的慢性中毒性疾病，属于地方病的一种。表11中数据显示，2016年四川省地方性氟中毒的病区县共有12个，全省21个市（州）中甘孜州和凉山州共有病区县5个，病区村个数占全部数的36%，氟斑牙患病人数共计2580人，氟骨症患病人数共计758人，占全省患该病症总人数的15%和76%，其中凉山州氟斑牙患病人数排全省第二，氟骨症患病人数排全省第一。可见，民族地区改水工程任重道远。

　　此外，还有一些因自然环境、卫生条件、个人行为产生的大骨节病、碘缺乏病、克山病、艾滋病、包虫病等少数民族地方病，仍是制约群众健康素质提升的因素，而防治这些地方病的最有效措施就是优化民族地区健康环境。

表11　2016年各市（州）地方性氟中毒（水型）防治情况

地区	病区县个数	病区村个数	病区村人口数（万人）	已改水		现病症人数	
				村个数	受益人口（万人）	氟斑牙	氟骨症
总计	12	94	18.62	87	13.93	16842	997
攀枝花市	2	19	4.57	19	4.57	52	25
绵阳市	2	4	0.77	4	0.77	20	0
德阳市	1	15	3.11	15	3.11	8	0
雅安市	2	22	2.63	20	1.73	14182	214
甘孜州	1	9	0.38	8	0.37	91	123
凉山州	4	25	7.16	21	3.38	2489	635

资料来源：《四川卫生和计划生育统计年鉴》。

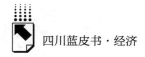

5. 民族地区健康产业发展滞后

《"健康中国2030"规划》中有一个具体指标衡量健康产业，即健康服务业总规模，2020年的目标是总规模大于8万亿元，2030年的目标是总规模达到16万亿元。由于2016年前全国及地方均未做该方面数据统计，这里无法对民族地区健康产业规模做横纵向比较。

本文以2017年甘孜州统计局做的《发展幸福产业 提升幸福指数——甘孜州健康服务业情况简析》报告为依据，以甘孜州为例，评估四川民族地区甘孜州健康产业发展状况。根据健康服务业行业界定标准，健康服务业分为提供医疗卫生服务、健康管理与促进服务、健康保险与保障服务、其他与健康相关服务四类。截至2016年，甘孜州共有医疗卫生服务法人单位408个，占全州健康服务业法人单位的比重为78.31%；健康管理与促进服务法人占比为18.23%；健康保险和保障服务法人单位占比为1.73%；其他与健康相关的服务业法人单位占比为1.73%。由此看出，医疗卫生服务机构是健康服务业的支柱，形成"一业独大"的供给结构。健康服务业中提供健康知识产权服务、健康职业技能培训、健康护理服务、健康保健服务、体育用品及器材销售等的法人单位数量为零。

这些都说明甘孜州健康服务供给模式单一，随着人口老龄化程度加深，甘孜州的健康服务业必定难以满足老年人医疗、陪护、护理、疗养、保险等多样化的消费需求。

（二）影响四川民族地区健康状况的各因子分析

1. 自然生态环境是基础因素

民族地区受地形、区位等条件制约和民族习惯影响，城乡居民从小生存在比其他地区更为恶劣的自然环境当中，直接导致民族地区尤其是偏远山区、贫困农村的群众生活条件较差，行为习惯不卫生，身体素质较弱，疾病多发且发病周期短、难以治愈，健康状况不良。

2. 社会经济是根本因素

四川贫困县多集中存在于少数民族地区，这些地方经济发展水平滞后，居民收入水平低，恩格尔系数高，"因病致贫、因病返贫"、"看不起病"状况严重，当地人民长期陷入"贫困—不卫生—疾病—贫困"的恶性循环中。同时，民族地区支撑性产业短缺，经济发展内生动力不足，医疗机构等健康产业发展受限，直接影响当地医疗服务供给的水平和质量，制约群众健康水平的提高。

3. 医学公共卫生是核心因素

长期以来，民族地区医疗卫生机构基础设施条件较差，医疗卫生人力资源匮乏、人才结构失衡、素质普遍不高，医疗卫生服务能力低下，农村医疗卫生服务可及性差，区域卫生发展不平衡，医疗保险覆盖范围小，卫生财政投入不足，现有医疗卫生资源无法满足人民群众的健康需求，民族地区居民难以享受公平的医疗卫生服务。

4. 民族属性是特殊因素

四川民族地区的少数民族多为藏族、彝族和羌族，他们至今保留了很多传统民族习惯和民族习俗，其健康水平受民族属性制约。一是受特殊自然环境和社会环境因素制约，民族地区部分群众沿袭了过去很多不良行为习惯，思想封闭又使得现代健康文明生活方式在推广过程中受到阻碍。二是一些民族风俗是引发地方病的主要原因。例如藏族人民喜欢饮用砖茶或砖茶泡成的奶茶和酥油茶，砖茶中含氟量较高，长期饮用会造成慢性氟中毒。

二 四川民族地区健康中国战略实现路径

（一）探索四川民族地区健康中国多方协同治理机制

健康中国战略的实现既需要国家政府的力量，又需要广泛的公民和社会组织参与。在四川民族地区构建多元主体共同参与的平台、完善多元主体平等协商的机制，从而激发社会活力，落脚点是民族地区人民的健康。通过健康共治促进卫生部门、非卫生部门、公私营部门和公民为了提升公民健康素质而共同行动。

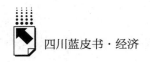

四川蓝皮书·经济

（二）改善健康环境，提升人民健康素质

一是改善民族地区人居环境。以开展爱国卫生运动为改善民族地区健康环境的抓手，大力推动民族地区城乡环境卫生整治行动，完善对农村污水、垃圾、土壤、粪便无害化处理、病媒生物防治的监测。加强民族地区改水、改厕、改圈、改灶工作，建设最美庭落。创建卫生城市、卫生乡镇、卫生村，构建健康文明幸福美丽的民族地区。

二是加强重大疾病防治。开展突发急性传染病联防联控，加强传染病监测预警和疫情处置。加强艾滋病宣传干预和患者发现管理。加强大骨节病、包虫病、地氟病等地方病防治。

三是重视妇幼保健服务。督促州、县两级加快推进危重孕产妇和新生儿救治中心建设，提升危重孕产妇和新生儿救治能力，加强生育全程基本医疗保健服务，切实保障母婴安全。实施农村孕产妇住院分娩补助、预防艾滋病母婴传播等妇幼重大公共卫生项目，提高住院分娩率和新生儿疾病筛查率，降低孕产妇和婴儿死亡率。在三州开展农村妇女常见病免费检查，组织实施好贫困地区儿童营养改善项目。

四是做好健康知识宣传。观念变革、教育宣传要从娃娃抓起。重视健康卫生常识的基础教育，把卫生知识、健康教育纳入教学计划。聘请专家深入基层开展健康教育讲座活动，向群众普及公共卫生常识，分发健康宣传海报和手册等。

五是倡导全民健身运动。在民族地区大力普及健康知识，加强学校体育教育。举办具有民族特色的体育赛事，例如办好少数民族传统体育运动会，发展赛马、登山、射弩、武术、彝族式摔跤等项目。继续打造西昌邛海湿地国际马拉松赛、环邛海全国自行车赛等品牌赛事，促进体育竞技与全民健身深度融合。

（三）坚持预防为主，优化医药卫生体制

一是继续深化医药卫生体制改革。加强基层医疗卫生服务设施建设，推

进家庭医生签约服务，尤其是要做实针对贫困人口、慢性病患者、妇女儿童的全科医生签约服务，重视疾病预防，逐步实现分级诊疗模式。建立"医联体"，四川省三级医院要与民族地区医疗机构建立长期定点帮扶关系，通过人才交流、挂职锻炼、人才培养、远程指导、视频会议等方式，实现医疗资源共享，促进优质医疗卫生资源下沉，提升基层医疗服务能力，满足民族地区群众健康需求。

二是推动医疗卫生服务的科技创新。鼓励华西医院、四川高校、生物制药企业、社科机构等借助生物技术、医学技术、信息技术，研究慢性病、民族地区地方病的发病机理、预防干预方法和医疗救治办法，开发新型疫苗、药品和诊疗治疗器械。利用互联网、大数据新兴技术，发展慢性病和地方病预测分析、人工智能健康管理等工作方式。

三是加强人才队伍建设。降低民族地区基层医疗卫生机构卫生技术人员的准入门槛和医护人员晋升条件，解决家庭医生编制问题。适当提高民族地区基层医疗卫生服务人员的工资待遇。大力引进紧缺型人才和全科医生，努力解决其落户、子女入学升学和住房问题。增加三级医院、川内高校人才对口支援。改善三州卫校教育基础设施，提高教学水平，大力培养藏医、彝医、中医。

四是大力发展民族医药。加快省藏医医院建设，推动甘孜、阿坝州藏医院和县级中医（民族医）医院达标升级，加强民族医药信息化、重点专科（专病）、社区卫生服务中心和乡镇卫生院的中医（民族医）科建设。持续实施基层中医药服务能力提升工程，开展中医（民族医）全科医生、临床技术骨干和住院医师规范化培训，推进西医人员学习中医药知识。

（四）转变发展理念，推动健康产业发展

细化并完善现有的健康产业促进政策，创新融资方式，加大对健康产业的金融支持力度，鼓励、引导和支持社会力量兴办各项健康产业。通过政府购买服务方式，鼓励商业保险机构、社会组织公平竞争，同医疗机构合作为民族地区居民提供健康保险、健康护理、慢性病防治等服务。推动社区卫生

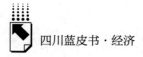

服务中心、乡镇卫生院、村卫生室等基层医疗卫生机构与民族地区老年人家庭、贫困户签订家庭医生服务，为其提供上门就诊、健康检查等基本公共卫生服务。利用互联网、大数据等技术成果，深入发掘和支持民族地区特色农产品加工、乡村旅游、中草药种植等"大健康"产业，培育完整电商服务链。

B.27
四川省上市公司高质量发展问题研究

杨成万*

摘　要： 为贯彻落实党的十九大确定的高质量发展战略，四川省委十一届三次全会通过了《中共四川省委关于全面推动高质量发展的决定》，为四川经济由高速度增长阶段转向高质量发展阶段明确了"时间表"和"路线图"。那么，作为推动四川经济高质量发展重要力量的四川上市公司，目前在高质量发展方面的情况是怎样的？取得了哪些成绩？还存在着哪些问题？原因何在？高质量发展的重点和难点在哪里？怎样将高质量发展的普遍原理与四川企业的具体实践相结合？如何处理好速度与质量的关系？如何处理好眼前利益与长远利益的关系？上述问题不仅是一个理论问题，更是一个亟须解决的现实问题。为此，笔者以目前四川省上市公司作为标本（主要基于其代表性、财务数据的真实性和公开性等因素的考虑），对其高质量发展取得的成绩、存在的问题及其原因进行分析后表明，四川省上市公司实现高质量发展不仅必要，而且可行。

关键词： 四川　上市公司　高质量发展

---

* 杨成万，金融投资报社首席记者。

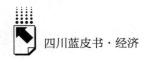

一 四川上市公司发展现状

截至 2018 年 6 月 30 日，四川省共有 119 家 A 股上市公司（以下简称"四川上市公司"）。据笔者统计，2018 年上半年，四川上市公司实现营业收入 2904.60 亿元，上年同期为 2516.86 亿元，比上年同期（以下简称"同比"）增长 387.74 亿元，增长 15.41%；实现扣除非经常性损益后的净利润（以下简称"净利润"，使用该指标主要是基于真实反映四川上市公司主营业务发展情况的考虑）为 277.79 亿元，上年同期为 219.24 亿元，同比增长 58.55 亿元，增长 26.71%；截至 2018 年上半年末，四川上市公司净资产（即所有者权益）为 5293.64 亿元，上年同期为 5033.13 亿元，比上年末增长 260.51 亿元，增长 5.18%；加权平均净资产年化收益率（即换算为一年的加权平均净资产收益率，以下均同）10.50%，上年同期为 8.72%，同比增加 1.78 个百分点，增幅为 20.41%。

2018 年上半年，四川上市公司响应省委号召，积极、主动实施高质量发展战略。据笔者统计，2018 年上半年，相关经营业绩指标靠前的四川 10 家上市公司的基本情况如下：实现营业收入 1692.72 亿元，同比增长

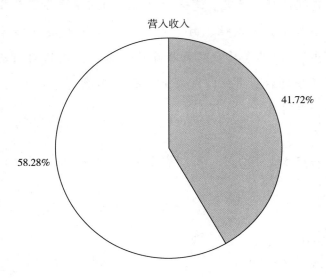

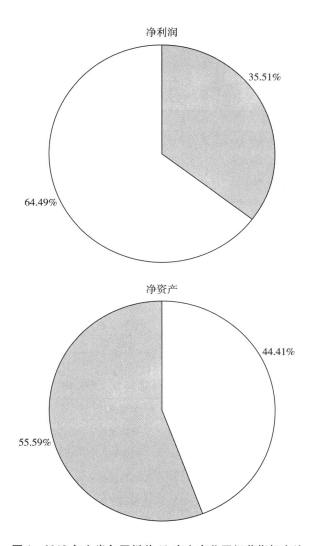

净利润

35.51%

64.49%

净资产

44.41%

55.59%

图1 2018 年上半年四川前 10 家上市公司经营指标占比

168.67%，占四川上市公司营业收入的比重为（以下简称"占比"）
58.28%；营业收入增长前 10 家上市公司的平均增幅为 168.67%；实现净
利润 179.16 亿元，同比增长 31.58%，占比 64.49%；净利润增长前 10 家
上市公司的平均增幅为 269.32%；2018 年上半年末，净资产总额 2350.76
亿元，同比增长 4.43%，占比 44.41%；净资产增长前 10 家上市公司的平

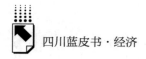

均增幅为 46.43%；净资产收益率为 10.83%，同比增长 6.50 个百分点；净资产收益率增长前 10 家上市公司的平均收益率为 10.47 个百分点。

表 1　营业收入前 10 家上市公司

序号	证券代码	公司简称	营业收入（亿元）
1	600839	四川长虹	384.02
2	000876	新希望	316.43
3	000858	五粮液	214.21
4	600875	东方电气	165.42
5	600039	四川路桥	154.74
6	600438	通威股份	124.61
7	600093	易见股份	87.95
8	002386	天原集团	85.18
9	600466	蓝光发展	80.09
10	600528	中铁工业	80.07
合计		1692.72	

表 2　营业收入增长前 10 家上市公司

序号	证券代码	公司简称	营业收入增幅（%）
1	002798	帝欧家居	760.99
2	300432	富临精工	530.00
3	300467	迅游科技	295.35
4	300434	金石东方	199.30
5	600678	四川金顶	161.90
6	002480	新筑股份	114.02
7	300092	科新机电	64.96
8	603679	华体科技	63.47
9	000509	华塑控股	60.96
10	002190	成飞集成	60.38
加权平均		168.67	

表3 净利润前10家上市公司

序号	证券代码	公司简称	净利润（亿元）
1	000858	五粮液	70.87
2	601838	成都银行	21.24
3	000568	泸州老窖	19.69
4	002466	天齐锂业	12.86
5	600674	川投能源	11.62
6	000629	攀钢钒钛	11.54
7	600438	通威股份	9.00
8	000876	新希望	8.88
9	600528	中铁工业	7.06
10	601107	四川成渝	6.40
合计			179.16

表4 净利润增长前10家上市公司

序号	证券代码	公司简称	同比增幅（%）
1	000935	四川双马	816.86
2	002798	帝欧家居	789.09
3	000810	创维数字	300.81
4	300434	金石东方	293.87
5	300467	迅游科技	288.18
6	000629	攀钢钒钛	239.61
7	603333	明星电缆	218.32
8	300249	依米康	201.01
9	600779	水井坊	150.31
10	002246	北化股份	129.42
加权平均			269.32

表5 净资产前10家上市公司

序号	证券代码	公司简称	净资产（亿元）
1	000858	五粮液	572.13
2	601838	成都银行	285.41
3	600875	东方电气	273.21
4	600674	川投能源	224.26
5	000876	新希望	207.34

续表

序号	证券代码	公司简称	净资产(亿元)
6	600109	国金证券	189.60
7	000568	泸州老窖	154.21
8	600466	蓝光发展	152.45
9	600528	中铁工业	149.29
10	601107	四川成渝	142.86
合计			2350.76

表6　净资产增长前10家上市公司

序号	证券代码	公司简称	同比增幅(%)
1	002798	帝欧家居	182.78
2	600793	宜宾纸业	148.63
3	300504	天邑股份	98.94
4	002777	久远银海	85.83
5	300733	西菱动力	78.71
6	600678	四川金顶	75.00
7	002926	华西证券	41.13
8	000629	攀钢钒钛	26.92
9	600101	明星电力	26.44
10	000509	华塑控股	25.00
加权平均			46.43

表7　净资产收益率前10家上市公司

序号	证券代码	公司简称	净资产收益率(%)
1	300467	迅游科技	33.62
2	002749	国光股份	31.58
3	002366	台海核电	29.36
4	002466	天齐锂业	27.52
5	000568	泸州老窖	27.50
6	000858	五粮液	24.74
7	000710	贝瑞基因	23.34
8	002258	利尔化学	20.76
9	600828	茂业商业	19.62
10	000935	四川双马	19.54
加权平均			10.83

表8　净资产收益率增长前10家上市公司

序号	证券代码	公司简称	净资产收益率增幅（百分点）
1	000629	攀钢钒钛	24.28
2	300467	迅游科技	22.30
3	600131	岷江水电	16.86
4	600779	水井坊	16.20
5	000935	四川双马	15.88
6	000810	创维数字	7.58
7	603809	豪能股份	7.32
8	000510	金路集团	7.30
9	600702	舍得酒业	6.76
10	002258	利尔化学	6.60
加权平均			10.47

二　四川上市公司高质量发展取得的成绩

（一）盈利能力有所提高

2018年上半年末，四川上市公司加权平均净资产年化收益率为10.50%，同比增长1.78个百分点。其中，前10家公司的加权平均净资产年化收益率为10.83%，比四川上市公司平均水平高0.33个百分点，其中，有8家公司的净资产收益率达到了20%以上：迅游科技（使用上市公司简称，以下同）公司33.62%；国光股份31.58%；台海核电29.36%；天齐锂业27.52%；泸州老窖27.50%；五粮液24.74%；贝瑞基因23.34%；利尔化学20.76%。

同时，净资产收益率增长速度加快。2018年上半年，前10家公司的净资产收益率增幅为10.47个百分点，同比增长6.50个百分点。其中，有5家公司净资产收益率增长的百分点达到两位数：攀钢钒钛增长24.28个百分点；迅游科技增长22.30个百分点；岷江水电增长16.86个百分点；水井坊增长16.20个百分点；四川双马增长15.88个百分点。

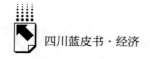

（二）盈利规模有所扩大

2018 年上半年，四川上市公司净利润出现了三个可喜的变化。一是净利润总额同比增长。2018 年上半年，四川上市公司实现净利润 277.79 亿元，同比增长 26.71%。其中，前 10 家公司实现净利润 179.16 亿元，同比增长 31.18%，占比为 64.49%。二是净利润上 10 亿元的公司多达 6 家，分别是五粮液 70.87 亿元；成都银行 21.24 亿元；泸州老窖 19.69 亿元；天齐锂业 12.86 亿元；川投能源 11.62 亿元；攀钢钒钛 11.54 亿元。三是净利润成倍增长。在前 10 家公司中，涨幅达 3 倍以上的公司有 3 家，分别是四川双马增长 816.86%；帝欧家居增长 789.09%；创维数字增长 300.81%。

同时，净利润增长幅度分别超过营业收入和净资产增长幅度。2018 年上半年，四川上市公司营业收入同比增长 15.41%；净利润同比增长 26.71%；截至 2018 年上半年末，四川上市公司净资产同比增长 5.18%；净利润同比增幅比营业收入同比增幅高 11.30 个百分点，比净资产同比增幅高 21.53 个百分点。表明四川上市公司的经营活动质量有所提高，开始改变"广种薄收"、增产不增收的不良现象。

（三）资产增值能力增强

2018 年上半年，四川上市公司净资产 5293.64 亿元，比上年末增长 5.18%，其中，前 10 家公司的净资产总额为 2350.76 亿元，比上年末增长 4.43%，占比为 44.41%。净资产前 10 位的上市公司共有净资产 2350.76 亿元。其中，净资产上 200 亿元的有 5 家公司，分别是五粮液 572.13 亿元；成都银行 285.41 亿元；东方电气 273.21 亿元；川投能源 224.26 亿元；新希望 207.36 亿元。

同时，净资产增幅靠前的 10 家四川上市公司，平均增长 46.43%，其中，增长幅度达到 50% 以上的就有 6 家，分别是帝欧家居增长 182.78%；宜宾纸业增长 148.63%；天邑股份增长 98.94%；久远银海增长 85.83%；西菱动力增长 78.71%；四川金顶增长 75.00%。

（四）经营规模"更上层楼"

据统计，2018 年 1 ~ 6 月，四川 119 家 A 股上市公司实现营业收入 2904.60 亿元，同比增长 15.41%。其中，前 10 家上市公司共计实现营业收入 1692.72 亿元，占比 58.28%。其中，营业收入超过百亿元的有 6 家，分别是四川长虹 384.02 亿元；新希望 316.43 亿元；五粮液公司 214.21 亿元；东方电气公司 165.42 亿元；四川路桥公司 154.74 亿元；通威股份公司 124.61 亿元。

同时，营业收入增长幅度靠前的 10 家上市公司，其营业收入平均增长幅度为 168.67%，其中，增长幅度在 100% 以上的有 6 家，分别是帝欧家居 760.99%；富临精工 530.00%；迅游科技 295.35%；金石东方 199.30%；四川金顶 161.90%；新筑股份 114.02%。

三 四川上市公司高质量发展获得的启示

（一）资本市场是高质量发展的助推器

多层次资本市场的发展是上市公司实现高质量发展的助推器。2018 年上半年，四川 5 家企业通过 IPO，首次募集资金净额 90.47 亿元。其中，西菱动力募资 4.72 亿元，成都银行募资 24.40 亿元，华西证券募 48.60 亿元，天邑股份募资 7.96 亿元，天奥电子募资 4.79 亿元。这些公司将首次募集的资金用于主营业务，如成都天奥电子股份有限公司首发上市后，将募集的资金用于时间频率产品线的研发，更好地为客户提供时频解决方案。由公司研发的北斗卫星手表，荣膺"CCTV 年度环球十大新锐科技"奖、"ISPO 运动产品亚洲区设计大奖"。

（二）高质量发展是上市公司的投资准则

随着高质量发展战略的实施，一切以质量、效益为中心的理念开始深入

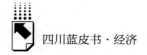

人心，并变成上市公司选择投资项目的准则。2018年上半年，四川上市公司停牌筹划资产重组的不在少数，如华西能源拟购河北省唐山市环境有限公司股权，但股权转让方和股权受让方在资产范围、估值水平、业绩对赌、换股方案等诸多方面未能达成一致。对此，公司管理层为了实现高质量发展目标，本着稳健投资的原则，决定终止筹划本次重大资产重组。

（三）科技创新是高质量发展的内在要求

科学技术最大的价值就是创新。在这方面，四川上市公司有所尝试。如作为传统类企业的泸州老窖，不仅成功研发了"泸型酒发酵用复合微生物酶制剂的开发与应用"等多个项目，为了实现智能酿造、健康酿造和有机酿造，促进传统酿造产业升级，使产品制造达到有效地控制成本、降低能耗和减少排放的要求，还在进行"智能上甑机器人的研发与产业化"项目的研究。四川长虹公司研发的"基于3D打印的家电产品快速设计制造技术研究及其应用"项目、通威股份公司研发的"电化水对鱼类保鲜及养殖水体灭菌应用与推广"项目，通过了四川省科技厅的验收。

（四）业态创新是高质量发展的路径选择

随着新经济的发展，新经济所具有的六大业态、七大场景都将催生一大批新业态的问世，目前在四川上市公司中已有先行者。如新华文轩分析互联网时代图书发行的变化趋势，以"文轩网""九月网"为平台，尝试线上线下相结合的营销模式；通威股份的"通心粉社区"，以连接用户为目标，以"手指点一点，养鱼我全管"为核心定位，将养殖户、经销商、供应商、潜在客户和员工汇聚到同一平台；红旗连锁启动了红旗云大数据平台，并与美团开展业务合作；"靠山吃山"的峨眉山A公司通过自媒体、新媒体、多媒体等渠道，挖掘新亮点、新爆点，以电商撬动市场，提供满足游客个性化需求的旅游产品，提高景区吸引力、游客关注点，吸引了更多游客，扩大了市场份额，实现了旅游人次的增长。2018年上半年实现净利润7004万元，同比增长11.56%。

四　四川上市公司高质量发展存在的问题

（一）部分公司业绩欠佳

尽管2018年上半年，四川上市公司的总体经营情况向好，但部分上市公司业绩欠佳。一是部分上市公司由盈转亏。据统计，在2018年上半年出现亏损的四川上市公司中，有8家是由2017年上半年盈利变为2018年上半年亏损的。二是部分上市公司净资产值减少。2018年上半年末，共有30家四川上市公司的净资产同比有不同幅度的下降。其中，富临精工净资产为36.85亿元，比上年末下降8.47%。其原因在于净利润由上年同期的20476万元下降到2018年上半年的7207万元，同比下降64.80%。三是四川有30家上市公司实现的营业收入同比下降。其中，印纪传媒上半年实现营业收入3.90亿元，同比下降近五成。

（二）存在"大而不强"现象

2018年上半年，四川部分上市公司虽然实现的营业收入不少、净资产的规模不小，但净资产收益率并不如人意。如宏达股份在2018年上半年实现营业收入24亿元，上半年末净资产为49.31亿元，但同期实现的净利润仅有1490万元，净资产收益率仅有0.60%，不仅大大低于四川上市公司同期年化净资产平均收益率，也低于一年期的银行存款利率。更有甚者由于经营亏损，净资产收益率为负。据统计，2018年上半年，净资产收益率为负的公司共有16家，其中负值最大的是泸天化公司，其年化净资产收益率为-43.92%。

（三）存在"一股独大"现象

笔者发现，四川上市公司之间的经营业绩差距很大。2018年上半年，五粮液公司实现营业收入214.21亿元，占四川全部上市公司比重（下同）高达7.37%；实现净利润70.87亿元，占比更是高达29.11%；净资产572.13亿

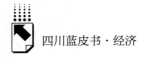

元，占比达 10.81%。虽然五粮液是四川白酒行业的"龙头"，其"一股独大"具有一定的特殊性和合理性，但前 10 家公司占比同样存在"一股独大"的现象：营业收入占 58.28%；净利润占 64.49%；净资产占 44.41%。

（四）存在"靠天吃饭"现象

目前四川部分上市公司的经营业绩对宏观经济环境、行业景气情况依存度过高。以宜宾纸业为例，其 2018 年上半年实现的加权平均年化净资产收益率高达 171.08%，正是得益于环保监管日趋刚性，不少难以达标的中小造纸企业关停并转，纸张供不应求，销售价格连续上涨。公司盈利水平不断提高，从而使其净资产收益率大幅上升，但这样的高收益率具有不可持续性。另外一种情况是，市场在经历长时间的低迷后必然反弹，从而推动市场价格走高，进而提升净资产收益率水平。如处于金属行业的攀钢钒钛，2018年上半年实现的加权平均年化净资产收益率高达 47.14%，而这样的市场行情同样不可能长期持续。

五　四川上市公司高质量发展问题的原因

（一）经营规模偏小

目前四川部分上市公司的经营规模偏小，2018 年上半年，营业收入超过百亿元的四川上市公司仅有 6 家。这和目前四川 GDP 在全国居第六位，上市公司数量在全国居第八位，在中西部地区居第一位的地位不匹配，更是与四川作为我国经济大省的地位不吻合。

（二）毛利水平不高

一方面，由于市场供过于求，市场竞争日趋激烈，只能以降价作为代价收回资金，从而降低了毛利水平。如目前的化工产品毛利率普遍偏低，致使2018 年上半年泸天化净资产收益率为 −43.92%。另一方面，目前四川上市公司生产的产品附加值不高，特别是在国际市场上，四川上市公司的产品附加值更低。如作为四川省航空产业龙头企业的航发科技公司，虽然目前的产品出口率占比高达 50%，但产品附加值不高，致使公司从 2017 年上半年盈利 1776 万元，回落到 2018 年上半年亏损 5318 万元，净利润同比减少 8000 多万元。

（三）费用水平高企

一是经营费用居高不下。虽然自 2018 年以来，按照国家有关部门的规定，企业缴纳员工的社会保险有所下降，但随着国家最低工资标准的上调，人力资源成本实际上是增加的。二是财务费用上升。一方面，部分上市公司负债率较高，特别是需要支付利息的负债占比较大，使财务费用上升；另一方面，应收账款占比大的上市公司，由于资金被他人占用，只好向银行或者其他机构举债，利息支出上升。三是管理费用增加。随着环保监管力度的不断加大，制造类上市公司需要进行技术改造，这将产生大量的费用。如正源股份为满足环保监管要求，对位于双流西航港工业开发区的两条 45 万立方米/年纤维板生产线进行环保升级技术改造，增加部分关键设备及符合新环保要求的配套设备，预计该项技改总投入费用为 3000 万元。

（四）内控机制缺失

综观目前出现巨额亏损的四川上市公司，有的因为行业不景气的"天灾"，但更多的则是因为内控机制不健全，或者虽然建立了内控机制但形同虚设。如已经暂停上市的 *ST 华泽的 15 亿元资金被控股股东及其关联方长期非法占用，每年的资金利息就高达上亿元。而更为严重的是，该公司已经无钱维持正常经营活动，连续多年亏损，退市已成定局。又比如，几年前通过资产重组，"借壳"四川高金食品股份有限公司上市的印纪传媒公司，由于内控出现问题，目前 20 多亿元的应收账款回收困难，致使公司已从 2017 年上半年盈利 22766 万元，变为 2018 年上半年亏损 2799 万元，二者相差 2.5 亿元。

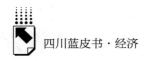

六　四川上市公司高质量发展对策及建议

（一）要将高质量发展与供给侧结构性改革相结合

虽然四川上市公司在推动高质量发展方面取得了一些成绩，但与高质量的要求相比较，还有很大的差距，还有一些深层次的矛盾需要解决，需要继续坚持供给侧结构性改革。事实上，高质量发展是供给侧结构性改革的继续和深化，因此，建议四川上市公司从以下几个方面发力。在去库存方面，在保证生产经营活动正常进行的情况下，尽量减少库存对资金的占压。在去产能方面，要对自身所在行业的产能现状和未来发展趋势进行科学研判，精准布局产能，做到既能避免产能闲置，又能抓住行业发展机会，增加市场份额。在去杠杆方面，压缩包括银行贷款在内的有息负债，可以利用资本市场筹集资金，包括增发股票、发行可转债和短期融资券等。在降成本方面，要改进采购模式和销售模式，特别是在销售模式方面，可以运用大数据技术加大精准营销力度，推进电子商务，降低销售费用。在补短板方面，要加大科技创新的投入，特别是那些被确定为"四川省技术中心"的上市公司，更要发挥其"近水楼台先得月"的优势，使作为第一生产力的科学技术在实施高质量发展战略中发挥应有的作用。

（二）要将高质量发展与转型升级相结合

《中共四川省委关于全面推动高质量发展的决定》《中国制造2025四川行动计划》要求加快传统产业转型升级，推进产品换代、生产换线、智能制造、绿色制造，大力发展大数据、5G、人工智能等数字经济。对此，笔者建议涉足上述产业的四川上市公司以此作为投资的"风向标""路线图"。同时要从过去主要依靠"要素投入"变为主要依靠"创新投入"。特别是制造类上市公司，更需要通过智能制造，提高劳动生产率。

（三）发挥资本市场对高质量发展的推动作用

相对于非上市公司，上市公司在融资方面具有得天独厚的优势。其一，可以通过增发股票融资。如通威股份通过增发股票募集资金购买了合肥通威公司、永祥股份公司的新能源资产，"加码"新能源产业，搭建起了"农业 + 新能源"的产业框架。其二，可以通过资产证券化融资。如易见股份控股子公司开展了商业保理应收账款和购房尾款保理应收账款资产证券化项目，两项资产证券化项目合计规模可达 27. 70 亿元，次级资产支持证券的目标募集规模可达 5. 35 亿元，期限预计为 1 ~ 2 年，拟申请在深圳证券交易所综合协议交易平台挂牌交易。据了解，这是四川上市公司首次实施资产证券化项目。其三，可以通过发行债券融资。如通威股份最近发行了 5 亿元的短期融资券。

B.28
供应链金融对缓解四川省
中小微企业融资约束的分析与思考

李　由[*]

摘　要： 供应链金融是金融机构为满足供应链相关企业对资金的需求
而发展创新的一类金融业务。供应链金融作为缓解中小微企
业融资约束的一种新途径，正逐渐被人们所认识。据有关统
计，四川省目前中小微企业数量已突破 129 万户，贡献了全
省 60% 的 GDP 和 50% 的税收收入。但由于信息不对称和自
身的原因，中小微企业的外部融资困境一直是制约其发展的
重要因素。中小微企业一方面在促进科技创新进步，推动社
会经济发展等方面发挥着重要作用，另一方面又受到融资
难、融资贵、融资渠道不畅等方面的困扰。本文通过对供应
链金融的融资发展模式进行分析，认为供应链金融通过引入
供应链核心企业及上下游中小企业，整合整个供应链资源，
提升了中小微企业的信用，盘活其应收账款、仓储运输及存
货资源，在一定程度上起到了缓解中小微企业融资难的
问题。

关键词： 供应链金融　中小微企业　缓解融资约束

　＊　李由，博士，四川省社会科学院金融与财贸研究所副研究员，主要研究方向中小金融发展。本文撰
写过程中，司凡凡在文献资料、数据整理等方面给予了大力帮助，在此表示感谢。

当前我国经济改革进入深水期，培养和发展新的经济动力迫在眉睫。中小微企业是我国市场经济的主体，是实施大众创业、万众创新的重要载体，在科技创新、增加就业、社会和谐稳定等方面具有不可替代的作用和贡献，对国民经济建设和社会健康发展具有重要的战略意义。根据世界银行及相关机构联合发布的《中小微企业融资缺口：对新兴市场微型、小型和中型企业融资不足与机遇的评估报告》（2018 年 1 月 31 日）数据，我国中小微企业数量已达 5600 万家，而中小企业数量达到了 1200 万家，占发展中国家中小企业总数的 56%；微型企业的数量也已达到 4400 万家，占发展中国家微型企业总数的 31%。然而由于规模小、缺乏可抵押资产、抗风险能力弱以及信用等级偏低等情况，中小企业一般很难从银行取得贷款，"融资难、融资贵"成为制约中小企业发展的主要因素。报告数据[1]显示，我国中小微企业融资需求大约为 4.4 万亿美元，但融资供给仅为 2.5 万美元亿，对中小微企业的覆盖率仅为 57%。同时，其获取融资的成本远高于同期贷款的基准利率。在金融脱媒和利率市场化的大背景下，商业银行的传统优质客户被资本市场分流，大中型企业的银行贷款力度正不断减弱，这促使银行转向加大对中小企业的贷款力度。但由于中小企业自身存在的问题，银行对中小企业贷款面临的道德风险和逆向选择较大，这种情况下，供应链金融的出现为解决中小微企业融资问题和商业银行等金融机构业务创新问题提供了较好的发展思路。供应链金融的研究，最早可追溯到 Albert 关于存货质押融资和应收账款融资的分析。在我国，原深圳发展银行是率先在国内推出供应链金融服务的金融机构，并将其打造为核心业务。此后，我国不少金融机构积极寻求开展此项业务，供应链金融在我国逐步发展起来。

一　供应链金融的内涵及融资模式分析

某种商品的供应链一般为从原材料的采购，到中间制成品最后成为产

---

① 世界银行、中小企业金融论坛、国际金融公司：《中小微企业融资缺口：对新兴市场微型、小型和中型企业融资不足与机遇的评估报告》，2018 年 1 月 31 日。

品，然后通过运输销售等渠道把产品变成商品送到消费者手里。在这条供应链上形成了一个完整的供应链体系，它们包括原料供应、产品制造、仓储运输、商品分销等环节。在整个供应链体系中，核心企业由于因其强大的地位、规模及竞争力，往往在交接货物的时间地点、产品定价等贸易方面有较强的话语权，对配套的上下游中小微企业要求苛刻，给这类中小微企业在资金上、在交易时间上造成了巨大的压力。为缓解中小微企业外部融资约束等问题，供应链金融应运而生。

供应链金融是金融机构的业务创新，同时也开辟了新的利润模式。金融机构一方面将资金有效注入在供应链中处于相对弱势的上下游中小企业，不仅解决了中小企业资金需求又维持了供应链不失衡的问题；另一方面金融机构将银行信用融入供应链上下游企业的购销行为中，增强其信用，促进供应链体系中中小企业与核心企业建立长久的战略合作关系，提升企业及行业的竞争能力。供应链金融的核心价值是以发生在供应链上的商业交易模式为基础，金融机构（主要是商业银行）通过向供应链体系提供资金和信用，保证供应链上下游企业连续平稳运行。原深圳发展银行同中欧国际工商管理学院就供应链金融[1]进行过课题组式研讨，他们认为供应链金融是为适应供应链生产组织体系的资金需求而开展的资金与相关服务定价与市场交易的一种活动。它是由特定的金融机构为供应链体系提供的一整套解决方案，如提供资金流管理，对供应链金融资源进行整合等。

供应链金融的主体包括金融机构、供应链核心企业、上下游中小企业和第三方物流仓储等企业。一般来讲，上下游中小企业的现金流缺口时常发生在采购环节、经营环节和销售阶段。在采购环节，具有较强实力的核心企业常常会利用自身的优势要求下游企业尽快付款，同时价格的波动也会给下游企业带来较大资金压力。在经营环节，企业因为销售、库存积压等因素会面临资金被占用，资金周转困难等问题。在销售阶段，如果购货方的实力较

① 深圳发展银行、中欧国际工商学院"供应链金融"课题组：《供应链金融》，上海远东出版社，2009。

强，企业就会面临应收货款短期难以回收、流动资金短缺的问题。根据供应链体系中资金所处的阶段不同，供应链金融的融资模式大体分为三类：应收账款类融资、存货类融资和预付账款类融资。

（一）应收账款类融资

应收类账款融资一般在销售环节。一般来讲中小微企业相对于核心企业处于供应链的上游，中小微企业将产品或劳务出售时，核心企业由于较强的实力，延迟付款，从而使中小企业产生了大量的应收账款，导致上游中小企业产生资金缺口。在这种情况下，中小企业作为债权方进行融资，核心企业作为债务方，金融机构一般要求核心企业（债务方）对中小企业（债权企业）的融资进行反担保。如出现问题，金融机构会要求债务方承担相应的损失责任。

（二）存货类融资

存货类融资主要发生在企业生产环节。生产经营过程中，中小微企业受季节时差、销售模式等因素影响会存在货物积压、资金被大量占用的问题，表现为资金短缺。此时，中小企业可以将货物交由银行指定的第三方物流仓储监管，不转移货物的所有权。以存货向金融机构做质押，同时金融机构借助核心企业的担保或回购合同为中小微企业进行融资。

（三）预付账款类融资

预付款融资主要发生在采购环节。核心企业是原材料的供应方，中小微企业是原材料的采购方，核心企业往往要求中小微企业提前预付原材料账款或是给予较短的付款期限，然而中小企业自有资金有限，在这种情况下，可以采用预付账款融资模式。如果买方自己承运，金融机构通常会指定物流公司来控制物流环节，一般会形成在途库存质押；如果卖方自己承运，需提货权质押。预付款融资担保的核心是预付款项下客户对供应商的提货权，如果提货权实现后可通过发货、运输等环节形成在途存货和库存存货的质押。

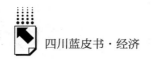

二 中小微企业融资困境的成因分析

（一）融资信息不对称

一方面，我国大多数中小微企业经营管理体制不健全，会计经营信息缺乏透明度，银行在获取这两类信息时有较大的难度，难以判断其真实的财务状况和经营情况。信息的不对称加大了银行的放款难度和企业借款逆向选择的可能性，使中小微企业融资难。另一方面，中小微企业由于自身实力较弱、核心竞争力不足、规章制度不完善被视为高风险市场群体，在信贷市场中，具体表现为借款企业违约，逃避还款责任等，而金融机构为降低风险会严格控制中小企业的信贷配给，也造成中小企业融资难等问题。

（二）融资交易成本高

中小微企业融资模式单一，目前仍以银行贷款为主。同时银行的高门槛、高标准使得大多数中小微企业融资能力极差。中小微企业普遍存在资产规模小、生产持续经营能力差，资金匮乏市场抗风险能力弱等问题，这些问题客观上导致了中小微企业融资难和融资贵。由于银行放款的风险较大，其对中小微企业提供的贷款利率一般为基准利率上浮30%以上。另外，在贷款过程中，中小微企业一般为抵质押贷款，需要提供并支付相应的资产评估、质押和保证金等费用等，这使其融资成本进一步加大。

（三）金融资源失衡，企业融资难

长期以来，我国存在的二元制社会结构和经济结构，金融体系也存在这一典型特征。金融体系中出现了正规金融和民间金融的二元市场，这种二元结构造成了金融资源分配不公，对中小企业等弱势群体的金融排斥。另外，银行为了降低贷款风险，确保贷款的安全性，往往要求中小企业有资格担保才对其放贷。然而大多数中小企业处于初创期，缺少可用于担保的资产，这也就导致了银行对中小企业的放款困难。而民间金融市场又存在较大的风险，民间金融游离于正式金融体系外，处于监管的灰色地带，易滋生出地下钱庄、高利贷等不法行为，增加了中小企业经营的财务成本和风险，也影响了整个金融市场的正常秩序。

三 供应链金融对中小微企业融资缓解的分析

（一）供应链金融缓解了信息不对称的透明度

在传统的银行信贷模式下，金融机构获取中小企业信息的渠道狭窄，银企之间存在严重的信息不对称问题。而在供应链金融模式下，金融机构不仅能通过中小企业自身获取信息，还能通过中小企业与核心企业的贸易往来获取其经营业务和财务信息。核心企业在与中小企业的长期业务合作中，逐渐积累了大量的一手信息，建立了中小企业的信用档案，这些信息能够为金融机构的信贷决策提供重要依据。另外，金融机构可以通过供应链来监管中小企业每一次交易所发生的现金流和物流情况，获取其生产经营的动态数据信息，以便在企业经营状况出现问题时及时采取措施。供应链金融正是通过核心企业、仓储物流等环节，形成多个渠道加强银企之间的信息交流沟通。企业从单个的不确定状态进到供应链稳定的网络关系中，金融机构在审核企业的借款需求时，可以从产、供、销等多个环节获取相关信息，降低信息不对称造成的潜在信用风险。

（二）供应链金融减少了企业融资的交易成本

供应链是一个产业集群链条，核心企业和上下游企业通过长期的经济合作建立了较为稳定的利益关系。为了实现自身利益的最大化，必须保证供应链上每个企业实现共赢。通过供应链集群为银行提供中小企业相关信息和监管情况，传递了企业经营、资金周转等信息，缓解了银企之间的信息不对

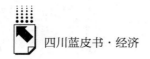

称，降低了银行贷前和贷后的交易成本，从而也降低了中小企业的融资成本，有效缓解了企业融资贵的困境。

（三）供应链金融提高了金融机构放贷的积极性

在金融脱媒和利率市场化的背景下，直接融资成为许多大型企业的首要选择，银行贷款的优质客户逐渐被分流，中小微企业市场群体已成为银行等金融机构的重点发展业务选择。供应链金融集核心企业、上下游中小企业和第三方物流企业于一体，提高了整个供应链的信用水平，分散了银行的信贷风险，从而能够激发银行的信贷积极性，有效缓解中小企业融资难的问题。

四　大力推进四川省供应链金融的几点思考和建议

正是由于供应链金融的业务创新和缓解中小微企业融资难的作用，国务院办公厅于2017年10月颁发了《关于积极推进供应链创新与应用的指导意见》，指导意见明确提及"鼓励商业银行、供应链核心企业等建立供应链金融服务平台，为供应链上下游中小微企业提供高效便捷的融资渠道"。针对四川省供应链金融的发展情况，四川省人民政府办公厅也印发了《四川省加快推进供应链创新与应用实施方案》（川办发〔2018〕20号），方案明确支持四川省中小金融机构大力全面推进供应链金融融资新模式，积极创新拓宽供应链企业融资新路径，构建企业互信互惠、协同发展的生态环境。目前四川省供应链金融的发展处于全国中等水平，发展较好、知名度较高的供应链金融为"长虹应收账款融资"模式。它以长虹集团为供应链的核心企业，金融机构对其供应链上下游中小企业的应收账款作质押融资，维持其整个供应链的持续发展，取得了不错效果。现阶段，四川省应以自贸试验区、大型物流企业、供应链核心企业为抓手，全面推进供应链金融发展模式，加大银企合作力度，为缓解四川省中小微企业融资难迈出实质性的步伐。

第一，作为供应链金融业务主体的金融机构，在思想上要充分认识和高度重视供应链金融的重要性，把供应链金融创新同自身传统业务转型结合起来，积极探索供应链金融发展的新模式；从供应链运行体系的高度来审视，加强对上下游企业的分类管理；从产品架构和流程上来重塑适应供应链金融发展的趋势，认真学习开发设计新的产品，有效控制风险环节，把握制胜的重要节点。

第二，随着金融科技的发展，供应链金融已同互联网、物联网深度融合，金融机构要不断积累足够的数据信息，减少中小企业在融资过程中信息不对称的局面，建立一套完整的信息共享机制。发展供应链金融，是以其掌握的大量商户交易信息为基础的。金融机构要和互联网各平台公司建立信息交换机制，积累平台上各网商和用户的交易数据、行为数据，并通过互联网收集用户外部数据。金融机构还应加强同第三方物流企业的合作，三方物流企业是供应链金融重要的参与者，能保障整个供应链业务的顺利运行，在整个供应链金融中起到润滑剂的作用，保证物流、信息流、资金流的顺畅。

第三，金融机构要不断完善对供应链金融的风险管控能力。信用风险、操作风险是供应链金融的重要风险，因此，金融机构必须在风险控制上完善管理制度和应对措施，包括信用评级、贷后监管等手段。

第四，地方各级政府应为供应链金融的发展营造一个良好的金融生态环境。在做好政策引导工作的同时，鼓励和倡导各市场主体积极加入供应链金融体系，在尊重市场的基础上，健全中小微企业社会信用体系，制订并完善有关信贷人权利、动产担保物权等相关法律法规。发展供应链金融还须构建和完善业务生态圈，包括交易、支付、物流、互联网技术、金融服务等内容，掌控好信息流、物流和资金流，提高供应链上下游与核心企业的融合度。

供应链金融作为金融创新业务在我国正快速发展，已成为金融机构和中小微企业拓展发展空间、增强竞争力的重要领域，也成为缓解我国中小企业融资困境的有效途径之一。

参考文献

国务院办公厅：《关于积极推进供应链创新与应用的指导意见》，2017年10月。

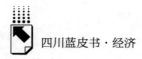

四川省人民政府办公厅：《四川省加快推进供应链创新与应用实施方案》（川办发〔2018〕20 号）。

世界银行、中小企业金融论坛、国际金融公司：《中小微企业融资缺口：对新兴市场微型、小型和中型企业融资不足与机遇的评估报告》，2018 年 1 月 31 日。

徐淑芳等：《供应链金融研究述评》，《武汉金融》2014 年第 8 期。

B.29

打造环高校知识经济圈，
为四川发展注入创新动能

——以成都市温江区环中医大健康经济圈建设为例

李忠鹏　徐原媛*

摘　要： 依托高校的优势资源，利用因地理空间邻近而节省交易成本的优势，以学科链催生、带动产业链的发展，推动科技创新成果产业化、创新创业人才培养以及产学研结合，形成以高校为中心的区域经济增长极核，将有力带动四川产业结构的转型和优化升级，促进以创新引领发展。

关键词： 健康经济圈　学科链　产业链

在科学创新成为技术创新源头的当代，高校在国家和区域经济发展中的创新引领作用日益明显。四川高校众多，拥有丰富的科教资源和人才资源，尤其是八所"双一流"大学更具有显著的学科优势、丰富的智力与人才资源储备、雄厚的社会资本积累、良好的校誉、强大的知识溢出能力。依托高校的优势资源，利用因地理空间邻近而节省交易成本的优势，以学科链催生、带动产业链的发展，推动科技创新成果产业化、创新创业人才培养以及产学研结合，形成以高校为中心的区域经济增长极核，将有力带动四川产业

---

* 李忠鹏，四川省社会科学院产业经济研究所研究员，主要研究方向为产业经济学；徐原媛，四川省社会科学院研究生，研究方向为产业经济学。

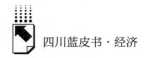

结构的转型和优化升级，促进以创新引领发展。打造环高校知识经济圈，是四川实施创新驱动发展战略、实现产学研深度融合的必由之路。

近年来，四川校地企合作日益深化，环高校知识经济圈建设迈出实质性步伐，取得了初步进展。要促进四川环高校知识经济圈又好又快发展，需多措并举、多管齐下。本文以成都市温江区环中医大健康经济圈建设为例加以研究。

一　环中医大健康经济圈：成都医学城能级提升的引擎

（一）建设环中医大健康经济圈是成都医学城强化战略支撑的需要

在当代区域经济发展进程中，依托大学和科研院所发展产业集群的现象日益增加。例如，斯坦福大学、加州大学伯克利分校等名校孕育了硅谷；哈佛大学、麻省理工学院等全美一流的研究型大学繁殖了波士顿128公路地区高科技产业；中关村借力清华、北大、中科院等高校和科研机构而成为我国高科技产业发展的高地。这是知识经济时代重塑区域经济版图的必然结果。

成都市温江区成都医学城以"三医两养一高地"为产业定位，与成都中医药大学的优势学科资源、科技资源、教育资源、智力资源、人才资源、社会资本以及校誉高度契合。在政府的引导下，高校、科研机构、企业、中介机构等多主体密切合作、协同行动，共同打造环中医大健康经济圈，是把成都医学城建设成为放眼全球的生物医学技术转化中心、全国领先的新型医药医疗产业创新创业基地、西南最大的全链式生物医学产业集群聚集区的必由之路。环中医大健康经济圈借助成都中医药大学等高校、科研机构的优势资源，构建以成都中医药大学为中心的区域经济增长极核，可以形成强大的健康产业发展的"极化效应"和"扩散效应"。在"极化效应"作用下，环中医大健康经济圈将产生吸引力和向心力，吸引其他地区资源、技术、信息、资金、配套产业向其集中，从而形成健康经济的产业集中和地理集中。

一方面，环中医大健康经济圈规模的扩大和功能的完善，将会进一步吸引更多的资金、技术、资源向经济圈流入。另外一方面，随着环中医大健康经济圈的发展，还会产生"扩散效应"，带动整个成都医学城及温江区经济的发展。

（二）建设环中医大健康经济圈是成都医学城创新驱动发展的需要

当前，新一轮科技和产业革命蓄势待发、宏观经济格局深度改变、成都市"中优""西控"战略实施，支撑温江区经济和成都医学城发展的条件正在发生重大变化，传统增长模式已难以为继。要突破这一变化带来的增长瓶颈，一种必须的选择就是摆脱传统比较优势和竞争优势的路径依赖，转换经济增长动力机制，从要素驱动发展向创新驱动发展转变。建设产学研协同创新网络是成都医学城实现创新驱动发展的根本途径。协同创新体现知识创新和技术创新的协同，是大学和科研机构作为创新中心同企业作为创新主体的合作。在这个创新网络中，知识、信息、技术、人员、资金、政策等资源要素频繁流动，促进和深化各主体原有资源交叉、渗透、融合、反馈等非线性的相互作用，产生原有资源独立存在所不具有的系统新质输出，增强区域知识溢出以及区域自主创新能力，使知识要素在区域内最大限度化发挥溢出作用，有效提升区域创新效率，实现区域创新驱动发展。产学研空间的集聚更加有利于信息的交互、资源的共享、知识的创造和传播。成都中医药大学是中医药知识和技术的重要供给者，直接参与中医药知识的生产、传播和应用，是中医药知识创造以及科技劳动力生产的源泉。打造环中医大健康经济圈就是打造中医药产学研协同创新的基地，对于成都医学城迈向创新驱动发展的道路具有重大意义。

（三）建设环中医大健康经济圈是成都医学城产业升级的需要

在资源全球流动、创新日趋复杂化的知识经济时代，产业的升级需要知识资源，通过产学研协同创新取得内核化的知识技能，成为一种可能而合理的途径。现代制药产业是技术、知识密集型产业，对技术、知识、人才和资金有很高的要求。同时，企业面临的市场环境十分复杂、创新成本和创新风险很高，使得企业不愿、不敢、不能独自承担创新工作。借助产学研协同创新网络，则可以获取互补的资产和知识，加快学习过程，降低交易成本，克服市场进入壁垒，创造协同效果，分散风险，减少不确定性，从而使创新活动有效展开。此外，在现代经济增长中，技术创新的源头在于科学发现，因此技术创新最为明显的特征是科学发现导向。现代的技术创新与过去的技术创新的重大区别是，过去的技术创新处于工程师时代，而现代的技术创新则进入科学家时代。就是说，以科学发现为源头的技术创新，既需要企业家作为创新主体，解决技术创新的市场价值，也需要科学家进入，以科学发现提升技术创新的先进性。因此，产学研协同创新从一定意义上说是对技术创新起导向作用的两个方面的协同。单纯的科学发现导向的技术创新不一定为市场所接受，单纯的市场导向的技术创新不一定具有先进性。这样技术创新过程就是科学发现同市场之间的耦合和互动过程。知识作为创新要素投入，不仅能够使企业生产出新产品，同时还会溢出到其他企业并促使其创新，这些新的创新知识又会不断地溢出，形成企业间知识溢出循环，从而不断推动整个区域产业升级，甚至占领价值链制高点。从这个意义上可以说，打造环中医大健康经济圈是推动成都医学城"三医"产业升级的重要抓手。

（四）建设环中医大健康经济圈是成都医学城竞争力提高的需要

目前，成都市生物（生物医药）产业形成了成都医学城（温江）和成都天府国际生物城（天府新区）"双城共兴"的发展格局，成都市武侯区也正依托华西国际智慧医疗谷打造国际医疗服务中心。与天府新区相比，温江在生产制造环节的优惠政策处于劣势；与武侯区相比，温江在"三医"人才、医疗大数据前沿领域处于劣势。在当代，区域竞争的主要优势，不是资源优势，也不是技术优势，而是知识当地化优势。与区域内其他主体相比，大学能更好地提供"跨边界学习平台"，有利于建立区域内信任纽带，提高区域内集体学习的效率，形成知识当地化优势。打造环中医大健康经济圈，有利于发挥成都中医药大学"跨边界学习平台"的作用，从而有利于获取、维持、强化知识当地化优势，进而有利于成都医学城在激烈的区域经济竞争中胜出。

二 环中医大健康经济圈发展的基础与机遇

（一）基础

丰富的科教资源。成都中医药大学所在的温江大学城科教实力雄厚，科技人才众多，科技成果丰硕。截至 2015 年 11 月，温江大学城共有普通高校 9 所，科研院所 21 所，大学专任教师 5000 余人，大学生 10 万余人。成都中医药大学是一所以中医药学科为主体，理、工、管、文、农、教等多学科相关专业交叉渗透、协调发展的四川省属重点高等学校，也是全国一流学科建设高校之一。学校有 19 个学院、36 个本科专业，全日制在校学生 2.3 万人，其中研究生 2400 余人。学校是全国首批中医药学博士、硕士学位授权点，首批临床医学（硕士、博士）专业学位试点单位。现有一级学科博士学位授权点 3 个、二级学科博士学位授权点 21 个，有一级学科硕士授权点 7 个、二级学科硕士学位授权点 49 个，有博士后流动站 3 个。学校有国家级重点学科 4 个（中药学、中医五官科学、针灸推拿学、中医妇科学），省部级重点学科 44 个；有国家级特色专业 6 个、省级特色专业 7 个；有国家级人才培养模式创新实验区 1 个，省级人才培养模式创新实验区 2 个等。学校现有专业技术人员中，具有高级职称者 600 余人，博士、硕士生导师 500 余人，其中包括"国医大师"、"973"项目首席科学家、"万人计划"科技创新领军人才、全国优秀科技工作者等杰出人才。现有各级各类实验室 68 个，包括国家重点实验室培育基地、国家级实验教学示范中心、国家中医药虚拟仿真实验教学示范中心、中药饮片炮制国家地方联合工程研究中心、国家中药材种质资源库（四川）、教育部重点实验室、教育部工程研究中心、国家中医药管理局重点研究室、国家中医药管理局中医药科研实验室（三级）

等。"十二五"以来，学校新上各类科研项目 2491 项，其中国家科技重大专项、国家重点基础研究发展计划（"973"计划）、国家自然科学基金、社会科学基金等国家级项目 295 项；获得各级各类奖励 106 项，其中国家科技进步二等奖 3 项，省科技进步特等奖 1 项、一等奖 11 项；有四川省 2011 协同创新中心 3 个，四川省省级大学科技园 1 个。学校不断推进国际交流与合作，与 26 个国家和地区的大学、医疗单位、科研机构及学术团体建立了交流、合作关系。这说明环中医大高校、科研机构具备较强的知识溢出能力。

一定的产业基础。成都医学城已聚集生物医学类企业 100 多家。A 区聚集规上企业 29 家，规上医药工业总产值近 60 亿元。B 区聚集医疗、研发、第三方检测等机构 55 家。成都医学城拥有华西医院等医疗机构，引进了药明康德（投资 100 亿元）、科伦药业（投资 50 亿元）等重大项目，形成了大健康全产业链的雏形，可围绕中医药进行有针对性的应用创新，并不断拓展至更广、更新的健康服务领域。这意味着环中医大产业层具备一定的承接成都中医药大学等高校和科研机构知识溢出的能力。

闪亮的生态底色。温江是都江堰自流灌溉首泽地（精华灌区）、温郫都生态示范区核心区，距离成都最近的核心绿肺，金马河、杨柳河、江安河和清水河四条大河纵贯全境，拥有中西部最大的花木基地——15 万亩花木资源，2016 年森林覆盖率达 20.18%，先后荣获联合国"全球生态恢复和环境保护杰出成就奖"、联合国规划署第十一届全球"国际花园城市"、联合国人居署"迪拜国际改善居住环境最佳范例奖"、美国绿色建筑委员会"最佳现代田园城市"以及全国首个"中国人居环境金牌建设示范点区"等奖项和称号。这意味着建设环中医大健康经济圈具有良好的生态基础。

积极的合作探索。温江区尚未建立起完善的协同创新体系，但与成都中医药大学的校地合作、校企合作已拉开了帷幕。在校地合作层面，2016 年 1 月，温江区政府与成都中医药大学达成共建成都中医药大学科技园的协议，与成都中医药大学、成都华川集团达成共建成都中医药大学第三附属医院的协议，力争用 5 年时间建成省级大学科技园，用 5~10 年时间把第三附属医院建成省内乃至国内技术一流、服务一流的三级甲等中医医院。

2017 年，温江区政府与成都中医药大学经过协商，就共建环中医大知识经济圈达成了共识。双方以促进现代中药科技成果产业化为目标，致力于打通政产学研用协同创新通道，通过共建四川中医药养生健康产业技术研究院、成都中医药大学科技园、国际中医药数字化工程中心、成都中医药大学国医馆、中医药知识产权运营中心、林下道地药材种植示范区等各类技术研发和转化孵化平台，共同推动全面创新改革在中医药重要领域和关键环节取得突破性成果，促进人才、技术、资本、土地等创新要素流动更加顺畅，创新资源配置更加优化，创新创业氛围更加浓厚，为成都中医药大学建设世界一流大学，温江区建设三医融合产业之城、创新开放进取之城提供有力科技支撑。

在校企合作层面，四川春秋开发建设集团有限公司与成都中医药大学的合作具有标杆意义和示范作用。2017 年，春秋集团与成都中医药大学、泸州老窖、润馨堂保健品集团就合作建立成都中医药健康产业研究院达成协议。成都中医药健康产业研究院依托成都中医药大学在健康产业领域的人才和科技优势，以加快高校院所科技成果转化、助力企业转型升级、引领地方经济发展为职志，集技术研发、成果转化、产业孵化、技术服务、人才培训、知识产权交易于一体。该项目占地 23 亩，注册资本 5000 万元，其中春秋集团占股 20%。此外，春秋集团还与成都中医药大学就共建中医药创新中心、开设国医馆等达成合作意向。这为环中医大健康经济圈产学研深度融合奠定了基础。

（二）机遇

国际中医药健康产业市场前景光明。中医药植根于中华传统文化，在五千多年的发展历程中，不断吸收先进的自然科学、人文科学和哲学思想，形成了研究人体生理、病理，配以中药本草来进行疾病诊断和治疗的学科体系，是我国重要的卫生、经济、科技、文化和生态资源，也是世界公认的极具特色的健康服务资源。随着"回归自然"理念在全球范围成为潮流，随着现代医学模式和健康观念的转变，国际市场中天然药物和植物制品的用途和需求不断扩大，"中医药热"也在全球逐步兴起，越来越多的西方人愿意接受中医药治疗。据统计，约有5%的患者长期服用天然药物，其中80%的人在治疗过程中使用过中药。在国际医药市场上，天然药物已突破30%的市场份额，年销售额在300亿美元以上，全球中草药销量以每年10%的速度增长，其速度远远高于化学药品。国际植物药市场将在未来几年内增长至1000亿美元，中药的开发利用在不久的将来势必全面勃兴。这意味着建设环中医大健康经济圈具有良好的国际市场环境。

国内中医药健康市场空间广阔。随着我国经济社会的发展和人民收入水平的提高，人们越来越注重生活品质的提升，追求健康和保持健康的愿望越来越强烈，对个性化的、非基本的健康产品与服务的需求日趋旺盛。同时，工业化、城镇化、人口老龄化、疾病谱变化、生态环境及生活方式变化等也给我国健康市场创造了巨大的"刚需"。在市场需求的拉动下，我国健康消费已经成为继食品、教育之后的第三大消费性支出。但是，目前，我国健康服务供给总体不足与需求不断增长之间的矛盾依然突出。从世界发达国家的产业发展经验来看，健康服务业无论是消费占比还是增值贡献，都在其国民经济中占据重要地位。如美国健康产业占GDP的比重超过17%，加拿大、日本健康产业占GDP比重均超过10%。相比之下，我国健康产业占GDP的比重不足5%，在存在巨大的发展差距的同时，也拥有着巨大的市场发展空间。我国经济社会的发展推动了人们从"治"到"防"、从"保命"到"保健"的健康观念的转变。中医药注重养生调摄和辩证治本，在养生保健、亚健康群体干预等方面，具有独特优势。人们健康观念的这种转变尤其有利于中医药健康产业的发展。这意味着建设环中医大健康经济圈具有良好的国内市场环境。

产业政策红利窗口已打开。目前，国家高度重视健康产业的发展，确立了健康产业在国民经济中的战略地位。2013年国务院发布《关于促进健康服务业发展的若干意见》，明确提出到2020年"打造一批知名品牌和良性循环的健康服务产业集群，健康服务业总规模达到8万亿元以上，成为推动经济社会持续发展的重要力量"。2015年国务院出台《中医药健康服务发展规划（2015～2020年）》，明确提出加快中医药健康服务业的发展，争取到

2020 年基本建立中医药健康服务体系。

地方层面上，四川省委、省政府和成都市委、市政府非常重视医药健康产业发展，在政策、监管、资金、要素等方面持续增强了对产业发展的推动力度。《四川省中医药大健康产业"十三五"发展规划》提出，以成都为核心，由德阳、绵阳、遂宁、乐山、眉山、雅安和资阳等组成创新发展核心区，主要发展中医药健康服务高端服务业与新业态。《成都国民经济和社会发展"十三五"规划纲要》将生物医药列为加快发展产业，并提出以成都医学城等专业化产业园区建设为支撑，促进医学、医疗、医药"三医"融合，加快培育发展生物技术药、高性能医疗器械、化学药和现代中药，到2020 年，建成国家重要的生物医药研发创新中心和产业化基地。这为建设环中医大健康经济圈提供了良好的政策支持。

改革释放产学研合作潜能。习近平总书记在十九大报告中强调："深化科技体制改革，建立以企业为主体、市场为导向、产学研深度融合的技术创新体系，加强对中小企业创新的支持，促进科技成果转化"。成都市政府出台的《促进国内外高校院所在蓉协同创新若干政策措施》，重点围绕破除高校科技成果处置权和收益分配权固有"枷锁"，促进高校院所科技成果在蓉转化运用，建设高校院所科技成果转化载体，引导社会资本投向成果转化，释放高校院所科技人才创新创业活力等方面提出了十条具体措施，以促进产学研协同创新。这为环中医大健康经济圈产学研深度融合提供了有力的制度支持。

三　环中医大健康经济圈发展的对策措施

（一）围绕学科链布局招商引资链

学科链既是向产业注入创新资源的高地，又是吸引产业资源聚集的洼地。在环中医大健康经济圈建设中，不仅要重视优惠政策和产业链招商引资，还要重视利用成都中医药大学等在温高校、科研机构科技创新资源丰富的优势，以学科链招商引资。通过学科链招商引资，企业就地承接成都中医

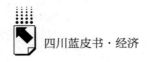

药大学等在温高校、科研机构知识溢出的能力将会大幅提升，学科链与产业链耦合程度将会更高，招商引资的规模与质量也会更高。

（二）实施校友资智回流工程

校友资源作为"母校情结"维系的关系资源，是学校及所在地区的宝贵资源，开发这一资源对学校及所在地区发展有莫大助益。武汉市"百万校友资智回汉"活动自 2017 年 3 月正式启动，截至 2017 年 10 月，举办了华中科技大学、武汉大学、中南财经政法大学、武汉理工大学四个专场，签约项目总投资 6719 亿元。在环中医大健康经济圈建设中，有必要借鉴武汉市的经验，充分挖掘校友资源，实施校友资智回流工程，吸引成都中医药大学、西南财经大学、四川农业大学等在温高校校友资智回流。

（三）扎实推进创新创业

建立环中医大健康经济圈创新创业服务中心，集成政府有关职能部门的管理与服务职能，开展线上线下全功能综合服务，实现"一站式""一网式"服务。引入商务、投资、会计、法律、知识产权、科技咨询等服务机构，为创新创业提供科学化、标准化、便利化的社会服务。大力发展创新创业载体，支持各类社会主体建设科技创业苗圃、科技企业孵化器、科技企业加速器、专业楼宇等载体。围绕企业初创、孵化、成长、成熟等不同阶段，引导社会创业投资机构投资创新创业企业，着力形成各类金融工具协同支持创新创业发展的格局。支持成都中医药大学等高校延伸教育链条，开展创业教育，在创业实践基地建设、创业培训与咨询等方面提供帮助。

（四）推动产学研协同创新

通过政策引导，整合环中医大产学研科技资源，建立利益共享机制，构建结构合理、功能完善、运行高效的研发服务平台体系，实现环中医大地区科技资源、科技数据、科技服务和科技管理的互联互通、开放共享。建立中医药健康产业技术创新联盟，深化产学研对共性技术的合作研发。支持成都中医药大学等高校、科研机构深化科技成果权属改革，建立科技成果"混合所有制"，让科技人员分享科技成果所有权，以激发科技人员创新的激情和与产业界合作的积极性。导入技术经纪人制度，以加强高校、科研院所先进技术向企业的辐射和转移。支持成都中医药大学完善学科链，更好满足环中医大健康经济圈产业发展对专业知识和专业人才的需要。建立产学研人员交流的"旋转门"机制，鼓励人才在高校、科研院所、园区、企业之间的合理流动。

（五）打造环中医大健康经济圈区域品牌——"成都. 中国中医药健康谷"

区域品牌是区域特定产业形象力的整体呈现，是区域产业竞争力的重要组成部分。区域品牌除了有识别功能外，还有生产要素聚集功能和市场扩张功能。因此，加快环中医大健康经济圈发展，需要重视形象力建设，着力打造区域品牌。为了形成具有冲击力和感召力的形象，环中医大健康经济圈区域品牌可命名为"成都·中国中医药健康谷"。这一区域品牌以成都中医药大学的校誉和区域创新能力为基础，其内涵是环中医大健康经济圈是健康问题的中医药解决方案提供者。由于区域品牌具有共享性，它的建设及维护必须依靠政府、商会、行业协会和企业等多方力量的参与，必须明确在区域品牌塑造过程中各方的职责，形成区域品牌建设的合力。目前，成都中医药大学周边企业规模较小，行业协会等中介组织发展尚不成熟，"成都·中国中医药健康谷"品牌的打造应以政府为主导。在这一模式下，政府制订相关政策支持区域品牌的建设与运营，作为主导力量，拥有品牌所有权，区域内企业、医疗机构等共享区域品牌，具有使用权。为了推动"成都·中国中医药健康谷"区域品牌在国内外市场的传播，可以考虑在温江连续举办国际中医药健康产品博览会暨论坛和创业投资洽谈会。

（六）构建统筹协调机制

区域发展，规划先行。本着产学研一体化与产业结构知识化相统一、外延扩大与内涵提升相统一、新建与改造相结合、当前建设与长远发展相结合、经济圈规划与城市规划相协调、基础设施建设与人文自然环境相协调、经济圈规模与城市环境承载力相适应的原则，编制环中医大健康经济圈建设规划，明确"任务书""时间表""路线图"以及"施工计划"。将环中医大健康经济圈建设规划纳入区经济社会发展规划，争取纳入省、市相关规划，区属有关部门、社区及相关单位根据规划制订相应的工作计划，从而形成上下贯通、左右衔接的环中医大健康经济圈建设规划实施体系。

为了加强对环中医大健康经济圈发展的规划、决策和领导，建议由成都医药城管委会、成都中医药大学、有关商会等共同组成环中医大健康经济圈发展领导小组，并建立定期的成员单位联席会议制度，讨论区域发展过程中的重大决定，协调解决重大问题，整合各方面资源，创造良好环境。在调动各方积极性的同时，明确职责，完善管理职能。

在环中医大健康经济圈社区治理方面，通过资源共享、责任共担、利益共享，动员所有利益相关者共同参与、发挥优势、协同行动，实现政府、大学、企业、创业者、居民、社会良性互动，形成多元合作格局。多主体参与的治理机制有助于弥补政府能力缺口，提高政府公共服务供给的有效性，遏制政府工作人员的经济人行为，也有助于增强创业者和居住者对环中医大健康经济圈社区的文化认同，进而形成"社区如家"的心理归属感。

B.30
四川省民营企业家成长环境研究

吴建强*

摘　要： 改革开放以来，四川始终关心和爱护民营企业，毫不动摇地支持和保护民营经济发展。当前，四川省经济发展已经步入新常态。帮助民营企业家成长，有利于促进经济转型，构建和谐四川，推动治蜀兴川再上新台阶。四川省委、省政府历来重视民营企业家队伍建设，不断优化民营企业家成长环境，推动民营经济持续稳步发展。川商在成长过程中，面临一些问题和挑战，包括地位不平等、融资难融资贵、生产成本不断上涨、税费负担沉重、支持政策需落地、发展信心不足等。为开创川商新时代，四川将优化营商环境，健全民营经济发展政策，培育优秀企业家队伍，加快民企创新发展，完善政府与民营企业联系机制，化解融资难融资贵问题，减轻企业税费负担。

关键词： 四川　民营企业家　成长环境

一　四川民营经济发展稳中有进

党的十八大以来，四川省委、省政府高度重视民营经济发展，出台了一

---

* 吴建强，博士，四川省社会科学院产业经济研究所副研究员，主要研究方向为金融、产业经济、区域经济和房地产经济。

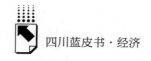

系列促进民间投资的政策措施，优化民营企业发展环境，推动民营经济持续稳步发展，为全省经济稳增长发挥了重要作用。

（一）四川省民营经济增加值突破2万亿元

2017年，四川省民营经济活力持续增强，民营经济增加值首破2万亿元大关，成为四川经济平稳增长的重要部分。全省民营经济增加值达20738.9亿元，其中，第一产业为1612.3亿元，第二产业为10952.5亿元，第三产业为8174.1亿元。民营经济增加值比上年增长8.2%，比同期GDP增速高出0.1个百分点。其中，第一产业比上年增长1.9%，第二产业比上年增长8.0%，第三产业比上年增长9.8%。

（二）民营经济对经济增长的贡献持续加大

2017年，四川民营经济增加值对GDP增长贡献率达56.1%，直接拉动GDP增长4.5个百分点，成为经济发展主动力。从民营经济三次产业构成来看，第一产业增加值对经济增长的贡献率为1.1%，第二产业增加值对全省经济增长的贡献率为31.2%，第三产业增加值对全省经济增长的贡献率为23.8%。

（三）民营经济主体增长迅速

近年来，四川省不断降低市场主体准入门槛，激发市场活力。2017年末，全省有民营经济市场主体472.82万户，同比增长16%，占据了市场主体总量的95.54%。其中，私营企业为109.32万户，同比增长18.81%；个体工商户为362.36万户，同比增长15.16%。

（四）政府出台了一系列政策支持民营经济发展

近年来，四川省委、省政府出台了一系列支持民营经济发展的政策措施，有力地促进了民营经济的发展。目前，已逐步形成了"投""补""减""用"政策支持体系。"投"是指运用政府基金投资符合产业发展规划部署的企业，"补"是指运用专项资金支持企业发展，"减"是指通过减费降税的方式降低企业成本，"用"是指政府采购中提高中小企业提供的产品和服务的比重。

（五）民营企业积极参与现代企业制度改革试点

近年来，四川省全面提升民营企业整体素质和市场竞争力，在全国没有成熟经验可借鉴的情况下，进行了先行试点，创建了促进民营企业建立现代企业制度的四川模式。2016年，全省确定166户民营企业参与改革试点，组建了法律事务、企业管理、财税金融等专家参与的评审组，对试点企业建立现代企业制度情况进行评审，最终有138户企业达标。在试点过程中，民营企业积极参与，地方政府主动配合，一些市（州）还出台了鼓励办法，对建立现代企业制度的民营企业给予资金支持，有效提升了市场主体的发展质量。

（六）民营企业加快转型升级

在2008年金融危机之后，中国东部沿海地区的民营企业就开始积极转型，四川本土的民营企业大多在2014年以后开始加快转型步伐。从全国来看，排名靠前的中国500强民营企业产业结构持续优化，许多企业由传统产业向新兴产业转型，服务业占比不断上升。从入围中国民营企业500强的四川企业来看，产业分布集中在农业、冶金、化工、房地产等行业，计算机、通信和其他电子设备制造业，互联网和相关服务，金融业等新兴产业涉足较少，产业转型升级成为重要工作。

二 四川民营企业家成长情况

近年来，四川省委、省政府紧紧围绕"决胜全面小康、建设经济强省"战略目标，大力支持民营经济发展，重视民营企业家队伍建设，优化民营企业家成长环境，取得了一定的成效。一些优秀的民营企业家勤勉尽职、科学

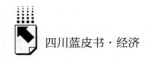

决策、勇于创新，在贯彻落实省委、省政府决策部署和履行社会责任等方面发挥了示范带头作用，成为推动四川省经济社会发展的重要力量。

（一）成长环境持续优化

为营造企业家健康成长的环境，2018年6月，四川省委、省政府印发了《关于营造企业家健康成长环境弘扬优秀企业家精神更好发挥企业家作用的实施意见》，从法治环境、市场环境、社会氛围和弘扬企业家精神等方面提出了政策举措，强调要依法保护企业家的合法权益，着力营造企业家公平竞争的市场环境和企业家干事创业的社会氛围，大力弘扬新时代的川商精神，把回乡创业作为新的发展主战场，推动治蜀兴川再上新台阶。

（二）政府服务意识不断强化

积极推进简政放权，认真落实三项清单制度。取消行政审批事业性收费，减轻企业和社会负担。提升政务服务水平，建立全省民营经济政策信息服务平台。深化"放管服"改革，简化办事流程，实施"先照后证"制度，推行注册资本认缴登记制。出台相关政策，促进四川自由贸易试验区投资便利化。

（三）领军型企业家年龄普遍在50岁以上

2018年2月福布斯发布的中国富豪榜显示，四川共有4位富豪进入前200强，他们的年龄都在50岁以上。其中，新希望集团的刘永好年龄为67岁，通威集团的刘汉元年龄为54岁，天齐锂业的蒋卫平年龄为63岁，康弘药业的柯尊洪年龄为64岁。这些企业家创业的时间大多在20世纪80年代至90年代，属于老一代的企业家。

（四）民营企业家多实施家族式管理

目前，四川的民营企业中，只有一部分企业建立了现代企业制度，相当多的企业家族治理色彩浓厚。许多中小企业依靠亲缘关系进行管理，任人唯亲，外来人员一般不会被安排到核心岗位，也难以获得企业的股份。家族式企业的特点是一个人说了算，依靠企业家的威望来延续企业，很多决策并未经过科学的论证，在企业做大后存在一定的风险。此外，一些家族式企业由于亲戚内部不和，在发展到一定阶段后出现了分家的现象。

三　四川民营企业家成长存在的问题

近年来，四川省的民营企业家勇于拼搏，不懈奋斗，取得了一定的成就。但与此同时，四川民营企业家成长也面临一些问题。

（一）思想不够解放

川商的思想还不够解放，对新事物接受较慢，创新意识不足，过于依赖传统产业，转型升级压力较大，观念亟待转变。从全省来看，一些地方政府"重视国企和外企，轻视民企"的观念依然存在，有的政府官员对民营企业有偏见，害怕与民营企业打交道，部分市政项目甚至直接将民营企业排除在外。

（二）地位不平等

一是法律权益保障不足，民企在维护自身权益方面，与国企不能享有同等待遇。二是行政许可繁多，特别是在项目的招投标等环节对民营企业设置诸多门槛。三是在一些行业实施垄断，民营企业难以进入电力、石油、通信和铁路等领域。四是PPP项目设置障碍，首选央企和地方国企，民营企业很难分得一杯羹。

（三）支持政策需进一步落实

近年来，四川省出台了许多支持民营经济发展的文件和政策，包括简政放权、放宽市场准入、保护民营企业权益等。从执行效果来看，这些政策对民营经济的发展起到了较好的促进作用，但也有部分政策存在落地难的问题，比如"玻璃门""弹簧门"和"旋转门"现象在一些地方还不时存在，许多民企为了获得项目只得与国企合作。此外，四川加大反腐倡廉，取得了风清气正的良好政治生态环境。但与此同时，也出现了一些新的问题。一些民营企业反应，"门好进、脸好看"了，但不办事的多了；组织纪律意识强了，但勇于担当、敢作为的人少了；一些地方政府部门间还存在推诿的现象，对企业诉求关心不够，导致民营企业办事困难。

（四）融资难融资贵问题较为突出

从当前四川的金融生态来看，国有商业银行和股份制银行贷款主要投向国有企业和上市公司，对数量众多的中小民营企业放款较少。民营企业融资困难，不仅渠道较为单一，且手续繁琐，资金成本不断攀升。一些民营企业为了生存和赢得商机，甚至不惜借取高利贷，加大了企业的财务风险。

（五）生产成本不断攀升

一是企业用工成本较高，高端人才流失严重，招工难、用工荒的现象依然存在。二是水、电、气等公共产品费用高，地电区域民企无法享受国电区域实施的直购电优惠政策。三是受环保政策影响，原材料供应中断的风险加大，且成本持续上涨。四是用地指标不足，土地出让价格较高，推升了企业的生产成本。

（六）税费负担沉重

一是民企税收种类较多，税率较高，一些企业在实施"营改增"后税负反而增加了。二是环评、规划、土地等费用较高，影响了民营企业的投资意愿。三是社保政策不断完善，给民营企业经营带来压力。

（七）本土中国500强民营企业数量创近年来新低

2017年，四川民营企业仅有8家入围中国民营企业500强，比上年减少两家，连续3年入围企业数量下降，创近年来新低（见图1）。与同处西部的重庆市相比，2017年重庆入围企业数量达到14家，比四川多出6家。

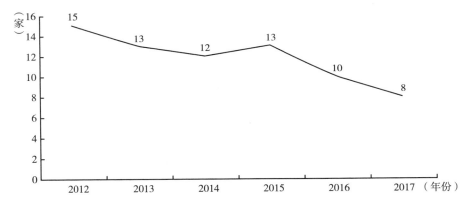

图 1 近年来四川民营企业上榜中国民营企业 500 强数量

资料来源：全国工商联经济部：《2018 中国民营企业 500 强调研分析报告》，2018 年 8 月。

（八）发展信心不足

一是部分民营企业家担忧国家关于民营经济发展相关政策的延续性和稳定性，对非公经济的前景预期过于谨慎，从而对发展民营经济持观望态度，不愿追加新的投资。二是当前中国经济已经步入新常态，宏观形势复杂多变，加之中美贸易摩擦不断升级，对市场环境的影响较大，制约了四川省民间投资的积极性。三是全省实体经济步入困境，民营企业经营压力加大。

四　对策建议

为帮助民营企业成长壮大，四川将致力于营造更好的环境，加强与民营企业家的交流，推动民营企业转型升级，激发民营经济活力，全力支持在川民营企业的发展。

（一）优化营商环境

建立"亲""清"新型政商关系，加强有效监督，推行依法行政，着力扩大政府的公信力，提升民间投资信心。加强政府服务意识，致力于向

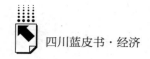

"小政府、大企业"的理念转变。加快政府职能转变，推动简政放权。注重相关政策的延续性和稳定性，依法保障企业法人财产权和经营自主权，维护民营企业家的合法权益。完善相关机制，鼓励民营企业家勇于创新。

（二）完善民营经济发展政策

做好"放管服"工作，建立符合市场经济规律的制度，扶持民企成长壮大。全力打造公平的市场竞争环境，切实放开市场准入，赋予民企和国企同等的市场主体地位。认真清理相关政策，清除歧视性措施，毫不动摇地保护民营经济发展。根据形势需要，因地制宜地出台支持民营经济发展的新政策。对民营经济相关政策的执行情况加大检查力度，确保各项政策落地有效。

（三）培育优秀企业家队伍

抓好领军型企业家培育，加强企业家后备队伍建设，打造知名川商品牌。依托全球顶级知名高校举办国际化领军型企业家培训班，在北京大学、清华大学、复旦大学等国内知名高校举办四川民营企业高管专业能力提升班。组织民营企业家到国外和国内发达地区考察、学习和交流，开阔视野、增长见识、更新观念。通过各种形式的培训和交流活动，增强民营企业家在经营管理、资本运作、风险控制等方面的能力。

（四）弘扬企业家精神

作为新时代的民营企业家，要有使命感。川商在追求经济效益的同时，应当履行更多的社会责任，塑造新的形象。要勇于担当，大胆创新，加快转型升级，为四川发展做出应有的贡献，回报社会和地方。要牢固树立社会主义核心价值观，发扬爱国精神，自觉遵纪守法。当前，四川正处于扶贫攻坚的关键时期，民营企业家可发挥自身的优势，加大扶贫力度，为2020年贫困人口全部脱贫发挥作用。

（五）加快民企创新发展

提升民企创新能力，鼓励民企与国内外知名高校和科研院所开展合作，形成"政产学研用"五位一体的协同创新模式，攻克技术难题。创立和完善科技创新服务平台，帮助民营企业提升自主创新能力。推进企业创新联动机制，支持民营企业建立技术合作联盟等组织。加快产业转型升级，实现民营企业可持续发展。引导民营企业完善法人治理结构，建立现代企业制度，确保治理主体各司其职，提升企业管理水平。

（六）完善政府与民营企业联系机制

畅通政府与企业联系渠道，加强彼此的交流和沟通。通过民企及时向政府汇报和反映实际困难，提高政府行政办事效率，解决企业的燃眉之急。建立和完善政府领导联系重点民企制度，确保民营企业合法权益。充分发挥商会的桥梁纽带作用，形成政府与企业良性互动。积极搭建民营企业家沟通交流平台，通过举办各种民营经济发展论坛、评选优秀民营企业家等各种活动，促进民营企业家相互学习，共同进步，抱团取暖。

（七）化解融资难融资贵问题

一是金融机构要回归本源，坚持服务实体经济。要大力发展普惠金融，支持民营企业发展新兴产业。在融资政策上，应对国有企业和民营企业一视同仁。二是要加大金融创新，丰富产品供给。金融机构应设计和开发更多符合民营企业的产品，大力发展票据、债券、供应链金融等业务，支持民营企业做大做强。三是大力发展资本市场，提高直接融资比例。适当降低民企准入门槛，加快发展中小板、创业板和新三板。适当降低中小企业发行债券门槛，丰富债券品种。鼓励私募股权投资基金等机构加大创新，支持民营企业发展高新技术和现代服务业。

（八）减轻企业税费负担

一是实施积极的财政政策，降低企业税收，切实减轻企业负担。当前四川省的经济发展已经步入新常态，增速放缓，政府不应再将税收增长作为目标，而应实施减税政策，支持民营企业发展。二是要维持四川省现有的社保政策不变，在社保征收机构改革到位前不自行调整，对历史形成的社保费问题不集中清缴，确保现有政策稳定。三是环保政策不实行"一刀切"，避免实施集中停工停业停产政策。环保政策应因地制宜，适时推进。四是落实水电气的优惠政策，降低企业生产成本。

参考文献

四川省民营经济工作领导小组办公室：《新时代四川民营经济发展对策研究》，四川省工商行政管理局网站，2018 年 7 月 3 日。

四川省民营经济工作领导小组办公室：《民营企业问卷调查分析》，四川省工商行政管理局网站，2018 年 7 月 27 日。

徐进：《打造优秀国有企业家队伍的几点思考》，《四川日报》2017 年 12 月 21 日。

徐学明：《民营企业发展中存在的几大问题》，中国产业信息研究网，2018 年 5 月 15 日。

王林、李欣忆、付真卿：《"中国民营企业 500 强"榜单发布 仅有 8 家四川民企入围》，《四川日报》2018 年 8 月 30 日。

习淑祎：《四川省财政厅梳理的民营经济"政策包"上线》，四川新闻网，2018 年 5 月 21 日。

李丹：《截至 2017 年底四川省民营经济市场主体共有 472.82 万户》，四川新闻网，2018 年 1 月 23 日。

广东省政府研究室调研组：《关于弘扬企业家精神发挥企业家作用构建新型营商环境的对策建议》，《广东经济》2018 年第 5 期。

魏先法：《冀商企业家精神环境优化研究》，《河北省社会主义学院学报》2017 年第 10 期。

中国企业家调查系统：《企业家对宏观形势及企业经营状况的判断、问题和建议》，《管理世界》2017 年第 12 期。

B.31
四川民宿文化产业助力乡村振兴

罗　钰　刘金成　万远英*

摘　要： 从四川省民宿产业的发展现状可以看出，民宿产业虽然存在长期无行业标准、产业集群效应不佳、产业盈利差距大、文化内涵不足、服务水平有限等问题，但是未来发展前景大好。如果以产业、文化、生态为方向发展特色民宿，将会打造出川味浓烈的民宿文化产业，并从经济、文化、社会等多方面助力乡村振兴战略。

关键词： 民宿产业　传统文化　乡村振兴

　　中国旅游研究院最新报告显示，2017 年乡村旅游市场游客数量达 25 亿人次，实现旅游收入人民币 1.4 万亿元；2018 年春节期间我国乡村旅游过夜比例为 68.42%，折射出乡村旅游的住宿需求。乡村民宿已成为我国乡村振兴的新亮点。随着新农村建设和精准扶贫初见成效，越来越多的城市居民愿意选择乡村作为周末和节假日旅游目的地，更多的外国游客开始关注中国乡村游。而地处中国西部的四川省，更是中国乡村旅游的发源地。四川发展乡村旅游对引领全国乡村旅游发展、推进全省新农村建设有着特殊的意义。

* 罗钰，西华大学马克思主义学院副教授，研究方向为农村经济、生态经济；刘金成，四川省社会科学院编审，研究方向为企业管理、经济体制改革；万远英，西华大学马克思主义学院教授，研究方向为马克思主义中国化、"三农"问题。

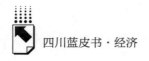

一 四川省民宿产业发展现状

四川省进一步贯彻落实《四川省人民政府关于加快建设旅游经济强省的意见》，促进了全省乡村旅游总收入占全省旅游总收入的比重逐年提高，全省农民人均年收入逐年增长，发展乡村旅游的行政村数量逐年增多，全省乡村旅游经营点（户）逐年增多，还创建了多个省级乡村旅游强县（区、市）、特色乡镇、精品村寨，每年评选省级特色业态乡村旅游经营点、新创乡村旅游类国家3A级以上景区和省级以上旅游度假区暨生态旅游示范区，带动农民直接或间接就业。

2014年四川省实现生态旅游直接收入596.7亿元，接待游客2.1亿人次，带动社会收入1565亿元。其中，仅乡村生态旅游实现直接收入就达405.6亿元。尽管四川乡村生态旅游发展近年同样受到国家经济结构调整、经济增长方式转变的影响，仍以较2013年增长22.7%的强劲增势，成为消费拉动四川全省地方经济发展的重要产业。2017年四川省乡村旅游接待旅客6.06亿人次，实现收入2283亿元，同比增长13.3%，相当于为全省6646万农民人均增收贡献403元，带动3.7万户12.6万贫困人口就业增收，占全省108.5万脱贫人口的11.6%。四川省共有国家级生态旅游示范区6个，国家级森林公园44个，省级生态旅游示范区48个，省级乡村旅游特色乡镇121个，省级乡村旅游精品村寨177个。全省有星级酒店398家，星级乡村酒店251家，星级农家乐1122家。

四川正在建设世界重要旅游目的地，大力发展全域旅游。四川省以丰富的人文历史、美食风景、街巷故事，促进旅游民宿的多元化发展。不仅本地特色民宿大量涌现，而且外来民宿品牌也纷纷入驻，多地"小而美""小而精""小而特"的民宿产业强势崛起，成为乡村旅游的新窗口和乡村振兴的新引擎，成为带领农民增收致富、就业创业的生力军，成为现代农业发展和农业转型升级的新支点。2017年在上海举行的中国酒店品牌高峰论坛暨非标住宿峰会的一大主题就是民宿发展趋势研判。途家网发布的《2017年上半年民宿旅游报告》显示，成都超过三亚、杭州等旅游城市，位居民宿旅游目的地城市榜首。2018 年 9 月 16 日，在成都举行了"四川乡村旅游示范榜样表彰大会"，公布了"诗意的栖居——四川特色民宿（客栈）全民大推选"结果，浮云牧场、禅驿·忆村院子、一水峨眉、路之青城、青城向东漫生活馆等 10 家民宿荣登十佳之列，上山上美好生活民宿、康定人家主题酒店、田野里精品民宿、李家大院、耳隐禅意、澜岸酒店云树堤等 10 家民宿获得"最具潜力民宿奖"①。

四川民宿川味渐浓。四川民宿数量多、类型多、故事多、文化多、功能多。日租房、农家乐、连锁客栈、品牌康养等形式多样。在近郊乡村及自然景区，农家乐仍然是最主要的旅游民宿，特别是成都周边的温江、郫都、都江堰、崇州、大邑等地，多依托优良的自然山水环境，提供餐饮、品茗、休闲、娱乐等服务，同时发展住宿服务，乡土气息浓厚。以大邑县金明山庄、都江堰柳凤休闲岛、什邡正阳天下山庄等为代表的民宿，是乡村旅游民宿体验的热门地。而今，精品民宿也越来越多，在众多的平价农家乐中脱颖而出，契合旅游者的心理需求。有故事的民宿和有文化的民宿尤其受到游客的喜爱，这些民宿注重文化和情怀的结合，是一种以宿居为载体的文化产业，带有个性与理想的表达，是承载人文体验的物理空间，更是呈现民俗文化精神空间。"肯派民宿"由一家皮革手工作坊改造而来，是极具民国风的博物馆民宿；甘孜州"蒲麦地"海拔 2300 余米，既是接待牛背山游客的客栈，又是环境保护、山难救援、社区发展等项目的支撑和实验基地；什邡"半山隐庐"前身是半山公社，是一位痴迷于老电影机的收藏家为收藏品专门修建的博物馆；都江堰"幽道山房"四面环山，连接山路与房子的唯一通道是一座吊桥，民宿从谷底依附山脊而上，山房、云房、花房等各色客房散落在山间；阿坝州"牧云牧场"建在悬崖边，身临其中仿若云中漫步，还提供云景帐篷小屋，供游客与大自然亲密接触；峨眉山"欢喜无厌·拈花

---

① 《四川十大特色民宿亮相　民宿产业成助推乡村振兴新引擎》，http：//scnews.newssc.org/system/20180916/000907876.html，2018 年 9 月 16 日。

溪"以茶艺和花艺为主题，紧邻报国寺，可度假、修禅、品茶、插花、泡温泉；蒲江县"素舍"坐落在有着 1500 年的历史的明月村，赏邛窑、做陶艺、做草木染、采茶都可以感受到自然的味道；阆中"花间堂"曾是当地酿醋的世家大院，如今保留川北民居原有建筑结构，融入花间美学；甘孜州"云朵上的村庄"以"旅游＋"的形式实现脱贫。理县"浮云牧场"、雅安"雪山村田姐家"、大邑"杨柳的院子"和"李家院子"、丹巴"罕额庄园"……可以看出，四川省的民宿发展已经形成规模大、层次多、特色浓、风格异的特征。

四川省精品乡村民宿发展水平逐年提升，房源量和交易量稳定，发展基础、速度和潜力具备比较优势。在四川省文旅融合、消费升级、产业转型的大背景下，浓缩四川特色文化精华的民宿为来自世界各地的游客提供了更加多元化、个性化的住宿体验，为四川省的民宿文化产业发展提供了更广阔的空间，为四川省乡村振兴战略的实施提供了更强劲的助力。

四川省民宿"井喷式"发展，在为四川省经济文化做出贡献的同时，也普遍存在一些问题。

第一，民宿长期无固定行业标准。自民宿兴起以来，单个民宿具有无套路、独特、新颖等特点，但这也意味着民宿的安全规范、用水标准、餐饮卫生、纺织品使用等各个方面都没有严格的规定和监管。几乎每家民宿都采用自己认定的标准，直到 2017 年《旅游民宿基本要求与评价》的实施。这导致了很大部分乡村民宿在卫生、安全等方面均不达标，一是不利于游客的身心健康，二是低成本的经营模式很容易造成劣币驱逐良币的局面。

第二，民宿发展的集群效应没有体现。四川民宿中传统农家乐比重很大，农家乐多由当地村民自发经营，主要内容是农家餐饮和休闲棋牌，成本低，容易受季节影响；几乎都是单打独斗，很少有区域规划。看似汇聚在一起的民宿，实质上各自为政，要么形态差异大，要么互相模仿、趋同程度高，使区域民宿的发展受到很大限制，无法在区域文化的积淀上发展特色民宿。同时，由于缺乏统一规划，这些民宿的基础设施缺乏配套，涉及道路、水电、消防、停车场、公共厕所、网络、安保、社会服务体系等各个方面。

单个民宿在经营过程中成本巨大，解决突发问题能力薄弱，无法形成合力，发挥产业集聚效应。

第三，民宿产业的盈利差异。四川民宿普遍缺乏市场意识，或是作为副业，不能全身心投入经营；或是为了情怀，不具有目标随意经营；或是随波逐流，不懂怎样合理经营。民宿作为一种文化旅游产品，需要市场定位、市场运营和市场推广。众多民宿盈利水平参差不齐，调查显示，约一半的民宿由于投入大、经营不善、市场定位不清等处于亏损状态。

第四，民宿文化的内涵不足。民宿从选址到设计再到建造的过程，是与当地历史文化的深度融合过程。而实际上呈现在游客眼前的民宿多为普通房屋简单改造而来，在装饰上也并不十分注重当地文化特色元素，为了入住的便捷性而更多地采用现代风格。导致部分民宿仅具有住宿功能，不具有传播当地特色文化的功能。

第五，民宿服务水平有限。民宿的个体个性经营模式使民宿主人集各种服务任务于一身，这很容易造成服务内容单一、服务不专业、服务效率低、服务方式不灵活等问题。

民宿产业在发展过程中势必发生优胜劣汰，越来越多的民宿已经认识到了自身发展的局限，正在向打造精品民宿迈进。只有严格按照行业标准、建立区域民宿集群、找准民宿市场定位、融入地方特色文化、树立民宿口碑和品牌，才能使民宿产业发展得更好。

二　四川省民宿产业的发展展望

四川省有着得天独厚的天然生态环境和乡村旅游资源，为民宿产业的发展提供了广阔的发展空间，民宿已然成为乡村旅游的亮点和重要配套。将闲置民居变成特色民宿，可以带动农民在自家就业创业，带动土特产品变成旅游商品，为四川全域旅游产业提供有力支撑。

民宿的本意是为游客提供体验当地自然、文化与生产生活方式的便利住宿设施，在不断发展的过程中，成了传递生活美学、弘扬地方文化的载体。

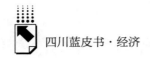
民宿产业以地方文化为核心竞争力，为区域经济做出了重大贡献。未来，民宿产业会向着更健康、更可持续的道路发展。

第一，以产业特色为发展方向，将民宿与当地产业有机结合。打造自然景区民宿、茶道民宿、温泉民宿、鲜果采摘民宿、观光农庄民宿等，以产业发展带动民宿发展，以民宿发展带动产业升级。

第二，以文化特色为发展方向，使民宿与当地文化深度融合。打造民族风情民宿、酒文化民宿、四川名人故居民宿、佛教道教民宿、非物质文化遗产民宿、艺术民宿等，以文化滋养民宿，以民宿传播文化。

第三，以生态特色为发展方向，使民宿与生态文明合二为一。打造原生态农家民宿、简单生活民宿、无烟民宿、素食民宿、康养民宿、环保民宿等，以生态延续民宿，以民宿保护生态。

四川特色民宿以产业、文化、生态为发展方向，打造出具有当地文化特色的、具有精品示范效应的、具有品牌服务的安全卫生美丽的优质民宿，需要树立新理念、规划发展重点、创新发展模式；需要政府主导落实各项政策、村民普遍参与致力脱贫致富；需要区域规划、环境保护、生态持续。四川特色民宿的发展要使当地人居环境越来越好，当地人民安居乐业，当地传统民俗与手工技艺传承延续，形成良好的生态旅游系统。

三 四川省民宿产业对乡村振兴战略的积极作用

十九大报告提出的乡村振兴战略，关系到中国是否能从根本上解决城乡差距过大以及乡村发展不平衡、不充分的问题，也关系到中国整体发展是否均衡，是否能实现城乡统筹、农业一体的可持续发展问题。2018 年 7 月，中共中央总书记、国家主席、中央军委主席习近平再次对实施乡村振兴战略作出重要指示，强调实施乡村振兴战略是党的十九大作出的重大决策部署，是新时代做好"三农"工作的总抓手。各地区各部门要充分认识实施乡村振兴战略的重大意义，要把实施乡村振兴战略摆在优先位置，坚持五级书记抓乡村振兴，让乡村振兴成为全党全社会的共同行动。乡村振兴战略以

"产业兴旺、生态宜居、乡风文明、治理有效、生活富裕"为总要求。习近平总书记在乡村振兴战略中深刻地回答了我国要建设什么样的乡村、怎么建设乡村的问题。关键是要走好城乡融合发展、共同富裕、质量兴农、乡村绿色发展、乡村文化兴盛、乡村善治和中国特色减贫这七条路。四川山水风光景色好，文化风俗内容多，乡村道路交通便。在规划建设美丽乡村的过程中，积极打造乡村文化特色，大力发展民宿经济，是"三农"转型发展的新抓手，农民增收的新途径，美丽经济的新探索，也是脱贫致富的新思路。

乡村的发展依靠产业支撑，只有因地制宜，形成现代农业产业体系，乡村才会有活力，经济才能大发展。在乡村振兴战略实施过程中，应合理利用自然山水资源，有效保护生态环境，破除乡村生活陋习，治理美化乡村生活环境，真正使乡村成为生态宜居的美丽乡村；弘扬乡土气息传统文化，树立社会主义核心价值观，使整个乡村邻里和睦、乡风文明；有效提高人民生活水平，实现人民对美好生活的向往，找准实施乡村振兴的出发点和归宿。民宿文化产业的发展，在产业支撑和乡风文明方面有着不可替代的重要作用。民宿文化产业使传统旅游形式多元化，增进了特色地域文化和特色乡村文化的体验；解决了农村留守妇女就业难和收入低的问题，提高了农村人民的收入水平；设计和建造特色民宿，解决了乡村旅游同质化竞争、低层次商业化开发、卫生环境差等许多问题，为农村打造了生态宜居的美好环境，为乡村绿色发展奠定了基础。随着城乡不断深入融合，要以民宿文化产业为推手，以培育和践行社会主义核心价值观为根本，以文明村镇创建为载体，以"乡风民风美起来、人居环境美起来、文化生活美起来"为目标，不断推动农村从"一处美"向"一片美"、从"环境美"向"生活美"、从"外在美"向"内涵美"进发。

民宿文化产业的发展，推动了农村经济结构转型升级，增加了农业生态产品和服务供给，打造了绿色环保的乡村生态旅游产业链，实现了旅游产业扶贫，促进了乡村共享经济、创意农业、特色文化产业协调发展，带动了第一、第二和第三产业深度融合，可助力乡村振兴战略顺利实施。

Abstract

In 2018, Sichuan's main economic indicators all reached or exceeded the targets set at the beginning of the year. Among them, the GDP grew by about 8.1% over the previous year, and the growth rate was about 1.4 percentage points higher than the national average. Since the fourth quarter of 2016, it has maintained steady growth of more than 8% for eight consecutive quarters. In the first three quarters of 2018, Sichuan's three industries achieved synchronous growth, and the growth rate of the secondary and tertiary industries was significantly higher than that of the whole country. The primary industry grew by 3.8% yearonyear, the secondary industry rose 7.7% from a year before, and the tertiary industry increased by 9.5% year on year. The tertiary industry is about 1.8 percentage points higher than the national level, and its contribution rate to economic growth is about 55%. From the perspective of the "troika" which drives economic growth, Sichuan's investment, exports and consumption all showed steady growth. The fixed asset investment of the whole society increased by 10.6% yearonyear, higher than the national average; the consumer market was generally stable, up 11.4% yearonyear, and the growth rate was 2.1 percentage points higher than the national average; foreign trade import and export increased by 28.8% yearonyear, 18.9 percentage points higher than the national level.

In 2019, with the increase of uncertainties in the external environment, the macroenvironment of Sichuan's economic development will be more complicated and changeable, the downward pressure on the macroeconomy will increase, and foreign trade will face severe challenges. Nevertheless, it is estimated that the economic growth rate will conditionally maintain the growth rate between 7 and 8 percent. The primary industry will continue to be stable, the secondary and tertiary ones will be stable with a slight decline, and the growth rates of the secondary and tertiary industries will remain around 7% and 9% respectively. The growth rate of investment will not be lower than 7% , and the final consumption growth will be no less than 8% . The export growth rate will drop significantly, and the import growth rate will also decline.

Contents

I General Report

Abstract: In 2018, the main economic indicators of Sichuan province all reached or exceeded the targets set at the beginning of the year. The "three carriages" had stable power, while consumption and investment still remained the main force. The pace of structural adjustment of the three industries has accelerated, among which the contribution of the tertiary industry to economic growth has further increased; the economic benefits have been improved and the income of residents has grown steadily. However, it should also be noted that there are some problems in Sichuan's economic operation, such as further increasing pressure for stable growth, weak internal driving force for economic growth, poor industrial structure, uneven regional development, weak innovation capacity and insufficient driving force for innovation-led development. In 2019, the macro environment for economic development in Sichuan will be more complicated and changeable, and uncertain factors will further increase. It is estimated that the economic growth rate will be conditionally stable between 7 and 8 percent. To stabilize economic operation in Sichuan, we need to focus on stabilizing investment growth, further optimizing the business environment, accelerating the readjustment of the distribution of productive forces, accelerating the development of advanced industries, and strengthening the ability to drive innovation, so as to optimize the structure of investment, factors, regions, industries and technologies.

Keywords: Economic Operation; Structure Optimization; Upgrade of Economics Momentum; Sichuan

II　Comprehensive Reports

B. 2　Analysis and Prediction on Investment in Fixed Assets in
　　　Sichuan Province in 2019　　　　　　　　　*Chen Yu* / 022

Abstract: In 2018, the investment in the fixed assets of Sichuan Province maintains a steady growth, with the characteristics of continuous expansion of scale, continuous optimization of structure, strong promotion of key projects, and accelerated investment in high-tech industries. At the same time, there are also some problems, such ascontinued decline in the investment of new construction projects, the lower proportion of industrial investment, and obvious differentiation of investment in fixed assets in the region. Looking forward to 2019, Sichuan's fixed asset investment is expected to show steady growth overall.

Keywords: Sichuan Province; Fixed AssetsInvestment; Economic Operation

B. 3　Analysis and Forecasts of Sichuan's Fiscal Situation in 2019
　　　　　　　　　　　　　　　　　　　Hu Jianzhong / 033

Abstract: In 2018, the Sichuan Provincial Committee and Government proposed a development strategy of "One Trunk Mufti-Branch" to promote the formation of a coordinated development pattern of "one multi-discipline and fivezone synergy". From the first half of 2018, the economic operation of Sichuan Province was generally stable, showing a steady and positive operating trend, and the main economic indicators were higher than the national average. The total general public budget revenue of Sichuan Province was 308. 56 billion yuan, an increase of 20%. However, for 2019, China faces an external Sino-US trade friction, and there is internal pressure from fee and tax reduction. We predict that Sichuan's fiscal revenue will generally maintain the same level of growth as that in 2019, that is, continue to maintain the growth rate of 8%.

Keywords: Sichuan; Fiscal Revenue; Tax Cuts

B. 4 Analysis and Prediction of Financial Situation in Sichuan in 2018 −2019

Luo Zhihua / 042

Abstract: Based on the operational data of economy and finance of Sichuan in the first half year of 2018, and analysis of influencing factors during the reporting period, this article has made analysis and prediction of the development trend of main financial industry and market participants including commercial banks, insurance institutions and capital market in Sichuan during 2018 −2019 by adopting methods of historical data analysis and investigation analysis. This articleholds that financial industry of Sichuan has been in the period ofspeedshift, whichshows a relatively obvious trend of slowing down the speed of transformation inthe reporting period. It will be the future direction to promote the technological and financial transformation of local banks and insurance institutions in Sichuanin support ofenhancing the financing intensity of capital market and bond market.

Keywords: Sichuan; Financial Industry; Capital Market; Technology Finance

B. 5 Analysis and Prediction of Consumer Goods Market of

Sichuan Province in 2018 −2019   *Liu Yanting* / 059

Abstract: In 2018, Sichuan Province adhered to the general tone of economic work which is characterized bystable and steady growth, actively pushed forward the supply-side structural reform, carried out various market promoting activities, made great efforts to promote the optimization and upgrading of the consumption structure, actively fostered new consumption markets. The consumption market in the whole province basically maintained a stable growth, which played a fundamental role in the the national economy. In 2019, the new kinetic energy of consumption policy and consumption will continue to exert strength, and the consumer market will basically maintain steady growth, but it is necessary to be alert to the constraining effect of downward pressure on consumptionexpectations.

Keywords: Consumer Goods Market; Sichuan Province; Consumer Prediction

B. 6 Analysis and Forecast of Import and Export in Sichuan

Province in 2019   *Chen Youqing, Fu Yu* / 072

Abstract: In 2018, Sichuan province carefully implemented the series of policies and measures of the State Council and the decision-making arrangements from the Third Plenary Session of the 11th Provincial Party Committee, fully implemented the "foreign trade +" strategy, and solidly promoted the "three major projects" of foreign trade, so exports maintained a rapid growth momentum, and foreign trade continued to stabilize for better development. In 2019, as the uncertainties in the external environment increased, the downward pressure on the macro economy increased, and foreign trade faced severe challenges. Sichuan should actively integrate into the national strategy of "One Belt and One Road", into the

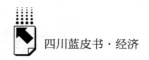

development of the Yangtze River Economic Belt, a new round of Western development from national strategies, seize the major opportunities such as the free trade pilot zone, and firmly promote "four-way expansion, global opening" and build a three-dimensional and fully-open pattern, and strive to walk in the forefront of comprehensive development and opening up in the west.

Keywords: Sichuan; Foreign Trade; Import and Export

III   Regional Reports

B. 7   Analysis and Forecast of the Economy of Chengdu Plain
Economic Zone in 2019   *Chen Ying*, *Ma Shuang* / 085

Abstract: At present, the global economy continues to recover. China's economic growth rate continues to be within a reasonable range, showing the characteristics of stable operation, structural optimization, kinetic energy conversion, and improved quality and efficiency. The economic development of the Chengdu Plain Economic Zone faces many favorable conditions in 2019, but it faces many difficulties and challenges in pursuing high-quality economic development. With the deepening of the supply-side structural reform and the continuous deepening of reform and innovation, the economy in this zone will continue to grow steadily.

Keywords: Chengdu Plain Economic Zone; Economy; Transformation and Upgrading

B. 8   Analysis and Forecast of the Economy in Sichuan's
Southern Economic Zone in 2019

Gong Qinlin, *Li Yuan* / 106

Abstract: Opportunities and challenges in economic development in the

South Sichuan Economic Zone will coexist, and the economic growth rate will slow down steadily. However, as China's economy gradually enters the stage of high-quality development, the endogenous driving force for economic growth will gradually increase. The economic growth rate of Sichuan's Southern Economic Zone will be steadily slowing down. With the promotion of the "One Trunk Multi-Branch" and innovation-driven strategy in Sichuan Province and the implementation of the green development concept, Sichuan's Southern Economic Zone will achieve development goals such as optimization of industrial structure, improvement of ecological environment, and improvement of residents' income. Based on the background of economic development and its own development advantages, Sichuan's Southern Economic Zone should adhere to industrial transformation and upgrading, build a global open pattern, adhere to the concept of green development, adhere to urban and rural overall planning to narrow regional gaps, and contribute to the realization of Sichuan's high-quality economic development.

Keywords: Sichuan's Southern Economic Zone; High Quality Development; Economic Transformation and Upgrading

B. 9　Analysis and Forecast of the Economy in Northeast

　　　Economic Zone of Sichuan Province in 2019

Abstract: The economic operation of Northeast Economic Zone of Sichuan in the first half and three quarters of 2018 has made steady progress, with main indicators ranking the highest among all economic zones in Sichuan Province and the economic vitality has been steadily increasing. According to the analysis on leading indicators and potential growth rate, the economy in northeastern Sichuan is still in a stable growth channel in the second half of 2018 and 2019, and all cities in this region need to strengthen the guidance and implementation of policies and

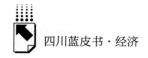

measures in terms of market subject development, unit energy consumption control and growth of new economic growth momentum.

Keyword: Northeast Economic Zone of Sichuan; Regional Economic Operation; Stable Performance with Good Momentum for Growth

B. 10　Analysis and Forecast of the Economy of Panxi Economic

Zone in 2019　　　　　　　　　　　　　　*Duan li* / 137

Abstract: As an important economic sector in the regional development of Sichuan, Panxi Economic Zone is steadily slowing down its current economic development. Combined with the new situation of macro-economic development at home and abroad, Panxi Economic Zone is expected to achieve steady and quality-improved economic development by implementing innovation-driven development, accelerating regional coordinated development, promoting opening-up, focusing on targeted poverty alleviation, and strengthening resource conservation and environmental protection.

Keywords: Panxi Economic Zone, Innovation-driven, Targeted Poverty Alleviation, Quality-improved Development

B. 11　Analysis and Forecast of the Economy of Ecological

Demonstration Zone in Northwest Sichuan in 2019

Zhou Jun / 153

Abstract: Since 2018, the international situation has been more complicated and changeable, and the task of domestic reform and development has been arduous. The northwestern Sichuan region has a low starting point, a large gap, many difficulties, and great pressure. Although the task of recovery and reconstruction after the "May 12 disaster" is arduous and there are lots of natural disaster. the two Prefectures have made important achievements in clarifying their development ideas and great breakthrough in reform and innovation. The ecological demonstration zone in northwestern Sichuan is characterized by its overall slowing-down growth, changes in industrial structure and relatively stable investment and consumption, so its economic development encountered further difficulties and challenges. With further implementation of strategies such as post-disaster reconstruction, rural revitalization, and poverty alleviation, the economy of the Northwest Sichuan Ecological Demonstration Zone will continue to grow steadily in 2019.

Keywords: Northwest Sichuan Ecological Demonstration Zone; Post-disaster Reconstruction; ECO Development; Rural Revitalization

Ⅳ   Industry Reports

B. 12   Analysis and Prediction of Agricultural Economic
   Development in Sichuan Province in 2019

Zhou Jie / 166

Abstract: With the deepening of supply-side structural reform on agriculture, the overall agricultural production in Sichuan Province has remained stable since 2018. In the first half of the year, the province achieved a "double increase" in agricultural output value and per capita disposable income (PCDI) of farmers, the integration of primary, secondary and tertiary industries has been accelerated. In 2019, Sichuan Province will continue to implement the strategy of rural revitalization, actively promote the overall planning of rural industrial revitalization, talent revitalization, cultural revitalization, ecological revitalization and organizational revitalization, Sichuan's agricultural and rural areas will face a new round of development opportunities. At the same time, the whole province is faced with the problems of increasing restriction on agricultural resources, inadequate innovation in agricultural science and technology, and serious aging of

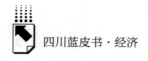
agricultural labor force.

Keywords: Agriculture; Supply-side Structural Reform; Rural Revitalization

B. 13　Analysis and Forecast of the Industrial Economic

Development in Sichuan Province in 2019

Wang Lei, Da Jie / 177

Abstract: In the first three quarters of 2018, Sichuan Province industry overcame the adverse factors such as the intensification of trade friction between China and the United States, achieving an increase of 8.4%, a marked improvement in economic efficiency, and a steady increase in overall strength. In 2019, despite the increase in US trade protectionism and the increase in uncertainty brought about by Brexit, the slow recovery of the world economy continues. China and Sichuan Province have a stable economy. It provides a good environment for the development of Sichuan's industrial economy. It is expected that in 2019, Sichuan's industry will maintain an growth of about 8.5%, the structure and layout will be further optimized, regional synergies will be strengthened, quality and efficiency of development will be steadily improved, and the province's economic development will be guided.

Keywords: Sichuan Province; Industrial Economy; Upgrade

B. 14　Analysis of the Development of Sichuan's Service

Industry in 2019　　　　　　　*He Fei* / 190

Abstract: The paper summarizes the characteristics of service industry development in Sichuan Province in 2018, such as rapid growth of service industry, accelerated development of emerging service industry, remarkable vitality of market main body, and still existing gap in development. It also analyses the new requirements, opportunities and challenges faced by the future development. In order to promote the high-quality development of service industry in Sichuan Province, it is proposed to build spatial pattern of multi-branches, to build modern service industry system, to strengthen the construction of service industry carrier, and to optimize development environment for service industry.

Keywords: Service Industry; Sichuan Province; Industrial Structure

B. 15   Development and Forecast of Five Industrial Clusters in

Sichuan (2019)   *Yuan Jing* / 200

Abstract: The five pillar industries are the most basic, conditional and supportive industries in Sichuan. This paper analyzes the development basis, problems and advantages of the five advantageous industrial clusters in Sichuan, and puts forward the development direction and trend of the five industrial clusters in the future. Sichuan should aim at these five pillar industries, give full play to their comparative advantages, and lay a solid foundation for high-quality economic development. Based on the new pattern of regional industrial development of "one trunk, multi-branches, five districts synergy", focusing on promoting the intensive development of industrial clusters, we should optimize and adjust the industrial layout of cities and prefectures, and create the industrial layout of the five major industrial clusters in different regions. Focusing on the development direction of the five pillar industries, we should strengthen the cultivation of enterprises innovative subjects, strengthen to solve problems in cutting edge key technology, promote the transfer and transformation of scientific and technological results, and promote the in-depth development of civil-military integration; cultivate market players with strong competitiveness; promote the green and low-carbon cycle of industrial development, and vigorously promote resource conservation and comprehensive benefits. We should speed up the construction of a green manufacturing system so that Sichuan's comprehensive industrial competitiveness has stepped into the top rankingin the whole country, which helps basically establish

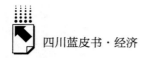

the status of a strong manufacturing province with leading position among western region, radiating the whole country, integrating into the world, so as to effectively promote the governance and revitalization in Sichuan.

Keywords: Sichuan; Five Major Industrial Clusters; Upgrading of Manufaturing Industry

B. 16   Analysis and Forecast of the Development of Sichuan's

        High-tech Industry in 2019   *Ran Min / 215*

Abstract: In the first half of 2018, the high-tech industry in Sichuan continued to grow steadily. The scale continued to expand, the total industrial output value increased by 17.8% , the main business increased by 17.6% , and the export delivery value increased by 26.7%. which was faster than the planned industrial growth rate and the export growth rate of all products. From the perspective of industrial agglomeration, Sichuan high-tech industry agglomeration is obvious, electronic information industry shows absolute leading advantage, and bio-medical of regional coordinated development, Sichuan's high-tech industry presents gradient development pattern, while the cities of Chengdu, Deyang and Mianyang showed their strong strength. The sum of the main business income of the three cities occupies more than two-thirds of the province's new and high-tec industry. With the uncertain development of Sino-Us trade conflict, the state issued a series of macro policies to promote stable economic growth, and Sichuan Provincial Party Committee and Provincial Government further implemented high-quality development strategy. It is expected that the high-tech industry in Sichuan will still maintain the overall stable growth in 2019, with a trend of slight decline in some indicators though.

Keywords: Development of High-tech Industries; Sustained and Steady of Growth; Gradient Development Pattern; Downward Pressure on Economy

B. 17　Development Trend and Forecast of Sichuan

　　　　Automobile Industry in 2019　　　　　　　*Liang Hao* / 229

Abstract: In 2019, the growth rate of automobile industry in Sichuan will be close to 10%. Since 2018, Sichuan has boosted the healthy development of Sichuan's automobile industry by taking advantage of itsposition in "One Belt and One Road" strategy, focusing more on theresearch, development and application of new technologies for energy vehicle, on the adjustment and transformation of traditional energy automobile industry, the acceleration of the layout of new energy vehicles, and the integration of automobile industries in various regions of Sichuan. However, there are great challenges ahead, for the gap between Sichuan and other big auto industry provinces is still large. Therefore, it is necessary to increase the incentives for R&D innovation and application of related technologies, at the same time, give full play to local unique advantages, deepen regional cooperation in the development of the automobile industry, especially between Sichuan and Chongqing, adopt reasonable guidance and strengthen supervision to create a healthy environment for the development of the new energy automobile industry in Sichuan.

Keywords: New Energy Vehicle, R&D and Application, Industrial restructuring, Regional cooperation

B. 18　Development and Forecast of Sichuan's Culture,

　　　　Sports and Entertainment Industry in 2019

　　　　　　　　　　　　　　　　　　　　　WangXueren / 241

Abstract: Based on data from cultural, sports and entertainment industry investment in fixed assets, culture, sports and entertainment industry employment, cultural and art industry investment, investment in journalism and publishing industry, investment in radio, television, film and audio-visual

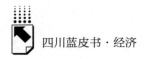
production industry, investment in sports industry, investment in entertainment industry, operating profit of cultural market operators, self-sufficiency rate of funds for art performing groups and their financial allocation, the paper respectively gave full explanation of the development of culture, sports and entertainment in Sichuan Province from 1995 to 2016. On this basis, the use of economic data forecast function helps calculate values on related important indicators related to culture, sports and entertainment for the year of 2019 in Sichuan Province. In order to promote fast development of culture, sports and entertainment in Sichuan Province, this study puts forward some suggestions, mainly including renewing the concept of development, giving consideration to the development of public welfare and profit-making, enhancing innovation ability, attaching equal importance to scientific and technological innovation and service innovation, establishing a new concept of global market, increasing market share of products and services in Sichuan's cultural, sports and entertainment industries.

Keywords: Sichuan; Culture, Sports and Entertainment; Investment in Fixed Assets; Number of Employed Persons

B. 19   Analysis of Financial Total and Regional Economic

Growth for Sichuan Banking Industry in 2019

Li JingTang Lingling / 250

Abstract: Based on financial institutions' major economic data for Sichuan bankingfrom 2003 to 2017, this paper uses historical data analysis method and correlation analysis method, taking credit data as the key tool, to analyze the main data indicators of Sichuan banking industry in 2018 and 2019, to forecast and test the GDP of Sichuan Province in 2018 and 2019. The conclusion proves that credit data is still the important predictor for economic growth, and the prediction on relevant data and indicators in this paper is nearly accurate. The accuracy of the prediction results of relevant data indicators is high, and based on this, relevant countermeasures and suggestions are put forward, including establishing a financial service system around "One Belt And One Road", implementing targeted financial poverty alleviation, building a modern financial support system integrating military and civil affairs, and strengthening the prevention and control and monitoring of local financial risks.

Keywords: Sichuan Banking; Regional Economy; Total Amount of Finance

V   Special Reports

B. 20   The 40th Anniversary of Reform and Opening up:

Sichuan Province's Industrial Development

Achievements and Prospects

Wang Lei / 267

Abstract: As a traditional agricultural province, before the reform and opening up, Sichuan's industrial development was relatively slow. Reform and opening up really started the province's large-scale industrialization process. After 40 years of development, Sichuan's industrial strength has continuously increased and it has become an important industrial economic province in China's central and western regions. As Entering a new era, the industrial development of the province is more complicated, and the tasks and missions undertaken are even more arduous. Therefore, we must seize the period of strategic opportunities, continue to comprehensively deepen reform and opening up in various fields, optimize the industrial development environment in an all-round way, fully promote supply-side reform, accelerate industrial transformation and upgrading, and then transform from a large industrial province to a strong province of industry and advanced manufacturing.

Keywords: Sichuan Province; Industry; 40 Years of Reform and Opening-up

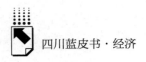
四川蓝皮书·经济

B. 21　Evaluation on Achievementsof Sichuan's Green

　　　Development and Countermeasures

Chen Ying, *Wan Xinyue* / 276

Abstract：Green development is a development model that adheres to the concept of scientific development. It is the proper meaning of high-quality development. It is an inevitable choice for sustainable development in China's "13th Five-Year Plan" and even a longer period. In recent years, Sichuan has adhered to the path of ecological priority and green development, and its green development has achieved remarkable results. However, Sichuan is located in the upper reaches of the Yangtze River, with a large population and a high proportion of resource-based industries. Green development still faces many difficulties and challenges. It requires us to work together to optimize the green layout, to lay a good green campaign, to promote green production, to advocate green life, implement green responsibility, and strengthen green guarantee, so as to promote harmony between human and nature, and to build a beautiful, prosperous and harmonious new Sichuan.

Keywords：Sichuan; Green Development; Development Model; High-Quality Development

B. 22　Analysis and Study on the Economic and Social

　　　Development in Sichuan's Ethnic Minority Areas

Jia Xingyuan / 289

Abstract：Through the implementation of major economic and social development support projects and a series of major projects to fight against poverty, the economic and social development of Sichuan ethnic minority areas showed a steady trend in 2018, with remarkable results in fighting against poverty.

410

Restricted by factors such as development foundation and bottleneck, the task of solving regional overall poverty in ethnic minority areas in Sichuan is still arduous. Economic and social development is still facing major bottlenecks such as weak infrastructure, fragile ecological environment, multiple constraints on industrial development and lack of professional talents.

Keywords: Weak Foundation; Increase Aid; Industry Support; Personnel Training

B. 23　A Study on The State-owned Assets Peeling in Sichuan

Da Jie, Kuang Fangfang / 296

Abstract: Supply-side reforms and top-level design for state-owned enterprises, which began in 2015, means that state-owned enterprise reforms have entered deep-water areas. In 2016, the Sichuan Provincial Government also formulated the "13th Five-Year Plan and Structural Adjustment Plan for Provincial State-owned Capital" to improve the efficiency of state-ownedcapitaland the market competitiveness of state-owned enterprises. The divestiture and reorganization of state-owned assets is an important means to optimize the layout of state-owned capital. By divesting assets that have a negative impact on the value preservation and incrementof state-owned capital, a nation-wide capital operating mechanism is established to promote state-owned capital to be centralized in key areas such as the five pillar industries and the digital economy. To spare no efforts to construct a modern industrial system so as to boost the high-quality economic development in Sichuan.

Keywords: Stated-owned Asset; High Quality; Optimization and Reorganization

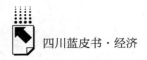
四川蓝皮书·经济

Abstract: In recent years, due to rapid expansion of e-commerce, the turning point of the e-commerce industryappeared. China's e-commerce has shown a trend of relatively slow and steady growth, and the discussion about the future development gained more and more attention. As a populous province with big consumption, it is of great theoretical and practical significance for Sichuan e-commerce to adapt to the situation and consumers' pursuit of quality, in the context of industrial upgrading and consumption upgrading. Based on the Logistic growth model, this paper analyzes thoroughly the problems appeared in turning point of e-commerce in Sichuan Province in many aspects, and forecasts that the turning point of e-commerce in Sichuan Province have not come and e-commerce in Sichuan Province will develop rapidly in 2019 and next few years.

Keywords: Sichuan Province; E-commerce; Rapid Growth

Abstract: In recent years, with the widespread and profound changes in local economy, society, industries and population, some economically developed regions like Pearl River Delta and Yangtze River Delta, have taken the lead in implementing the talent strategy, in order to enhance its market and urban competitiveness, which included a series of policies and measures for talents' comfortable housing. Those measures have greatly stimulated and promoted the similar talent comfortable housing in cities in Sichuan province like Panzhihua, Guangyuan, Chengdu and so on. These cities have taken measures in setting up the policy system, forming corresponding operation mechanism, building and raising a certain amount of housing resources. However, due to the new start of talent housing policy, it is noted that it is in urgent need to clarify the theories like consumption need, housing security and housing consumption. Besides, we should consider more aspects and lay out to promote the development of talents' housing work, for example, at the macro and micro levels, especially the coordinated development between housing for talented people and the housing market, the prevention of the solidification and expansion of housing welfare, and the limitation of local financial burden, in the project-enterprise-talent system of industrial development, and the provision of effective housing elements.

Keywords: Talents; Comfortable Housing; Sichuan Province

B. 26 Research on the Implementation Path of Healthy China Strategy in Sichuan's Ethnic Areas

Li Xiaofeng, Cao Yumao / 328

Abstract: The program outline of "Healthy China 2030" puts forward specific goals and plans for realizing healthy China. Based on the indicators in the program, this paper compares the health status of Sichuan's ethnic areas with the average level of Sichuan Province and the national average. Through this assessment, it finds out that the health status of ethnic regions is not optimistic and the gap between Sichuan province and other regions is obvious. Therefore, we must focus on shortcomings of China's health strategy and improve the fairness and accessibility of health services in ethnic areas, improve the ecological environment, strengthen health and sanitation education, encourage people in ethnic areas to form healthy behaviors, and constantly improve the health quality of people in ethnic areas. This paper has important theoretical and practical significance for the realization of China's health strategy and poverty alleviation in Sichuan's ethnic areas.

Keywords: Healthy China; Ethnic Areas; Medical and Health Services

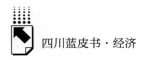

B. 27　High-Quality Development of Listed Companies in

Sichuan Province　　　　　　　　　　　*Yang Chengwan* / 341

Abstract: To implement the high-quality development strategy determined by the 19th National Congress of the Communist Party of China, the Third Plenary Session of the 11th Sichuan Provincial Committee adopted the "Decision of the Sichuan Provincial Committee of the Communist Party of China on Promoting High-Quality Development in an All-round Way", which draws exact "timetable" and "road map" for Sichuan economic development in the stage turning from high-speed growth to high-quality growth. Therefore, Sichuan's listed companies, as an important driving force in the high-quality development in Sichuan's economy, what is the current situation in terms of high-quality development? Any achievements? What are the problems and what are the reasons? What are the priorities and difficulties of high-quality development? How to combine the universal principles of high-quality development with the specific practices of Sichuan enterprises? How to deal with the relationship between speed and quality? How to deal with the relationship between immediate interests and long-term interests? The above problems are not only a theoretical issue, but also real problems that needs to be solved urgently. To this end, the author analyzes the achievements, problems and causes of high-quality development based on the current listed companies in Sichuan Province (mainly based on their representativeness, the authenticity and openness of financial data). After that, it shows that high-quality development for listed companies is not only necessary but feasible.

Keywords: Sichuan; Listed Company; High-Quality Development

Contents

B. 28　Analysis and Thinking of Supply Chain Finance to
　　　　Alleviate the Financing Constraints of Small
　　　　and Medium Enterprises in Sichuan Province
Li You / 356

Abstract: Supply chain finance is a kind of financial business that financial institutions develop and innovate to meet the demand for capital from supply chain related enterprises. As a new way to alleviate the financing constraints of small and medium-sized enterprises, supply chain finance is gradually being recognized by people. According to relevant statistics, the number of small and medium-sized enterprises in our province has exceeded 1. 29 million, contributing 60% of the province's GDP and 50% of tax revenue. However, due to information asymmetry and its own reasons, the external financing dilemma of small and medium-sized enterprises has always been an important factor restricting its development. On the one hand, small and medium micro enterprises play an important role in promoting scientific and technological innovation and promoting social and economic development; on the other hand, they are also plagued by financing difficulties, expensive financing and poor financing channels. Through the analysis of the financing development model of supply chain finance, this paper believes that supply chain finance integrates the supply chain core enterprises and upstream and downstream SMEs, integrates the entire supply chain resources, increases the credit for small and medium-sized enterprises, and revitalizes their accounts receivable. warehousing and transportation and inventory resources, to a certain extent, supply chain finance has played a role in alleviating the financing difficulties of small and medium-sized enterprises.

Keywords: Supply Chain Finance, Small and Micro Enterprises, Mitigation of Financing Constraints

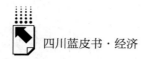
四川蓝皮书·经济

B. 29 To Create a Knowledge Economic Circle around the
Universities and to Inject Innovative Kinetic
Energy into Sichuan's Development
—*Taking the Example of Construction of the Health Economic*
Circle around Chengdu University of TCM in Wenjiang
District of Chengdu   *Li Zhongpeng , Xu Yuanyuan* / 365

Abstract: Relying on the superior resources of colleges and universities, taking the advantages of saving transaction costs due to geographically adjacent space, the discipline chain promotes the development of the industrial chain, promote the industrialization of scientific and technological innovation achievements, the cultivation of innovative and entrepreneurial talents, and the combination of production, education and research. It helps form university-centered regional economic growth pole, which will effectively promote the transformation, optimization and upgrading of Sichuan's industrial structure, and innovation-oriented development.

Keywords: Health Economic Circle; Disciplinary Chain; Industrial Chain

B. 30 Growth Environment for Private Entrepreneurs in Sichuan
Wu Jianqiang / 377

Abstract: Since the reform and opening up, Sichuan always been concerned with and care for private enterprises, unswervingly supporting and protecting the development of private economy. At present, Sichuan's economic development has entered a new normal. The growth of private entrepreneurs is conducive to promoting economic transformation, building a harmonious Sichuan, and pushing the governance to a new level. Sichuan Provincial Government has always attached great importance to the construction of private entrepreneurs team, constantly optimize the growth environment of private entrepreneurs, and promote the sustainable and steady development of private economy. Sichuan businessmen are facing some problems and challenges during their growth, including unequal status, difficult financing, rising production costs, heavy tax burden, carrying out policy, lack of confidence in development and so on. In order to create a new era for Sichuan businessmen, Sichuan will optimize the business environment, improve the policy of private economic development, cultivate outstanding entrepreneurs, speed up the innovation and development of private enterprises, improve the linkage mechanism between the government and private enterprises, resolve the problem of difficult financing and reduce the tax and fee burden of enterprises.

Keywords: Development Environment; Private Entrepreneurs; Sichuan

B. 31 Sichuan's B&B Hotel Industry Promotes Rural Revitalization

Luo Yu, Liu Jincheng, Wan Yuanying / 387

Abstract: From the current situation of the development of the lodging industry in Sichuan Province, we can see that the development of the B&B hotel industry has great potentiality in the future, though many problems still existed, such as absence of industry standards for a long time, poor industrial cluster effect, large gap in industrial profits, insufficient cultural connotation and limited service level. As long as we develop B&B hotel industry with the direction from culture and ecology, we will create cultural lodging industry with strong Sichuan's characteristics, which will help promote strategy of Rural Revitalization from economical, cultural, social and other aspects.

Keywords: B&B Hotel Industry; Traditional Culture; Rural Revitalization

权威报告·一手数据·特色资源

皮书数据库
ANNUAL REPORT(YEARBOOK)
DATABASE

当代中国经济与社会发展高端智库平台

所获荣誉

- 2016年，入选"'十三五'国家重点电子出版物出版规划骨干工程"
- 2015年，荣获"搜索中国正能量 点赞2015""创新中国科技创新奖"
- 2013年，荣获"中国出版政府奖·网络出版物奖"提名奖
- 连续多年荣获中国数字出版博览会"数字出版·优秀品牌"奖

成为会员

通过网址www.pishu.com.cn访问皮书数据库网站或下载皮书数据库APP，进行手机号码验证或邮箱验证即可成为皮书数据库会员。

会员福利

- 已注册用户购书后可免费获赠100元皮书数据库充值卡。刮开充值卡涂层获取充值密码，登录并进入"会员中心"—"在线充值"—"充值卡充值"，充值成功即可购买和查看数据库内容。
- 会员福利最终解释权归社会科学文献出版社所有。

社会科学文献出版社 皮书系列
SOCIAL SCIENCES ACADEMIC PRESS (CHINA)

卡号：249777326718
密码：

数据库服务热线：400-008-6695
数据库服务QQ：2475522410
数据库服务邮箱：database@ssap.cn
图书销售热线：010-59367070/7028
图书服务QQ：1265056568
图书服务邮箱：duzhe@ssap.cn

基本子库 SUB DATABASE

中国社会发展数据库（下设 12 个子库）

全面整合国内外中国社会发展研究成果，汇聚独家统计数据、深度分析报告，涉及社会、人口、政治、教育、法律等 12 个领域，为了解中国社会发展动态、跟踪社会核心热点、分析社会发展趋势提供一站式资源搜索和数据分析与挖掘服务。

中国经济发展数据库（下设 12 个子库）

基于"皮书系列"中涉及中国经济发展的研究资料构建，内容涵盖宏观经济、农业经济、工业经济、产业经济等 12 个重点经济领域，为实时掌控经济运行态势、把握经济发展规律、洞察经济形势、进行经济决策提供参考和依据。

中国行业发展数据库（下设 17 个子库）

以中国国民经济行业分类为依据，覆盖金融业、旅游、医疗卫生、交通运输、能源矿产等 100 多个行业，跟踪分析国民经济相关行业市场运行状况和政策导向，汇集行业发展前沿资讯，为投资、从业及各种经济决策提供理论基础和实践指导。

中国区域发展数据库（下设 6 个子库）

对中国特定区域内的经济、社会、文化等领域现状与发展情况进行深度分析和预测，研究层级至县及县以下行政区，涉及地区、区域经济体、城市、农村等不同维度。为地方经济社会宏观态势研究、发展经验研究、案例分析提供数据服务。

中国文化传媒数据库（下设 18 个子库）

汇聚文化传媒领域专家观点、热点资讯，梳理国内外中国文化发展相关学术研究成果、一手统计数据，涵盖文化产业、新闻传播、电影娱乐、文学艺术、群众文化等 18 个重点研究领域。为文化传媒研究提供相关数据、研究报告和综合分析服务。

世界经济与国际关系数据库（下设 6 个子库）

立足"皮书系列"世界经济、国际关系相关学术资源，整合世界经济、国际政治、世界文化与科技、全球性问题、国际组织与国际法、区域研究 6 大领域研究成果，为世界经济与国际关系研究提供全方位数据分析，为决策和形势研判提供参考。

法律声明